Baedeker

Allianz Reiseführer

Island

www.baedeker.com

Verlag Karl Baedeker

TOP-REISEZIELE ★★

Die Liste der Sehenswürdigkeiten ist lang, doch wo liegen die Highlights in Island? Muss man Reykjavík besucht haben? Lohnt die Reise ins Landesinnere? Hat man mit der Umrundung Islands auf der Ringstraße alles gesehen? Um Ihnen die Entscheidung zu erleichtern, haben wir zusammengestellt, was Sie auf keinen Fall versäumen dürfen!

1 ★★ Reykjavík
Die besten Museen des Landes befinden sich in der Hauptstadt Islands. Das Nachtleben Reykjavíks ist legendär. ► **Seite 231**

2 ★★ Blaue Lagune
Wellness pur auf der Halbinsel Reykjanes. Ein Bad inmitten der Lava gehört zu jeder Islandreise. ► **Seite 226**

3 ★★ Þingvellir
Hier tagte das älteste Parlament der Welt. Þingvellir zählt seit 2004 zum Weltkulturerbe der Unesco. ► **Seite 306**

4 ★★ Haukadalur
Islands bekanntestes Geothermalgebiet. Der Geysir Strokkur eruptiert im Minutentakt. ► **Seite 167**

5 ★★ Gullfoss
Der »Goldene Fall« zählt zu den beeindruckendsten Wasserfällen der Nordmeerinsel. ► **Seite 166**

6 ★★ Hekla
Eine Landschaft im Wandel. Der aktive Vulkan Hekla sorgt mit regelmäßigen Ausbrüchen für Abwechslung. ► **Seite 173**

Haukadalur
Auf Geysir Strokkur ist Verlass.

Reykjavík
Die Hallgrímskirkja beherrscht die Stadt.

DIE BESTEN BAEDEKER-TIPPS

Von allen Baedeker-Tipps in diesem Buch haben wir hier die interessantesten für Sie zusammengestellt! Erleben und genießen Sie Island von seiner schönsten Seite.

! Vorbereitet ins Hochland
Die nötigen Tipps für eine Fahrt ins Landesinnere ► **Seite 77**

! Ein billiges Bett
Island ist teuer. Doch Übernachten kann auch günstig sein. ► **Seite 99**

! 42 km oder weniger
10 km zum warm werden oder doch gleich die gesamte Marathonstrecke: In Reykjavík hat man die Wahl. ► **Seite 102**

Touren ins Hochland ...
... wollen geplant sein.

! Landsmót
Die schönsten aller Islandpferde auf einem Fleck ► **Seite 103**

! Ein langer Kunstsommer
Auftritte und Ausstellungen in- und ausländischer Künstler ► **Seite 136**

! Beim King of Country
Hallbjörn Hjartason ist der selbst ernannte King of Country, sein Lokal eher ungewöhnlich. ► **Seite 152**

! White-Water-Rafting
Mit dem Schlauchboot auf der reißenden Hvítá ► **Seite 166**

! Höhlen, Krater und Geächtete
Zur ehemaligen Wohnhöhle des Geächteten Fjalla-Eyvindur ► **Seite 199**

! Laugarvegur-Wanderung
Wohl die berühmteste Mehrtagewanderung auf Islands – vollkommen durchorganisiert ► **Seite 204**

Der Geächtete Fjalla-Eyvindur ...
... lebte über Jahre hinweg in einer Höhle.

! Mit dem Kajak in die Mitternachtssonne
Ab Raufarhöfn mit dem Kajak die Küste entlang ► **Seite 207**

! Schönheit direkt ins Haus
Die exklusiven Hautpflegeprodukte der Blauen Lagune gibt es nicht nur vor Ort. ► **Seite 228**

! Rundumverwöhnung – nur für Frauen
Beautykur im Salon von Ex-Miss-Island und Ex-Miss-World ► **Seite 240**

! Attention!
In Island macht nicht nur Björk Musik! Heiße Klänge von Gus Gus ► **Seite 243**

! Den Elfen auf der Spur
Wie hat man eine Elfe zu behandeln? Die Elfenschule in Reykjavík gibt detailgenau Auskunft. ► **Seite 246**

Mitternachtssonne
Im Nordosten Islands kommt man dem Polarkreis am nächsten. Die »wahre« Mitternachtssonne sieht man nur auf Grímsey.

! Wohl temperierter Nordatlantik
Baden im beheizten Nordmeer. So etwas ist nur in Island möglich! ► **Seite 255**

! Für jeden ein Islandpferd
Auf dem Pferd über Stock und Stein. Reittouren entlang der Kjölur oder Sprengisandur durchs Hochland ► **Seite 265**

! Schlafen in jeder Wetterlage
Komfort im Hochland? Undenkbar? Das Reisezentrum Hrauneyjar macht das Undenkbare möglich. ► **Seite 318**

Islandpferde
Ausritte werden überall in Island angeboten. Besonders interessant sind Touren ins Hochland.

Der Gullfoss im Winterkleid
▸ **Seite 166**

HINTERGRUND

PRAKTISCHE INFORMATIONEN VON A bis Z

Preiskategorien

▸ **Hotels**
Günstig: bis 9000 ISK (DZ)
Komfortabel: 9000 – 18 000 ISK
Luxus: über 18 000 ISK

▸ **Restaurants**
Preiswert: unter 1500 ISK für ein Hauptgericht
Erschwinglich: 1500 – 3000 ISK
Fein & teuer: ab 3000 ISK

Perlan in Reykjavík: Schöner können Heiß-wassertanks nicht sein.
▸ **Seite 256**

TOUREN

REISEZIELE VON A bis Z

Hintergrund

KURZ UND KNAPP,
VERSTÄNDLICH GESCHRIEBEN
UND SCHNELL NACHZUSCHLAGEN:
WISSENSWERTES ÜBER LAND UND
LEUTE, WIRTSCHAFT UND POLITIK,
GESELLSCHAFT UND ALLTAGSLEBEN

VON URGEWALTEN GEFORMT

Feuer spuckende Vulkane, ewiges Eis. Raue Winde fegen durch raue Landschaften, dunkle Wolken bringen Regen. Wo Natur noch Natur ist, mitunter bedrohlich, pur, kein verhüllendes Vegetationsmäntelchen aus bunten Blumen und saftigem Gras. Willkommen in Island, willkommen in einem Land, in dem die Urgewalten der Natur Landschaften von atemberaubender Schönheit geschaffen haben!

Wer auf dem Flughafen Keflavík ankommt und sich auf den Weg nach Reykjavík macht, wird gleich mit Islands vulkanischer Vergangenheit konfrontiert, denn bis zu den Vororten der Hauptstadt führt die Straße durch ein vegetationsloses Lavafeld. Bei trübem Wetter wirkt es trostlos und lebensfeindlich, aber schon einige wenige Sonnenstrahlen verwandeln es in eine faszinierende Märchenlandschaft. Doch dies ist nur ein kleiner Vorgeschmack auf die vielfältigen Formen des Vulkanismus, die allerorts auf den Besucher warten. Wer mit dem Schiff in Seyðisfjörður an der Ostküste der Insel ankommt, dem zeigt Island sein zweites, vom Eis geprägtes, aber nicht minder beeindruckendes Gesicht. Die bunten Häuser von Seyðisfjörður liegen an einem tief eingeschnittenen Fjord, eingerahmt von steilen Hängen mit vielfach gestuften Schichten aus Basalt und Schlacke. Den vulkanischen Ursprung kann Island auch hier nicht verleugnen, doch die Zeiten, als Feuer und Lava diese Landschaft formten, liegen in Ostisland schon etwas länger zurück. Hier waren die Gletscher der letzten Eiszeit die Landschaftsgestalter, haben tiefe Kerben in die Küstenlinie geschlagen und Fjorde wie aus dem Bilderbuch geschaffen.

Gipfelglühen
Der Vulkan Hekla zeigt sein wahres Gesicht.

Die Entdeckung der Langsamkeit

Egal, ob man in Keflavík oder Seyðisfjörður ankommt, genügend Zeit sollte man in jedem Fall mitbringen, denn Island lässt sich nicht auf die Schnelle abhaken. Schon die Straßen sorgen für ein gemächliches Reisetempo, denn Schotterpisten und zum Wollknäuel aufgefaltete schmale Asphaltbänder, die sich um Dutzende von Fjorden win-

Eiszeit
Inseln aus gefrorenem Wasser im Gletschersee Jökulsárlon am Fuße des Vatnajökull

Fallstudien
Manch einer beeindruckt durch tosende Wassermassen, andere, wie der Seljalandsfoss, durch »schleierhafte« Leichtigkeit: Islands Wasserfälle gilt es zu entdecken.

Weites Land
Island im Winterkleid. Die Reise in den hohen Norden lohnt auch zur vierten Jahreszeit.

Einsamkeit
Knapp 300 000 Menschen auf einer Fläche größer als Portugal. Es gibt stille Orte in Island.

Strukturen
Eisbrocken treiben auf dem Fluss Þjórsá Richtung Meer.

Energie
Pipelines durchziehen die dunkle Lavaerde um das Krafla-Geothermalkraftwerk am Mývatn.

den, zwingen den Reisenden zur Gemächlichkeit. Das ist auch gut so, denn das Panorama, das draußen vorbeizieht, ist sehenswert, oft sogar atemberaubend. Kaum ein Land der Erde ist so abwechslungsreich wie Island, das geologisch noch in den Kinderschuhen steckt und sich deshalb permanent verändert – manchmal sogar höchst dramatisch durch gewaltige Vulkanausbrüche oder Gletscherläufe. Aber auch zwischen diesen Katastrophen bietet Island Spektakuläres: In den zahlreichen Hochtemperaturgebieten brodelt, dampft und zischt es unaufhörlich oder schießen Geysire ihre Wasserfontänen in den Himmel. Blubbernde Schlammtöpfe und Wasserlöcher, gelbe und ockerfarbene Dampfquellen und Sinterablagerungen bilden unwirkliche Mondlandschaften. Farbenprächtige Liparitberge, düstere Aschekegel, bizarre Vulkane, Pseudokrater und immer wieder Lavafelder – mal schwarz, kahl und bedrohlich, dann wieder von dicken, grünen Moosteppichen überzogen – prägen weite Teile der Insel. Neben den Vulkanen sind die Gletscher die größten Anziehungspunkte, denn allein der gewaltigste von ihnen, der Vatnajökull, ist größer als alle Gletscher des europäischen Festlandes zusammen. Eisige Zungen schieben sich von seinem gewaltigen Plateau zu Tal, bilden Abbrüche, Höhlen und Lagunen, auf denen bizarr erodierte Eisberge schwimmen.

Spärliche Vegetation *Islands Flora behauptet sich im Kampf gegen widrige Bedingungen.*

Unerwartet lieblich

Aber Island hat auch ein liebliches Gesicht, das man der Insel im hohen Norden kaum zutrauen würde. Der schmale Küstenstreifen und einige Täler überraschen mit sattgrünen Wiesen, auf denen unzählige Schafe grasen. Und auch der Mývatn, eigentlich ein geologisch unruhiges, von Vulkanen geprägtes Gebiet, wirkt mit seinen Inseln, Buchten und Landzungen wie eine grüne Oase. Auch wenn die Sonne selbst in Nordisland im Sommer noch für einige Minuten unter dem Horizont verschwindet – die »echte« Mitternachtssonne scheint nur auf der kleinen Insel Grímsey –, wird es doch für einige Wochen nie richtig dunkel. Für die Einheimischen ist diese »Lichtdusche« der lang ersehnte Ausgleich für die langen, dunklen Wintermonate. Und auch für Besucher aus dem Süden wirken die hellen nordischen Sommernächte wie eine Droge. Tag und Nacht verschmelzen in dieser Zeit zu einer Einheit, und wer schon mal die Stille der Nacht im Licht der Mitternachtssonne und die oft phantastischen Lichtstimmungen genossen hat, möchte nie wieder darauf verzichten.

Fakten

Was sind Pseudokrater, was Solfataren oder Fumarolen? Wie funktioniert ein Geysir? Schrumpfen auch die isländischen Gletscher? Was macht das Islandpferd so besonders? Hat Island eine Armee? Wer besiedelte die Insel im Nordatlantik? Wann wurde das Land unabhängig?

Natur

Eine junge Insel: Zur Geologie Islands

Island ist erdgeschichtlich eine sehr junge Insel, die erst vor 20 Mio. Jahren aus dem Meer auftauchte. Ihre Existenz verdankt sie einem **Hot Spot**, an dem ständig Magma aus dem Erdinneren aufsteigt und dessen Zentrum unter dem Vatnajökull, dem größten Gletscher Europas, vermutet wird. Als ein Teil des Mittelatlantischen Rückens ist Island einer der wenigen Abschnitte, die aus dem Meer schauen. Der Rücken verläuft von Südwesten nach Nordosten über die Insel, ein rund 50 km breiter, geologisch höchst aktiver Streifen mit zahlreichen Vulkanen, heißen Quellen und Hochtemperaturgebieten.

Gespaltene Insel

Nach der Theorie der Plattentektonik besteht die Erdoberfläche aus mehreren Platten, die auf dem darunter liegenden, flüssigen Magma schwimmen. An den Plattengrenzen ist die Erdkruste besonders dünn – und bei Island driften zwei tektonische Platten auseinander. Abhängig von der Bewegungsrichtung der Platten kommt es entlang der Grenzlinien zur Auffaltung von Gebirgen, zu Erdbeben und Vulkanausbrüchen oder zu einer Neubildung der Erdkruste. Entlang des Mittelatlantischen Rückens weichen die nordamerikanische und die eurasische Kontinentalplatte pro Jahr ungefähr zwei Zentimeter auseinander, wobei aufsteigendes Magma diese Lücke ständig wieder ausfüllt. Dass Island eine gespaltene Insel ist, kann man sehr gut entlang der **Almannagjá-Schlucht bei Þingvellir** sehen, die als kilometerlange Wunde die Landschaft durchzieht. Steile, zerklüftete Wände aus dunklem Basalt und enge Schluchten und Gräben prägen diese dramatische Landschaft. Nirgendwo sonst ist Geologie anschaulicher als hier an der Nahtstelle zweier Kontinentalplatten, wo man mit einem Bein in Europa und mit dem anderen in Amerika steht.

Vulkane wie aus dem Lehrbuch

Auf Island sind die Spuren des Vulkanismus allgegenwärtig. Durch 30 noch aktive Vulkane verändert sich sowohl die Oberfläche als auch die geologische Situation ständig. Wie aktiv die isländischen Vulkane in den letzten 500 Jahren waren, lässt sich daraus ersehen, dass rund ein Drittel der von Vulkanen weltweit produzierten Lava auf Island ausgetreten ist. So ist es nicht verwunderlich, dass die Insel fast ausschließlich aus Basaltgestein, Tuff und Lava besteht.

Vulkantypen

Auf Island sind so gut wie alle Vulkantypen vertreten. Welche Form ein Vulkan hat, hängt von vielen Faktoren, wie der Menge und Temperatur der Lava oder der Zahl seiner Ausbrüche, ab. Grundsätzlich

←Die Eruption des Strokkur erfolgt im Minutentakt.

Zahlen und Fakten Island

Lage

- Im Nordatlantik, rund 1000 km westlich der norwegischen Küste und rund 300 km östlich von Grönland

Fläche

- 103 000 km², davon 23 % mit Vegetation, 63 % Wüste/Ödland/Lava, 3 % Seen, 11 % Gletscher. Beanspruchte Fischereizonen: 758 000 km²

Island extrem

- Höchste Erhebung: Hvannadalshnúkur (2119 m)
- Größter See: Þingvallavatn 83 km²
- Längster Fluss: Þjórsá (230 km)
- Küstenlänge: 4970 km
- Größter Gletscher: Vatnajökull, ca. 8300 km²

Bevölkerung

- Einwohnerzahl: 313 000
- Bevölkerungsdichte: 3 Einw./km² (Deutschland: 231 Einw./km²)
- Lebenserwartung: Frauen 82,5 Jahre, Männer 78,7 Jahre

Religion

- 84 % der Bevölkerung gehören der Evangelisch-Lutherischen Staatskirche an.

Sprache

- Isländisch, das noch viele Ähnlichkeiten mit dem Altnordischen hat

Staat

- Staatsform: seit 17. Juni 1944 Republik Island (Lýðveldið Ísland)
- Verwaltungsstruktur: 8 Regionen, 122 Landgemeinden
- Regierungschef: Geir Hilmar Haarde
- Staatspräsident: Ólafur Ragnar Grímsson
- Parlament: Alþing mit 63 Abgeordneten, gewählt auf vier Jahre
- Hauptstadt: Reykjavík (118 000 Einw., Großraum ca. 200 000 Einw.)

Wirtschaft

- Bruttoinlandsprodukt: 9,3 Mrd. Euro (Deutschland: 2340 Mrd. Euro)
- Pro-Kopf-Einkommen: 29 712 Euro (Deutschland: 28 900 Euro)
- Arbeitslosenquote: 3 %
- Wirtschaftsstruktur:
  Dienstleistungen 69 %
  Industrie 23 %
  Fischerei und Landwirtschaft 8 %

unterscheiden Wissenschaftler zwischen Spaltenvulkanen und Zentralvulkanen. Bei Spaltenvulkanen tritt die Lava entlang einer manchmal kilometerlangen Spalte aus, wobei auch durchaus kleinere Krater entstehen können, die unter Umständen zusammenwachsen. Beim Ausbruch auf den Westmännerinseln 1973 öffnete sich solch eine Spalte; die **Feuerschlucht Eldgjá und die Laki-Spalte** werden ebenfalls diesem Typ zugerechnet. Neben Spaltenvulkanen sind in Island auch Zentralvulkane, die in verschiedene Untergruppen eingeteilt werden, in großer Zahl zu finden. Am häufigsten kommen Stratovulkane vor, die an den hohen, perfekt geformten, relativ steilen Kegeln zu erkennen sind. Diese Vulkankegel sind in der Regel im Laufe mehrerer Ausbrüche entstanden. In Island geben sich Vulkane allerdings nicht immer auf den ersten Blick als solche zu erkennen, denn einige liegen unter Gletschern verborgen. Beispiele für **Stratovulkane** sind Snæfellsjökull, Eyjafjallsjökull, Öræfajökull und der höchste Berg Islands, der Hvannadalshnúkur.

Schildvulkane und Tafelberge

Bei Schildvulkanen sind die Hänge sehr flach geneigt, manchmal sind sie deshalb in der Landschaft nur schwer als Vulkane zu erkennen. Entstanden sind sie durch Ausbrüche, bei denen dünnflüssige Lava und nur wenig Asche gefördert wurde. In Island ist dieser sonst eher seltene Typ recht häufig, nach der letzten Eiszeit sind rund 20 Schildvulkane entstanden. Der **Skjaldbreiður bei Þingvellir** ist ein typischer Schildvulkan, der diesem Vulkantyp den Namen gegeben hat. Ebenfalls vulkanischen Ursprungs sind Schlackenkegel, Aschenkegel, Maare und Tafelberge. Letztere sind während der Eiszeit entstanden, als die Vulkane unter dem Eispanzer ausbrachen. Beispiele für solche Tafelvulkane sind Bláfjall, Búrfell, Þórisjökull und einer der schönsten Berge Islands, der Herðubreið.

Pseudokrater

Eindrucksvolle Beispiele so genannter Pseudokrater sind am **Mývatn** und auf einem Lavastrom nördlich des **Mýrdalsjökull** zu finden. Pseudokrater sind keine echten Vulkane, denn sie haben keinen Schlot, durch den Lava austreten könnte. Sie entstanden durch Lavaströme, die über feuchten Untergrund oder flache Seen flossen. Durch die Hitze verdampfte das Wasser explosionsartig und sprengte dabei die darüber liegende Lava weg, was einen Krater hinterließ, der leicht mit einem Vulkan zu verwechseln ist.

Postvulkanische Phänomene

An vielen Stellen Islands steigen Dampfsäulen auf, brodeln und blubbern heiße Schlammtöpfe vor sich hin oder bahnen sich warme Quellen und Flüsse ihren Weg an die Oberfläche. All dies sind Anzeichen postvulkanischer Aktivitäten, die auftreten, wenn sich geschmolzenes Magma im Erdinneren abkühlt und Gase und Dämpfe freisetzt. Diese dringen durch Spalten und Risse bis an die Erdoberfläche und führen dort zu spektakulären Landschaften.

Blubbernder Schlammtopf im Hochtemperaturgebiet Námafjall

Solfataren Solfataren gehören zu den schönsten und farbenprächtigsten Erscheinungen im Zusammenhang mit dem Postvulkanismus. Besonders eindrucksvolle Beispiele sind in Hochtemperaturgebieten wie dem **Námafjall** in der Nähe des Mývatn zu sehen. Solfataren entstehen, wenn in der Erde Grundwasser so weit erhitzt wird, dass es verdampft. Der Wasserdampf vermischt sich mit Gasen des Magmas und gelangt durch Spalten an die Oberfläche. Beim Austritt des 100 °C – 250 °C heißen Dampfgemisches lagert sich um die Austrittsöffnung Schwefel ab, der in allen Gelb- und Orangetönen leuchtet.

Fumarolen Fumarolen sind ebenfalls Spalten, durch die Gase an die Oberfläche gelangen. Im Unterschied zu den Solfataren liegen sie in erster Linie direkt in oder an einem Vulkankrater. Die austretenden Gase, hauptsächlich Wasserdampf, sind sehr heiß und mit Säuren angereichert. Beim Austritt kühlt sich das Gas ab, dabei kristallisieren **Eisen- oder Schwefelverbindungen** in der Nähe der Austrittsöffnung aus, wodurch die umgebende Lava gelb, orange oder rot gefärbt wird.

Heiße Quellen Bei der Verteilung der heißen Quellen fällt auf, dass sie meist dort auftreten, wo schon lange keine vulkanische Aktivität mehr herrscht. Besonders häufig kommen sie in Ebenen, Tälern und Fjorden vor. Auch wenn die Vulkane in diesen Gebieten schon lange erloschen sind, gibt es doch noch genügend Restwärme, um das durch Spalten eindringende Grundwasser zu erwärmen. In bis zu 2000 m Tiefe erhitzt sich das Wasser durch den Kontakt mit dem heißen Gestein und gelangt in einem Kreislauf, der mehrere Tausend Jahre dauern kann, irgendwann wieder an die Oberfläche. Heiße Quellen sind mineralienreich, sie enthalten Kochsalz, Natriumsulfat, Kalzium, Eisen, Fluor und Bor, aber auch gelöste Gase wie Sauerstoff und Stickstoff.

Einige der rund 600 Thermalquellen, wie die **Blaue Lagune** oder die in **Landmannalaugar**, sind bekannte Touristenattraktionen, andere werden zum Heizen von Wohnungen, Schwimmbädern und Gewächshäusern genutzt. Wer an einem kalten, verregneten Tag irgendwo mitten in der Landschaft schon mal in einem heißen Pool gebadet hat, freut sich über diese angenehme Nebenerscheinung der postvulkanischen Aktivität.

Unter dem Eis schlummert das Feuer

Für Glaziologen ist Island ein Paradies, denn immerhin sind rund 11 % des Landes von Gletschern bedeckt. Mit dem **Vatnajökull** besitzt Island den größten Gletscher Europas, unter dessen bis zu 1000 m dicker Eisschicht sich eine zerklüftete Hochgebirgslandschaft befindet, die für die Ausbildung der teilweise riesigen Gletscherspalten auf seiner Oberfläche verantwortlich ist. An seiner Südflanke befindet sich der größte Talgletscher, der 18 km lange Breiðamerkurjökull. An solchen Gletscherzungen wird klar, dass Gletscher keine statischen Eisklötze, sondern ständig in Bewegung sind. Wie ein Strom aus riesigen Eisblöcken schieben sich die **Gletscherzungen** von der Schwerkraft angetrieben in Zeitlupe vom Plateau zu Tal. Einige Zungen kommen nur wenige Zentimeter pro Tag vorwärts, andere können sich auch schon mal ein paar Meter vorwärts schieben. Durch dieses ständige Abfließen bilden sich auf der Oberfläche unzählige Risse, die scheinbar ungeordnet in alle Richtungen verlaufen. Im Inneren entstehen durch diese Bewegungen enorme Spannungen, und irgendwann reißt das Eis und es entstehen bis zu 30 m tiefe Spalten. Noch tiefer im Inneren des Gletschers steht das Eis unter solch gewaltigem Druck, dass es sich elastisch verformt und deshalb nicht mehr wie das sprödere Eis an der Oberfläche zerreißt.

Die Gletscher werden kleiner

Die isländischen Gletscher sind keine Relikte der letzten Eiszeit, sondern haben sich während der Kälteperiode vor rund 2500 Jahren gebildet. Ihre größte Ausdehnung hatten sie zwischen dem 14. und 19. Jahrhundert. In den letzten Jahren hat der Vatnajökull, wie viele andere Gletscher Islands und auch im restlichen Europa, an Masse verloren. Unter dem Gletscher befindet sich der aktive Vulkan **Grímsvötn**, der 2004 letztmals ausgebrochen ist. Ein früherer Ausbruch, jener von 1996, war so heftig, dass zwei bis drei Kubikkilometer Eis schmolzen, die sich als mächtiger Gletscherlauf in die Skeiðarársandur-Ebene ergossen und dabei riesige Eisblöcke mitrissen und Straßen und Brücken zerstörten.

Leben mit der Katastrophe

Seit der Besiedlung Islands leben die Menschen mit der Gewissheit, dass sich jederzeit eine Naturkatastrophe ereignen kann. Vulkanausbrüche, Erdbeben und verheerende Gletscherläufe haben in der Ver-

GEYSIRE

Geysire sind heiße Springquellen, die vom Grundwasser gespeist werden. Von Zeit zu Zeit stoßen sie eine Wassersäule explosionsartig aus. Wie funktioniert ein solcher Geysir?

① Wassersäule
1880 stellte der Göttinger Chemiker Robert Wilhelm Bunsen eine Theorie zur Funktion von Geysiren auf, die in Grundzügen heute noch gilt. Geysire sind Teil des Grundwassersystems, das sich bis in große Tiefen erstreckt. Unter dem Austrittsloch ist ein tiefer Schacht, in dem eine Wassersäule steht, die unten durch Erdwärme erhitzt wird. Durch den Druck der Wassersäule liegt dort der Siedepunkt weit über 100 °C. Entscheidend für die Entstehung eines Geysirs ist, dass das Wasser bis auf weit über 100 °C aufgeheizt wird, wegen des großen Drucks in der Tiefe aber nicht anfangen kann zu kochen.

② Verdampfung
Wird der Druck zu groß, steigt Dampf abrupt nach oben, dehnt sich dabei immer weiter aus, reißt darüber stehendes Wasser mit sich und es kommt zu einer explosionsartigen Verdampfung, die die treibende Kraft bei der Ausbildung der aufsteigenden Wassersäule ist.

③ Trichter
Der schlotartige Wasserzufuhrkanal erweitert sich an der Erdoberfläche zu einem Trichter.

④ Wasserzufuhrkanal
Nach der Eruption füllt sowohl zurückfließendes Wasser als auch Grundwasser den Schacht in wenigen Minuten für einen neuen Kreislauf.

Der Strokkur im Haukadalur
Wirkung und Lebensdauer eines Geysirs sind sowohl von der Wärmezufuhr als auch vom Wasserzustrom abhängig.

Wasser zu Dampf
Infolge der Druckentlastung liegt die Wassertemperatur über dem Siedepunkt. Das überhitzte Wasser wird zu Dampf.

Eruption
Die explosionsartige Ausdehnung von Wasserdampf presst die darüberstehende Wassersäule aus der Erde.

Zu Beginn
Die Wasserglocke, die man beim Strokkur gut beobachten kann, besteht aus relativ kühlem Wasser, das oben im Schacht steht und zuerst herausgedrückt wird.

3
2
4
1
© Baedeker

gangenheit immer wieder zu Zerstörungen geführt, große wirtschaftliche Schäden verursacht und auch Menschenleben gekostet. Die Geschichte Islands liest sich wie eine Aneinanderreihung von Katastrophen: Im Jahre 934 öffnet sich die **Feuerschlucht Eldgjá** und stößt große Mengen Lava aus. 1104 bricht die **Hekla** aus, bis heute meldete sich der Vulkan noch weitere 168 Mal. 1783 führt der Ausbruch der **Laki-Spalte** zur größten Katastrophe seit der Besiedlung der Insel. In der Zeit nach dem Ausbruch sterben rund 10 000 Isländer. 1947 ereignet sich ein intensiver Ausbruch der Hekla. 1963 führen unterseeische Eruptionen vor der Südküste zum Auftauchen der neuen Insel **Surtsey**. Im Jahr 1973 schießen auf der Insel **Heimaey** aus einer sich plötzlich öffnenden, 1,6 km langen Spalte Lavafontänen. Dieser Ausbruch auf den Westmännerinseln richtet große Schäden an und führt zur zeitweisen Evakuierung der Bevölkerung. 1996 schmelzen nach einem Vulkanausbruch unter dem Vatnajökull Teile des Gletschers, was zu einem gewaltigen Gletscherlauf führt, der Teile der Ring-

? WUSSTEN SIE SCHON ...?

- ... dass seit der Besiedlung Islands durchschnittlich alle fünf Jahre ein Vulkan auf der Insel ausbrach?

Krafla-Ausbruch 1984

straße zerstört. In absehbarer Zeit rechnen Vulkanologen mit einem großen Ausbruch der Katla unter dem Mýrdalsjökull, was zu einem ähnlich gewaltigen Gletscherlauf wie bei seinem letzten Ausbruch 1918 führen könnte. Seit Beginn der Aufzeichnungen ist die Katla im Durchschnitt alle 50 Jahre aktiv geworden, ein weiterer Ausbruch ist also eigentlich längst überfällig.

Land ohne Wald: zur Flora Islands

Die Vegetation Islands ist, verglichen mit der in Mitteleuropa, äußerst spärlich. Auch im Vergleich zu Gegenden, die ein ähnliches Klima haben, ist der Artenreichtum geringer. Besonders auffällig ist das fast vollständige Fehlen von Wald. Die Vegetation besteht in erster Linie aus Moosen, die viele Lavaflächen überziehen, und Wiesen, die in erster Linie im Flachland und an der Küste zu finden sind. Ansonsten behaupten sich noch Zwergsträucher, Krüppelbirken, Erika und Preiselbeeren. An warmen Quellen und Bächen haben es die Pflanzen leichter, hier ist die Vegetation oft sattgrün. Für **Farbtupfer in der Landschaft** sorgen Kräuter wie der arktische Thymian, Wollgras, Storchschnabel, Engelwurz, Schafgarbe, Löwenzahn, Sumpfdotterblume, Sumpfveilchen und stengelloses Leimkraut.

David gegen Goliath: Das Pflänzchen setzt sich durch.

Raubbau an der Natur

Vor den großen Eiszeiten im Tertiär, als ein erheblich milderes Klima auf der Insel im Nordatlantik herrschte, waren weite Landstriche von dichten Laub- und Mischwäldern bedeckt. Eichen, Buchen, Sumpfzypressen und Ulmen waren ebenso anzutreffen wie der nordamerikanische **Mammutbaum**. Dies lässt sich anhand fossiler Braunkohlelager und versteinerter Blätter belegen. Doch selbst nach der letzten Eiszeit und vor der Besiedlung durch den Menschen muss Island noch völlig anders ausgesehen haben. Die alten Schriften berichten, dass die Insel von den Bergen bis zum Meer bewaldet war. Schätzungen gehen davon aus, dass damals rund die Hälfte des Tieflandes mit Wäldern bedeckt war. Doch schon die ersten Siedler machten sich daran, den Wald zu dezimieren. Holz wurde zum Haus- und Schiffbau benötigt, zum Heizen und zur Verhüttung von Sumpferz. Was an jungen Trieben übrig blieb, fraßen die mitgebrachten Schafe kahl. Wegen der rauen arktischen Bedingungen konnte sich die empfindliche Vegetation von diesem **Raubbau** nie wieder erholen, und so ist die heutige Gestalt der Insel auch ein Produkt von 1000 Jahren Siedlungsgeschichte. Heute erinnern nur noch einige alte Ortsnamen, in denen das Wort »Wald« (Skógur, Mörk) vorkommt, an die Zeit vor dem Auftauchen des Menschen.

Eiszeit dezimiert Pflanzenvielfalt

Die letzte Eiszeit hat nicht nur die Landschaft Islands ganz entscheidend mitgestaltet, auch die heutige Tier- und Pflanzenwelt ist ein Resultat dieser Kälteperiode. Mit dem Eis sind viele Pflanzenarten verschwunden und wegen der isolierten Lage, des harten Klimas und der vulkanischen Aktivitäten ist nach der Erwärmung und dem Abtauen des Eispanzers nur relativ wenigen Arten die Neubesiedlung gelungen. Heute wachsen zwar rund **5000 verschiedene Pflanzen- und Pilzarten** auf Island, davon sind aber nur 440 höhere Blütenpflanzen, von denen einige erst mit Hilfe des Menschen nach Island kamen. Bis auf ganz wenige endemische Arten sind alle isländischen Pflanzen auch in Norwegen und auf den Britischen Inseln anzutreffen. Dass die Insel trotzdem häufig grün erscheint, liegt an den mit Moos bewachsenen Lavaflächen, denn Basaltlaven sind nährstoffreich und der ideale Untergrund für dicke Moosteppiche und Flechten. Ohne Vegetation bleiben dagegen die Rhyolith- und Obsidianlaven.

Gesellschaft für den Fuchs: Islands Tierwelt

Der Eisbär zu Gast

Auch die Tierwelt Islands ist nicht sehr artenreich. Vor der Ankunft der ersten Siedler war der **Polarfuchs** das einzige Säugetier auf der Insel. Sein riesiges Revier musste er sich nur mit denjenigen Tieren teilen, die durch die Luft oder auf dem Wasser mehr oder weniger zufällig auf die entlegene Insel gelangten. Insekten und Vögel gehörten sicher dazu und hin und wieder trieb mal ein **Eisbär** auf einer Eisscholle vorbei, doch nie konnte sich einer zum Bleiben durchringen. Die Menschen brachten **Schafe und Pferde** und als blinde Passagiere höchstwahrscheinlich auch **Mäuse und Ratten** mit. 1771 wurden einige **Rentiere** aus Norwegen eingeführt, die den Speiseplan der Isländer bereichern sollten. Die Tiere vermehrten sich gut und noch heute leben rund 3000 von ihnen wild im Osten und Nordosten, ein bedeutender Wirtschaftsfaktor wie in Lappland wurden sie aber nie. Einige Nerze konnten sich von den Pelztierfarmen stehlen und dezimieren seither den Vogelbestand.

Islandpferde

Mit den ersten Siedlern kamen auch die ersten Pferde nach Island. Durch die isolierte Lage der Insel im Nordatlantik haben sich diese **Ur-Islandpferde** in den letzten 1000 Jahren praktisch nicht verändert. Um diese einzigartige Rasse zu bewahren, wurde schon auf dem Althing ein Gesetz erlassen, das den Import von Tieren verbot. Auch heute noch gilt dieses Importverbot und selbst ein auf der Insel aufgewachsenes Islandpferd, das im Ausland war, darf nicht mehr zurück. Die Tiere sind bestens an die harten Bedingungen angepasst, sie sind klein, muskulös, ausdauernd, trittsicher und haben ein dichtes, im Winter zotteliges Fell. Über viele Jahrhunderte waren sie das einzige Fortbewegungsmittel auf der unwegsamen Insel, wobei eine Besonderheit, die vierte Gangart, der **Tölt**, das Reiten sehr bequem macht. Der Reiter wird nicht wie beim Trab aus dem Sattel gehoben, denn beim Tölt gibt es keine Schwebephase, es sind immer abwechselnd ein oder zwei Beine am Boden. Islandpferde, die neben Schritt, Trab und Galopp auch den Tölt beherrschen, werden **»Viergänger«** genannt, diejenigen, die zusätzlich noch den **Skeið**, einen schnellen Passgang können, sind **»Fünfgänger«**.

Das Islandpferd: muskulös, ausdauernd, trittsicher – und nachdenklich?

»Liebling, wie war dein Tag?« Papageitaucher pflegen innige Partnerschaften.

Gedränge auf den Vogelfelsen

Im Gegensatz zu den Landsäugetieren ist die Vogelpopulation zahlreich. Anzutreffen sind unter anderem Schneehühner, Gerfalken, Austernfischer, Goldregenpfeifer, Schneeammern, Rotdrosseln, Uferschnepfen, Küstenseeschwalben und besonders am Mývatn viele verschiedene Entenarten. Eines der beeindruckendsten Naturschauspiele Islands sind die **Vogelfelsen** an der Küste, auf denen jedes Jahr einige Millionen Seevögel brüten. Die Felsen sind streng hierarchisch organisiert und jede Art hat ihren festen Platz: In der Nähe des Wassers brüten die Gryllteisten, Krähenscharben und Dreizehenmöwen, darüber nisten die Eissturmvögel, Trottellummen, Tordalken und Basstölpel. Die obersten Stockwerke belegen schließlich die Papageitaucher. Von allen gleichermaßen gefürchtet wird die Große Raubmöwe (Skua), die mit atemberaubenden Flugmanövern versucht, anderen Vögeln die Beute abzujagen, aber auch mal einen Vogel erbeutet.

Fische, Wale und Robben

In den Binnengewässern gibt es keine reinen Süßwasserfische, auch hier ist die Artenvielfalt gering. Die Menge an Lachsen, Forellen, Saiblingen, Aalen und Stichlingen ist in einigen Flüssen aber durchaus beachtlich. In den Küstengewässern finden rund **300 Fischarten** gute Lebensbedingungen, von denen Dorsch, Hering und Lodde die größte wirtschaftliche Bedeutung haben. Gefangen werden aber auch Scholle, Heilbutt, Schellfisch, Steinbutt, Seehecht und Rotbarsch. In den Küstengewässern leben zudem Seehunde und andere Robben sowie mehrere Walarten. Auf den Walsafaris, die in erste Linie von der Halbinsel Snæfellsnes und von Húsavik starten, bestehen gute Chancen, Orcas, Schweinswale, Zwergwale, Buckelwale oder Finnwale zu sichten. Mit etwas Glück taucht sogar einer der äußerst seltenen Blauwale vor der Küste auf.

Walfang

Als Problem für den Waltourismus könnte sich der 2003 wieder aufgenommene **Walfang zu vermeintlichen Forschungszwecken** erweisen. Walbeobachtungsunternehmer verzeichneten in der Folgezeit einen Einbruch der Buchungen um 90 %. So könnte das Beharren Islands auf dem Walfang den Waltourismus und damit einen wichtigen Wirtschaftsfaktor ernsthaft gefährden. Die Wal- und Delfinschutzorganisation WDCS geht sogar so weit zu behaupten, dass in Island eine Koexistenz von Walfang und Waltourismus nicht möglich ist, denn in der Vergangenheit wurden schon Zwergwale in der Nähe der Touristenboote bejagt. Dabei ist das starrköpfige Festhalten der Isländer an alten Traditionen ökonomisch kontraproduktiv, denn der Walfang von heute hat **keine wirtschaftliche Bedeutung** mehr und wird sie auch in absehbarer Zukunft nicht mehr erlangen.

Bevölkerung · Wirtschaft · Politik

Nachfahren der Wikinger

Die Isländer sind die direkten Nachfahren der Wikinger, die von Norwegen aus die Insel im Nordatlantik besiedelt haben. Aber auch ein Schuss Keltenblut aus Großbritannien und Irland fließt in den Adern der heutigen Isländer. Die isländische Gesellschaft gilt als homogen, der Ausländeranteil ist wegen der restriktiven Einwanderungspolitik gering. Manchmal scheint es gar, dass jeder mit jedem verwandt ist. So ist es vielleicht auch nicht verwunderlich, dass sich viele Isländer mit Ausdauer und Begeisterung der **Ahnenforschung** widmen und jeder seinen Stammbaum viele Generationen zurückverfolgen kann. Die Isländer reden sich mit dem Vornamen an, so wie es schon zur Zeit der Landnahme war. Nur leben heute erheblich mehr Menschen in Island als früher und so ist es doch etwas mühsam, in dem nach Vornamen sortierten Telefonbuch von Reykjavík nach jemandem zu suchen. Für die Isländer ist der Vorname wichtiger als der Nachname, der nach altgermanischer Tradition bei Söhnen gebildet wird, indem an den Vornamen des Vaters ein »-son« und bei Töchtern ein »-dóttir« angehängt wird. Einar Jónsson wird also Einar gerufen und ist der Sohn von Jón, Guðrún Egilsdóttir steht im Telefonbuch unter Guðrún, sie ist die Tochter von Egil.

? WUSSTEN SIE SCHON ...?

- ... dass Island die weltweit niedrigste Kindersterblichkeit hat und dass isländische Männer länger leben als ihre Geschlechtsgenossen in jedem anderen Land der Erde?

Vom Armenhaus zum Wohlfahrtsstaat

Lange gehörte Island zu den ärmsten Ländern Europas, erst im 20. Jh. vollzog sich ein rasanter Wandel – von einem rückständigen Agrarland zu einer modernen Wohlfahrtsgesellschaft. Obwohl die Landwirtschaft wegen des geringen Anteils der zur Verfügung stehenden Nutzfläche und der kurzen Vegetationsperiode nie besonders ertragreich war, lebte vor rund 100 Jahren noch die Hälfte der Bevölkerung auf Einzelhöfen entlang der Küste. Heute sind es weniger als 10 %, wobei die meisten Bauern Schafzucht betreiben.

Ohne Fisch kein Wohlstand

Die wirtschaftliche und soziale Entwicklung Islands nach dem Zweiten Weltkrieg wurde durch die so genannte **Aufbauregierung** geprägt, die aus einer Koalition von bürgerlich-konservativer Selbstständigkeitspartei, Sozialdemokratischer Partei und Sozialistischer Einheitspartei bestand. Das vorrangige Ziel war, die Wirtschaft anzukurbeln und die Lebensbedingungen der Bevölkerung zu verbessern. Die größten Investitionen flossen in die Fischerei und Fisch verarbeitenden Betriebe. So verfügte das Land bald über eine der größten und modernsten Fischfangflotten der Welt. Die Zahl der Menschen, die in **Fischerei und Fischverarbeitung** tätig waren, nahm dennoch in der Folgezeit beständig ab, doch zeitweise bestritt das Land über 90 % der Exporte aus diesem Wirtschaftszweig. Gefangen werden noch heute in erster Linie Kabeljau, Hering, Rotbarsch, Schellfisch und Heilbutt. Mit den Einnahmen aus der Fischerei finanziert Island einen Großteil seiner Rohstoff-, Lebensmittel-, Brennstoff- und Maschinenimporte. Um die Abhängigkeit von der Fischerei etwas zu reduzieren, wurden seit den 1960er-Jahren mit ausländischer Hilfe einige energieintensive Industriebetriebe angesiedelt.

Auf dem Weg in die Zukunft

Seit Mitte der 1990er-Jahre ist die Wirtschaft Islands stabil. Nach einigen Jahren starken Wirtschaftsaufschwungs kam es im neuen Jahrtausend zu einer kurzfristigen Abschwächung. Heute zählt Island zu den Ländern mit dem höchsten Pro-Kopf-Einkommen der Welt. Das Problem, dass Island mit Ausnahme von Fisch, Energie und einigen im Inland kostenintensiv produzierten landwirtschaftlichen Erzeugnissen die meisten Güter teuer importieren muss, wird wohl noch eine Weile bestehen bleiben. Der **Tourismus** steht mittlerweile an zweiter Stelle der Deviseneinnahmen, und wenn es gelingt, Reisende auch außerhalb der Sommermonate anzulocken, sollte die gegenwärtige Zahl von rund 360 000 Besuchern (darunter ca. 44 000 Deutsche) pro Jahr noch zu steigern sein. Der Lebensstandard der Isländer ist momentan der höchste weltweit. Ein nicht zu unterschätzender Faktor für die **hohe Lebensqualität** ist sicher auch die in weiten Teilen noch intakte Natur, die jedem Isländer viel Raum für Freizeitaktivitäten lässt.

Diesem Mann kann das isländische Wetter rein gar nichts anhaben.→

Das vermeintlich homogene Volk der Isländer musste im Zuge der fortschreitenden Genforschung neuen Erkenntnissen ins Auge schauen: Auch keltisches Blut fließt in seinen Adern.

DAS VOLK DER GLÄSERNEN GENE

Das Erbgut des Menschen ist entschlüsselt. Jetzt sind die Wissenschaftler auf der Suche nach Wirkstoffen, mit denen genetisch bedingte Krankheiten behandelt werden können. Dazu bedarf es so genannter Biobanken, in der genetische Informationen und Gesundheitsdaten miteinander vernetzt sind. Island hat als erstes Land eine solche eingerichtet.

Wenn auch das Erbgut des Menschen entschlüsselt ist, verstehen wir auch mit diesem Wissen das biologische Gebilde »Mensch« immer noch nicht viel besser. Wir besitzen zwar weniger Gene als erwartet, dafür sind die Wechselwirkungen aber viel komplexer. Erst jetzt beginnt der wirklich schwierige Part, nämlich die genetischen Unterschiede zwischen einzelnen Menschen herauszufinden, um so die **Risikofaktoren**, die zu Krankheiten führen, besser abschätzen zu können. Doch das eigentliche Ziel ist noch einen weiteren großen Schritt entfernt, nämlich neue Wirkstoffe gegen bisher nicht behandelbare Krankheiten zu finden – hier wittern viele Pharmaunternehmen das große Geschäft. Für diese komplexe Aufgabe benötigt man als Erstes **Biobanken**, die möglichst vollständige Gesundheitsdaten eines Großteils der Bevölkerung und ebenso viele Blutproben enthalten müssen. Die Isländer waren die Ersten, die mit dem Aufbau solch einer Biobank begonnen haben, mittlerweile haben Estland und Großbritannien nachgezogen.

Ein weiter Weg

Auch in diesem Geschäft zahlt sich Schnelligkeit in barer Münze aus, doch die isländische Blutproben-

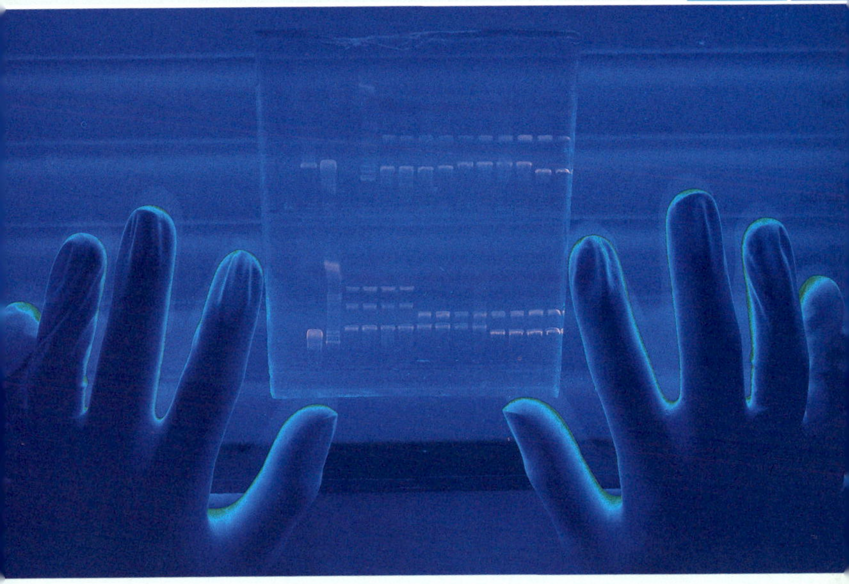

sammlung umfasst wohl erst einige Tausend Stück. Die genaue Zahl ist ein Firmengeheimnis von **deCode genetics**, doch bis jetzt ist man noch weit davon entfernt, einen Blick in das Erbmaterial aller Isländer werfen zu können.

Eine Hand voll Wikinger

Dafür, dass gerade Island als erstes Land eine Biobank aufgebaut hat, gibt es gute Gründe: Die Isländer sind ein junges Volk, denn erst vor rund 1000 Jahren kamen die ersten Wikinger aus Norwegen und besiedelten die Insel im Nordatlantik. Es kann nur eine Hand voll Menschen gewesen sein, die damals gelandet sind und da es praktisch **keine weitere Zuwanderung** gab, müssten die knapp 300 000 Menschen, die heute auf der Insel leben, im Prinzip alle miteinander verwandt sein. Das wäre für Genforscher die ideale Population und optimal für die Suche nach erblich bedingten Krankheiten. So war die Theorie, als Kari Stefánsson, Professor für Medizin, seine Firma deCode genetics in Reykjavík gründete. Auch der Schweizer Pharmariese Hoffmann-La Roche war von seiner Idee so begeistert, die Isländer genetisch und genealogisch zu erfassen, dass er ihm 1997 Zusammenarbeit und viel Geld anbot.

Begeisterte Ahnenforscher

Mittlerweile gibt es schon die ersten überraschenden Ergebnisse, denn die isländische Bevölkerung ist gar nicht so homogen, wie immer angenommen wurde. Auf ihrem Weg nach Island haben die wilden Rotbärte wohl erst in **Schottland und Irland** Halt gemacht und sich einige Frauen besorgt, die wohl für den nicht unerheblichen Anteil keltischen Blutes verantwortlich sind. Wenigstens der andere Grund, warum gerade Island für dieses Projekt ideal schien, war dann stichhaltig. Die Isländer for-

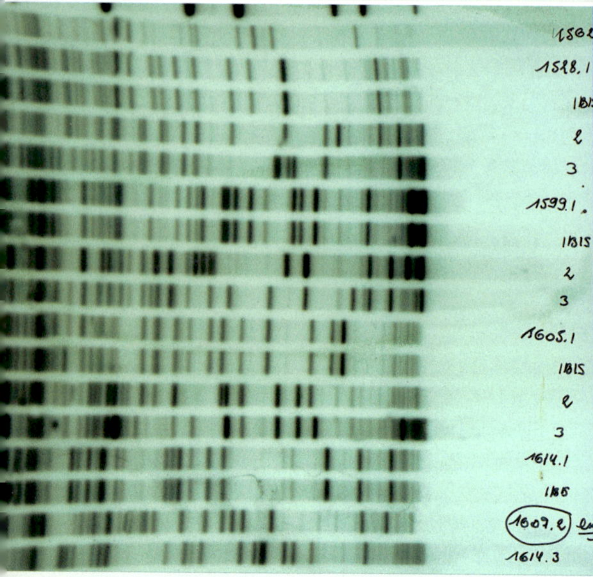

Auf den Spuren des DNS-Codes

schen mit Ausdauer und Begeisterung nach ihren Ahnen. Und da auch ihre Vorfahren schon dieser Leidenschaft nachgegangen sind, enthält das **Nationalstammbuch** fast alle Verwandtschaftsverhältnisse der Insel – bis zu den Zeiten der Landnahme.

Privatsphäre in Gefahr

Ein weiteres Mosaik liefern isländische Ärzte seit rund 100 Jahren Krankenakten sammeln, die zusammen mit der Genforschung Licht in das Zusammenspiel von Umwelteinflüssen und Erbanlagen bei der **Entstehung von Krankheiten** bringen könnten. Eine weitere Voraus- setzung war das Gesetz von 1998, das zuließ, dass sämtliche **Gesundheitsdaten aller Isländer** – der lebenden und toten – in einer zentralen Datenbank gesammelt werden dürfen. Die Lizenz für Aufbau und Nutzung ging, für die Dauer von zwölf Jahren, an deCode genetics. Es war ein schnell auf den Weg gebrachtes, weit reichendes Gesetz, das auch die kommerzielle Nutzung der Daten vorsah, was später zu Protesten führen sollte. Denn nicht ganz ohne Grund fürchten die Isländer, dass Daten an private Firmen ohne jeglichen Schutz der Privatsphäre und ohne ethische Kontrollinstanz weitergegeben werden.

»Dazu haben die isländischen Ärzte seit rund 100 Jahren unzählige Krankenakten gesammelt, die zusammen mit der Genforschung Licht in das Zusammenspiel von Umwelteinflüssen und Erbanlagen bei der Entstehung von Krankheiten bringen könnten.«

Außenposten im Nordatlantik: Islands Politik

Laut Verfassung steht der für vier Jahre direkt gewählte Präsident an der Spitze des Staates. 1980 übernahm mit **Vigdís Finnbogadóttir** erstmals eine Frau das Amt des Präsidenten, sie war die erste Frau der Welt, die als Staatsoberhaupt gewählt worden ist. Sie wurde drei Mal wiedergewählt und hatte das Amt bis 1996 inne, danach verzichtete sie auf eine erneute Kandidatur. Ihr Nachfolger wurde Ólafur Ragnar Grímsson. Die Regierung besteht aus dem Ministerpräsidenten und zehn Ministern. Das Parlament (Alþing) wird alle vier Jahre in acht Wahlkreisen gewählt und besteht aus 63 Mitgliedern. Die Parteienlandschaft wird bestimmt von der linksliberalen Fortschrittspartei, der konservativ-liberalen Unabhängigkeitspartei, der Sozialdemokratischen Partei und der sozialistischen Volksallianz. Seit Gründung der Republik im Jahre 1944 konnte keine Partei allein regieren, es mussten immer Koalitionsregierungen gebildet werden. Die Koalitionen von Konservativen und Sozialdemokraten (1959–1971) führten über einen längeren Zeitraum zu innenpolitischer Stabilität, in den Folgejahren wechselten die Koalitionen dann häufiger. Die **Mitgliedschaft in der NATO** und die seit dem Zweiten Weltkrieg enge Bindung an die USA sind die wichtigsten Eckpfeiler der isländischen Außenpolitik. In der NATO spielt das Land als strategischer Außenposten im nordatlantischen Raum eine wichtige Rolle. Seit dem Abkommen von 1951 unterhielten die USA in Keflavík einen nicht unumstrittenen Luftwaffenstützpunkt, den sie aber 2006 aufgaben.

? WUSSTEN SIE SCHON ...?

- ... dass Island trotz seiner Mitgliedschaft in der NATO noch nie ein eigenes Heer hatte?

Geschichte

Von der Entdeckung zur Besiedlung der Nordmeerinsel, vom Freistaat zur norwegischen und dänischen Fremdherrschaft, von der Reformation zur Unabhängigkeit – Islands Geschichte ist eng verknüpft mit den Entwicklungen auf dem (nord-)europäischen Festland.

Die Anfänge

1. Jh. n. Chr.	Tacitus berichtet von »Thule«.
ab dem 6. Jh.	Irische Mönche auf Island?
ab dem 8. Jh.	Wikinger nähern sich der Insel.

Inselspringen über vier Jahrtausende

In dreieinhalb Stunden fliegen die Jets der Icelandair vom europäischen Kontinent nach Island, keine sechs Stunden benötigen Anschlussflüge in die USA, und dank der Zeitverschiebung steht für Start und Landung bei einem Flug von Island ins benachbarte Grönland sogar dieselbe Stunde im Flugplan. Die Abstände auf dem Nordatlantik sind heute klein, lange brauchte der Mensch indes, sie zu überwinden: Island wurde als letztes Land Europas entdeckt und besiedelt; kein anderes in der »alten Welt« hat eine so junge Geschichte. Eine prähistorische Phase fehlt gänzlich. Die **Erschließung des Nordatlantiks** ist ein langsames Inselspringen. Von der Zeit, für die man die ersten Siedlungsspuren auf den schottischen Orkney-Inseln nachweisen kann – ca. 3500 v. Chr. – bis zur ersten Berührung von Europäern mit Island vergehen rund 4000 Jahre.

Wikinger nähern sich Island

Auch die berühmtesten Nordatlantikbewohner, die **Nordleute**, eher bekannt unter der Bezeichnung **Wikinger**, etablieren sich in der Region nicht von einem Tag auf den anderen. Sie arbeiten sich ab dem frühen 7. Jh. n. Chr. über die Shetland- und die Färöer-Inseln bis Island vor, erreichen um 980 Grönland und 20 Jahre später sogar Nordamerika. Ihre Entdeckungen sind mehr vom Zufall bestimmt als vom systematischen Suchen. Kräftige Stürme bringen die Schiffe von gewohnten Routen ab und lassen die Menschen an Bord neue Ufer betreten. Wo die Islandfähre Norröna heute mit doppelt gesicherter Maschinenkraft, 21 Knoten Geschwindigkeit und der Hilfe von Satellitennavigation ihren Kurs steuert, gehen die Menschen der Besiedlungszeit im 9. und 10. Jh. an die **Grenzen der bekannten Welt** – genau genommen fürchten sie sogar, von der Scheibe zu fallen.

Die Römer auf Island?

Ganz im Norden: Thule

Roms bekannter Chronist **Tacitus** berichtet vom Besuch einer römischen Flotte etwa 83/84 n. Chr. in den Gewässern nördlich der britischen Inseln, deren Südteil zu dieser Zeit unter römischer Herrschaft steht: »ac simul incognitas ad id tempus insulas, quas Orcadas vocant, invenit domuitque, dispecta est et Thule ...« Zu Deutsch: »Zugleich fand sie [die Flotte] zur damaligen Zeit noch unbekannte Inseln, die man Orcaden nennt, und befriedete sie. In der Ferne wurde

←Ein Arbeiter überwacht das Abladen einer Kabeljaufuhre. Der Fischfang ist noch heute ein wesentlicher Wirtschaftsfaktor.

Thule erblickt ...« Tacitus benutzt hier den Namen Thule für das »Nördlichste«. Er kennt sicherlich die Schriften des **Pytheas aus Marseille**, der im 4. Jh. v. Chr. eine Reise in nördliche Gefilde gemacht hatte und dessen Aufzeichnungen unter Geografen und Entdeckern bis weit ins Mittelalter hinein kursieren, uns jedoch nur durch mehr oder minder authentische Zitate anderer Autoren überliefert sind.

Die Schriften des Pytheas

Pytheas prägt für das Land, das er am weitesten im Norden entdeckt, den Begriff **Ultima Thule**. Er beschreibt sogar die Mitternachtssonne, ob aus eigenem Erleben, wird jedoch bezweifelt. Nach heutigem Forschungsstand dürfte Pytheas Mittelnorwegen um Trondheim oder das Nordende des Bottnischen Meerbusens erreicht haben, auf keinen Fall jedoch Island, denn sein Thule ist ein bewohntes Land. Seit Pytheas geistert der Name indes durch die Literatur der Entdeckungen und wird immer wieder aufgegriffen, wenn es gilt, das absolut Nördlichste der bekannten Welt einer Epoche zu benennen. So wird Island zum Thule des europäischen Mittelalters und heute trägt eine amerikanische Airbase in Nordostgrönland den Namen.

Erstes Schriftliches vom Hörensagen

Irische Mönche auf der Suche nach Einsamkeit

Abgesehen von den Schriften des Pytheas und derer, die bei ihm abschreiben, taucht erst ab dem 9. Jh. n. Chr. wieder Neues in der Literatur über den Nordatlantik und seine Entdeckungen auf. Der in Frankreich lehrende irische **Mönch und Geograf Dicuil** schreibt um 825 nieder, was er von Kollegen über deren Reisen Ende des 8. Jhs. Richtung Färöer-Inseln und Island gehört hat, ohne aber selbst dabei gewesen zu sein. Er berichtet in seiner »De mensura Orbis terrae« von Begegnungen gottesfürchtiger Iren mit Nordleuten auf den Färöer-Inseln: »Die Lust auf das Einsiedlerleben hat schon vor hundert Jahren ein paar irische Mönche zu den vielen Inseln im nördlichen Teil des britischen Meeres geführt, die man bei günstigem Wind in zwei Tagen von den britischen Inseln aus erreichen kann. Die seit der Erschaffung der Welt unbewohnten und namenlosen Inseln sind nun als Folge des Auftauchens nordischer Seeräuber von den Einsiedlern wieder verlassen«. Dicuils Schriften zeigen darüber hinaus, dass die Mönche auch Island besuchen, dort einen Sommer verbringen und sogar noch weiter segeln, »eine Tagesreise nordwärts, bis sie das Meer zugefroren fanden«.

Brendans Reise

Nach der Legende kreuzen der 484 im irischen Kerry geborene Mönch **Brendan und andere Ordensbrüder** von der grünen Insel auf der waghalsigen Suche nach Einsamkeit mit kleinen Fellbooten, den Currachs, im Nordmeer. Zweifel daran, ob Brendan – dem Beschreibungen von Geysiren und »brennenden Bergen« zugeschrieben wer-

Historische Karte basierend auf den Schriften des Pytheas: Ist sein Ultima Thule Island? →

OCEANVS DEVCALIONIVS
THVLE INSVLA
VOLAS SINVS
LEMANONIVS SINVS
CALCEDONI SILVA
Longi fl.
Itis fl.
Lona fl.
Ripalis
Ila fl.
Clotais est.
Alabina
Victoria
Orrea
Coria
Dilla fl.
OCEANVS GERMANICVS
MAGNAE GERMANIAE PARS
GALLIAE BELGICAE PARS
Reni fluuii pars

den – Island tatsächlich erreichte, ergeben sich aus der langen Spanne zwischen der vermeintlichen Reise im frühen 5. Jh. und der Niederschrift darüber im 9. Jh., als Island schon entdeckt und die Phänomene also bekannt waren. Viele Historiker nehmen heute an, dass der Entdecker Brendan eine Kunstfigur mit den Lebensdaten eines real existierenden Kirchenmannes ist. Auf ihn werden reale Berichte, aber auch Legenden und Sagen projiziert, die in der keltischen Welt über Seefahrer im Umlauf sind.

Dokumentierte Geschichte

12. Jh.	Ari Þorgilsson verfasst das Íslendingabók.
um 870	Harald Schönhaar reißt in Norwegen die Herrschaft an sich.
ab 870	Die dauerhafte Besiedlung Islands nimmt ihren Anfang.

Ari Þorgilsson

Glaubwürdiger wird die Geschichte Islands und des gesamten Nordmeers von nordischen Siedlern dokumentiert. Ari Þorgilsson, einer der wenigen namentlich bekannten Historiker des mittelalterlichen Islands, verfasst Anfang des 12. Jh.s aus einer Rückschau von gut 200 Jahren das **Íslendingabók**, das Buch der Isländer. Dieses Werk ist im Gegensatz zu den Sagas historisch ernst zu nehmen. Ari bestätigt auch seinen irischen Kollegen Dicuil: Die ersten nordischen »Isländer« stoßen auf christliche Männer, die sie Papen nennen.

Archäologische Belege

Die moderne Archäologie hat in den letzten Jahrzehnten jedoch bewiesen, dass es schon vor der schriftlich dokumentierten Besiedlung Islands nordische Siedler auf der Insel gibt und dass sie auch neben den Papen leben. Die offizielle Geschichte Islands, nach der sich auch die nationalen Jubelfeiern richten, folgt aber weiter dem Isländerbuch des Ari Þorgilsson sowie dem **Landnámabók**, dem Buch der Landnahme eines unbekannten Historikers.

Harald Schönhaar – Vereiniger und Vertreiber

Politische Umwälzungen in Norwegen

Harald I. Hårfagre, Harald Schönhaar, reißt Anfang der 870er-Jahre in Norwegen die Alleinherrschaft an sich und setzt dem oligarchischen System ein Ende, in dem Großbauern in ihren Bezirken wie kleine Könige herrschten. Die, die sich der neuen Zentralgewalt nicht unterwerfen wollen, verlassen die alte Heimat und brechen zu neuen Ufern auf. Die Shetland- und Orkney-Inseln, die Hebriden und Irland sind nicht lange Zufluchtsstätten, denn nach damaligem Verständnis gehören all diese Gebiete zu **Harald Schönhaars Norwegen**, und bald nach der Unterwerfung des norwegischen Kernlandes setzt er auch hier seinen Machtanspruch durch und ihm ergebene Männer in wichtige Positionen ein.

Die Anfänge dokumentierter Geschichte

Haralds Westinseltour

Snorri Sturluson, von dem noch die Rede sein wird, schreibt in seiner **Heimskringla**, einem Werk über die norwegischen Könige, zum Kriegszug des Harald Schönhaar: »Zuerst erreichte er die Shetlands und tötete dort alle Wikinger, die nicht vorher Reißaus genommen hatten. Dann segelte er zu den Orkneys und reinigte auch sie von allen Wikingern. Anschließend fuhr er zu den Hebriden, heerte da und erschlug viele Wikinger... Dann schlug er sich in Schottland... Als er auf die Isle of Man kam, war ihm die Kunde über all die Kämpfe, die er geschlagen hatte, schon vorausgeeilt. Alles Volk floh ins Innere Schottlands, und die Isle of Man war menschenleer.« Die Folgen von Haralds Westinseltour sind die gleichen wie im Mutterland: Wer sich mit den neuen Machtverhältnissen nicht abfinden will, flieht.

Zufallsfund zur rechten Zeit

Sklaven als erste Dauersiedler

Da trifft es sich gut, dass von den Reisen zweier Männer erzählt wird: Auf dem Weg zu den Färöer-Inseln verwehen kräftige Winde einen gewissen **Naddoður**, und ein **Garðar Svavarsson** sucht ein Land, das seine hellseherisch begabte Mutter ihm beschrieben hatte. Beide kommen an Islands Küste. Naddoður landet im Gebiet der Ostfjorde, bricht aber bald wieder Richtung Färöer-Inseln auf. Garðar stellt mit einer Umsegelung Islands fest, dass das entdeckte Land eine Insel ist, und verbringt dann einen Winter im Norden, dort wo heute die Stadt Húsavík liegt. Beide berichten nach ihrer Rückkehr über das neue Land, das Naddoður Snæland, Schneeland, und Garðar, gänzlich unbescheiden, Garðarshólmur nennt. Über all diese Details der Besiedlung Islands berichtet das schon erwähnte Landnámabók. Dort ist eine Episode nur in einem Nebensatz erwähnt, die sonst von der Geschichtsschreibung kaum aufgegriffen wird: Náttfari, ein Sklave, setzt sich zusammen mit einer Magd von Garðar Svavarsson ab und bleibt in der Nähe von Húsavík, als sein Herr wieder nach Süden segelt. An der kleinen Bucht **Náttfaravík**, an dem Húsavík gegenüberliegenden Ufer der weiten Bucht Skjálfandi, wird sein Siedlungsplatz vermutet. Somit wären ein entlaufener Sklave und eine Magd die ersten (Dauer-)Siedler Islands.

Ein eiskalter Winter sorgt für Islands Namen

Den kurzen Besuchen von Naddoður und Garðar folgt bald ein Siedlungsversuch. **Flóki Vilgerðarson** bricht vom norwegischen Rogaland Richtung Island auf. Er richtet sich auf eine dauerhafte Besiedlung ein und landet im Westen der Insel, am Nordufer des Breiðafjörður. Flóki versäumt es, sich um Wintervorräte für das mitgebrachte Vieh zu kümmern, das er prompt im folgenden Winter verliert. Im Frühling segelt er in die alte Heimat zurück, nicht aber ohne der Insel einen Namen gegeben zu haben: Island – Eisland. Nach Thule, Snæland und Garðarshólmur der vierte und bleibende Name für die Insel.

Islands Besiedlung schreitet voran

Streit um eine Frau

Der abschreckende Name hat keine solche Wirkung: 874 – so ist es im Landnámabók beschrieben – verlassen zwei Norweger ihr Land, um zur endgültigen und dauerhaften Besiedlung Islands zu schreiten. **Ingólfur Arnarson und Leifur Hróðmarsson**, wie Brüder aufgewachsen, sind auf der Flucht: Im Streit um eine Frau haben sie getötet; den beiden droht nun die Blutrache der betroffenen Familie. Ingólfur wohnt zuerst im Süden Islands an einem Platz, der heute seinen Namen trägt: **Ingólfshöfði**. Später zieht er an eine Bucht, an der es raucht – Reykjavík. Nach den Überlieferungen wirft Ingólfur bei seiner Anreise zwei beschnitzte Baumstämme vor Island ins Meer und lässt sie nach der Landung suchen. In der **Rauchbucht**, wo sie angespült werden, schafft er sich dann seine neue Heimat.

Leifur und die Männer aus dem Westen

Leifur lässt sich unterhalb des Mýrdalsjökull an einem Ort nieder, der heute Hjörleifshöfði heißt. Er hat nicht lange etwas von der neuen Heimat. Die Sklaven, die er aus dem Westen geholt hat, erschlagen ihn. Anschließend fliehen sie auf die Inseln, die in Sichtweite vor der Küste liegen und die damit ihren Namen bekommen: Insel der Männer aus dem Westen – **Vestmannaeyar**. Auch sie leben nicht lange. Ingólfur nimmt Rache für seinen Ziehbruder. Islands Geschichte beginnt mit Mord und Totschlag.

Ein stattlicher Mann und Besiedler Islands: Ingólfur Arnarson →

Island – ein Einwanderungsland

Ingólfur folgt ein Strom von Menschen, die sich in Island eine neue Existenz aufbauen wollen. In etwa einem halben Jahrhundert kommen rund 400 Einwandererführer nebst ihrem Tross. Wie viele Personen das insgesamt waren, kann nur geschätzt werden, wahrscheinlich zwischen 20 000 und 30 000, aber auch die Zahl 70 000 wird genannt. »Ísland byggäist fyrst ýr Norvege á dogum Harallz ens hárfraga, Hálfdanar sonar ens svarta ...« (Island wurde zuerst von Norwegen aus besiedelt, während der Zeit Harald Schönhaars, des Sohns Halfdans des Schwarzen ...), beginnt **Ari Þorgilssons Íslendingabók**. Dass nachweislich viele Siedler aus den norwegischen Besitzungen in Britannien und Irland kamen, macht Aris Aussage nicht falsch: Für ihn und seine Zeit war das Norwegen. Genetische Untersuchungen belegen auch den keltischen Einfluss. Etwa jeder zehnte Isländer der Gründergeneration stammt von den britischen Inseln.

Das Alþing, Parlament aller?

um 930	Abschluss der Landnahme in Island. Das erste Alþing tagt.
982	Erik der Rote entdeckt Grönland.
um 1000	Christianisierung. Leifur, Sohn Eriks, entdeckt Amerika.

Entstehung politischer Strukturen

Im Jahr 930 ist die Landnahme in Island praktisch abgeschlossen, das frei verfügbare Land aufgeteilt. Erste politische Strukturen entstehen, zuerst auf lokaler Ebene die **Godentümer**. Die Goden rekrutieren sich aus jenen reichen Bauern, die auf ihrem Besitz einen Tempel für die Menschen ihrer Region betreiben. Neben der Tempelpflege werden ihnen bald auch weltliche Aufgaben angetragen bis hin zur Rechtsprechung. Ab etwa 900 entstehen zu ihrer Unterstützung regionale Thingversammlungen, die jedoch so autark sind, dass man das Recht überall im Lande unterschiedlich auslegt.

Alþing in Þingvellir

Um zu einer einheitlichen Regelung des Gemeinwesens zu gelangen, trifft man sich 930 erstmals zum nationalen Alþing. Drei Jahre zuvor hat eine Gruppe national denkender Goden einen rechtskundigen Mann, **Úlfljótur**, nach Norwegen geschickt, um dort eine Gesetzessammlung zusammenzustellen. Nach der Rückkehr trägt er seine Fassung des neuen isländischen Rechts mündlich auf dem Alþing vor. Damit begründet Úlfljótur eine Tradition, die bis zur schriftlichen Fixierung des Rechts Anfang des 12. Jh.s besteht: Der gewählte Gesetzessprecher trägt das gesamte Recht mündlich auf der jährlichen Versammlung des Alþing vor. Dies gibt ihm eine herausragende Stellung, denn er kann, solange kein Widerspruch erhoben wird, sogar das Recht verändern, indem er Gesetze anders vorträgt oder weglässt. Als Versammlungsplatz wird ein Ort im Südwesten des Landes, östlich von Reykjavík, ausgewählt: **Þingvellir, das Feld des Things**.

Das Alþing der Isländer ist das bedeutendste Thing im Nordmeerbereich, weil es die Belange des größten und des einzigen relativ souveränen Staatswesens der Region regelt. Es ist gesetzgebende und rechtsprechende Versammlung, auf eine Exekutive verzichtet der erste isländische Freistaat jedoch. Seine Bürger können Rechtstitel erlangen, sie durchzusetzen ist dann Privatsache, einschließlich der **Vollstreckung von Todesurteilen**.

Exekutive? Fehlanzeige

Das Parlament des heutigen Island heißt immer noch Alþing und sieht sich in direkter Folge der Versammlung des ersten Freistaates und damit als ältestes bestehendes Nationalparlament der Welt. Aber: Das frühe Alþing repräsentiert eine Oligarchie, angeführt von drei bis vier Dutzend Goden, deren **Gefolgschaft aus freien Männern** besteht. Doch im damaligen Island sind die meisten Menschen nicht frei oder keine Männer oder weder das eine noch das andere und damit nicht im Alþing vertreten.

Oligarchie statt Demokratie

Das frühe Alþing ist für die, die dort entscheiden dürfen, ein Symbol ihrer Freiheit vom König in Norwegen, obwohl die Kontakte dorthin nicht abbrechen. Reisen in die alte Heimat gehören zum Alltag. Die Sprache dokumentiert das: Im Altisländischen segelt ein Schiff von Norwegen nach Island »út« – nach draußen – und in umgekehrter Richtung »útan« – von draußen. Für die Söhne der großen isländischen Familien gehört es zur Karriere, am Königshof in Norwegen gedient zu haben. **Harald Schönhaars Sohn Håkon** gründet eine Elite-

Reise »von draußen«

Hier wurden »Recht« gesprochen und Urteile vollstreckt: Þingvellir, das Feld des Things.

truppe, in der viele junge Isländer dienen und dem König den Treueid schwören. Trotz allem können sich die Isländer über ein halbes Jahrhundert den Bestrebungen aus Norwegen widersetzen, auf die Entscheidungen des Alþings Einfluss zu nehmen. König Olav I. Tryggvesson ändert das: Er ergreift alle Isländer, die gerade in Norwegen sind, lässt sie unter Zwang taufen, behält vier Söhne wichtiger Familien als Geiseln und erpresst damit die Entscheidung des Alþings, die Segnungen des Christentums auch in Island anzunehmen; so geschehen im Jahr 1000 des Herrn.

Dualismus des Glaubens Schon bald nach dem Beginn der Christianisierung um 1000 gewinnt die Kirche an Einfluss, wird aber nicht übermächtig. Bischofssitze entstehen in Skálholt und Hólar. Einige Zeit existieren alte und neue Religion nebeneinander, oft sogar in einer Familie. Den berühmtesten Fall erzählt die Saga von Erik dem Roten, der die europäische **Besiedlung Grönlands** anführt. Während Erik den alten Göttern huldigt, wendet sich seine Frau Þjodhlið dem Christentum zu. Auf dem Gelände ihres Hofes Brattahlíð in Südwestgrönland entsteht sogar eine kleine Kirche, die erste in der neuen Welt.

Island als Sprungbrett zur Neuen Welt

Nach Amerika Erik ist eine der schillerndsten Figuren des jungen Island. Schon früh muss er mit seinem Vater Þorvaldur wegen Totschlags Norwegen

Leif Erikson und seine Crew haben amerikanischen Boden unter den Füßen.

verlassen und siedelt im Bezirk Dalir in Westisland. Auch dort bringen ihm weitere Verbrechen die **Ächtung** ein – will er überleben, muss er das Land verlassen. Zu der Zeit machen Geschichten die Runde, dass nicht weit im Westen noch mehr Land sei. Erik entdeckt es 982 tatsächlich und nennt es, als er drei Jahre später wieder in Island auftaucht, werbewirksam Grønland, Grünland. »Weil er glaubt, Menschen haben eher Lust, dorthin zu ziehen, wenn das Land einen schönen Namen hat«, stellen Ari Þorgilsson und andere Saga-Autoren Eriks Absichten bloß. Seine Strategie hat dennoch Erfolg: 986 folgt Erik ein Treck von gut 500 Personen in die »Neue Welt«, nur 300 kommen an, elf der 25 Schiffe gehen verloren. Der in Island geächtete Erik wird der geachtete Führer der kleinen Kolonie. Sein Sohn Leifur, noch im isländischen Dalir geboren, sorgt dafür, dass sein Name und der seines Vaters unsterblich werden: **Leifur Eiríksson** entdeckt um das Jahr 1000 Amerika. Lange nur durch Zitate aus verschiedenen Sagas belegt, ist dies seit den 1960er-Jahren durch Funde in L'Anse aux Meadows auf Neufundland archäologisch bestätigt. Eine deutliche Klimaverschlechterung – für die Zeit von 1390 bis 1550 belegen Untersuchungen des grönländischen Inlandeises eine längere Kälteperiode – lässt Islands Verbindungen nach Westen um 1400 abbrechen und in Vergessenheit geraten.

Das Ende des Freistaates

1262	Island wird der norwegischen Krone unterworfen.
ab 1302	Wirtschaftlicher Niedergang
1380	Island gelangt in dänische Hände.
16. Jh.	Die Reformation führt zu blutigen Auseinandersetzungen.
1800	Das Alþing wird aufgelöst.

Vom Schlichter zum Herrscher

Island erlebt nach Abschluss der Besiedlung bis ins neue Jahrtausend hinein Jahre in Frieden und Wohlstand. Dann besiegeln die Isländer ihr Schicksal selbst. Streitereien zwischen den Mächtigen im Lande beginnen. Die norwegischen Könige werden anfänglich als Schlichter gern gesehen, später mischen sie sich ungefragt ein. Ab 1152 untersteht Island in kirchlichen Belangen dem Erzbistum Nidaros, dem heutigen Trondheim. 1238 werden erstmals Norweger auf beide isländischen Bischofsstühle gesetzt. 1241 fällt Snorri Sturluson, als Literat und Historiker eine unbestrittene Größe, als Machtpolitiker aus einem der führenden Geschlechter Islands eher Mittelmaß, einer Intrige zum Opfer. 1258 schafft es der norwegische **König Håkon IV. Håkonsson**, einen ihm ergebenen Verwalter in Island einzusetzen – er bekommt den Titel Herzog von Island – und vier Jahre später ist das Werk vollbracht: Die Isländer leisten dem norwegischen König auf dem Alþing den Treueid, der Herzog wird Vizekönig. Der Freistaat ist zerschlagen und Norwegens Macht auf dem Nordatlantik auf einem Höhepunkt, zumal sich schon im Jahr zuvor auch die kleine Kolonie in Grönland der norwegischen Krone unterworfen hat.

Wirtschaftlicher Niedergang

Die neue Herrschaft bringt nur kurze Zeit Frieden und Wohlstand für die Isländer. Nach wenigen Jahren ist der konjunkturelle Aufschwung beendet. Der Handel ist von fremden Schiffen abhängig geworden, die **Ex-Wikinger** haben die eigene Seefahrt vernachlässigt. Die fremden Schiffe kommen meist nur, wenn der zu erwartende Profit groß genug ist. Ab 1302 lässt der norwegische König den Islandhandel nur noch für Norweger zu, später ausschließlich für Kaufleute aus Bergen. Die nutzen das Monopol rücksichtslos aus, zahlen den Isländern schlechte Preise für ihre Waren und liefern schlechte Waren für deren Geld.

Island gelangt in dänische Hände

Eine Frau mischt 1376 die Karten im Norden neu: Margrete, Tochter des verstorbenen dänischen und Ehefrau des norwegischen Königs Håkon VI., sorgt dafür, dass im **Wahlkönigreich Dänemark** ihr sechsjähriger Sohn als Oluf III. Håkonsson zum Nachfolger ihres Vaters gewählt wird. Als Margretes Mann 1380 stirbt, wird der kleine Oluf automatisch als Olav IV. Håkonsson König im Erbkönigreich Norwegen und damit auch Herrscher über die Besitzungen im Nordmeer. Der Tod des jungen Königs mit 17 Jahren bringt Margrete formal die Regentschaft, die sie aber schon längst ausübt. Das Zentrum des nordischen Großreiches, zu dem in der Kalmarer Union (1397 – 1448) auch Schweden gehört, verlagert sich schnell nach Dänemark.

Die Reformation lässt Köpfe rollen

Dänemarks Einfluss wächst

Als sich im 16. Jh. die Reformation nach Norden ausbreitet und in Dänemark nach einem blutigen Bürgerkrieg 1536 verordnet wird, gilt das auch für die Außenbesitzungen. In Island haben indes die beiden katholischen Bischöfe die innenpolitischen Probleme Dänemarks genutzt und die weltliche Macht an sich gerissen. Es kommt zu heftigen Auseinandersetzungen mit Toten auf beiden Seiten. Im Jahr 1541 wird das **Bistum Skálholt** im Süden gewaltsam reformiert, während im nordisländischen Hólar der populäre Jón Arason als letzter Bischof im gesamten Nordeuropa Rom die Treue hält. Er macht den Fehler seines Lebens, als er nach dem Tod seines lutherischen Konkurrenten in Skálholt dort mit Waffengewalt den Bischofsstuhl besetzt und den Katholizismus wieder einführt. Wenig später wird er überwältigt und zusammen mit zweien seiner Söhne enthauptet. Da mit dieser Bluttat Dänemark auf der Insel beträchtlich an Einfluss gewinnt, wird Jón Arason zu einem **Märtyrer für die Freiheit** Islands stilisiert; sein Tod wird mit der Ermordung zahlreicher Dänen gerächt, seine sterblichen Überreste tragen seine Anhänger nach Hólar.

Notzeiten

Die Dänen bringen bald den Handel wieder gänzlich in ihre Hände und erklären schließlich den Nordatlantik zu ihrem Staatsgebiet. Im Jahr 1602 wird den Isländern unter Strafandrohung gar verboten, mit Dritten Handel zu treiben. Die Bevölkerung ist ganz von der Gnade der Monopolisten abhängig, die der König bestellt. Die sind aber alles andere als gnädig. Die Isländer geraten in Not. In dieser Zeit bringt **Árni Magnússon**, der sich mit den Dänen arrangiert hat, die meisten Handschriften in Sicherheit, in denen die isländische Literatur des Mittelalters überliefert ist. Er darf auch nicht mehr lange warten, denn bei der verarmenden Bevölkerung werden die Häute, auf denen die Schriften stehen, zu vielem benutzt, nur nicht mehr zum Lesen. Die Schriften gelangen nach Kopenhagen, ein Teil fällt dort später Stadtbränden zum Opfer.

Island am Rande des Abgrunds

Naturkatastrophen

In Island scheint sich nun auch noch die Natur gegen die Bewohner zu wenden. Seuchen, die mal Tier, mal Mensch treffen, Hungersnöte, schwere Winter und der nicht zur Ruhe kommende Vulkanismus fordern regelmäßig Opfer. **Höhepunkt der Naturkatastrophen** ist der Ausbruch der Lakispalte in Südisland 1783/84. Dabei entsteht die Eldhraun, die Feuerlava, mit ihren 560 km² – in historischer Zeit die größte zusammenhängende Lavafläche der Welt. Zudem gelangen giftige Gase in die Atmosphäre. Zeitzeugen schreiben von Schwefelwolken, die sich über ganz Island ausbreiten. Die Móðuharðindi, die

Kaum ein Land der Erde wurde derart von Naturkatastrophen geprägt wie Island.

schlechten Zeiten mit dem Dunst, kommen über das Land. 9000 Menschen sterben an den Folgen des Ausbruchs, fast der ganze Viehbestand geht zugrunde. 910 Jahre nach der Besiedlung planen Kolonialbeamte in Kopenhagen, Island zu evakuieren und den Überlebenden eine neue Heimat in den Heidegebieten Jütlands zu geben. Viele hätte man nicht umquartieren müssen, denn zu keinem Zeitpunkt seit der Landnahme lebten so wenige Menschen in Island, wie nach dieser Katastrophe. Man lässt die Überlebenden aber letztendlich doch, wo sie sind, und geht den preiswerteren Weg: Die Dänen lockern 1786 das Handelsmonopol. Langsam kommt wieder Leben ins Land – wirtschaftlich. Politisch bleiben die kommenden Jahre düster. Die **Abhängigkeit von der Zentralregierung in Kopenhagen** wird größer. 1798 tritt das fast bedeutungslose Alþing zum letzten Treffen zusammen, 1800 wird es formal aufgelöst.

Der Weg zur Unabhängigkeit

1814	Die dänisch-norwegische Doppelmonarchie wird aufgelöst.
1845	Das Alþing tritt wieder zusammen.
1918	Island wird »selbstständiges« Königreich.
1944	Unabhängigkeit Islands; Ausrufung der Republik
1986	Gorbatschow und Reagan treffen sich in Reykjavík.
2003	Island nimmt den Walfang wieder auf.

Wiedergeburt des Alþing

Nach den napoleonischen Kriegen, die in Europa wüteten, wird die dänisch-norwegische Doppelmonarchie von den Siegermächten – Dänemark kämpfte auf Seiten Frankreichs – bei Kriegsende 1814 aufgelöst. Norwegen kommt unter schwedischen Einfluss, wird aber bald unabhängig. Seine alten Kolonien Grönland, Island und die Färöer-Inseln bleiben jedoch bei Dänemark. Das frühe 19. Jh. mit seinen nationalen Bewegungen wirkt indes auch bis in den hohen Norden. In Kopenhagen sammeln sich isländische Studenten und Intellektuelle, unterstützt von liberalen Dänen. Sie eint das Bemühen um die Bewahrung der isländischen Kultur und der Sprache, die immer mehr vom Dänischen verdrängt wird. Bald werden sie aber politisch, fordern die Wiedereinsetzung des Alþing und gewinnen auch in Island Anhänger. Der junge **Jón Sigurðsson** (1811 – 1879), als Pastorensohn an einem abgelegenen Fjord im Nordwesten Islands aufgewachsen, wird schließlich ihr Führer. Im Gegensatz zu den Romantikern der ersten Stunde, die den historischen Freistaat mit einer Parlamentsversammlung in Þingvellir wiederbeleben wollen, ist er Realpolitiker mit einem modernen Island vor Augen. Er schafft es, dass das Alþing 1845 als modernes **Parlament in Reykjavík** zusammentritt, wenn auch anfänglich nur als beratende Versammlung. Eine Verfassungsreform 1874 gibt dem Alþing gesetzgebende Gewalt, Staatsoberhaupt bleibt aber der dänische König. Der setzt einen Gouverneur ein, der wiederum einem Islandministerium in Kopenhagen verantwortlich ist. In den Augen der Isländer sind das natürlich nur halbe Sachen. 1904 bekommen sie ein Häppchen mehr: Das Islandministerium wird aufgelöst. In Reykjavík entsteht ein neuer, dem Alþing verantwortlicher Apparat. Ab 1915 weht über Island eine eigene Flagge. Im Jahr 1918 wird das Land durch einen Unionsvertrag selbstständiges Königreich – in Personalunion mit Dänemark.

Kriegswirren führen zur Selbstständigkeit

Alliierte Truppen in Island

Im April 1940 fällt die deutsche Wehrmacht in Dänemark und Norwegen ein. Britische Truppen besetzen daraufhin das formal neutrale Island, um einer vermeintlichen **Okkupation durch Deutschland** zuvorzukommen, das in den vorangegangenen Jahren auffälliges Interesse an der strategisch so gut gelegenen Insel gezeigt hat. Islands Regierung protestiert zwar, ruft aber die Bevölkerung zur Ruhe auf und bittet, die Briten wie Gäste zu behandeln. Für die Isländer nichts leichter als das: Die Soldaten bringen viel Geld ins Land und benötigen reichlich Arbeitskräfte; das verdrängt die letzten Folgen der wirtschaftlichen Rezession der 1930er-Jahre. Um Großbritannien zu entlasten, übernehmen 1941 Amerikaner die Rolle der beschützenden Besatzer, diesmal mit Zustimmung des Alþing. Das hat vorher eine Erklärung verlangt und bekommen, die die **Souveränität Islands** bestätigt und einen Abzug der Truppen gleich nach Kriegsende verspricht. Mit den Amerikanern kommen noch mehr Geld, noch mehr Arbeitsplätze, neue Bautechniken und viel technisches Know-how. Das Land boomt geradezu und macht einen Entwicklungssprung im Zeitraffertempo. Auch sonst geht es den Isländern wirtschaftlich gut, vor allem da sie Großbritannien mit Fisch versorgen. Das Land selbst bleibt von Kriegshandlungen verschont, nicht jedoch seine Handelsflotte, sodass Island im Verhältnis zur Bevölkerungszahl einen relativ hohen **Blutzoll** in diesem Krieg zahlen muss.

Ausrufung der Republik

1943 läuft der 25 Jahre zuvor zwischen Dänemark und Island geschlossene **Unionsvertrag** ab. Die Isländer verlängern ihn nicht, sondern lösen ihn einseitig auf. Dazu sind sie formal berechtigt, ob unter diesen Umständen auch moralisch, bezweifeln viele Dänen noch heute. Am 17. Juni 1944, dem 133. Geburtstag des Freiheitshelden Jón Sigurðsson, wird an historischer Stelle in Þingvellir die Republik ausgerufen. 682 Jahre nach der Machtübernahme durch Håkon IV. Håkonsson haben die Isländer ihre Freiheit zurückerlangt.

NATO-Stützpunkt Keflavík

Mit einer kurzen Unterbrechung von 1947 bis 1951 sind amerikanische Soldaten im Land stationiert. Sie haben ab 1951 Keflavík zu einem großen **NATO-Stützpunkt** ausgebaut und sind, abgesichert durch ein Verteidigungsabkommen, für Islands Landesverteidigung zuständig. Island trat zuvor 1949 der NATO bei, ohne jedoch eigene Streitkräfte zu haben. Der Beitrag des Landes für das Bündnis besteht ausschließlich aus der strategischen Lage.

Amerikanische Truppen als Streitfaktor

Der Streit über die Fragen **»Amerikaner im Land – ja oder nein?« und »Stützpunkt Keflavík – ja oder nein?«** bestimmt lange die politische Diskussion im Nachkriegsisland und führt während der NATO-Beitrittsabstimmung vor dem Alþing in Reykjavík zu den schwersten politischen Krawallen, die das Land je erlebt hat. Zweimal versuchen später linke Regierungskoalitionen, die Verträge mit den Amerikanern zu kündigen und sie zum Verlassen des Landes zu bewegen. 1956 stimmt sogar das Alþing entsprechend ab, dann aber marschieren Truppen des Warschauer Paktes in Ungarn ein und die Isländer verfolgen den Plan nicht weiter. Seit dem Ende des Ost-West-Konflikts 1989/1990 ist die Präsenz der Amerikaner kein Thema mehr, denn diese schließen 2006 ihre Basis Keflavik.

Reykjavík im Mittelpunkt der Weltpolitik

International macht Island selten politische Schlagzeilen, abgesehen von einem Weltereignis 1986: Die beiden mächtigsten Männer der Erde, **Ronald Reagan und Michail Gorbatschow**, treffen sich zum ersten Mal – auf neutralem Boden in Reykjavík. Hier nimmt eine politische Entwicklung ihren Anfang, die die Welt nachhaltig verändert (s. oben). Bei einer der Folgen tritt Island fünf Jahre später wieder für Augenblicke ins Rampenlicht: Das Land spielt den Vorreiter bei der diplomatischen Anerkennung der baltischen Staaten, woraufhin Russland seinen Botschafter aus Reykjavík zurückruft.

Es darf auch mal geschmunzelt werden

Reykjavík im Mittelpunkt der Hundelobby

Von solchen Ausnahmen abgesehen, wird über Island eher Skurriles berichtet, zum Beispiel, wenn der Finanzminister droht, seinen Job an den Nagel zu hängen und das Land zu verlassen, weil seine Hunde nicht in Reykjavík leben dürfen, wo es ein **Hundeverbot** gibt. Wenig später wird die Haltung der Vierbeiner versuchsweise zugelassen, nach Abschluss einer Versuchsphase aber per Volksentscheid wieder verboten. Überhaupt sorgen eigenwillige Verbote oder deren Aufhebung immer wieder für Meldungen: 1989 fällt unter weltweiter Medienbeachtung das 74 Jahre ständig hintergangene Bierverbot. Auch darf seit März 2002 nach 45 Jahren wieder geboxt werden; das Verbot hatte das Alþing seinerzeit nach einer Massenschlägerei vor einem Tanzlokal beschlossen, weil daran Sportboxer beteiligt waren. Negatives Aufsehen erregt regelmäßig das **Thema Walfang** (► S. 27), mit dem sich Island vor allem Ende der 1980er-Jahre isoliert. Zwischen 1990 und 2003 verzichtet Island auf den Walfang, bis es ihn zu »Forschungszwecken« wieder aufnimmt.

Das Eis ist gebrochen, der Vorhang fällt: Ronald Reagan und → Michail Gorbatschow beginnen in Reykjavík, die Welt zu verändern.

Kunst und Kultur

Wann entstanden die isländischen Sagas? Was versteht man unter Skaldendichtung? Wer schrieb den ersten isländischen Roman? Welche Motive bevorzugt der Maler Jóhannes Kjarval? Was hemmte die Entwicklung der Bildhauerei in Island? Fragen, die auf den nächsten Seiten ihre Antwort finden.

Das kulturelle Erbe Islands

12. – 14. Jh.	Entstehung der isländischen Sagas
1850	Der erste isländische Roman erscheint.
19. Jh.	Die Isländer beginnen, sich intensiver mit der Malerei zu beschäftigen.
1. Hälfte 19. Jh.	Jónsson und Sveinsson avancieren zu den bedeutendsten Bildhauern Islands.
1950	Todesjahr des namhaftesten isländischen Architekten, Guðjón Samúelsson
1955	Halldór Laxness erhält den Literaturnobelpreis.

Norwegische Einflüsse

Islands kulturelle Tradition wurde in ihren Anfängen von skandinavischen und speziell von norwegischen Einflüssen geprägt. Schon früh spielte der bewusste Umgang mit Sprache und Literatur eine wichtige Rolle und wurde von großen Teilen der Bevölkerung geschätzt. So ist es auch nicht verwunderlich, dass die Literatur, die bis ins Mittelalter zurückreicht, zu einem unverzichtbaren Bestandteil des kulturellen Erbes geworden ist. Eine Voraussetzung dafür war die **Einführung der lateinischen Schriftsprache**, die zusammen mit dem Christentum ins Land kam. Die Jahrhunderte lang politisch unfrei, in bitterer Armut lebenden Isländer konnten wegen der isolierten Lage erst spät bzw. gar nicht an neuen Tendenzen der europäischen Kunst und Kultur teilnehmen und befassten sich deshalb intensiv mit den mittelalterlichen Handschriften. Diese wurden seit dem 17. Jh. systematisch gesammelt, wobei Árni Magnússon (1663 bis 1730), der erste isländische Universitätsprofessor in Kopenhagen, eine wichtige Rolle spielte. Auf seinen Islandreisen sammelte er **alte Handschriften** und ließ sie nach Kopenhagen bringen. Dort blieben sie bis 1971, erst dann wurden die erhalten gebliebenen Handschriften – ein Großteil war während des Brandes von 1728 in Kopenhagen ein Opfer der Flammen geworden – von den Dänen an die Isländer zurückgegeben. Für Island war dies ein historisches Ereignis, welches das endgültige Wiedererlangen der Kulturhoheit dokumentierte.

Literatur: Von den Sagas bis zu Laxness

Sagas

Isländische Sagas gehören zu den herausragenden Werken der Weltliteratur. Die zwischen dem 12. und 14. Jh. entstandenen Werke zählen zu den vielfältigsten mittelalterlichen Schriften in Europa – entstanden auf einer abgelegenen, armen Insel im Nordatlantik. Man nimmt an, dass die Sagas am Anfang mündlich überliefert und erst

←Schnörkellos, einfach und zweckmäßig: Isländische Architektur verkörpert Schlichtheit – und vermag dennoch zu gefallen.

dann aufgezeichnet wurden. Wer sie geschrieben hat, ist bis heute nicht klar, eine Zuordnung ist auch deshalb schwer, weil die Originale nicht mehr existieren. Sagas sind eine Verknüpfung von Fiktion und Geschichtsschreibung und zeugen vom hohen künstlerischen Können des Verfassers. Abschriften sowie ausgeschmückte und überarbeitete Fassungen sind seit dem 13. Jh. erhalten geblieben. Die Königssagas beschreiben nordische Herrscherdynastien bis zurück ins 9. Jahrhundert. Herausragend unter den Königssagas ist die **»Heimskringla« von Snorri Sturluson**, in der erstmals Geschichte chronologisch erzählt wird. Die Isländersagas wurden um die Mitte des 13. Jh.s aufgeschrieben, also erst 200 bis 400 Jahre nach den in ihnen beschriebenen Ereignissen. Als Meisterstück dieser klassischen Zeit der altisländischen Prosa gilt die **Njáls-Saga**, die sich mit so gut wie allen menschlichen und gesellschaftlichen Konflikten auseinandersetzt. In der Sturlunga-Saga wird das Ende des isländischen Freistaates in allen Einzelheiten und Grausamkeiten literarisch aufgearbeitet. Da sich die isländische Sprache seit dem Mittelalter kaum verändert hat, werden die Sagas auch heute noch verstanden und viele Isländer kennen zumindest die Inhalte der wichtigsten Werke.

Edda/ Skaldendichtung

Zur frühen isländischen Literatur gehören auch die Eddalieder und die Skaldendichtung. Die Skaldendichtung kam aus Norwegen und Schottland nach Island. Die älteren Eddalieder beschäftigen sich mit den Geschicken der skandinavischen und germanischen Götter. Die jüngere oder Snorra-Edda gibt Einblicke in die **altgermanische Mythologie**. Sie wurde von Snorri Sturluson (1179 – 1241) verfasst und ist gleichzeitig ein Lehrbuch der komplizierten Skaldendichtung. Ihren Namen bekam diese Art der Dichtung von den Skalden, höfischen Dichtern, die die Taten ihrer Mäzene in den höchsten Tönen, meist mit musikalischer Untermalung, lobten. Nachdem Island seine Unabhängigkeit verloren hatte, geriet die Literatur in eine Krise und außer kirchlichen Schriften entstand bis zum Beginn des 19. Jh. kaum noch Prosaliteratur.

Auf dem Weg in die Moderne

Die Moderne beginnt mit dem Erscheinen des ersten isländischen Romans »Jüngling und Mädchen« 1850 von Jón Thoroddsen. Es ist eine Liebesgeschichte und gleichzeitig eine realistische Schilderung des isländischen bäuerlichen Lebens zu dieser Zeit. Insgesamt war das 19. Jh. die Zeit der **Nationalromantik**, die die traditionellen Lebensformen in Island beschrieb. Einer der bekanntesten Vertreter dieser Richtung ist Gunnar Gunnarsson (1889 – 1975), dessen erfolgreichstes Buch »Die Leute auf dem Berg« eine Familiengeschichte im Bauernmilieu erzählt. Gunnarsson schrieb große Teile seines umfangreichen Werkes in Dänisch und erlangte so auch außerhalb Islands einen gewissen Bekanntheitsgrad. Spätestens mit der Verleihung des Nobelpreises an Halldór Laxness (► Berühmte Persönlichkeiten S. 61) im Jahr 1955 kam die isländische Literatur wieder zu internationaler Anerkennung. Höchstwahrscheinlich ist es ihm zu verdanken, dass heute einige moderne isländische Autoren auch im Ausland gelesen werden, obwohl es die alles beherrschende Figur von Halldór Laxness jungen Autoren sicher nicht leicht gemacht hat, sich in ihrer Heimat durchzusetzen.

Malerei und Bildhauerei

Erst im 19. Jh. beschäftigten sich die Isländer intensiver mit der Malerei. **Sigurður Guðmundsson** (1833 – 1874) gründete 1863 das isländische Nationalmuseum, und Þorarinn Þorláksson war im Jahre 1900 der erste isländische Maler mit einer Einzelausstellung seiner Landschaftsbilder. Mit **Ásgrímur Jónsson** (1876 – 1958) beginnt die moderne isländische Malerei, deren Landschaften, Porträts und Stillleben sich durch wunderbare Lichtstimmungen auszeichnen. Auch **Jóhannes Kjarval** (1885 – 1972) verstand es meisterhaft, in seinen Landschaftsbildern das Meer und die Fischer im Licht des Nordens zu malen. Er ist einer der bekanntesten isländischen Künstler und in der nach ihm benannten städtischen Kjarvalsstaðir-Galerie in Reykjavík (►S. 255) sind viele seiner Werke ausgestellt.

Mangelware Holz

Die Bildhauerei führte jahrhundertelang ein Schattendasein in Island, unter anderem, weil das vorherrschende vulkanische Gestein nur schwer zu bearbeiten und Holz Mangelware war. Die mit Pflanzen- und Drachenornamenten verzierte mittelalterliche **Kirchentür**

Einar Jónssons Nähe zum Symbolismus ist unverkennbar.

von Valðjófsstaður in Ostisland stammt aus dem 13. Jh. und ist eine der wenigen erhalten gebliebenen Holzschnitzereien aus dem Mittelalter. Während der Reformation wurden viele katholische Reliquien zerstört oder nach Dänemark geschafft. Aus der Zeit nach der Reformation sind lediglich einige Holzskulpturen sowie Truhen und Schränke mit schönen Rankenmotiven erhalten geblieben.

Einar Jónsson und Ásmundur Sveinsson

Durch seine Skulpturen, die stark von nordischer, griechischer und asiatischer Mythologie beeinflusst sind, wurde Einar Jónsson (1874 – 1954) bekannt. Nicht zu übersehen sind seine Werke im Zentrum von Reykjavík, die Ingólfur Arnarson, den ersten Besiedler Islands und Jón Sigurðsson, den Kämpfer für die nationale Selbstständigkeit, darstellen. Weitere seiner Werke sind in einem von ihm selbst entworfenen **Museum in Reykjavík** zu sehen. Der bekannteste Bildhauer ist der in Westisland geborene Ásmundur Sveinsson (1893 – 1982), der seine zum Teil monumentalen Arbeiten nach Motiven der Edda schuf. Wie viele andere isländische Künstler verbrachte auch Sveinsson viele Jahre im Ausland und studierte unter anderem in Paris und Stockholm.

Architektur: Keine Paläste, keine Schlösser

Prunkvolle Kirchen, Paläste und Schlösser, wie sie hundertfach in Europa zu finden sind, wurden in Island nie gebaut, denn die reiche Oberschicht, die solche Bauwerke hätte finanzieren können, fehlte. So waren alle Gebäude schnörkellos, einfach und zweckmäßig. Die ältesten erhalten gebliebenen Bauwerke sind zwei kleine Kirchen in Südisland, die aus dem 17. Jh. stammen. Typisch für Island waren lange Zeit **Torfhäuser mit Grassodendächern** und charakteristischen Frontgiebeln. Sie waren klein und boten wenig Wohnkomfort, waren aber durch die meterdicken Wände gut gegen die winterliche Kälte isoliert. Einige dieser Häuser stehen heute in Freilichtmuseen. Das erste Steinhaus wurde 1755 in der Nähe der Hauptstadt errichtet und gehört heute dem Nationalmuseum. Holz und anderes Baumaterial waren in Island immer knapp und mussten meistens importiert werden, was die Baukosten erheblich in die Höhe trieb. Aus Kostengründen wurden deshalb zum Beginn des 20. Jh.s viele Häuser zum Schutz vor der Witterung mit Wellblech verkleidet. Etliche dieser Häuser prägen noch heute das Stadtbild von Reykjavík. Mit den später entstandenen Steinhäusern, Glas- und Betonbauten ergibt sich ein nicht gerade homogenes und architektonisch gelungenes Stadtbild, das allerdings durch die oft in leuchtenden Farben gestrichenen Häuser an Attraktivität gewinnt. Großen Einfluss auf die moderne Architektur Reykjavíks hatte der Architekt **Guðjón Samúelsson** (1887 – 1950), der die Hallgrimskirche, das Nationaltheater, die Universität, die katholische Kirche und das Hotel Borg entwarf.

Gehört zu den schönsten seiner Art: das Torfgehöft Bustarfell →

Berühmte Persönlichkeiten

Die Sängerin Björk ist berühmt, Halldór Laxness der hellste Stern am isländischen Literaturhimmel. Doch wer war Jón Arason, wer Jón Sigurðsson? Was ist bemerkenswert an Vigdís Finnbogadóttir? War Leifur Eriksson wirklich vor Christoph Kolumbus in Amerika?

Jón Arason (1484–1550)

Bischof und »Stammvater« der Isländer

Der 1550 im Zuge der Reformation mit zweien seiner Söhne im südisländischen Skálholt enthauptete, letzte katholische Bischof Islands gilt wegen seines **Widerstandes gegen die dänische Vorherrschaft** als Märtyrer und freiheitsliebender Nationalist. Als Bischof von Hólar, dem nördlichen der beiden isländischen Bischofssitze, verfügte Jón Arason über ausgedehnte Ländereien. Sein Kampf für Papst und Katholizismus war nicht ganz uneigennützig, denn mit Reformation und Säkularisation fielen Güter, Lehen und der Zehnte, aber auch natürliche Landrechte wie Fischfang und Jagd sowie das Sammeln und die Nutzung von Treibholz oder Daunen an die dänische Krone und ihre zentralistische Verwaltung. Mit der Eröffnung des Stammbaumprogramms Íslendingabók durch das Genforschungsunternehmen Íslensk erfðagreining von Kári Stefánsson im Internet Anfang 2003 kamen interessante Neuigkeiten des 1484 geborenen Jón Arason an das Tageslicht: Die Mehrzahl der Isländer kann ihre Abstammung auf den ebenso streitbaren wie fertilen Bischof zurückführen, denn der hatte – Rom war weit und in Island herrschten eigene Gesetze – auch als katholischer Kirchenfürst zahlreiche Kinder, sowohl mit seiner Ehefrau als auch mit einigen Konkubinen.

Björk (geb. 1965)

Musikerin und Sängerin

Keinem anderen Menschen von der Insel im Nordatlantik wird in der Gegenwart so viel internationale Medienaufmerksamkeit zuteil wie der Musikerin und Sängerin Björk. Im Alter von elf Jahren brachte Björk Guðmundsdóttir ihre erste Schallplatte heraus und landete auch gleich einen Hit. Gerade 13 Jahre alt, gründete sie mit Freundinnen ihre erste Band. »Exodus«, »Jam 80«, »Tappi Tikarrass« und die national erfolgreiche Band »KUKL« waren weitere Stationen, ehe sie mit den legendären **»Sugarcubes«** (1986–1992) auch außerhalb Islands wahrgenommen wurde. Aus dem frühreifen, eigenwilligen Kinderstar hat sich eine eigenständige Komponistin, Sängerin und Popkünstlerin entwickelt. Die huldigt längst nicht nur dem Mainstream: 1990 brachte sie in Island mit einem Jazz-Trio das Album Gling-Gló heraus, eine Sammlung traditionell interpretierter Songs – in den Plattenläden der Insel ein Longseller und für ihre Fans aus aller Welt ein heiß begehrtes Island-Souvenir. Den endgültigen Durchbruch zum Weltstar schaffte Björk nach der Trennung von den Sugarcubes. Als Solokünstlerin legte sie viel beachtete Alben vor, ihr letztes, **»Medúlla«**, im Jahr 2004. Darüber hinaus wurden ihre Songs in zahllosen Remix-Versionen veröffentlicht, in den meisten Fällen arbeitete sie an den Verfremdungen selbst mit. Immer wieder lieferte Björk auch Songs und Soundtracks zu Filmen, darunter für

← Die isländische »Vorzeigeelfe« Björk auf dem Cover ihrer CD »Medúlla«

Singt lieber, als dass sie schauspielert: Björk

»Tank Girl«, »The Young Americans«, »Mission Impossible« und »Being John Malcovitch«. 1999/2000 machte sie sogar einen Ausflug in die Schauspielerei: Unter Dänemarks exzentrischem Regiestar **Lars von Trier** spielt sie im Film-Musical »Dancer in the Dark« die Hauptrolle der Selma, einer Immigrantin in den USA, die, durch eine Erbkrankheit fast blind, ihrem Kind dieses Schicksal ersparen will und sich dafür bis zum Tode aufopfert. Während die Boulevardpresse noch den eskalierenden Streit zwischen dem schwierigen Regisseur und der wohl ebenso schwierigen Popdiva goutierte – Björk verkündete, sie wolle nie wieder schauspielern, weil sie es schlichtweg hasse – wurde sie in Cannes 2000 als beste Schauspielerin ausgezeichnet. Natürlich komponierte Björk auch die Musik zu Dancer in the Dark und interpretierte alle Stücke; der Titelsong »I've Seen It All« wurde als bester Originalsong 2000 für einen Oscar nominiert. Titel des gesamten Soundtracks: **»Selmasongs«**. Björk Guðmundsdóttir hat zwei Kinder und lebt abwechselnd in New York, London und Island.

Leifur Eriksson (ca. 970 – ca. 1020)

Entdecker Amerikas

Leifur Eriksson, auch »Der Glückliche« genannt, muss aus einer streitsüchtigen Wikingerfamilie gestammt haben, denn sein Großvater musste wegen eines Mordes Norwegen verlassen und nach Island in die Verbannung. Auch sein Vater, Erik der Rote, wurde 982 verbannt und machte sich daraufhin mit seinem Sohn Leifur auf den Weg nach Grönland. Nach drei Jahren kehrte er zurück und suchte Kolonisten, die ihn nach Grönland begleiten sollten. Mit 25 Schiffen segelte er schließlich in Richtung Grönland. Um das Jahr 1000 lief Leifur Eriksson mit einem Schiff in Richtung Grönland aus, landete aber nach Irrwegen schließlich höchstwahrscheinlich in der Nähe von Boston – und wurde so lange **vor Kolumbus zum Entdecker Amerikas**. Nach seiner Rückkehr unternahmen die Wikinger weitere Fahrten nach Amerika und gründeten höchstwahrscheinlich auch einige Siedlungen.

Vigdís Finnbogadóttir (geb. 1930)

Ex-Präsidentin Islands

In Reykjavík erblickte Vigdís Finnbogadóttir das Licht der Welt. Nach dem Abitur 1949 studierte sie in Grenoble und an der Sorbonne, in Uppsala und an der Universität Islands. Bei den Präsidentschaftswahlen 1980 errang Vigdís Finnbogadóttir mit knapper Mehrheit den Sieg über drei männliche Konkurrenten. Ihre Wählerschaft fand sie dabei vorzugsweise im linken Umfeld und nicht zuletzt unter Frauen, später war sie eine **populäre Präsidentin aller politischen Lager**. Als erstes weibliches, vom Volk gewähltes Staatsoberhaupt der Welt bekleidete Vigdís Finnbogadóttir ihr Amt vier Wahlperioden lang und verzichtete nach 16 Jahren auf eine erneute Kandidatur. Während ihrer Regentschaft warb Vigdís Finnbogadóttir bei Auslandsreisen unermüdlich für isländische Kultur, insbesondere für die bildende Kunst und die Literatur der Gegenwart, und sie setzte sich engagiert für die Gleichberechtigung der Frauen ein.

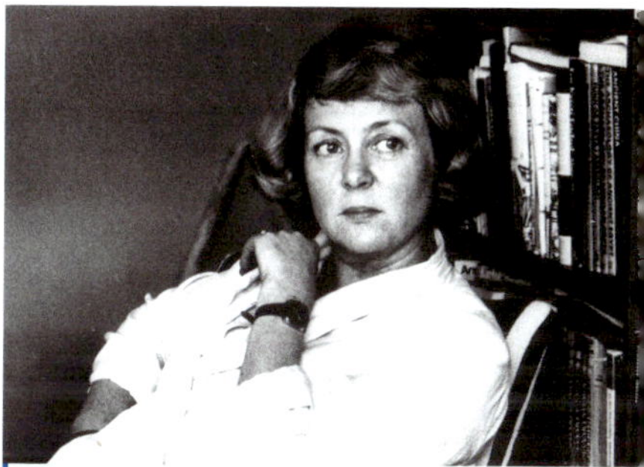

Äußerst populär – noch heute: Vigdís Finnbogadóttir

Halldór Laxness (1902–1998)

Literat und Nobelpreisträger

Im Laufe eines langen Schriftstellerlebens hat Halldór Kiljan Laxness 62 Werke verfasst – Romane, Theaterstücke, Essays und Kurzgeschichten. Zudem hat er sich in unzähligen Zeitungsartikeln zu so gut wie jedem Thema zu Wort gemeldet. Für das kleine Island war er nicht nur der einzige Nobelpreisträger, er war auch die überragende Vaterfigur der modernen isländischen Literatur und prägte das 20. Jh. mit seinem umfangreichen Werk. Geboren wurde er als **Halldór Gudjónsson** in Reykjavík, lebte aber seit seinem sechsten Lebensjahr auf dem Bauernhof Laxnes bei Mosfellsbær, nach dem er sich später nannte. Das Gymnasium verließ er ohne Abschluss und ging auf Reisen, rastlos zog er durch ganz Europa und verbrachte auch einige Zeit in Amerika. 1923 wurde er Vater einer Tochter, wechselte vom lutherischen zum katholischen Glauben und nahm

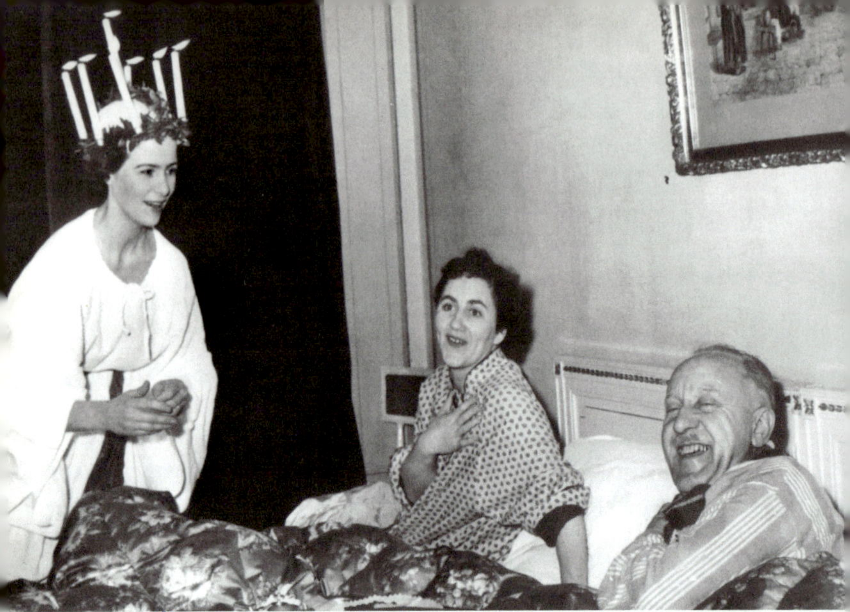

Der Tag danach: Lucia, die Lichterkönigin, beglückwünscht den frischgebackenen Literaturnobelpreisträger Laxness und seine Frau, geschehen im Dezember 1955.

den Namen des Heiligen Kiljan an. In dem Roman »Der große Weber von Kaschmir« arbeitete er diesen Lebensabschnitt literarisch auf. Ein langer Aufenthalt in den USA machte Laxness zum überzeugten **Anhänger des Kommunismus**, von dem er sich aber Mitte der 1950er-Jahre wieder abwandte. Aus dieser Zeit stammt die Essaysammlung »Das Volksbuch«. In den 1930er-Jahren entstanden drei umfangreiche Romane, die zu den wichtigsten Büchern der isländischen Literatur zählen: Anhand der Schicksale eines Fischermädchens (»Salka Valka«), eines Bauern (»Sein eigener Herr«) und eines Dichters (»Weltlicht«) schilderte er die Probleme und Veränderungen der isländischen Gesellschaft. In den 1940er-Jahren schrieb er den Roman »Die Islandglocke«, dessen Handlung im 17. Jh. spielt, eine Zeit in der Island in Armut und Abhängigkeit von Dänemark lebte. 1948 erschien der Roman »Atomstation«, der sich einem brisanten Thema seiner Zeit widmet, dem Abkommen mit den USA, das Island zu einem militärischen Stützpunkt der Amerikaner machte. 1955 erhielt Laxness den Nobelpreis für Literatur.

Jón Sigurðsson (1811 – 1879)

Vorkämpfer isländischer Unabhängigkeit

Kaum eine andere Persönlichkeit Islands wurde und wird im Lande so verehrt wie Jón Sigurðsson, der Vorkämpfer isländischer Unabhängigkeit. Der in Hrafnseyri in den Westfjorden geborene Pfarrerssohn gilt als Ikone der Freiheit des Landes und damit in jeder Hinsicht als unanfechtbar. 1833 zog er nach Kopenhagen zum **Studium**

der Geschichte und Linguistik. Revolutionäre und demokratische Strömungen Europas und Amerikas erreichten die in Kopenhagen lebenden isländischen Intellektuellen, und in der Folge entstand »Ny félagsrit«, »Das Neue Sozialblatt«, ein jährliches Periodikum, das 1841 zum ersten Mal unter der Redaktion von Jón Sigurðsson herauskam und bis 1871 erschien. Erst 1845 kehrte Jón Sigurðsson nach Island zurück, um als Vertreter der Westfjorde am wiedererweckten Alþing teilzunehmen. Zehnmal wurde Jón Sigurðsson zum Parlamentsvorsitzenden gewählt, so oft wie kein anderer Parlamentarier Islands. Sein vehementer Einsatz für die Unabhängigkeit Islands, sein empörtes **»Wir protestieren alle«**, das er der dänischen Monarchie entgegenhielt, machten ihn zur Kultfigur. Jón Sigurðsson leitete den isländischen Freiheitskampf ab 1852 wieder von Dänemark aus. In zahllosen Briefen, Artikeln und Almanach-Beiträgen feuerte er seine Landsleute im fernen Island an. »Mit dem Erwachen Dänemarks wird sich unsere Stellung verschlimmern, wenn wir nicht auch erwachen.« Auf diese Weise gelang es unter seiner Führung, 1855 das gut 250 Jahre alte dänische Handelsmonopol über Island zu beenden. Die von Dänemark 1874 für Island erlassene Verfassung sah nach wie vor eine parlamentarische Monarchie unter der dänischen Krone vor, gewährte dem Land aber so weit eine Unabhängigkeit, dass Jón Sigurðsson sie als »Treppe, auf der man stehen kann« bezeichnete. Das Land ging bis zur endgültigen Unabhängigkeit 1944 diese Treppe noch viele Stufen hinauf, nicht jedoch Jón Sigurðsson. Er starb in Kopenhagen an den Spätfolgen einer Syphilis. Der 17. Juni, Jón Sigurðssons Geburtstag, ist heute Nationalfeiertag.

Ásmundur Sveinsson (1893 – 1982)

Bildhauer

Der vom Kubismus, im Spätwerk vom Expressionismus beeinflusste Bildhauer Ásmundur Sveinsson verbrachte seine Jugend auf dem Hof Kolsstaðir im Bezirk Dalasýsla im Nordwesten Islands. 1915 zog er nach Reykjavík und begann als Holzschnitzer zu arbeiten. Vier Jahre später verließ Ásmundur Island und studierte an der Kunstakademie Stockholm. Seine Studien beendete er in Paris. Nach der Pariser Frühlingsausstellung 1929, wo er mit mehreren Werken vertreten war, kehrte er nach Island zurück. Seinem Interesse an moderner Technologie entsprangen Werke aus Metall mit den Titeln **»Elektrizität«, »Weltraumdrache«, »Fliegende Zukunft« oder »Sehnsucht nach dem All«**. 1968 statteten amerikanische Astronauten, die in Islands Lavawüsten trainiert hatten und kurz darauf ihre Reise zum Mond antreten sollten, dem visionären Bildhauer einen Besuch ab. Getreu jener Strömung, die Skulpturen als Teil der Stadtlandschaft betrachtet, schuf Ásmundur Sveinsson großformatige Plastiken, die an vielen Stellen Reykjavíks stehen. Genannt seien die »Wasserträgerin« beim Meteorologischen Institut und »Mutter Erde« in Sigtún, im Osten Reykjavíks, wo Ásmundarsafn, das Ásmundur-Sveinsson-Museum steht, letzte Wohnstätte und Atelier des Künstlers.

VÍKING
VÍKING
RESTAURAN

Praktische Informationen

WELCHE SPEZIALITÄTEN DER ISLÄNDISCHEN KÜCHE SOLLTEN SIE UNBEDINGT PROBIERT HABEN? WIE SIND DIE STRASSEN IN ISLAND? WAS DÜRFEN SIE AUF KEINEN FALL ZU HAUSE VERGESSEN? LESEN SIE ES NACH, AM BESTEN SCHON VOR DER REISE!

Anreise · Reiseplanung

Anreise mit dem Flugzeug

Ganzjährige Flugverbindungen von Deutschland, Österreich und der Schweiz nach Island unterhält **Icelandair**. Icelandair fliegt täglich von Frankfurt und ein- bis zweimal wöchentlich von Berlin, München, Hamburg, Zürich und Wien nach Keflavík bei Reykjavík. Außer den herkömmlichen Flugtickets bietet die Fluglinie oft attraktive Exkursions-, Familien- und Gruppentarife an. Besonders günstige Angebote gibt es in der Nebensaison. In der Hauptsaison verbindet Iceland Express Frankfurt/Hahn, Berlin/Schönefeld und Friedrichshafen mit Keflavík. Im Sommer fliegen auch Charterfluggesellschaften mehrmals wöchentlich von Deutschland nach Island. Die Flugzeit von einem deutschen Flughafen nach Island beträgt zirka 3 bis 4 Stunden.

Flughafenbus

Zwischen dem internationalen Flughafen Keflavík und Reykjavík verkehrt ein Flughafenbus, der ca. 45 Min. für die Fahrt benötigt. Der Bus steuert zunächst das Hotel Loftleiðir am innerstädtischen Flughafen von Reykjavík an, danach weitere Stationen (Campingplatz, Jugendherberge, weitere Hotels) in der Hauptstadt. Das **Hotel Loftleiðir** ist wiederum Startpunkt des Transfers zum Flughafen ca. 2 Std. vor Abflug. Danach werden die Fahrgäste am jeweiligen Übernachtungsort aufgelesen. Den Mitfahrwunsch sollten Sie rechtzeitig bei der Hotelrezeption bzw. bei Ihrem Gastwirt äußern, alles Weitere wird dann für Sie organisiert. Die einfache Fahrt mit dem Flughafenbus kostet für Erwachsene ca. 15 €, für Kinder bis zwölf Jahre die Hälfte. Mit dem Taxi kostet die Fahrt von Keflavík nach Reykjavík ca. 120 €. Inlandsflüge starten vom innerstädtischen Flughafen Reykjavík.

In vier Stunden sind Sie dort!

Mit dem Schiff

Seit 2004 existiert eine ganzjährige wöchentliche Schiffsverbindung zwischen dem dänischen Hanstholm und Seyðisfjörður in Ostisland. Die Passagier- und Autofähre der **Smyril-Line**, die »**Norröna**«, transportiert bis zu 800 PKW und 1500 Passagiere. Im Sommer legt die »Norröna« samstags um 20.00 Uhr in Hanstholm ab und erreicht nach 35 Std. auf See am Montag um 5.00 Uhr Tórshavn auf den Färöer-Inseln. Hier haben Passagiere nach Island einen zweitägigen Zwischenstopp, während das Schiff sich auf den Weg nach Lerwick und Bergen macht und mit neuen Passagieren zurückkommt. Mittwochs um 18.00 Uhr legt die »Norröna« dann wieder von Tórshavn ab und fährt nach Seyðisfjörður, wo sie donnerstags um 8.00 Uhr ankommt. Die Rückfahrt beginnt donnerstags um 12.00 Uhr und führt direkt über Tórshavn und Lervik nach Hanstholm, wo das Schiff am Samstag um 16.00 Uhr ankommt.

ANREISE

FLUGGESELLSCHAFTEN

▸ **Icelandair in Island**
Hotel Loftleiðir
IS-101 Reykjavík
Tel. 50 50 700, Fax 50 50 701
www.icelandair.is

▸ **Icelandair in Deutschland**
Weißfrauenstr. 12 – 16
60311 Frankfurt/Main
Tel. 069/29 99 78, Fax 28 38 72
www.icelandair.de

▸ **Iceland Express**
Efstaland 26
IS-108 Reykjavík
Tel. 55 00 600
www.icelandexpress.com

LINIENSCHIFFFAHRT

▸ **Smyril Line Island**
Terra Nova Sól
Stangarhýlur 3a
IS-110 Reykjavík
Tel. 591 90 00, Fax 591 90 01
www.smyril-line.fo

▸ **Smyril Line Deutschland**
Sell Speicher Wall 55
24103 Kiel
Tel. 04 31/20 08 86, Fax 2 00 88 70
www.smyrilline.de

Ein- und Ausreisebestimmungen

Besucher aus Deutschland, Österreich und der Schweiz benötigen zur Einreise nach Island einen Reisepass oder Personalausweis, der noch drei Monate nach der geplanten Ausreise gültig ist. Zollfrei dürfen eingeführt werden: 1 l Spirituosen und 1 l Wein oder 1 l Spirituosen und 6 l Bier oder 2,25 l Wein. Außerdem 200 Zigaretten oder 250 g andere Tabakwaren. Die Altersgrenze für Alkohol liegt bei 20 Jahren, für Tabakwaren bei 18 Jahren. Pro Person dürfen nur 3 kg Lebensmittel nach Island gebracht werden, gänzlich verboten ist die

Einfuhr von Eiern und Milchprodukten; Fleisch, Geflügel und Wurstwaren sind nur als Konserven erlaubt. Die Mitnahme von Haustieren ist praktisch nicht möglich, da die Einfuhrbestimmungen für lebende Tiere sehr streng sind. In der Regel fordert das Veterinäramt nach der Ankunft des Tieres in Island eine mehrmonatige Quarantäne. Auch die Mitnahme von **Angel- und Reitzubehör** unterliegt Beschränkungen, denn die geografische Isolation macht isländische Tiere besonders anfällig für ansteckende Krankheiten. Isländische Tiere werden nicht geimpft und haben daher keinen Schutz gegen aus dem Ausland eingeschleppte Krankheitserreger. Deshalb darf gebrauchtes Sattelzeug gar nicht importiert werden, bei gebrauchter Reitkleidung und gebrauchten Angelausrüstungen muss eine ordnungsgemäße Desinfektion nachgewiesen werden. Der isländische Zoll verfügt über einen Desinfektionsdienst.

Auskunft

TOURISTENINFORMATION IN DEUTSCHLAND

▶ **Isländisches Fremdenverkehrsamt**
Frankfurter Str. 181
63263 Neu-Isenburg
Tel. 061 02/25 43 88, Fax 25 45 70
www.visiticeland.com

TOURISTENINFORMATION IN ISLAND

▶ **Reykjavík**
Tourist Info Center Reykjavík
Aðalstræti 2
IS-101 Reykjavík
Tel. 590 15 50, Fax 590 15 51
www.visitreykjavik.is

▶ **Keflavík**
Tourist Information Center
Flughafen Leifur Eiríksson
IS-235 Keflavík
Tel. 425 03 30, Fax 421 61 99
www.reykjanes.is

▶ **Reykjanes Peninsula**
Tourist Information Center
Kjarninn – Hafnargata 57
IS-230 Keflavík
Tel. 421 67 77, Fax 421 31 50
www.reykjanes.is

▶ **Ostisland/Höfn**
Tourist Information Center
Nýheimar
IS-780 Höfn
Tel. 478 15 00, Fax 478 16 07
www.east.is

▶ **Südisland/Hveragerði**
Tourist Information Center
Sunnumörk 2 – 4
IS-810 Hveragerði
Tel. 483 46 01, Fax 483 46 04
www.south.is

▶ **Westisland**
Tourist Information Center
Brúartorg
IS-310 Borgarnes
Tel. 437 22 14, Fax 437 23 14
www.west.is

▸ **Westfjorde**
Tourist Information Center
Aðalstræti 7
IS-400 Ísafjörður
Tel. 456 80 60, Fax 456 51 85
www.vestfirdir.is

▸ **Nordisland**
Tourist Information Center
Hafnarstræti 82
IS-600 Akureyri
Tel. 550 07 20, Fax 550 07 21
www.nordurland.is

▸ **Ostisland**
Tourist Information Center
Kaupvagur 6
IS-700 Egilsstaðir
Tel. 471 23 20, Fax 471 18 63
www.east.is

BOTSCHAFTEN/DIPLOMATISCHE VERTRETUNGEN

▸ **Deutsche Botschaft Reykjavík**
Laufásvegur 31
IS-101 Reykjavík
Tel. 530 11 00, Fax 530 11 01
info@reykjavik.diplo.de

▸ **Österreichisches Honorargeneralkonsulat Reykjavík**
Köllunarklettsvegur 2
IS-104 Reykjavík
Tel. 563 40 00, Fax 563 40 90
arnisi@austurbakki.is

▸ **Schweizerische Konsularagentur Reykjavík**
Laugavegur 13
IS-101 Reykjavík
Tel. 551 71 72, Fax 551 71 79
johannavigigis@imnet.is

▸ **Isländische Botschaft Berlin**
Rauchstraße 1, 10787 Berlin
Tel. 030/50 50 40 00
Fax 50 50 43 00
www.botschaft-island.de

▸ **Isländische Botschaft Wien**
Naglergasse 2/3/8
A-1010 Wien
Tel. 01/533 27 71, Fax 533 27 74
www.iceland.org/at

▸ **Isländisches Konsulat Zürich**
Bahnhofstrasse 44
CH-8001 Zürich
Tel. 01/215 12 60, Fax 215 12 00
iscons@wf-legal.ch

ISLAND IM INTERNET

▸ **www.visiticeland.com**
Mehrsprachige Website (auch auf Deutsch) des Isländischen Fremdenverkehrsamtes

▸ **www.icelandair.de**
Neben ausführlichen Fluginformationen enthält die Seite auch viele praktische Informationen über Island auf Deutsch.

▸ **www.geysir.com**
Privater Islandinformationsdienst in Deutsch und Englisch

▸ **www.iceland.org/de**
Umfangreiche Hintergrundinformationen über Island in Englisch und Deutsch

▸ **www.iww.is**
Allgemeine Informationen über Island in Englisch

▸ **www.travelnet.is**
Praktische Informationen über Island in Deutsch und Englisch

▸ **www.destination-iceland.com**
Nach Regionen gegliederte praktische Informationen in Englisch

▸ **www.exploreiceland.net**
Infos über Island und über Aktivitätsmöglichkeiten in Englisch

- **www.visitreykjavik.is, www.reykjanes.is**
  Infos über die Hauptstadt und den Südwesten in Englisch
- **www.whatson.is**
  Veranstaltungen, Restaurants, Hotels und Hintergrundinformationen von Reykjavík in Englisch
- **www.south.is**
  Infos über Südisland in Englisch
- **www.west.is**
  Infos über Westisland in Englisch
- **www.northwest.is**
  Informationen über Nordwestisland in Deutsch und Englisch
- **www.east.is**
  Infos über Ostisland in Englisch
- **www.sudurland.net/info**
  Infos über Südisland in Englisch
- **www.vedur.is/english**
  Wetterinformationen vom Isländischen Meteorologischen Institut in Englisch
- **www.norvol.hi.is**
  Infos über den Vulkanismus (Englisch)
- **www.fjallamennska.is**
  Informationen für Wanderer und Bergsteiger in Englisch

Mit Behinderung in Island

Behinderte sollten einen Islandurlaub gründlich planen. Hilfreich ist der Kontakt mit der **Behindertenorganisation Sjálfsbjörg** (Hátúni 12, 105 Reykjavík, Tel. 550 03 00, www.sjalfsbjorg.is). Alle Fluggesellschaften sind ebenso auf Rollstuhlfahrer eingerichtet wie zahlreiche Hotels, Restaurants und Supermärkte. Problematischer sind ältere öffentliche Gebäude, Linienbusse und entlegene Ziele im Hochland.

Elektrizität

Die Stromspannung beträgt 220 Volt. In der Regel passen deutsche Stecker ohne Adapter in die Steckdosen.

Essen und Trinken

Islands Küche ist mittlerweile erstaunlich vielfältig, von internationalen Fast-Food-Gerichten bis hin zu Gourmet-Restaurants reicht das Angebot – zumindest in Reykjavík. Wenn einheimische Zutaten wie Fisch oder Lamm auf den Tisch kommen, sind diese absolut frisch und von sehr guter Qualität. Wer relativ preisgünstig essen möchte, sollte nach Tagesmenüs, Touristenmenüs oder Lunchbuffets Ausschau halten, die für ca. 13 € angeboten werden.

Landestypisches

Typisch isländisch und schon fast ein Nationalgericht ist **Skýr**, eine Mischung aus Joghurt und Quark, der gerne mit frischen Früchten oder Sahne verfeinert wird. Auch **Súrmjölk**, eine dicke Sauermilch, darf auf keinem Frühstückstisch fehlen. **Harðfiskur** ist luftgetrockneter, gesalzener Fisch, der sich gut in einer kräftig riechenden Fischsuppe macht. Spezialitäten, die Isländer schätzen, Ausländern aber schon mal Probleme bereiten, sind: **Hangikjöt** (scharf geräuchertes Lammfleisch), **Svið** (abgesengter, erst gekochter, dann im Ofen gebräunter halber Schafskopf), **Hákarl** (fermentierter Hai) oder **Pungur** (sauer eingelegte Hammelhoden). Auf der Speisekarte sind auch öfter Papageitaucher zu finden, die noch nach alter Sitte mit Netzen gefangen werden. Wer eventuell Bedenken beim Verspeisen der putzigen Vögel hat, kann sich zumindest beruhigen, dass ihr Bestand nicht gefährdet ist. Nationalgetränk der Isländer ist Kaffee, der zu jeder Tages- und Nachtzeit getrunken wird. Wenn das Essen mal zu reichlich war, wird mit einem oder mehreren Gläsern **Svarti Dauði**, dem heimischen Branntwein, nachgespült, der nicht ganz zu Unrecht »Schwarzer Tod« genannt wird.

Mitunter werden die Geschmacksnerven durch die isländische Küche stark strapaziert, kommt jedoch Lamm auf den Tisch, können Sie bedenkenlos genießen.

Restaurants Die im Kapitel »Reiseziele von A bis Z« vorgestellten Restaurants sind in drei Kategorien unterteilt, die eine Orientierung bezüglich Preis und Niveau des Restaurants ermöglichen.

PREISKATEGORIEN

- **Preiswert**
  Einfaches Restaurant.
  Die Kosten für ein Hauptgericht liegen unter 1500 ISK.
- **Erschwinglich**
  Durchschnittliches Restaurant.
  Ein Hauptgericht kostet zwischen 1500 und 3000 ISK.
- **Fein & teuer**
  Sehr gutes Restaurant.
  Hauptgericht ab 3000 ISK

Feiertage · Feste

Gesetzliche Feiertage

- **1. Januar**
  Neujahr
- **März/April**
  Gründonnerstag, Karfreitag, Ostersonntag und Ostermontag
- **3. Do. im April**
  Sommeranfang
- **1. Mai**
  Tag der Arbeit
- **Mai**
  Himmelfahrt, Pfingstsonntag und -montag
- **17. Juni**
  Nationalfeiertag
- **1. Mo. im August**
  Handelsfeiertag
- **24.–26. Dezember**
  Weihnachten
- **31. Dezember**
  Silvester (ab Mittag)

Geld

Währung Währungseinheit ist die **isländische Krone** (króna, ISK). Münzen sind im Wert von 1, 5, 10, 50 und 100 Kronen im Umlauf. Alle Münzen zeigen auf der Rückseite die vier Schutzgeister Islands und auf der

Vorderseite Meerestiere. Die Isländische Nationalbank gibt Banknoten im Wert von 500, 1000, 2000 und 5000 Kronen heraus.

1 Euro = ca. 100 ISK (Stand März 2008). Der Umtausch in Island ist günstiger als zu Hause. Am Flughafen und bei allen Banken gibt es Geldautomaten, an denen mit einer Bankkarte Geld abgehoben werden kann. Das Bezahlen mit Kreditkarten (Visa und Mastercard) ist in Island problemlos möglich, American-Express-Karten werden seltener akzeptiert.

i Karte verloren?

- Melden Sie den Verlust von Kredit- und EC-Karten sowie von Handys, digitalen Signaturen, Krankenkassenkarten, Kundenkarten oder sensiblen Onlineberechtigungen des Internets umgehend unter der zentralen Sperrnotrufnummer 116 116. Aus dem Ausland ist die Rufnummer über +49 116 116 gebührenpflichtig erreichbar.

Gesundheit

Gesundheitszentren – Gemeinschaftspraxen verschiedener (Fach-)-Ärzte – oder Krankenhäuser gibt es allen größeren Orten Islands. In Notfällen wählt man die landesweite **Notrufnummer 112**. Medikamente sind nur in Apotheken (apótek) erhältlich, die es in jedem Ort gibt und die zu den normalen Geschäftszeiten geöffnet sind. Einige Apotheken haben auch Nachtdienste.
Die **Trinkwasserqualität** ist überall gut, auch das Wasser aus Bächen und Flüssen ist in der Regel trinkbar. Vorsicht ist dagegen in Thermalgebieten angebracht, hier schmeckt und riecht das Wasser schon mal nach Schwefel.

Hochland

Eine Durchquerung des isländischen Hochlandes ist immer noch ein kleines Abenteuer, denn nirgendwo sonst in Europa gibt es solch eine weite, **ungebändigte Einöde**. Nicht ohne Grund hat sich hier nie jemand dauerhaft angesiedelt. Egal wie man sich fortbewegt, ob zu Fuß, mit dem Mountainbike, mit Pferd oder Auto, eine Hochlanddurchquerung sollte gut geplant werden. Einzige Ausnahme sind die organisierten Touren, die einen guten Eindruck von dieser Landschaft im Urzustand vermitteln.

Kjölur und Sprengisandur

Die beiden wichtigsten Pisten, die den Norden mit dem Süden verbinden, sind die Kjölur-Route und die Sprengisandur. Die Kjölur ist die leichtere Variante, die unter günstigen Bedingungen auch für **Fahrzeuge ohne Allradantrieb** befahrbar ist. Die Sprengisandur ist anspruchsvoller und erfordert in jedem Fall ein Allradfahrzeug.

FOOD, FUN UND BLASMUSIK

Auch wenn die Isländer sich meist nordisch kühl geben, feiern sie doch gerne und ausgelassen. Bei vielen Festen wird musiziert und getanzt, gegessen und getrunken. Die Anlässe sind vielfältig: religiöse Feste, Anlässe, die noch auf die vorchristliche Zeit zurückgehen, aber auch traditionelle Bräuche und historische Daten stehen auf dem Festkalender.

Kaum hat das neue Jahr begonnen, wird das Ende der Weihnachtszeit gefeiert, die für die Isländer 13 Tage dauert und am 6.1. mit Feuerwerk und Lagerfeuern verabschiedet wird.

Skepsis angebracht

Das **Mittwinterfest Þorrablót**, das kein festes Datum hat, geht bis in die Wikingerzeit zurück und ist ein willkommener Anlass, den Schwermut der dunklen Jahreszeit zu vertreiben. Þorrablót geht auf den Monat Þorri zurück, der nach alter Zeitrechnung zwischen dem 19. und 25. Januar begann und die Mitte des Winters anzeigte. Heute ist Þorrablót ein Fest der Gaumenfreuden – allerdings nur für Isländer. Die wenigen Touristen, die sich zu dieser Zeit auf der Insel aufhalten, sollten die Speisekarten der Restaurants mit ein wenig Skepsis studieren und sich überlegen, ob Köstlichkeiten wie **Schafswurst aus Innereien**, gesengte Schafsköpfe, fermentierter Hai, Walspeck, Salzfleisch oder sauer eingelegte Hammelhoden nach ihrem Geschmack sind.

Karneval im hohen Norden

Auch beim isländischen Karneval spielt das Essen eine wichtige Rolle: Am Rosenmontag werden mit Sahne oder Marmelade gefüllte Krapfen ge-

Pantomime in Reykjavík (li.) und ein knisterndes Mittsommernachtsfeuer am Ingólfsfjörður (re.)

gessen, am Faschingsdienstag gewaltige Portionen Erbsensuppe mit gesalzenem Lammfleisch verzehrt und am Aschermittwoch ziehen verkleidete Kinder von Haus zu Haus und sammeln Süßigkeiten.

Lammbraten und Pralinés

Beim alljährlichen **Food & Fun Festival** im Februar kommen dagegen auch Gourmets auf ihre Kosten, denn ausländische und einheimische Chefköche präsentieren in zahlreichen Restaurants ihre Kreationen.

Ostern ist einer der musikalischen Höhepunkte des Jahres mit vielen Konzerten. Auf dem häuslichen Frühstückstisch liegen große Praliné-Eier und zur Feier des Tages gibt es Lammbraten.

Am dritten Donnerstag im April wird der erste **Sommertag** gefeiert, der Beginn der langen, hellen Tage ist ein willkommener Anlass für Umzüge mit Blasmusik und Straßenfeste.

Anfang Juni versammeln sich für den **Seemannstag** alle Schiffe im Hafen, Ruder- und Schwimmwettkämpfe werden ausgetragen und Umzüge dürfen natürlich auch nicht fehlen. In einigen Küstenorten ist der Seemannstag, der an die Bedeutung des Meeres und der Seefahrt erinnert, das wichtigste Fest des Jahres.

Der Unabhängigkeit gedacht

Am 17.6.1944, dem Geburtstag des Freiheitskämpfers Jón Sigurðsson, wurde die isländische Republik gegründet. Seitdem wird der **Unabhängigkeitstag** alljährlich am 17. Juni mit farbenprächtigen Umzügen, festlichen Reden, Musik und Tanz begangen. Besonders lebhaft geht es an diesem Tag in den Straßen von Reykjavík zu. Für alle Skandinavier und auch die Isländer hat der längste Tag des Jahres (21. Juni) eine ganz besondere Bedeutung, die wohl nur richtig verstehen kann, wer schon mal einen langen,

Zarte Fesseln auf dem Gay Pride Festival in Reykjavík

dunklen Winter im hohen Norden verbracht hat. **Mittsommer** ist ein fröhliches Fest, das auf dem Land mit Tanz und Musik rund um das Mittsommerfeuer begangen wird. Ein Fest der guten Laune.

Von Fest zu Fest

Nach dem ersten Wochenende im August ist der Montag frei und diesen Tatbestand nutzen (fast) alle Isländer für ein verlängertes Wochenende in der Natur. Viele machen sich mit der Familie oder mit Freunden ein paar schöne Tage im Ferienhaus oder auf dem Campingplatz. Dazu gehört auch der Besuch eines der zahlreichen Festivals, die an diesem Wochenende stattfinden. Besonders viele Besucher zieht es dann zu den dreitägigen **Feierlichkeiten auf Heimaey**, der größten der Westmännerinseln.

Nach einer kurzen Arbeitswoche wartet am nächsten Wochenende schon wieder das nächste Fest auf die Hauptstädter: Beim **Gay Pride Festival** ziehen die Homosexuellen mit grellbunten Aufzügen durch die Innenstadt von Reykjavík.

Schafe und Schneehühner

Mit dem Schafabtrieb und der Rückkehr der Pferde aus dem Hochland im September geht der Sommer endgültig zu Ende, was die Isländer noch einmal als willkommenen Anlass für feucht-fröhliche Freiluftfeste nehmen. **Weihnachten** wird traditionell gefeiert: Am Heiligabend werden die Geschenke unter dem Weihnachtsbaum verteilt, dann gibt es Schneehuhnbraten. Auch am ersten Feiertag wird nach alten Rezepten gekocht und Räucherlamm serviert.

An **Silvester** schließlich wird das alte Jahr mit großen Feuern und – wie bei uns auch – mit Feuerwerk verabschiedet. Um Mitternacht sind alle unterwegs, um das neue Jahr lautstark zu begrüßen.

Neben diesen beiden Hauptverbindungen gibt es noch mehrere kürzere Hochlandpisten und Querverbindungen. Generell gilt, dass die Pisten nie verlassen werden dürfen, denn Boden und Vegetation sind äußerst sensibel und Autoreifen hinterlassen Spuren, die wie Wunden jahrelang nicht heilen.

Planung

Bei der Planung einer Fahrt ins Hochland sollte man Folgendes beachten: Die Hochlandpisten sind bis weit ins Frühjahr geschlossen, weil Hochwasser führende Flüsse und Schlamm sie unpassierbar machen. Sie werden je nach Zustand nach und nach geöffnet.

Kartenmaterial

Es ist unbedingt erforderlich, sich mit der geplanten Piste vor der Abfahrt anhand von Karten vertraut zu machen. Auch an Tankstellen sind Hinweise erhältlich. Gutes Kartenmaterial und ein **Kompass** gehören zur Ausstattung während einer Tour durch das Hochland.

Furten

Flüsse und Bäche ohne Brücken erfordern höchste Konzentration, denn **Gletscherflüsse** können ihre Furten in kurzer Zeit ändern. Wer allein unterwegs ist, sollte sich Zeit nehmen und Gletscherflussfurten erst überqueren, wenn ein anderes Fahrzeug in Sichtweite ist. Eine Flussüberquerung am Morgen ist wegen des niedrigeren Wasserstandes einfacher als am Abend.

Proviant

Proviant, Wasser und Benzin müssen ausreichend mitgenommen werden, denn unterwegs gibt es kaum Versorgungs- bzw. Tankmöglichkeiten. Bis auf ganz wenige Hütten ist Zelten unterwegs die einzige **Übernachtungsmöglichkeit**. Das Wetter ist unberechenbar, auf starken Wind, Regen und Schneeschauer sollte man vorbereitet sein. Die Vorhersage des Meteorologischen Dienstes in Englisch enthält auch das **Hochlandwetter**. Bis Ende Juni, manchmal auch noch später, muss damit gerechnet werden, dass Hochlandpisten noch geschlossen sind, weil Flüsse oder Schlamm sie völlig unpassierbar ma-

! Baedeker TIPP

Vorbereitet ins Hochland

Das isländische Straßenverkehrsamt gibt wöchentlich eine Übersichtskarte zum Zustand der Hochlandpisten heraus (www.vegagerdin.is). Auch der Videotext des staatlichen Fernsehens enthält Informationen auf den Seiten 483 bis 485. Unter Tel. 1777 erhalten Sie täglich von 8.00 bis 16.00 Uhr Informationen zum Straßenzustand.

chen. Wenn diese Pisten dann für den Verkehr freigegeben werden, sind die meisten nur mit Allradfahrzeugen zu bewältigen, einige sollten sogar immer nur von mindestens zwei Fahrzeugen gemeinsam befahren werden.

UNGEFÄHRE ÖFFNUNGSZEITEN DER HOCHLANDPISTEN

- **Skaftártunga – Eldgjá**
  ab 8. Juni
- **Kaldalsvegur (F 550)**
  ab 15. Juni
- **Kjölur (F 35)**
  ab 15. Juni
- **Sigalda – Landmannalaugar**
  ab 17. Juni
- **Landmannaleið (F 225)**
  ab 19. Juni
- **Askja (F 88)**
  ab 20. Juni
- **Laki-Spalte (F 206)**
  ab 20. Juni
- **Landmannalaugar – Eldgjá**
  ab 28. Juni
- **Sprengisandur (F 26)**
  ab 1. Juli
- **Südliche Route (F 210, »Hinter den Bergen«)**
  ab 5. Juli
- **Eyjafjörður-Hochland (F 82)**
  ab 9. Juli

Knigge

Das Wetter ist schuld

Auch wenn die Isländer im täglichen Leben eher skandinavisch zurückhaltend agieren, hat man manchmal das Gefühl, bei den »Italienern des Nordens« zu Gast zu sein. Denn die meisten sind Meister im Improvisieren, und auch mit der **Pünktlichkeit** nehmen sie es nicht immer so genau. So ist es eher die Regel als die Ausnahme, dass Arbeiten erst nach einem nicht mehr für möglich gehaltenen Kraftakt auf die letzte Sekunde fertig werden. Daran mag zu einem Großteil das Wetter schuld sein – nicht das schlechte, wie man annehmen sollte, nein, oft sind es gerade die kurzen, überraschenden Schönwetterperioden, die den Zeitplan durcheinander bringen. Diese kurzen Momente müssen ausgekostet werden, sie sind viel zu wertvoll, um sich nicht mit Bekannten zum Picknick zu verabreden oder eine

Runde Golf zu spielen. Wer weiß, wann wieder die Sonne scheint, deshalb müssen Überstunden bis zum nächsten Regenschauer aufgeschoben werden.

Ruhe bewahren!

Auf den ersten Blick mögen viele Isländer etwas mürrisch und wortkarg wirken, doch wenn das Eis erst gebrochen ist, wird man von ihrer **Herzlichkeit und Gastfreundschaft** überrascht sein. Auch wenn der Service mal nicht den Erwartungen entspricht, bleiben Sie ruhig, denn mit lauter Kritik erreichen Sie bei den stolzen Isländern überhaupt nichts. Freuen Sie sich lieber, dass Sie in diesem äußerst dünn besiedelten Land in jedem noch so kleinen Dorf eine Unterkunft finden und man Ihnen bei jedem Problem versuchen wird, weiterzuhelfen. Oft ist es so, dass der Tankwart oder die Kassiererin im Supermarkt nebenbei auch noch das Touristenbüro managen oder der Schüler, in dessen Internatsbett Sie schlafen, Ihnen das Frühstück serviert. Die Touristensaison ist kurz, viel zu kurz, als dass es sich rechnen würde, dafür die Infrastruktur das ganze Jahr über aufrechtzuerhalten. Also muss improvisiert werden!

Bad statt Kneipe

Eine der besten Möglichkeiten, mit Isländern in Kontakt zu kommen, sind die heißen Pötte, die es nicht nur in jedem Schwimmbad, sondern auch an den abgelegensten Orten gibt. Sie übernehmen die Funktion von Kneipen, die hier Mangelware sind. Bis zum Hals im wohlig warmen Wasser, tauen auch die spröden Isländer auf. Wundern Sie sich nicht, wenn Ihr Gegenüber Sie gleich duzt, und wenn er nach Ihrem Namen fragt, meint er immer den Vornamen. Das hat nichts mit mangelndem Respekt zu tun, sondern mit unterschiedlichen **Sprachgewohnheiten**. Also vergessen Sie Titel und förmliche Anrede, in Island wird jeder geduzt. Falls Sie das Glück haben, nach Hause eingeladen zu werden, sollten Sie vor dem Betreten des Hauses die Schuhe ausziehen. Dies gilt übrigens auch in Schwimmbädern und Jugendherbergen, wo meistens ein Schild dazu auffordert. Auch auf einen **Eintrag ins Gästebuch** sollten Sie vorbereitet sein und sich am Ende des Besuches mit ein paar freundlichen Worten für die Gastfreundschaft bedanken. Ins **Fettnäpfchen** treten Sie mit großer Wahrscheinlichkeit, wenn Sie mit Isländern über den Walfang diskutieren und, wie die große Mehrheit bei uns, gegen diesen sind. Bei diesem Thema legen die meisten Isländer eine gehörige Portion **Starrköpfigkeit** an den Tag und lassen sich auch durch die besten Argumente kaum umstimmen. Auch auf ihr äußerst starkes Nationalbewusstsein, den Stolz auf das kulturelle Erbe und den Wunsch nach Eigenständigkeit sollten Besucher Rücksicht nehmen.

Literaturempfehlungen

▸ Baedeker Special S. 80

INSEL DER POETEN UND LITERATEN

Jeder zehnte Isländer schreibt angeblich im Laufe seines Lebens ein Buch, und wenn sie nicht schreiben, kaufen sie Bücher – durchschnittlich vier pro Kopf und Jahr – und lesen vermutlich auch einige davon während der dunklen Wintermonate.

Island hat literarisch viel mehr zu bieten als nur einen Halldór Laxness. Mittlerweile wird auch einiges von der modernen isländischen Literatur ins Deutsche übersetzt. Hier eine kleine Auswahl.

Ein bitteres Testament

Der lebendig geschriebene, historische Roman **»Das Feueropfer« von Vilborg Davidsdóttir** spielt im Island des 14. Jahrhunderts und beruht auf Tatsachen. Die 18-jährige Katrin erfährt am Sterbebett ihrer Mutter von einem bitteren Testament. Ihr Erbe bekommt die Kirche, sie selbst muss ins Kloster gehen. Damit will die Mutter ein altes Unrecht sühnen. Katrin fügt sich, um Gott gnädig zu stimmen, doch damit beginnen erst die Schwierigkeiten für sie. **»Der Liebeszauber«** spielt im Island des 15. Jahrhunderts und erzählt die schwierige Liebesgeschichte von Ragnfridur und Thorell. Man darf gespannt sein auf das nächste Buch von Vilborg Davidsdóttir.

Fußspuren am Himmel

In dem Buch **»Fußspuren am Himmel« von Einar Már Gudmundsson** geht es um eine ziemlich kaputte Familie. Ólafur und Gudny hausen in einem Kellerloch in Reykjavík, haben zehn Kinder und kommen nur mehr schlecht als recht über die Runden.

Ein trefflicher Einstieg in die Gegenwartsliteratur der Nordmeerinsel: Kárasons »Isländische Mafia«

Ólafur ist Seemann, dem Alkohol nicht abgeneigt, Gudny verdient in der Fischfabrik nur wenig. So kann sie nicht verhindern, dass ihre Kinder in Pflegefamilien übers ganze Land verteilt leben. Es ist ein melancholisches Buch, das mit einfacher Sprache viele Emotionen erzeugt. Lesenswert von Gudmundsson sind zudem **»Die Ritter der runden Treppe«** und **»Engel des Universums«**.

Der isländische Wallander

Arnaldur Indriðasons »Todeshauch« ist der zweite, äußerst spannende Kriminalroman, in dem der schwermütige Kommissar Erlendur aus Reykjavík einen Fall zu lösen versucht. In einer Baugrube werden menschliche Knochen gefunden und nach und nach kommen immer mehr grausame Details ans Tageslicht. Fast ein isländischer Wallander! Wer danach zum Fan von Indriðason geworden ist, wird von dem Vorgängerroman **»Nordermoor«** ebenso begeistert sein.

Durchgeknallt

Der Roman **»Die Teufelsinsel« von Einar Kárason** ist eine verrückte Geschichte um eine ziemlich schrullige, aber liebenswerte Familie, die im Camp Thule, einer sozial problematischen Siedlung bei Reykjavík, wohnt. Die Fortsetzung der etwas anderen Familiensaga, **»Die Goldinsel«**, ist nicht weniger bizarr. Wer auf den Kárason-Geschmack gekommen ist, dem wird auch **»Die isländische Mafia«** gefallen.

Ein Testament des Schreckens, kaputte Familien, hausen wie im Kellerloch – die isländische Gegenwartsliteratur ist wie das wahre Leben.

Medien

Zeitungen Für einen Blick auf den Wetterbericht kommt eine der drei überregionalen Tageszeitungen (Morgunblaðið, DV oder Dagur-Tíminn) in Frage, deutsche Zeitungen sind zumindest im Sommer mit der üblichen Verspätung an einigen größeren Kiosken erhältlich. Die englischsprachige Zeitschrift **Iceland Review** erscheint viermal jährlich und überzeugt mit hervorragenden Fotos und Reportagen über viele Aspekte des isländischen Lebens (www.icelandreview.com).

> **? WUSSTEN SIE SCHON ...?**
>
> - ... dass das isländische Fernsehen noch bis 1983 im Juli eine Sendepause einlegte und bis 1987 ein Tag in der Woche fernsehfrei war?

Eine Kurzfassung der Nachrichten in Englisch strahlt der öffentliche **Rundfunk** vom 1. Juni bis 1. September Mo. – Fr. um 7.31 Uhr auf FM 93,5 und FM 92,4 aus. BBC sendet auf FM 90,9. Wenn im isländischen **Fernsehen** ausländische Filme gezeigt werden, laufen diese im Original mit Untertiteln. Viele Hotels haben Satellitenanlagen, mit denen auch deutsche Programme empfangen werden können. Auch die isländischen Kinos zeigen ausländische Filme mit Originalton und Untertiteln.

Mitternachtssonne

Wegen der Lage kurz unterhalb des Polarkreises sind die Sommernächte in ganz Island hell und kurz. Im Norden ist sogar die Mitter-

Es wäre ein schöner Sonnenuntergang, ginge sie denn unter.

nachtssonne zu beobachten. Genau genommen ist es aber gar keine Mitternachtssonne, denn die Isländer schummeln mit ihrer Zeitzone. In Island gilt das ganze Jahr über die Greenwich Mean Time, obwohl die Insel eigentlich ein bis zwei Zeitzonen weiter westlich liegt. Dies hat zur Folge, dass an Mittsommer (21. Juni) die Sonne in Akureyri bis nach 24 Uhr am Himmel zu sehen ist, dann aber für kurze Zeit unter dem Horizont verschwindet. Wer wirklich die Mitternachtssonne sehen möchte, muss einen Ausflug zur Insel Grímsey machen, die rund 100 km nördlich von Akureyri genau auf dem Polarkreis liegt. Im Winter sind die Tage extrem kurz, im Dezember und Januar lässt sich die Sonne gerade mal 3,5 bis 4,5 Stunden blicken, wegen der falschen Zeitzone geht die Sonne in dieser Jahreszeit erst gegen Mittag auf. Doch schon Anfang März sind die Tage über zehn Stunden und Anfang Mai sogar schon über 17 Stunden lang.

Nationalparks

Die vier Nationalparks Islands zählen zu den schönsten und beliebtesten Naturlandschaften der Insel und bieten viele Möglichkeiten für Wandertouren.

Jökulsárgljúfur

Die Schlucht des Jökulsá im Nordosten der Insel ist mit 25 km Länge, einem halben Kilometer Breite und über 100 m Tiefe die beeindruckendste Erosionsschlucht Islands. Der Jökulsárgljúfur National Park (120 km²) wurde 1973 eingerichtet. Besonders spektakulär präsentiert sich die Schlucht vom **Dettifoss** bis Syðra-Þórunnarfjall. Der Wanderweg vom Dettifoss bis zum Campingplatz in Ásbyrgi verläuft

Der Svartifoss im Nationalpark Skaftafell

über weite Strecken an der Schlucht entlang. Neben der Schlucht sind auch der Dettifoss und einige weitere Wasserfälle sehenswert. Die besten Zugänge zu dem Gebiet bieten die Straße [F 862] westlich des **Jökulsá á Fjöllum** und die Straße [864] östlich des Tales. Infomaterial ist in Ásbyrgi erhältlich.

Skaftafell

Der Nationalpark Skaftafell (1600 km²) wurde bereits 1967 eingerichtet und seitdem mehrfach erweitert. Er erstreckt sich vom Grímsvötn mitten auf dem **Vatnajökull** im Norden, bis zum Skeiðarарjökull bzw. Skaftafellsjökull im Süden. Der Bergrücken des Skaftafellsheiði bildet den Kern des Nationalparks. Eine schöne Aussicht auf den Skaftafellsjökull hat man vom rund 600 m hoch gelegenen Aussichtsberg Gláma. Die Lage direkt an der Ringstraße und der große Campingplatz ermöglichen einen einfachen Zugang.

Snæfellsjökull

Der relativ kleine Snæfellsjökull liegt auf der Spitze der **Halbinsel Snæfellsnes** im Westen Islands. Der Nationalpark (167 km²) wurde im Jahr 2001 eingerichtet, um die Lavaformationen, die spektakuläre Küste und alte Siedlungsspuren unter Schutz zu stellen. Der Snæfellsjökull, ein noch immer aktiver, aber vergletscherter Vulkankegel, gilt als König der isländischen Berge. Im Nationalpark gibt es viele Wanderwege, von denen einige markiert sind. Infomaterial ist im Postamt von Hellissandur erhältlich.

Þingvellir

Der 1930 eingerichtete Park Pingvellir ist der älteste des Landes und umfasst 50 km². Die kurze Entfernung zur Hauptstadt Reykjavík (50 km östlich) und die geschichtliche Bedeutung machen ihn zu einem der meistbesuchten Touristenziele in Island. Den besonderen Reiz des Gebietes machen die zahlreichen tektonischen Spalten und Verwerfungen aus, die einen **Einblick in die Geologie der Insel** geben. Das Informationszentrum befindet sich an der Kreuzung der Straßen [36], [52] und [361], in der Nähe des Campingplatzes. Hier sind Informationen über den Nationalpark und Kartenmaterial mit eingezeichneten Wanderwegen und Sehenswürdigkeiten erhältlich.

Notrufe

► **Feuerwehr, Krankenwagen und Polizei**
Tel. 112

► **Pannendienst**
F.I.B., Tel. 5 112 112
VAKA, Tel. 567 67 00

← *Polarlichter über dem Skaftafell-Nationalpark*

Post · Telekommunikation

Postämter, Porto

Postämter gibt es in jeder größeren Gemeinde, sie sind normalerweise Mo.–Fr. von 8.30–16.30 Uhr geöffnet. Luftpostbriefe (bis 20 g) und Postkarten kosten innerhalb Islands und nach Skandinavien ISK 55, Briefe und Postkarten in andere Länder Europas ISK 70.

Telefonzellen

Telefonzellen sind nicht gerade häufig, an Postämtern und Tankstellen stehen die Chancen am besten, eine zu finden. Eine Direktwahl innerhalb Islands und ins Ausland ist von allen Apparaten möglich. Üblich sind **Kartentelefone und Münzfernsprecher**, Kreditkartentelefone sind seltener. Telefonkarten zu ISK 500 und 1000 gibt es in den Postämtern. Bei Gesprächen innerhalb Islands muss die 7-stellige Rufnummer gewählt werden. Ortsvorwahlen gibt es nicht.

VORWAHLNUMMERN

Von Island ...

... nach Deutschland: 00 49
... nach Österreich: 00 43
... in die Schweiz: 00 41
Die Null der folgenden Ortsvorwahl ist jeweils wegzulassen.

Nach Island

00 354 (danach die 7-stellige Teilnehmernummer)

Mobiltelefone

Mobiltelefone können im D1- und im D2-Netz, Dual-Band-Handys im E-Netz benutzt werden. C-Netz-Geräte dürfen nur mit einer Genehmigung eingeführt werden. Im Hochland hat man keinen Empfang, entlang der Ringstraße gibt es noch Funklöcher.

Preise

Die Lebenshaltungskosten sind in Island weitaus höher als von zu Hause gewohnt. Besonders für alkoholische Getränke muss man teuer bezahlen.

WAS KOSTET WIE VIEL?

Hauptgericht	DZ	1 l Benzin	Glas Bier
ab 1000 ISK	ab 8400 ISK	120 ISK	600 ISK

Reiseveranstalter

Eine Reihe von Veranstaltern hat ein umfangreiches Islandangebot im Programm, das von Fly and Drive über Wander-, Fahrrad- und Reiturlaub bis hin zu individuell zusammengestellten Touren reicht.

▶ **Wolters Reisen**
Bremer Str. 61
28816 Stuhr/Bremen
Tel. 0421/89 99-0, Fax 80 14 47
www.wolters-reisen.de

▶ **Icelandair**
Weißfrauenstr. 12–16
60311 Frankfurt/M.
Tel. 069/29 99 78, Fax 28 38 72
www.icelandair.de

▶ **Skandinavisches Reisebüro**
Kurfürstendamm 206
10719 Berlin
Tel. 030/884 60 40, Fax 884 604 50
www.skandinavisches-reisebuero.de

▶ **Island Erlebnisreisen**
Heinrich-Schacht-Str. 58
22880 Wedel bei Hamburg
Tel. 041 03/900 07 70
Fax 900 07 77
www.islanderlebnis.de

▶ **Isafold Travel Ltd.**
Sudurhraun 2 B
IS-210 Gardabar
Tel. 544 88 66, Fax 544 88 69
www.isafoldtravel.is

▶ **Natur-Pur-Reisen**
Rieselfeldallee 12
79111 Freiburg
Tel. 07 61/80 80 06, Fax 80 80 51
www.natur-pur-reisen.de

▶ **Katla Travel**
Bürkleinstr. 20
80538 München
Tel. 089/242 11 20, Fax 24 21 12 20
www.katla-travel.de

▶ **Island-Reisen Rita Duppler**
Kurfürstendamm 125a
10711 Berlin
Tel. 030/823 14 35, Fax 823 14 05
www.island-reisen.de

▶ **Destination Iceland**
Vatnsmýrarvegur 10
101 Reykjavík
Tel. 591 10 20, Fax 591 10 50
www.dice.is, www.adventure.is,
www.bsi.is

Reisezeit

Das Islandtief

Beim isländischen Wetter denken viele zuerst an das Islandtief, das Europa das schlechte Wetter bringt. Diese Tiefdruckgebiete können sich das ganze Jahr über bilden, wenn südlich von Grönland und bei Island die kontinentale amerikanische **Kaltluft auf den Golfstrom**

▸ Reykjavík

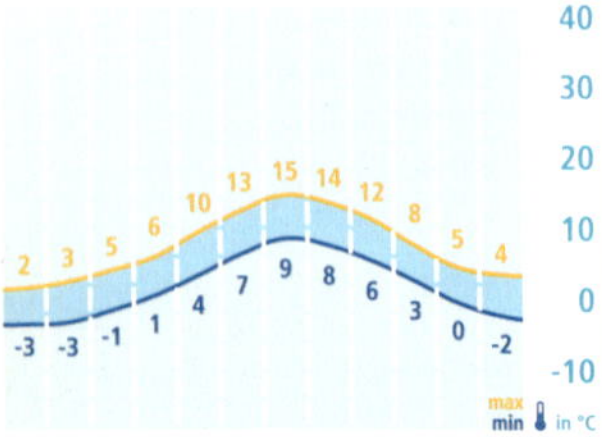

	J	F	M	A	M	J	J	A	S	O	N	D
max in °C	2	3	5	6	10	13	15	14	12	8	5	4
min in °C	-3	-3	-1	1	4	7	9	8	6	3	0	-2
T/Mon	14	12	12	12	10	10	10	12	13	14	14	15
Std/Tag	1	2	4	5	7	5	7	6	4	3	2	1
in °C	4	4	4	5	7	9	11	11	10	7	6	5

trifft. Laut Statistik regnet es ungefähr jeden zweiten Tag in Island, doch sind es oft nur Regenschauer, die wegen des fast immer vorhandenen Windes nur selten zu einem tagelangen Dauerregen übergehen. Und noch eine gute Nachricht: Die regenärmsten Monate sind die Hauptreisemonate Mai, Juni und Juli, nur der August ist etwas feuchter. Der Süden bekommt dabei deutlich mehr Niederschläge ab, denn die vorherrschenden **Süd- und Westwinde** bringen vom Meer viel Feuchtigkeit mit, die sich an den Gebirgen und Gletschern abregnet. So beträgt die Niederschlagsmenge an der Südküste bis 3000 mm im Jahr, doch im Hochland nördlich des Vatnajökull werden nur noch spärliche 400 mm gemessen. Kommt der Wind dagegen von Norden, was seltener der Fall ist, hat der Nordteil der Insel Regenwetter. Als Faustregel gilt: Ist das Wetter im Süden schön, regnet es im Norden und umgekehrt.

Wasser-/Lufttemperaturen

Die Insellage sorgt für ein ausgeglichenes Klima, zumindest in den Küstenregionen. Die Winter sind mild, mit Durchschnittstemperaturen um 0 °C in Reykjavík und um -2 °C in Akureyri. Die sommerli-

Island zur besten Reisezeit. Wetterfeste Kleidung ist unabdingbar!

chen Durchschnittswerte liegen um 10 °C, Tageshöchsttemperaturen von 20-25 °C im Juni, Juli und August sind dabei durchaus möglich. Im Hochland sinken die Temperaturen im Winter weit unter null und auch im Sommer ist es hier deutlich kühler als an der Küste. In höheren Lagen bleibt der Schnee teilweise bis in den Juni liegen und auch im Sommer muss mit Schneeschauern gerechnet werden. Generell gilt, dass Wetterwechsel schneller und heftiger heranziehen, als wir das aus Mitteleuropa kennen.
Bei längeren Touren sollten Sie sich deshalb immer auf schlechtes Wetter und kalten Wind einrichten. In Anbetracht der nördlichen Lage Islands in der **Nähe des Polarkreises** sind hier die Temperaturen dank des Golfstroms sehr angenehm, denn die gigantische Warmwasserheizung sorgt für deutlich freundlichere Temperaturen als in Sibirien oder Alaska, die auf einem vergleichbaren Breitengrad liegen. Doch auch der Golfstrom schafft es nicht, das Meer auf eine erträgliche Badetemperatur zu erwärmen, mehr als 10 °C sind auch im Sommer kaum zu erwarten.

! *Baedeker* TIPP

Ein Blick aufs Wetter

Ein Telefon und ein paar Brocken Englisch genügen, um in den Genuss der aktuellen isländischen Wettervorhersage zu kommen: Tel. 90 20 60 01. Wer Internetanschluss hat: www.vedur.is

Drei Monate Hauptsaison

Die besten Reisemonate sind Juni, Juli und August, wenngleich für Hochlanddurchquerungen der Juni noch problematisch sein kann. In den genannten drei Monaten sind alle touristischen Einrichtungen geöffnet, während des Rests des Jahres ist das Angebot erheblich dünner. Die langen Tage im Sommer ermöglichen Freiluftaktivitäten praktisch rund um die Uhr. Im September sind der Schafabtrieb und die leuchtende Herbstfärbung noch zwei Höhepunkte, bevor das Land in den Winterschlaf verfällt. Fährlinien werden eingestellt, Busse fahren wesentlich seltener, die Hochlandpisten sind unpassierbar und auch auf der Ringstraße muss kurzfristig mit Behinderungen gerechnet werden. Außerhalb der **Hauptreisemonate** kommen nur wenige Touristen nach Island, obwohl Fluglinien und Hotels mit Sonderangeboten werben. Für Individualisten bieten sich in der Nebensaison interessante Möglichkeiten wie Hundeschlitten- oder Skitouren und vieles mehr. Die Kleidung sollte auch im Sommer auf jedes Wetter die richtige Antwort geben können – einschließlich Wind, Regen und Kälte. Auch feste Wanderschuhe gehören ins Gepäck.

Shopping · Souvenirs

Öffnungszeiten

Auch in kleinen Orten gibt es fast immer einen Lebensmittelladen oder Supermarkt, auch größere Tankstellen verkaufen oft Lebensmittel. Das Obst- und Gemüseangebot ist deutlich kleiner und teurer als

Das Souvenir schlechthin: der Islandpullover

bei uns, so gut wie alles ist **Import- oder Gewächshausware**. Die Läden sind in der Regel Mo. – Fr. 9.00 – 17.00 oder 18.00 Uhr, Sa. 9.00 – 13.00 oder 16.00 Uhr geöffnet. Große Supermärkte haben häufig länger und auch am Wochenende geöffnet, manchmal sogar bis 23.00 Uhr. Souvenir- und Kunsthandwerksgeschäfte öffnen im Sommer teilweise auch am Wochenende.

Islandpullover

Das Souvenir schlechthin ist der Islandpullover aus dicker Schafwolle mit dem charakteristischen Muster. In Reykjavík bekommt man ihn fast an jeder Ecke und auch sonst gehört er zum Sortiment fast jeden Souvenirgeschäftes. Neben Wollwaren sind Silberschmuck, Keramik und Kunsthandwerk aus Naturmaterialien empfehlenswerte Souvenirs.

Mehrwertsteuerrückerstattung

Ausländischen Kunden wird die Mehrwertsteuer für bestimmte in Island gekaufte Waren zurückerstattet. Die Erstattung beträgt bis zu 15 % des Verkaufspreises. Voraussetzung ist, dass die Ware in einem Geschäft mit dem »Tax-Free-Shopping«-Zeichen gekauft und an der Kasse ein Tax-Free-Cheque ausgestellt wurde. Die Mindestsumme pro Kassenbon für eine Steuerrückerstattung beträgt allerdings 4000 ISK. Wer nicht später als drei Monate nach dem Kauf ausreist, kann Tax-Free-Gutscheine bis zu einer Höhe von 5000 ISK direkt am Schalter der Landsbanki Islands am Flughafen Keflavík einlösen. Sonst müssen die Einkäufe, außer Wollwaren, beim Zoll vorgezeigt werden (nähere Infos unter: www.icelandrefund.com).

In Reykjavík kommen auch Shoppingliebhaber auf ihre Kosten, denn in der Hauptstadt ist das Angebot an edlen Fashion- und Designerläden erstaunlich groß.

Shopping in Reykjavík

Sicherheit

Island ist eines der sichersten Reiseziele weltweit. In der Hauptstadt Reykjavík nimmt die Kriminalitätsrate zwar zu, doch im Vergleich zu Mitteleuropa bewegt sie sich immer noch auf sehr niedrigem Niveau. Auf dem Land ist die **Kriminalität verschwindend gering**. Allein reisende Frauen haben in Island keine Probleme. Auch wenn viele Isländer ihre Autos und Häuser nicht abschließen, sollten Touristen mit voll gepackten Autos ein Mindestmaß an Vorsicht walten lassen, um vor unliebsamen Überraschungen geschützt zu sein.

Sprache

Amtssprache ist Isländisch, eine germanisch-nordische Sprache, die seit der Besiedlung durch norwegische Einwanderer wegen der isolierten Insellage weitgehend unverändert geblieben ist. Die anderen nordeuropäischen Sprachen haben sich dagegen im Laufe der Jahrhunderte stark verändert. Die **sprachliche Eigenständigkeit** ist ein wichtiger Bestandteil der isländischen Kultur und es wird versucht, eine Überfrachtung mit Fremdwörtern zu vermeiden. Stattdessen werden moderne Begriffe, die es im altisländischen Wortschatz nicht gab, durch Umschreibungen gebildet. So entstand das Wort »tölva« (Computer) aus den Worten »tala« (Zahl) und »völva« (Wahrsagerin). Die Buchstaben c, q, w und z fehlen im isländischen Alphabet, dafür gibt es die Sonderzeichen þ, ð, und æ, außerdem kommen die Vokale a, e, i, o, u und das y mit und ohne Akzent vor, was eine unterschiedliche Aussprache zur Folge hat. Die Aussprache des Isländischen ist relativ schwierig und gelingt wenigen Touristen auf Anhieb. Glücklicherweise sprechen viele Isländer gut Englisch, einige sogar Deutsch, sodass Verständigungsschwierigkeiten kaum vorkommen.

SPRACHFÜHRER ISLÄNDISCH

Aussprache

a	wie a, vor ng oder nk aber wie au, vor gi wie ai
á	wie au
e	wie offenes e oder ä

é	wie jäh
ý, í	wie hohes i
ó	wie ou
u	wie ü, vor ng und nk wie u
au	wie öü
æ	wie ei
ei	wie ey
ð	wie stimmhaftes engl. th
f	am Anfang und vor k, s und t wie f, sonst wie w
r	gerollt
v	wie w
þ	wie stimmloses engl. th

Grundvokabular

Ja	já
Nein	nei

Getur þú hjálpað mér? Können Sie mir helfen?

Bitte	gjörðu svo vel
Danke	takk
Guten Morgen/Guten Tag	Góðan dag
Guten Abend	Gott kvöld
Gute Nacht	Góða nótt
Auf Wiedersehen	Vertu sæll/vertu sæl
Entschuldigen Sie	Afsakið
Ich spreche kein Isländisch	Ég tala ekki íslensku
Ich verstehe nicht	Ég skil ekki
Sprechen Sie Deutsch?	Talar þú þýsku?
Wie viel kostet das?	Hvað kostar þetta?
Können Sie mir helfen?	Getur þú hjálpað mér?
Wo ist ...?	Hvar er ...?
Ich brauche	Mig vantar
Ich möchte	Ég ætla að fá

Unterkunft

Ist ein Zimmer frei?	Er laust herbergi?
Abendessen	kvöldmatur
Doppelzimmer	tveggja manna herbergi
Dusche	sturta
Einzelzimmer	eins manns herbergi
Frühstück	morgunmatur
Gästehaus	gistiheimili
Hotel	hótel
Jugendherberge	farfuglaheimili
Mittagessen	hádegismatur
Schlafsack	sumarhús
Zimmer	herbergi

Essen und Trinken

Alkoholarmes Bier	Pilsner
Bier	bjór/öl
Butter	smjör
Geräuchertes Lammfleisch	hangikjöt
Getrockneter Fisch	harðfiskur
Haifisch	hákarl
Isländischer Quark	skyr
Käse	ostur
Milch	mjólk
Restaurant	veitingastaður
Sandwich	samloka

Touristenmenu	sumarréttir
Weiß-/Rotwein	hvít-/rauðvín

Unterwegs

Ankunft / Abfahrt	koma / brottför
Bank	banki
Busbahnhof	umferðarmiðstöð
Einbahnstraße	einstefna
Fähre	ferja
Fahrplan	ferðaáætlun
Fahrschein	miði
Flugzeug	flugvél
Freibad	sundlaug
Gefälle	brekka
Hafen	höfn
Hin und zurück	fram og tilbaka
Information	upplýsingar
Krankenhaus	sjúkrahús
Lebensgefahr	lífshætta
Nach links	til vinstri
Polizei	lögregla
Post	póstur
Stadtbus	strætó
Straße, Weg	gata, braut, vegur
Tankstelle	bensínstöð
Taxi	leigubíll
Telefon	sími
Überlandbus	rúta
Unübersichtliche Strecke	blindhæð
Vorsichtig fahren	akið varlega
Werkstatt	verkstæði

Geografische Begriffe

Osten	austur
Westen	vestur
Norden	norður
Süden	suður
Berg	fjall
Gebirge	fjöll
Bucht	vik
Ebene	völlur
Fjord / Fjorde	fjörður / firðir
Fluss	á

Talar þú þýsku? Sprichst du Deutsch?

Flussufer	bakki
Gletscher	jökull
Heiße Quelle	hver
Höhle	hellir
Hof	bær
Insel	ey/eyja
Kiesfläche	melur
Kleine Insel	hólmi, hólmur
Lavafeld	hraun
Sandbank an Flüssen	eyri
Sand- oder Kieswüste	sandur
See	vatn
Tal	dalur
Teich	tjörn
Wald	skógur/mörk
Warme Quelle	laug
Wasserfall	foss

Wetter

Das Wetter ist gut	veðrið er gott/fint/ágætt
Bewölkt	skýað
Nebel	þoka

Regen	rigning
Sonnenschein	sólskín
sonnig	bjart
Sturm	stormur/rok
Wettervorhersage	veðurspá
Windrichtung	átt
Windstärke	vindstígur
Windstille	logn

Wochentage

Montag	mánudagur
Dienstag	þriðjudagur
Mittwoch	miðvikdagur
Donnerstag	fimmtudagur
Freitag	föstudagur
Samstag	laugardagur
Sonntag	sunnudagur

Zahlen

0	núll
1	einn, eitt
2	tveir
3	þrir
4	fjórir
5	fimm
6	sex
7	sjö
8	átta
9	níu
10	tíu
11	ellefu
12	tólf
13	þrettán
14	fjórtán
15	fimmtán
16	sextán
17	sautján
18	átján
19	nítján
20	tuttugu
30	þrjátíu
40	fjörutíu

50	fimmtíu
60	sextíu
70	sjötíu
80	áttatíu
90	níutíu
100	hundrað
1000	þúsund

Übernachten

Island bietet ein vielfältiges Übernachtungsangebot, das Viersternehotels, Mittelklassehotels, Gästehäuser, Privatzimmer, Jugend- und Familienherbergen, Ferienhäuser, Berghütten, Urlaub auf dem Bauernhof und Schlafsackunterkünfte umfasst. Viele Hotels, Gästehäuser und Bauernhöfe sind auch im Winter geöffnet; Campingplätze, die Sommerhotels der Edda-Gruppe und einige Jugendherbergen schließen dagegen während der Wintermonate. Während der Hauptreisezeit kann es in der Nähe der touristischen Highlights zu Engpässen kommen, deshalb ist es besser, vorher anzurufen und sich nach freien Betten zu erkundigen. Die jährlich aktualisierte, kostenlose Broschüre **»Áning/Übernachtungsorte«** listet rund 300 überwiegend kleinere Hotels und Gästehäuser, aber auch Hütten und Campingplätze auf. Leider werden die einzelnen Häuser nur recht dürftig mit Adresse, Bild und Piktogramm vorgestellt. Preisangaben fehlen in der Broschüre und auf der Website (www.gisting.is) und müssen einzeln erfragt werden.

Klassifizierung/ Preiskategorien

Seit einigen Jahren können sich alle Übernachtungsbetriebe vom Isländischen Tourismusrat klassifizieren lassen und einen bis fünf Komfortsterne erwerben. Klassifizierte Häuser sind an dem blau-roten Symbol am Eingang zu erkennen, allerdings haben erst wenige Betriebe die Sterne beantragt. Die im Reiseteil aufgeführten Übernachtungsmöglichkeiten wurden in folgende Kategorien eingeteilt:

▸ **Günstig**
bis 9000 ISK Übernachtung/
2 Personen (Doppelzimmer)

▸ **Komfortabel**
9000 – 18 000 ISK Übernachtung/
2 Personen (Doppelzimmer)

▸ **Luxus**
über 18 000 ISK Übernachtung/
2 Personen (Doppelzimmer)

Ferien auf dem Bauernhof

Icelandic Farm Holidays ist ein Zusammenschluss von 120 Bauernhöfen mit insgesamt rund 2700 Betten, die sich über ganz Island verteilen. Die Unterkünfte sind sehr vielfältig, kleine **Landhotels** sind ebenso im Angebot wie **Bed-and-Breakfast-Pensionen**, Ferienhäuser oder Appartements. Angeboten werden kostengünstige Schlafsackunterkünfte, aber auch Zimmer mit eigenem Bad. Dementsprechend breit gefächert sind die Preise, ein Doppelzimmer ohne Bad kostet meistens zwischen 35 und 85 €, eines mit Bad zwischen 50 und 110 €. Hütten und Ferienhäuser werden gewöhnlich wochenweise vermietet. Icelandic Farm Holidays bietet auch Komplettarrangements an, die von gebuchten Übernachtungen bis zu Rundreisen mit Mietwagen reichen.

Familien- und Jugendherbergen

In allen 25 isländischen Jugend- und Familienherbergen sind Gäste jeden Alters willkommen. Keine Herberge gleicht der anderen, mal sind sie in ehemaligen Farmhäusern untergebracht, mal in modernen Neubauten. Geboten wird überall eine relativ preiswerte Unterkunft in 2- bis 6-Bettzimmern. Alle Herbergen bis auf Fljótsdalur haben **Familienzimmer**. Jede Jugendherberge verfügt über eine gut ausgestattete Selbstkocherküche. Die Übernachtungspreise liegen pro Person für Mitglieder zwischen 20 und 23 €, für Nichtmitglieder zwischen 23 und 27 €. Frühstück kostet zwischen 7 und 9 €. Decken und Kopfkissen stehen in den Zimmern zur Verfügung, Bettzeug oder Schlafsack müssen mitgebracht oder ausgeliehen werden. Darüber hinaus bieten alle Herbergen viele Freizeitaktivitäten und Touren an.

Jugendherbergen Orientierung

Das Angebot reicht von Angeln über Wandern und Reiten bis zu Gletschertouren. Weitere Informationen, Buchungen sowie die Broschüre »Hostelling in Iceland« sind erhältlich beim isländischen Jugendherbergsverband.

Hotels

Das größte Hotelangebot bieten die Hauptstadt Reykjavík und Akureyri, aber auch auf dem Lande gibt es viele gute Mittelklassehotels. Standard und Preise sind sehr unterschiedlich und nicht alle Zimmer haben ein eigenes Bad, sind dafür aber auch preisgünstiger. Während der Sommermonate (Anfang Juni bis Ende August) werden zahlreiche Internate und auch Studentenwohnheime zu Sommerhotels umfunktioniert.

Gästehäuser

In vielen kleineren Orten, aber auch in Reykjavík und anderen Städten, bilden Gästehäuser eine **relativ preisgünstige Übernachtungsmöglichkeit**. Allerdings ist ihr Komfort unterschiedlich, die Preise schwanken dementsprechend stark.

Camping

Island hat rund 125 offizielle Campingplätze, die in der Regel von Anfang Juni bis Ende August oder Mitte September geöffnet sind. Außerdem gibt es noch viele private Zeltmöglichkeiten, meist angegliedert an ein Gästehaus oder einen Bauernhof. Insgesamt sind die Campingplätze sehr einfach, Rezeption und Shop sind eher die Ausnahme und die sanitären Einrichtungen beschränken sich auf das Notwendigste. Dafür sind die Preise mit sechs bis acht Euro pro Nacht aber auch sehr niedrig. Buchungen im Voraus sind nicht notwendig; man bezahlt – sofern vorhanden – an der Rezeption, im Hochland beim Personal der meist vor Ort befindlichen Wandervereinshütten.

Freies Campen ist zwar außerhalb der Nationalparks und Naturschutzgebiete nicht verboten, wegen der vielen Campingplätze und der günstigen Übernachtungspreise besteht aber keine Notwendigkeit dafür. Zudem ist die isländische Natur sehr empfindlich und es gibt einige Initiativen, die das freie Campen ganz verbieten wollen. In erster Linie, weil sich manche nicht an die Grundregel halten: Keine Spuren der Anwesenheit hinterlassen! Zelten auf privatem Gelände sollte mit den Eigentümern abgesprochen sein.

! *Baedeker* TIPP

Ein billiges Bett

Wer nicht zelten und trotzdem relativ preisgünstig übernachten möchte, sollte sich nach Schlafsackunterkünften erkundigen. Viele Bauernhöfe, Gästehäuser und Jugendherbergen bieten sie an, aber auch Edda-Hotels, Schulen und Gemeindehäuser stellen während der Sommerferien Räume zur Verfügung. Pro Person muss man ab 20 Euro für eine Matratze in einem Gemeinschaftsraum bezahlen. Teilweise bieten auch herkömmliche Hotels Schlafsackunterkünfte im Einzel- bzw. Doppelzimmer an.

Wanderhütten

► Urlaub aktiv, Wandern S. 105

ÜBERNACHTEN

FERIEN AUF DEM BAUERNHOF

▸ **Icelandic Farm Holidays**
Siðumúli 13
108 Reykjavík
Tel. 570 27 00, Fax 570 27 99
www.farmholidays.is

JUGENDHERBERGS-VERBAND

▸ **Icelandic Youth Hostel Association**
Sundlaugarvegur 34
105 Reykjavík
Tel. 553 81 10
Fax 588 92 01
www.hostel.is

HOTELKETTEN

▸ **Fosshotel Iceland**
Tel. 562 40 00
Fax 562 40 01
www.fosshotel.is
14 Touristenhotels, die meisten davon Sommerhotels, verteilt auf ganz Island, drei davon in der Hauptstadt Reykjavík

▸ **Hótel Edda**
Tel. 444 40 00
Fax 444 40 01
www.hoteledda.is
16 Hotels in ganz Island. Gehören zur Icelandair-Hotels-Gruppe

▸ **Icelandair Hotels**
Tel. 444 40 00, Fax 444 40 01
www.icehotels.is
Sieben Hotels, einige gehören zur gehobenen Klasse.

▸ **KEA Hotels**
Tel. 460 20 00, Fax 460 20 60
www.keahotels.is
Fünf Hotels, eins in Reykjavík, vier in Nordisland

Ein Fleckchen Erde und ein Zelt: Man braucht nicht viel für eine Nacht in Island.

Urlaub aktiv

Island ist ein **Paradies für Aktivurlauber** und bietet Möglichkeiten für eine Vielzahl sportlicher Aktivitäten. Wer nicht auf eigene Faust wandern oder reiten möchte, kann sich von Spezialveranstaltern ein maßgeschneidertes Programm zusammenstellen lassen oder sich Gruppenreisen anschließen. Das Angebot ist breit gefächert und umfasst z. B. Gletschertouren, Angel- und Reitausflüge, Hochseeangeln, Wander- und Raftingtouren, Vogel- und Walbeobachtung.

Angeln

Island ist bekannt für seine ausgezeichneten Lachs- und Forellenangelmöglichkeiten. Die Saison für Lachse beginnt etwa Mitte Juni und dauert bis Mitte September, Forellen werden je nach Gewässer von April/Mai bis Ende September geangelt. Ende Mai bis Ende August ist die beste Zeit für **Hochseeangeln**. Lachsangellizenzen müssen rechtzeitig bei der National Angling Association (►S. 106) vorbestellt werden und sind extrem teuer. Ein Tag an einem guten Lachsfluss kostet im Durchschnitt 1000 €, immerhin mit Übernachtung und ortskundigem Führer. Die Lizenzen zum Forellenangeln sind erheblich günstiger (10 – 20 € pro Tag) und können auch kurzfristig gekauft werden.

Gletschertouren

Auf den Gletschern Langjökull, Mýrdalsjökull, Snaefellsjökull und Vatnajökull werden Ausflüge mit Skiern, Snowmobilen und Super-Jeeps angeboten (Veranstalter ► S. 106).

Wo geht's lang? Auf dem Gletscher herrschen andere »Straßenverhältnisse«.

Golf Alle Golfplätze Islands, immerhin mehr als 60, stehen auch Gästen gegen eine Green-Fee-Gebühr von 35 – 55 € zur Verfügung. Einige Plätze wie die in Hafnarfjörður und auf den Westmännerinseln liegen in einer spektakulären Vulkanlandschaft. Ende Juni richtet der Golfclub von Akureyri (►S. 107) die Arctic Open aus, ein international besetztes Turnier, das im Licht der Mitternachtssonne ausgetragen wird – falls sie sich blicken lässt.

Radfahren Sowohl in Reykjavík als auch in vielen anderen Orten können Fahrräder für kürzere Touren ausgeliehen werden. Information und Vermietung bei BSÍ Travel (► S. 107).

Längere Unternehmungen und speziell Hochlanddurchquerungen sollten gründlich geplant und am besten mit dem eigenen Rad durchgeführt werden, das für diesen Materialtest fit gemacht werden muss. Doch nicht allein das Material, auch der Mensch muss einigen Belastungen standhalten: **Steigungen, Schotterstrecken, Regen, Kälte und immer wieder Wind**, der erbarmungslos zuschlägt und schon so manchen zermürbt hat, sind die alltäglichen Begleiter. Trotzdem sind überall Radfahrer unterwegs, die sich der Herausforderung stellen und für die Mühe mit sehr intensiven Eindrücken belohnt werden. Im Hochland sind die Bedingungen am extremsten: endlose Schotterpisten, die auch das beste Material und die beste Kondition auf eine harte Probe stellen. Erschwerend kommt im Hochland noch hinzu, dass das Rad schwer bepackt und bei einer Panne weit und breit kein Fahrradladen zu finden ist. Hilfreich für die Vorbereitung größerer Unternehmungen ist der isländische Mountainbike-Club in Reykjavík, dessen Clubhaus jeden Donnerstagabend ab 20.00 Uhr zum Erfahrungsaustausch offen steht (►S. 107). Außerdem unterhält der Club eine Website mit vielen nützlichen Links.

! *Baedeker* TIPP

42 km oder weniger

Geben Sie es zu: Wenn Sie Island hören, denken Sie sofort an Marathon. Dann sind Sie im Reykjavík der zweiten Augusthälfte genau richtig! Machen Sie mit beim international besetzten Reykjavík-Marathon. Wenn Sie keine 42 km durchstehen, können Sie auch über die Halbmarathondistanz oder 10 km starten. Auch die Organisatoren des Mývatn-Laufs und des Hochlandmarathons zwischen Landmannalaugar und Þórsmörk freuen sich über Läufer aus dem Ausland. Infos und Anmeldung zum Reykjavík-Marathon unter: marathon@marathon.is, www.marathon.is

Rafting Auf dem Gletscherfluss Hvítá in Südisland und einigen Gletscherflüssen in Nordisland werden Fahrten mit Raftingbooten für Anfänger und Fortgeschrittene angeboten (Veranstalter ► S. 107).

Reiten Die relativ kleinen, aber robusten Islandpferde sind seit ewigen Zeiten das ideale Fortbewegungsmittel der Isländer. Eine Vielzahl von Bauernhöfen und Tourenveranstaltern (►S. 107) bietet auch Touristen die Möglichkeit, **Ausritte auf Islandpferden** zu unternehmen. Das

Radfahrer haben in Island mit allen Widrigkeiten zu kämpfen, die die Natur bereit hält.

Angebot ist sehr vielfältig und reicht von stundenweisen Ausritten bis zur zweiwöchigen, anspruchsvollen Durchquerung des Hochlandes auf der historischen Kjölur-Route.

Skifahren

Bei den Isländern ist Skilaufen durchaus beliebt, doch Touristen kommen nur selten im Winter. Die Alpinzentren mit zusammen rund 100 Skiliften sind meist klein und nicht mit dem Skizirkus in den Alpen vergleichbar. Auch die Möglichkeiten zum Après-Ski sind sehr begrenzt. Vielfältige Aussichten auf **Naturerlebnisse** bieten sich Langläufern, die sich auf Entdeckungstouren abseits der Loipen begeben. Skizentren befinden sich in Bláfjöll, Ísafjörður, Siglufjörður, Ólafsfjörður, Dalvík, Akureyri und Húsavík. Sommerski ist auf dem Langjökull und dem Kerlingarfjöll von Ende Juni bis Ende August möglich. Ausrüstungen können vor Ort ausgeliehen werden.

Fast alle Städte, auch wenn sie noch so klein sind, verfügen über ein **Frei- oder Hallenbad**. Dank der

! *Baedeker* TIPP

Landsmót

1950 trafen sich erstmals Liebhaber von Islandpferden zum Landsmót am historischen Ort des Althings in Þingvellir. Es wurden Galopp- und Passrennen ausgetragen, Zuchtpferde beurteilt und Turnierpferde vorgestellt. Anfangs nahmen nur gut 100 Pferde teil, heute kommen über 1000 Tiere zum größten Turnier Islands, das alle zwei Jahre an wechselnden Orten stattfindet (nächstes Turnier Ende Juni/Anfang Juli 2006 in Vindheimamelar bei Varmhalíð). Für Pferdeliebhaber ein sehenswertes Ereignis, denn nirgendwo sonst kommen so viele Islandpferde wie beim Landsmót zusammen.
Infos unter: www.landsmot.is

reichlich vorhandenen geothermalen Energie wird das Wasser auch im Winter in den Freibädern auf komfortable 28-30 °C geheizt. So ist das Schwimmbad der Ersatz für die oft nicht vorhandene Stammkneipe, um mit Freunden und Bekannten Neuigkeiten auszutauschen. Fast jedes Schwimmbad hat natürlich auch einen **Hot Pot**, in dem das Wasser mindestens Badewannentemperatur hat. Ein vortrefflicher Ort, um kalte und regnerische Tage zu überstehen.

Vogelbeobachtung Mindestens zehn verschiedene Vogelfelsen locken jedes Jahr Ornithologen an die Küsten Islands. Sehenswert sind die Westmännerinseln wegen ihres großen Artenreichtums und der vielen Papageientaucher, der Mývatn wegen seiner verschiedenen Entenarten und der **Látrabjarg, einer der weltweit größten Vogelfelsen**, in den Westfjorden. Weitere Vogelfelsen gibt es auf der Halbinsel Reykjanes, z. B. den bequem zu erreichenden Hafnaberg.

Walbeobachtung Einen Wal in unmittelbarer Nähe seines Bootes auftauchen zu sehen, ist ein Erlebnis, das keiner so schnell vergisst. Die Chancen, einen Wal zu sichten, stehen in den Gewässern um Island nicht schlecht, oft sind sogar zwei oder drei verschiedene Walarten während eines Ausfluges zu beobachten. Am häufigsten sind **Zwerg- und Buckelwale**, aber auch Delphine, Schweins- und Schwertwale kommen vor Island vor. In den Gewässern um Ólafsvík auf der Halbinsel Snæfellsnes lässt sich manchmal sogar einer der äußerst seltenen Blauwale sehen – ein Glücksfall, der nur an wenigen Stellen der Erde eintritt.

Die Wahrscheinlichkeit, vor Island einen Wal zu sichten, ist sehr hoch. Doch ob das gesichtete Exemplar denn auch abtaucht und seine Schwanzflosse zur Schau stellt, bleibt dahingestellt.

Wanderhütten Orientierung

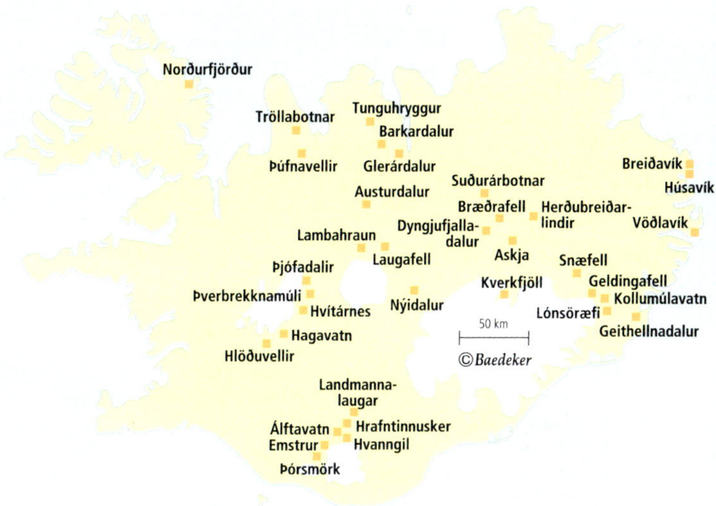

Wandern

Ferðafélag Íslands

Wandern ist die beste Möglichkeit, die spektakuläre isländische Natur kennen zu lernen. Der 1927 gegründete isländische Wanderverein (Ferðafélag Íslands; ► S. 107) hat es sich zur Aufgabe gemacht, Wanderer bei ihren Unternehmungen in abgelegenen Gegenden zu unterstützen. Der Verein unterhält im ganzen Land 34 einfache Berghütten, von denen einige im Sommer von einem Hüttenwirt betreut werden. Lebensmittel müssen Wanderer allerdings bei allen Hüttentouren selber mitbringen. Außerdem organisiert der Wanderverein Touren und unterhält die markierten Wege. Wandertouren werden das ganze Jahr über angeboten, im Winter finden meist Tages- oder Wochenendtouren statt, während im Sommer auch längere Wanderungen durchgeführt werden. Längere Touren müssen einen Monat, Wochenendtouren vier Tage im Voraus gebucht werden. Für Tagestouren ist in der Regel keine Voranmeldung erforderlich. Teilnehmer müssen ihren eigenen Proviant und die Ausrüstung für die Schlafsackunterkünfte mitbringen. Wer auf eigene Faust unterwegs ist, sollte sich im Voraus erkundigen, ob die jeweilige Hütte gerade von einer größeren Gruppe belegt ist, da die Kapazitäten begrenzt sind. Die Hütten sind in der Regel einfache Matratzenunterkünfte, eine Kochmöglichkeit ist meist vorhanden, teilweise gibt es in der Nähe Möglichkeiten zum Zelten. Die Übernachtungspreise liegen je nach

Standard der Hütte zwischen 10 und 15 € für Mitglieder (15 – 22 € für Nichtmitglieder).

Útivist Auch Útivist (► S. 107) unterhält sechs Berghütten und veranstaltet verschiedene Touren. Wer die Hütten von Útivist nutzen möchte, muss sich rechtzeitig anmelden, da auch in diesen Hütten nur eine begrenzte Bettenzahl zur Verfügung steht. Die orangefarbenen Schutzhütten im Hochland und an der Küste sind nur für Notfälle gedacht und dürfen nur bei Gefahr benutzt werden.

URLAUB AKTIV

ANGELN

▶ **The National Angling Association**
Bolholt 6
105 Reykjavík
Tel. 553 15 10, Fax 568 43 63
www.angling.is

GLETSCHERTOUREN

▶ **Glacier Tours**
Hafnarbraut 15
780 Hornafjörður
Tel. 478 10 00, Fax 471 21 67
www.glaciertours.is

▶ **Allrahanda Excursions**
Funahöfði 17
110 Reykjavík
Tel. 540 13 13, Fax 540 13 10
www.allrahanda.is

▶ **Icelandic Adventure**
Álftaland 17
108 Reykjavík

Das Pärchen Lackschuhe können Sie zu Hause lassen. Wanderstiefel sind angesagt.

Tel. 577 55 00
Fax 577 55 11
www.icemail.is

GOLF

► **Akureyri Golf Club**
P.O. Box 600
Akureyri
Tel. 462 29 74
Fax 461 17 55

RADFAHREN

► **BSÍ Travel**
Vatnsmýrarvegur 10
101 Reykjavík
Tel. 591 10 20, Fax 591 10 50
www.dice.is

► **The Icelandic Mountainbike Club**
Brekkustígur 2
Reykjavík, Tel./Fax 562 00 99
www.mmedia.is/ifhk/tourist.htm

RAFTING

► **Activity Tours**
P.O. Box 75
560 Varmahlíð
Tel. 453 83 83, Fax 453 83 84
www.rafting.is

► **Nonni Travel**
Brekkugata 5
P.O. Box 336
602 Akureyri
Tel. 461 18 41, Fax 461 18 43
www.nonnitravel.is

REITEN

► **Íshestar**
Sörlaskeið 26
220 Hafnarfjörður
Tel. 555 70 00, Fax 555 70 01
www.ishestar.is

► **Pólar Hestar**
Grytubakki 2
601 Akureyri
Tel. 463 31 79, Fax 463 31 44
www.polarhestar.is

► **Hestasport/Activity Tours**
P.O. Box 75
560 Varmahlíð
Tel. 453 83 83
Fax 453 83 84
www.riding.is

WHALEWATCHING

► **Sæferðir**
Smiðjustígur 3
340 Stykkishólmur
Tel. 438 14 50
Fax 438 10 50
www.saeferdir.is

► **Norður Sigling/ North Sailing**
Gamla Baukur
P.O. Box 122
640 Húsavík
Tel. 464 23 50
Fax 464 23 51
www.nordursigling.is

► **Elding**
Im Hafen von Reykjavík und Hafnarfjörður
Tel. 555 35 65
Fax 554 74 20
www.elding.is

WANDERN

► **Ferðafélag Íslands**
(Isländischer Wanderverein)
Mörkin 6
108 Reykjavík
Tel. 568 25 33
Fax 568 25 35
www.fi.is

► **Útivist**
Laugavegur 178
105 Reykjavík
Tel. 562 10 00, Fax 562 10 01
www.utivist.is

Verkehr

Mit dem Flugzeug

Island besitzt ein relativ dichtes inländisches Flugstreckennetz. Besonders gefragt sind die Flüge von Reykjavík nach Akureyri und auf die Westmännerinseln. **Inlandsflüge** starten in Reykjavík vom Flughafen in der Stadt. Auf den Hauptstrecken werden von den beiden größten Gesellschaften Air Iceland und Íslandsflug mehrere Flüge täglich angeboten. Insgesamt werden folgende Ziele angeflogen: Akureyri, Egilsstadir, Ísafjörður, Hornafjörður, Bíldudalur, Gjögur, Sauðárkrókur, Vopnafjörður, Grímsey und Heimaey. Das Einfachticket von Reykjavík nach Akureyri kostet ab 50 €. Wer häufiger fliegen möchte, sollte sich den **Air-Iceland-Pass** mit vier, fünf oder sechs Coupons anschaffen. Während der 30-tägigen Gültigkeit kann jedes Ziel aus dem Streckennetz von Air Iceland angeflogen werden. Der Air-Iceland-Pass ist bei allen Niederlassungen der Fluglinie im Ausland erhältlich. Angeboten wird auch der »Fly As You Please«-Pass, der zwölf Tage Gültigkeit hat und zu beliebig vielen Flügen auf allen inländischen Air-Iceland-Routen berechtigt. Mehrere kleine Gesellschaften wie Mýflug bieten Charter- und Rundflüge an, die bei klarem Wetter tolle Aussichten auf die Gletscher und Vulkane der Insel ermöglichen. Nähere Infos bei den Fluggesellschaften (► S. 111).

Mit der Fähre

Die Fähre **Baldur** bringt Passagiere und Autos von Stykkishólmur über Flatey nach Brjánslækur und verkürzt damit die Fahrt in die Westfjorde um ein gutes Stück.
Die Fähre **Herjólfur** verkehrt zwischen Þorlákshöfn und Heimæy und bringt Passagiere und PKW auf die Westmännerinseln.

Mit dem Bus

Mit den Linienbussen ist fast jeder Ort auf Island zu erreichen. Selbst die **Hochlandrouten** werden im Sommer von geländegängigen Bussen befahren. Tickets sind beim Busfahrer oder der Busstation erhältlich, Vorausbuchen ist nicht notwendig. In den Bussen ist prinzipiell die Mitnahme einer begrenzten Anzahl von Fahrrädern (oft maximal 5 Stück) möglich.

Destination Iceland

Mehrere Busgesellschaften und Reiseveranstalter haben sich zu »Destination Iceland« zusammengeschlossen und geben die kostenlose Broschüre »Island • Individuelles Reisen« heraus, die alle aktuellen Infos zu Busreisen und zahlreichen Paketreisen enthält.
Einzelstreckentickets sind teuer, die 400 km von Reykjavík nach Akureyri kosten ca. 65 €. Kinder unter 4 Jahren fahren umsonst, von

4 bis 11 Jahren kosten sie die Hälfte. Erheblich preisgünstiger wird das Busfahren mit einem der Buspässe. Der Rundreisepass (Hringmiði, 305 €) gilt für eine **Umrundung der Insel** auf der Ringstraße mit beliebig vielen Unterbrechungen. Am Beginn der Tour muss die Fahrtrichtung festgelegt werden (nach Osten oder Westen) und dann beibehalten werden. Für diesen Pass existiert keine Zeitbegrenzung, im Winter wird allerdings die Verbindung zwischen Akureyri und Höfn eingestellt.

Vergünstigungen

Der Rundreisepass inklusive der Westfjorde (Hringmiði/Vestfirðir, 460 €) gleicht dem **Rundreisepass**, schließt aber die Westfjordrunde mit ein. Dieser Pass ist nur von Anfang Juni bis Ende August gültig.
Der Buspass (Tímamiði, 1 Woche 350 €, 2 Wochen 490 €, 3 Wochen 630 €, 4 Wochen 700 €) berechtigt zur Benutzung fast aller isländischen Linienbusse bis zu einem Zeitraum von vier Wochen. Ausgenommen sind nur die Hochlandbusse, z. B. nach Landmannalaugar oder Þórsmörk. Bei diesem Angebot können Strecken mehrfach gefahren werden, eine Richtungsbeschränkung gibt es nicht. Eine weitere Möglichkeit ist der Full-Circle Passport inkl. Fahrten ins Landesinnere (365 €). Vom 1.5. bis 15.9. gelten alle Buspässe; im Winter gilt nur ein eingeschränktes Angebot. Die Buspässe sind in Reykjavík bei Destination Iceland, in der Touristeninformation und der Jugendherberge sowie am Busbahnhof in Akureyri und in Seyðisfjörður erhältlich. Nähere Informationen unter: www.dice.is

Brücke ins Nichts: Der übliche Nebel erschwert den Straßenverkehr.

Mit dem Auto

Straßenzustand Die knapp 1400 km lange Ringstraße bildet die wichtigste Lebensader Islands und ist das Prunkstück des gesamten Straßennetzes, das immerhin mehr als 10 000 km umfasst. Mit großem finanziellem Aufwand wurde aus der Ringstraße in jahrelanger mühsamer Arbeit ein fast vollständiger, relativ gut befahrbarer Asphaltring. Die Schotterabschnitte werden von Jahr zu Jahr kürzer und so lässt sich auf ihr mittlerweile mit jedem Auto die Insel umrunden. Wer die Ringstraße verlässt, sollte dagegen mit erheblich mehr **Schotterstrecken, Wellblechpisten und Schlaglöchern** rechnen. Sie drücken das Reisetempo ganz erheblich, rütteln die Insassen durch und lassen den Wagen am Ende des Urlaubs manchmal ganz schön alt aussehen. Bei loser Schotterdecke sind von entgegenkommenden und überholenden Autos hochgeschleuderte Steine immer ein Risiko für Lack und Frontscheibe. Die Hochlandpisten – bis auf die Kjölur und Kaldidalur – sind wegen der Flussdurchquerungen nur etwas für geländegängige Allradfahrzeuge. Im Winter werden zuerst die Hauptstraßen vom Schnee geräumt, bei Nebenstraßen kann es länger dauern, bis sie wieder passierbar sind.

Straßennummerierung Die Qualität der Straßen lässt sich in etwa an ihrer Nummer abschätzen. Die Ringstraße trägt verdientermaßen die Nr. 1, die anderen Hauptverkehrsstraßen sind an den zweistelligen Nummern zu erkennen. Die Qualität dreistelliger Straßen ist noch einmal schlechter, während mit »F« gekennzeichnete Straßen oder Wege ohne Nummer in der Regel nur mit Allradfahrzeugen zu befahren sind.

Tankstellen Auf der Ringstraße ist das Tankstellennetz dicht, allerdings empfiehlt sich rechtzeitiges Tanken. In Reykjavík und in Orten mit mindestens 800 Einwohnern ist in der Regel mindestens eine Tankstelle bis 23.30 Uhr geöffnet. In kleineren Orten sind kürzere Öffnungszeiten durchaus üblich. An Selbstbedienungssäulen kann man außerhalb der Öffnungszeiten mit Banknoten oder Kreditkarten bezahlen. Im Hochland gibt es keine Tankmöglichkeiten, allenfalls Notzapfsäulen wie in Hveravellir, die aber nicht in die Planung eingehen sollten. Das heißt, rechtzeitig volltanken und gegebenenfalls Ersatzkanister mitführen. Pannenhilfe leistet der Isländische Automobilclub »Félag Íslenskra Bifreiðaeigenda« (► S. 112).

Verkehrsregeln Die Höchstgeschwindigkeit in Siedlungen beträgt 50 km/h, auf Schotterstraßen 80 km/h und auf Asphaltstraßen 90 km/h. Das Fahren abseits markierter Wege und Pisten ist verboten. Das Abblendlicht muss auch am Tage eingeschaltet werden. Anschnallpflicht gilt für alle Insassen, auch auf den Rücksitzen. **Die Promillegrenze beträgt 0,0.** Die Strafen für Verkehrsverstöße sind spürbar höher als in Deutschland. Verkehrsschilder warnen vor Gefahrenstellen, meist fordern sie jedoch nicht ausdrücklich dazu auf, die Geschwindigkeit zu verringern. Die Grüne Versicherungskarte ist für in Deutschland, Österreich und der Schweiz zugelassene Autos nicht vorgeschrieben, eine Mitnahme wird aber dringend empfohlen. Bei Unfällen sollte unbedingt die Polizei verständigt werden. Wer in einen Unfall mit Schafen oder Pferden verwickelt ist, muss Schadenersatz leisten.

Dieselsteuer

Ausländische Dieselfahrzeuge müssen für jede angefangene Woche eine Dieselsteuer zahlen, die nach dem Gewicht des Fahrzeugs gestaffelt ist. Diese wird vom Tag der Ankunft bis zum Abfahrtstag gerechnet. Die Bezahlung erfolgt bei der Ausreise. Ausschlaggebend ist die Zeit von der Fährankunft bis zur nachweislichen Abfahrt des Schiffes laut Ticket. Weitere Auskünfte per E-mail beim Zollamt (tollstjori@tollur.is) oder unter www.tollur.is.

Mietwagen

Mietwagen verschiedener isländischer und internationaler Firmen können durch Reisebüros, über Fluggesellschaften, an Flughäfen und zahlreichen anderen Orten gebucht werden. Die Auswahl reicht vom Kleinwagen bis zum Allradfahrzeug. Die Preise liegen allerdings deutlich über denen in Deutschland. Kleinwagen kosten rund 100 € pro Tag und 600 € pro Woche. **Allradfahrzeuge** kosten durchschnittlich 300 € pro Tag und 2000 € pro Woche. Eine Buchung zusammen mit dem Flug kann erhebliche Preisvorteile bringen. Mindestalter ist 20 Jahre, bei Allradfahrzeugen in der Regel 23-25 Jahre. Der Führerschein muss ein oder zwei Jahre alt sein. Eine Kreditkarte wird als Sicherheit verlangt. Hochlandpisten dürfen nur mit Allradfahrzeugen befahren werden. Während der Hochsaison ist es angebracht, vor allem Allradfahrzeuge rechtzeitig zu reservieren.

VERKEHR

FLUGGESELLSCHAFTEN

► **Air Iceland**
Reykjavík Airport
Tel. 570 30 30, Fax 570 30 01
www.airiceland.is

► **Íslandsflug**
Flughafen Reykjavík
Tel. 570 80 30, Fax 570 80 31
www.islandsflug.is

► **Mýflug**
Flughafen Reykjahlíð
Tel. 464 44 00
Fax 464 44 01
www.myflug.is

FÄHRVERKEHR

► **Seatours/Fähre Baldur**
Smiðjustígur 3
340 Stykkishólmur
Tel. 438 14 50, Fax 438 10 50
www.saeferdir.is

► **Herjólfur**
Básaskersbryggja 900
Vestmannaeyjar
Tel. 481 28 00, Fax 481 29 91
www.herjolfur.is

BUSGESELLSCHAFTEN

► **Destination Iceland**
BSÍ Busbahnhof

Vatnsmýrarvegur 10
101 Reykjavík
Tel. 591 10 20/591 10 10
Fax 591 10 50
www.dice.is

MIT DEM AUTO UNTERWEGS

▸ **Pannenhilfe**
Félag Íslenskra Bifreiðaeigenda
Borgartúni 33
105 Reykjavík
Tel. 414 99 99, Fax 414 99 98
www.fib.is
Straßenhilfsdienst (Mo. – Fr. 8.15 – 16.30 Uhr): Tel. 5 112 112
Übrige Zeit: Abschleppunternehmen VAKA, Tel. 567 67 00

▸ **Auskunft über die aktuellen Straßenverhältnisse**
Tel. 17 77 (tgl. 8.00 – 16.00 Uhr) oder unter www.vegagerdin.is

MIETWAGEN

▸ **Alp Car Rental**
Vatnsmýrarvegur 10
101 Reykjavík
Tel. 562 60 60, Fax 562 60 61
www.alp.is

▸ **Bílaleiga Akureyrar**
Tryggvabraut 12
600 Akureyri
Tel. 461 60 00, Fax 462 64 76
www.bilaleigaakureyrar.is

▸ **Budget Car Rental**
Malarhöfði 2, 110 Reykjavík
Tel. 567 83 00, Fax 567 83 02
www.budget.is

▸ **Icelandair Hertz Car Rental**
Reykjavík Airport
101 Reykjavík
Tel. 505 06 00, Fax 505 06 50
www.hertz.is

▸ **Rás Car Rental**
Víkurbraut 17
240 Grindavík
Tel. 426 71 00, Fax 426 81 62
www.rascar.com

Wellness · Spa City Reykjavík

Thermalbäder gibt es in vielen Ländern, doch nirgendwo sonst kann man so verschwenderisch mit dem warmen Wasser umgehen wie in Island – dank der reichlich vorhandenen Erdwärme. Deshalb befinden sich die meisten Bäder auch unter freiem Himmel und niemand macht sich über Energiekosten Gedanken, selbst wenn die Schwimmbecken im Winter in dichte Dampfschwaden gehüllt sind. Die Wassertemperatur liegt bei sehr angenehmen 29 °C, doch die stärksten Publikumsmagneten sind die **Thermalwasser-Bassins** mit Wassertemperaturen von 37 °C bis 42 °C. Erfreulicherweise zählt der Schwimmbadbesuch zu den wenigen preiswerten Vergnügen in Island, denn für rund 2 € darf man so lange wie man möchte in dem warmen Wasser planschen. Kein Wunder, dass die Schwimmbäder jedes Jahr 1,5 Mio. Besucher zählen. Seit einiger Zeit wirbt Reykjavík deshalb zu Recht mit seinen hervorragenden Spa-Angeboten.

DIE THERMALBÄDER REYKJAVÍKS

- **Árbæjarlaug**
  Fylkisvegur, Tel. 510 76 00
  Eines der schönsten Schwimmbäder der Stadt mit Sauna, Solarium, Thermalbassins, Whirlpool und Wasserrutschbahn. Außerdem Spielgeräte für Kinder, deshalb ideal für Familien. Viele Wanderwege in der Umgebung.

- **Gravarvogslaug**
  Dalshús, Tel. 510 46 00
  Sehr schönes Schwimmbad, natürlich mit Thermalbassins, Whirlpool und Dampfbad. In der Nähe Wanderwege, Golf- und Reitmöglichkeiten.

- **Kjarneslaug**
  Kléberg, Tel. 566 68 79
  Außerhalb von Reykjavík in Kjalarnes. Schwimmbad, Thermalbassins, Dampfbad, Solarium und Gymnastik. In der Umgebung Möglichkeiten zum Wandern entlang der Küste und Besteigung des Aussichtsberges Esja.

- **Vesturbæjarlaug**
  Hofsvallagata, Tel. 551 50 04
  Rund 20 Min. zu Fuß von der Innenstadt. Schwimmbad, Thermalbassins, Dampfbad und Sauna. Schöner Strandweg in der Nähe.

- **Laugardalslaug**
  Laugardalur, Tel. 553 40 39
  50-Meter-Becken, Thermalbassins, Whirlpool, Dampfbad, Solarium und eine 86 m lange Wasserrutschbahn. Um das Schwimmbad liegen gute Trimm- und Spazierwege, im Winter Loipen zum Skilanglauf.

- **Breidholtslaug**
  Austurberg, Tel. 557 55 47
  Freibad inmitten eines Wohngebiets mit Thermalbassins, Whirlpool, Dampfbad und einem überdachten Schwimmbecken.

- **Bláa Lónið (Blue Lagoon, Blaue Lagune)**
  44 km südwestlich von Reykjavík bei Grindavík, Tel. 420 88 00
  www.bluelagoon.com
  Dieser hochmoderne Thermalbadkomplex mit Spa, diversen Kuranwendungen, Kurklinik, Restaurant, Shop, Kurmittelversand, Konferenzzentrum und geologischem Informationszentrum wurde 2007 baulich beträchtlich erweitert.

Zeit

Es gilt das ganze Jahr über die **Greenwich Mean Time** (GMT). Im Winter müssen Reisende aus Mitteleuropa deshalb die Uhren um eine Stunde, im Sommer wegen der mitteleuropäischen Sommerzeit um zwei Stunden zurückstellen.

Touren

EINMAL RUND UM ISLAND – ODER DOCH NUR DER SÜDWESTEN? WIE WÄR'S MIT EINER PORTION EINSAMKEIT IM NORDOSTEN? ODER WOLLEN SIE SICH LIEBER IN DAS NACHTLEBEN REYKJAVÍKS STÜRZEN? EINE REISE DURCH ISLAND MIT ALL SEINEN FACETTEN.

TOUREN DURCHS LAND

Sie wissen noch nicht, wo es langgehen soll? In unseren Routen finden Sie Vorschläge für besonders schöne Strecken und Tipps für den besten Standort!

TOUR 1 Eine runde Sache

Eine Umrundung Islands auf der fast vollständig asphaltierten Ringstraße ist die einfachste Möglichkeit, viele der Sehenswürdigkeiten der Insel zu erkunden. Wer etwas mehr Zeit mitbringt, kann noch kleine Abstecher ins Hochland oder in die Westfjorde machen. ▸ **Seite 120**

TOUR 2 In den wilden Westen

Auf der Snæfellsnes-Halbinsel und in den fast menschenleeren Westfjorden wartet eine Fülle von Naturerlebnissen auf den Besucher. Der magische Snæfellsjökull, gewaltige Fjorde und traumhafte Sandstrände lassen niemanden kalt. ▸ **Seite 122**

TOUR 3 Zu Vulkanen, Gletschern und Geysiren

Diese Tour führt zu einigen der bekanntesten Highlights Islands und lässt sich auch außerhalb der Hauptsaison problemlos mit einem Kurzbesuch in Reykjavík kombinieren. ▸ **Seite 125**

TOUR 4 Island für Spezialisten

Vom Fährhafen Seyðisfjördur führt diese Rundfahrt in den äußersten Norden, wo mehr Polarfüchse als Menschen leben. Mit Húsavík, Goðafoss, Akureyri, Mývatn, Ásbrygi und Dettifoss liegen einige der größten Sehenswürdigkeiten Islands an der Strecke. ▸ **Seite 126**

Blaue Lagune
Das Wellness-paradies

Ausreiten ...
... mit Islandpferden – ein Erlebnis!

Natur pur
Der Nordosten Islands ist noch unberührt.

Höfn am Vatnajökull
Ausgangspunkt für Touren zum größten Gletscher Europas

Unterwegs in Island

Feiern in Reykjavík

Seit einigen Jahren schwärmen Insider von **Reykjavíks Kneipenszene**. Durchaus zu Recht, denn was an Sommerwochenenden in der Stadt los ist, überrascht schon. Das Bier – und nicht nur das – fließt in Strömen und ganz Reykjavík scheint auf den Beinen zu sein – so, als ob man in den hellen Sommernächten all das nachholen müsste, was sich während des langen, dunklen Winters aufgestaut hat. Auch kulinarisch hat Reykjavík einiges zu bieten: Wer sich von den hohen Preisen nicht abschrecken lässt, hat die Wahl zwischen erstaunlich vielen erstklassigen Restaurants. Doch nur wenige kommen für einen **Städtetrip nach Island**, die meisten zieht es wegen der grandiosen Natur auf die Insel im Nordmeer.

Grandiose Landschaften, wenig Menschen

Die Mischung aus Feuer und Eis, die kein anderes Land Europas in dieser Intensität zu bieten hat, macht denn auch den Reiz eines Islandurlaubs aus. Wo gibt es noch solch ein **dünn besiedeltes Land**, das zudem noch solch extreme Landschaften zu bieten hat? Nur die Küste ist spärlich besiedelt, zwischen den Bauernhöfen liegen oft viele Kilometer und auch Ansiedlungen, die auf der Karte ein wenig städtisches Flair vermuten lassen, entpuppen sich als Dörfer mit gerade mal 100 oder 200 Einwohnern. Wer den schmalen, oft grünen Küstenstreifen verlässt und ins **Hochland** fährt, findet sich schon nach wenigen Kilometern in einer menschenleeren, oft wüstenhaften Landschaft, die nur während weniger Sommermonate mit hochbeinigen Allradfahrzeugen zu bewältigen ist. Aber auch wer »nur« auf der Ringstraße unterwegs ist, wird sich an der über weite Strecken extremen Landschaft nicht satt sehen können. Eine Fahrt durch Island hält alle nur erdenklichen **Formen des Vulkanismus** wie in einem aufgeschlagenen Lehrbuch bereit: Lavafelder, mal schwarz und unwirtlich, dann wieder von dicken grünen Moospolstern überzogen, dampfende Solfatarenfelder, die in ihrer Farbenpracht und Lebensfeindlichkeit als **Filmkulisse für Science-Fiction-Filme** dienen könnten. Als Kontrast dazu die größten Gletscher Europas mit unzähligen zerklüfteten Abbrüchen und Zungen, selbst Lagunen, in denen Dutzende Eisberge schwimmen, sind hier zu finden. Vielfältiger kann ein Land kaum sein.

Hot Spots und Fjorde

Wer auf der Suche nach extremen Vulkanlandschaften ist, wird entlang einer Linie zwischen der Halbinsel Reykjanes und dem Mývatn fündig, denn hier liegen die **Hot Spots der Insel**, befinden sich die meisten geothermal aktiven Gebiete. In den Westfjorden und an der Fjordküste Ostislands geht es ruhiger, aber deshalb nicht weniger spektakulär zu. Hier beherrschen **gewaltige Fjorde**, die von den Gletschern der letzten Eiszeit ausgehobelt wurden, das Landschaftsbild. Überraschend viele dieser Buchten bestehen aus kilometerlangen Sandstränden, von denen einige durchaus das Prädikat »Traumstrand« verdienen. Egal, wo man unterwegs ist, sollte man die Wanderschuhe und die Badesachen nicht vergessen. Auch wenn man nicht unbedingt ein Freund von längeren **Trekkingtouren** ist, bieten sich in Island unzählige Möglichkeiten für kürzere und einfache Wanderungen, die oft zu den schönsten Wasserfällen, Schluchten und Geothermalgebieten führen. Auch die endlosen, menschenleeren Strände sind ideal zum Wandern. Als Ausgleich für das doch sehr kühle Meer, in das selbst die harten Isländer keinen Fuß setzen, hat fast jeder Ort ein Schwimmbad. Da heißes Wasser oft im Überfluss vorhanden ist, sind die Becken fast immer wohlig warm und die heißen Pötte, die zu jedem Schwimmbad gehören, haben mindestens Badewannentemperatur. Ein idealer Ort, an dem auch das sprichwörtliche Islandtief einem nichts anhaben kann.

Das richtige Verkehrsmittel

Am bequemsten ist das Reisen in Island natürlich mit dem Auto. Entweder man bringt den eigenen Wagen mit und kommt dann zwangsläufig im Osten der Insel, im Fährhafen Seyðisfjörður, an. Oder man zieht für einen kürzeren Aufenthalt die Zeit sparende Variante – die **Anreise mit dem Flugzeug** nach Reykjavík und einen Mietwagen – in Betracht. Alle im Folgenden beschriebenen Routen sind problemlos mit einem normalen PKW zu bewältigen, außerhalb der Ringstraße sind allerdings längere Abschnitte noch nicht geteert. Doch die Isländer investieren viel Geld in die Verbesserung der Straßenverhältnisse, sodass jedes Jahr viele Kilometer Schotterpisten mit Asphalt überzogen werden. Die Umrundung Islands auf der Ringstraße ist auch mit dem Bus möglich, wobei man allerdings etwas mehr Zeit mitbringen sollte. Auch die Tour zum **Nationalpark Þingvellir**, zum **Geysir und Gullfoss** ist ohne Auto kein Problem, denn von Reykjavík werden diese Ziele praktisch täglich als Ausflüge angeboten. Eine Fahrt in die **Westfjorde** und die Umrundung der Melrakkaslétta ist prinzipiell auch mit öffentlichen Verkehrsmitteln machbar, aber doch recht mühsam. Hier eröffnet der eigene Wagen erheblich mehr Möglichkeiten für Abstecher zu abgelegeneren Sehenswürdigkeiten.

sland, nicht Ägypten: unterwegs im Hochland

Tour 1 Eine runde Sache

Länge der Tour: 1375 km **Dauer:** mind. 14 Tage

Abwechslungsreich, mal direkt am Meer entlang, dann wieder ein Stück durchs Landesinnere, verläuft die Ringstraße und führt dabei zu vielen Höhepunkten Islands. Entlang der Strecke bekommt jeder etwas geboten: die lebendige Hauptstadt Reykjavík am Beginn und am Ende der Tour, dazwischen Vulkane, Gletscher, einsame Hochebenen und Strände sowie dampfende Solfatarenfelder.

Die Hauptstadt ❶ ** **Reykjavík** oder der Flughafen in **Keflavík** sind die Ausgangspunkte für die Umrundung der Insel auf der Ringstraße. Man verlässt Reykjavík in nördlicher Richtung, passiert die relativ dicht besiedelten Vororte Kópavogur und Mosfellsbær und kommt bald zum Hvalfjörður, den man entweder zeitsparend in einem Tunnel quert oder auf landschaftlich schöner Strecke umrundet. Das auf der Spitze einer Halbinsel gelegene ❷ **Akranes** lohnt einen Stopp wegen des umfangreichen Heimatmuseums Garðar und der Besteigung des Aussichtsberges Akrafjall.

✓ NICHT VERSÄUMEN

- Reykjavík: Gute Museen, eine klasse Kneipenszene, hervorragende Restaurants
- Reykholt: Auf den Spuren Snorri Sturlusons
- Glaumbær: Das Freilichtmuseum erlaubt Einblicke in das Leben vergangener Zeiten.
- Mývatn: Vulkanismus in allen Variationen und Paradies für Ornithologen
- Vatnajökull / Skaftafell: Endlose Eisflächen und Natur pur

In ❸ **Borgarnes** sind alle Straßen nach Helden aus der Egillssaga benannt und auch auf dem einige Kilometer nördlich gelegenen Hof Borg erinnert eine Statue von Ásmundur Sveinsson an den Sagahelden Egill. Bei Borgarnes schwenkt die Ringstraße ins Landesinnere und nach einigen Kilometern bietet sich der lohnende Abstecher nach * **Reykholt**, einem der geschichtsträchtigsten Orte Islands an, der untrennbar mit dem großen Dichter, Historiker und mächtigen Goden Snorri Sturluson verbunden ist. Folgt man der Nebenstraße von Reykholt weiter in Richtung Osten, kommt man bald zum mächtigen Lavastrom **Hallmundarhraun** mit seinen Höhlen und den **Hraunfossar**, den schönsten Wasserfällen Islands.

Zurück auf der Ringstraße wird bald das imposante Lavafeld Grábrókarhraun passiert. Auf dem Weg nach ❹ **Blönduós** an der Húnaflói-Bucht sollte man die Kirche des ehemals bedeutenden Hofes Þingeyrar besuchen, in dessen Nähe 1133 das erste Kloster Islands gegründet wurde. Nach einer Fahrt durchs Landesinnere erreicht man schließlich den kleinen Ort ❺ **Varmahlíð**, in dessen Umgebung viele Sehenswürdigkeiten warten. Die nahe Viðimýri-Kirche zählt zu den schönsten Torfkirchen des Landes, ebenso unverzichtbar ist der Be-

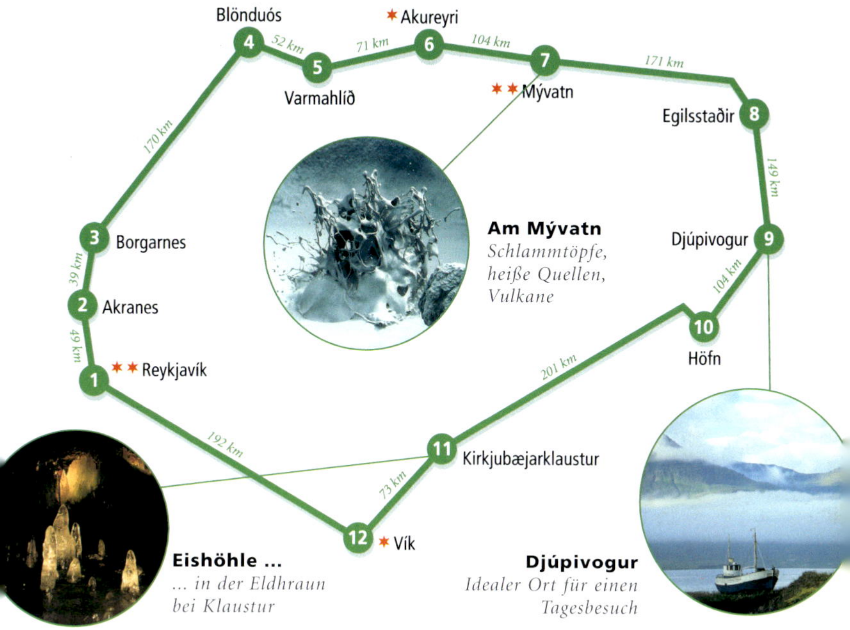

Am Mývatn
Schlammtöpfe, heiße Quellen, Vulkane

Eishöhle ...
... in der Eldhraun bei Klaustur

Djúpivogur
Idealer Ort für einen Tagesbesuch

such des Torfmuseums ✶ **Glaumbær** mit seiner großen Baðstofa und dem historischen Mobiliar. Das hübsche Städtchen **Sauðárkrókur** ist die größte Ansiedlung am Skagafjörður und das Zentrum der landesweit bekannten Pferdezucht. In der Umgebung lohnt noch **Hólar**, der wichtigste Bischofssitz Nordislands, einen Besuch.

Nächstes Ziel ist ❻ ✶ **Akureyri**, die unumstrittene Hauptstadt Nordislands, die neben einigen historischen Gebäuden zahlreiche Museen und eine interessante Kulturszene zu bieten hat. Auf dem Weg zum ❼ ✶✶ **Mývatn** und dessen touristischem Zentrum **Reykjahlið** sollte man sich noch den ✶ **Goðafoss** anschauen, der in unmittelbarer Nähe der Ringstraße liegt. Wer noch etwas Zeit hat, sollte auch den Abstecher nach **Húsavik** machen und an einer ✶✶ **Walsafari** teilnehmen. Für den Mývatn sollte man sich einige Tage Zeit nehmen, denn nirgendwo anders sind so viele verschiedene Formen von Vulkanismus zu bewundern. Gewaltige Lavaströme, Pseudokrater, Solfatarenfelder und der Vulkan Krafla verwandeln das Mývatn-Gebiet in eine märchenhafte Landschaft.

Vom Mývatn führt die Ringstraße bis ❽ **Egilsstaðir**, das am lang gestreckten See Lagarfljót liegt, durchs Landesinnere. Egilsstaðir eignet sich hervorragend für Ausflüge an die von tiefen Fjorden geprägte Ostküste Islands, die sich bis südlich von ❾ **Djúpivogur** erstreckt.

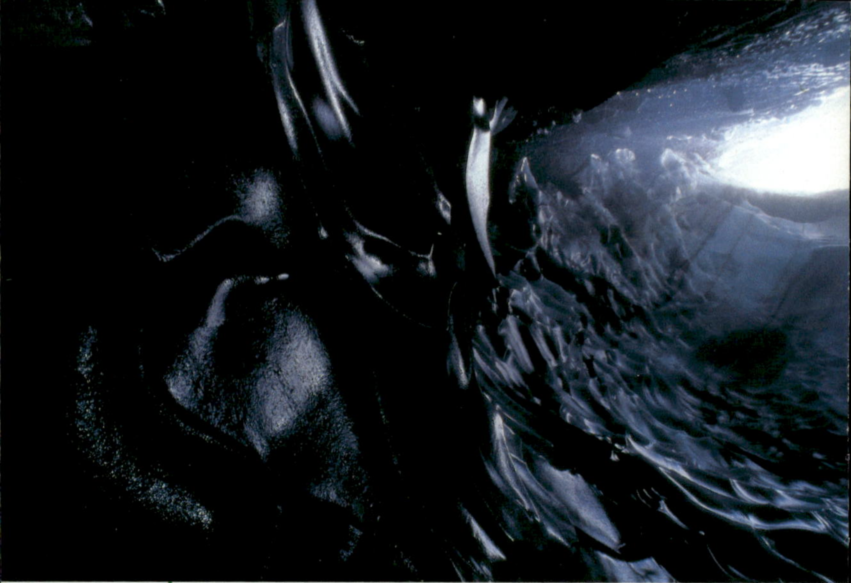

Faszinierende Konturen ...

Der Küstenort ⑩ **Höfn** liegt schon im Einflussbereich des riesigen ✶✶ **Vatnajökull**, dessen Gletscherzungen und Sander ein phantastisches Naturschauspiel bieten. Höhepunkt bei der Fahrt entlang der Südküste sind die Gletscherlagune ✶ **Jökulsarlón** mit ihren Eisbergen und der ✶✶ **Skaftafell-Nationalpark**, der zahlreiche Wandermöglichkeiten bietet. Der kleine Ort ⑪ **Kirkjubæjarklaustur** ist der beste Ausgangspunkt für einen Abstecher zur Laki-Spalte. Auch die weitere Fahrt entlang der Südküste über ⑫ ✶ **Vík í Mýrdal** und **Hveragerði** zurück nach **Reykjavík** ist geprägt von Gletschern wie dem Mýrdalsjökull, erstarrten Lavaströmen, riesigen Sandern, aber auch grünen Wiesen, die einen schönen Kontrast zu den Vulkanbergen bilden.

Tour 2 In den wilden Westen

Länge der Tour: 1185 km **Dauer:** mind. 10 Tage

Winzige bunte Dörfer vor der Kulisse tief eingeschnittener Fjorde, gewaltiger Berge und traumhafter Sandstrände begeistern jeden Naturliebhaber. Hier sind Klima und Landschaft noch rauer als anderswo in Island und die Einsamkeit grenzenlos.

Auch bei dieser Rundtour ist die Hauptstadt ① ✶✶ **Reykjavík** der Ausgangspunkt. Man verlässt Reykjavík in nördlicher Richtung und folgt der Ringstraße bis ② **Borgarnes**, das ganz im Zeichen der Egills-

... in einer Eishöhle am Vatnajökull

saga steht. Gleich nach Borgarnes zweigt die Straße [54] von der Ringstraße ab, die, kurz bevor sie nach Westen auf die Halbinsel Snæfellsnes abbiegt, durch das Lavafeld **Eldborgarhraun** führt, aus dem die rote »Feuerburg« (Eldborg) herausragt. Bis 3 **Arnarstapi** verläuft die Straße dann immer entlang der dünn besiedelten Südküste der ✶✶ **Snæfellsnes-Halbinsel**. Für die Erkundung des vergletscherten Vulkankegels des ✶✶ **Snæfellsjökull**, dem manche magische Kräfte zusprechen, ist das kleine Dorf Arnarstapi einer der besten Ausgangspunkte. Auch Arnarstapi selbst lohnt wegen seiner Lage an der von Vogelfelsen gesäumten Steilküste einen Besuch.

Bei der Umrundung der Halbinsel ergeben sich immer wieder Möglichkeiten für kurzere und längere Wanderungen, bevor man den alten Handelsplatz 4 **Ólafsvík** erreicht. Auf dem Weg entlang der Nordkuste erreicht man den Fischerort 5 **Stykkishólmur**. Von hier verkehrt eine Fähre über den Breiðafjörður nach 6 **Brjánslækur**, was die Fahrt in die Westfjorde erheblich verkürzt. Auf kurvigen Straßen, vorbei an einsamen Sandstränden vor der Kulisse gewaltiger Fjorde, erreicht man schließlich den beeindruckendsten Vogelfelsen Islands, den 7 ✶✶ **Látrabjarg**, auf dem im Sommer Millionen von Seevögeln brüten.

NICHT VERSÄUMEN

- Snæfellsjökull: Bilderbuchgletscher am westlichen Ende der Snæfellsnes-Halbinsel
- Látrabjarg: Millionen Seevögel brüten an einer Klippe von bis zu 440 m Höhe. Ein Naturerlebnis der besonderen Art.

Natur und Einsamkeit
Abstand vom Alltag, in den Westfjorden kein Problem

Am Látrabjarg
Tausende von Seevögeln, wie dieser Papageitaucher, sind hier zu sichten.

Reykjavík
Die Metropole Islands

Durch eine grandiose, äußerst dünn besiedelte Fjordlandschaft geht es auf teils geschotterten und fast immer kurvigen Straßen nach 8 **Patreksfjörður**, das schon zu Zeiten der Hanse als Handelsort diente. Auf dem Weg nach 9 **Ísafjörður**, dem größten Ort der Westfjorde, sollten Sie unbedingt noch einen Stopp am Wasserfall Dynjandi machen. In Ísafjörður, das wegen seiner Mischung aus historischen und modernen Häusern durchaus sehenswert ist, herrscht fast städtisches Treiben. An das harte Leben der Fischer erinnert das Seefahrtsmuseum. Nach einer zeitraubenden Fahrt entlang vieler tief eingeschnittener, einsamer Fjorde erreichen Sie 10 **Hólmavík**, dessen größte Sehenswürdigkeit das Museum für Zauberei und Magie in Island ist. Nach einer Fahrt entlang des Westufers der **Húnaflói-Bucht** und des **Hrútafjörður** erreicht man schließlich über die Ringstraße wieder den Ausgangspunkt Reykjavík.

Tour 3 Zu Gletschern und Geysiren

Länge der Tour: 350 km **Dauer:** mind. 3 Tage

Diese Tour eignet sich hervorragend für einen Kurztrip nach Island– und das nicht nur zur Hauptreisezeit im Sommer. Denn die Sehenswürdigkeiten entlang der Strecke sind problemlos auch im Winter zu erreichen und der von Schnee und Eis überzogene Gullfoss ist mindestens so spektakulär wie im Sommer.

Von ❶ ✶✶ **Reykjavík** fährt man über Mosfellsbær auf der Str. [36] zum Þingvallavatn und zum Nationalpark ❷ ✶✶ **Þingvellir**. Für die Isländer ist Þingvellir ein magischer Ort, der untrennbar mit ihrer Geschichte verbunden ist, denn hier wurde vor über 1000 Jahren die erste Alþingversammlung abgehalten. In der **Almannagjá-Schlucht**, die sich wie eine klaffende Wunde durch die Landschaft zieht, bekommt man zudem hautnah mit, dass Island an der Grenze zweier tektonischer Platten liegt. Auf der rund 60 km langen, lohnenden Umrundung des Þingvallavatn auf einer kurvigen, hügeligen Straße bieten sich immer wieder schöne Ausblicke auf den See und die umliegenden Berge.

✔ NICHT VERSÄUMEN

- Þingvellir: Der historische Versammlungsplatz des ältesten Parlamentes der Welt zählt zum Weltkulturerbe der UNESCO.
- Haukadalur: Den Geysir Strokkur muss man gesehen haben.
- Gullfoss: Der »Goldene Fall« – schön und gewaltig!
- Blaue Lagune: Ein warmes Bad ist immer willkommen!

Vom Þingvallavatn führt die Straße zu dem kleinen Dorf Laugarvatn, das inmitten eines geothermal aktiven Gebietes liegt, und weiter zum Geothermalgebiet ❸ ✶✶ **Haukadalur** und zum ❹ ✶✶ **Gullfoss**. So gut wie jeder Touristenbus macht an dem bekanntesten isländischen Geothermalfeld Halt. Aus zahlreichen Spalten dampft und zischt es hier, aber auch die stillen blauen Heißwasseraugen sind bemerkenswert. Doch die größte Attraktion ist der **»Strokkur«**, eine Springquelle, die mehrmals stündlich ausbricht und eine gewaltige Wassersäule in den Himmel schickt. Der nahe große **»Geysir«**, nach dem alle Springquellen benannt wurden, war lange völlig inaktiv, seit einem Erdbeben im Jahre 2000 überrascht er aber hin und wieder Besucher mit Ausbrüchen.

Auf dem Rückweg sollten Sie noch einen Abstecher entlang des Flusses Hvítá zum ehemaligen Bischofssitz ❺ ✶ **Skálholt** machen, der über viele Jahrhunderte hinweg ein wichtiges Zentrum der Macht war. Auf der Str. [35] gelangt man schließlich nach ❻ **Selfoss** und zur Ringstraße. Wenn Sie vor der Rückkehr nach Reykjavík noch etwas Zeit haben, sollten Sie auf der Ringstraße einen Abstecher bis

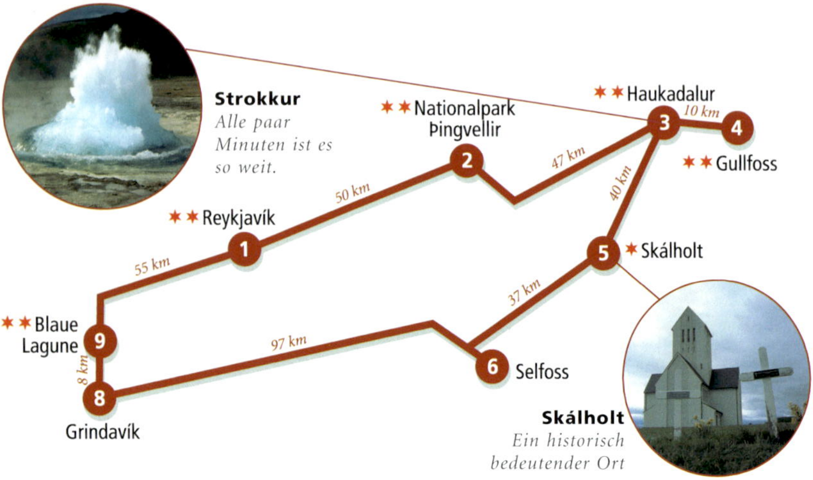

nach **Vík** (135 km) machen, das wegen seiner Lage an einer beeindruckenden Steilküste und der Nähe zum Mýrdalsjökull sehenswert ist. Unterwegs bieten sich noch ein kurzer Stopp beim ✶ **Skógafoss** oder ein Abstecher ins besonders bei Wanderern beliebte ✶✶ **Þórsmörk-Tal** an. Wer von Selfoss direkt nach ❼ **Grindavík** und weiter nach Reykjavík fährt, sollte unbedingt noch ein Bad in der ❽ ✶✶ **Blauen Lagune** nehmen.

Tour 4 Island für Spezialisten

Länge der Tour: 705 km **Dauer:** mind. 10 Tage

Einsame Wanderungen auf der Halbinsel Langanes und eine Umrundung der fast unbewohnten Halbinsel Melrakkaslétta bilden bei dieser Tour den Kontrast zu den viel besuchten Touristenattraktionen Húsavik, Goðafoss und Mývatn.

❶ **Seyðisfjörður** an der Ostküste ist für diejenigen, die mit der Fähre und dem eigenen Auto nach Island kommen, der erste Kontakt mit der Insel. Schöner könnte der Auftakt kaum sein, denn der Ort mit den bunten Häusern und der Fjord mit den grünen Berghängen, deren Gipfel auch im Sommer noch Schneeflecken tragen, bilden eine sehenswerte Kulisse. Vom Fährhafen führt die Straße über einen Pass nach ❷ **Egilsstaðir**, dem geschäftigen Zentrum der Region mit dem umfangreichen Ostisländischen Heimatmuseum. Bevor Sie sich auf den Weg in Richtung Norden machen, bietet sich eine Umrundung des Sees **Lagarfljót** mit einem Spaziergang in Islands größtem Wald und einem Aufstieg zum Wasserfall **Hengifoss** an.

Man fährt Richtung Norden über ❸ **Vopnafjörður** nach ❹ **Þórshöfn**. Þórshöfn ist dann der ideale Ausgangspunkt für Wanderungen auf der verlassenen **Halbinsel Langanes**. Danach führt die Str. [85] fast immer entlang der Küste um die **Halbinsel Melrakkaslétta** herum. Der äußerste Norden Islands ist nur dünn besiedelt und die mit Treibholz übersäten Küsten sind von herber Schönheit. Wer die Einsamkeit sucht, aber auf Komfort nicht verzichten möchte, sollte sich im Hotel von ❺ **Raufarhöfn** einquartieren. Nach der Umrundung der Halbinsel bieten sich im ❻ ✶✶ **Jökulsárgljúfur-Nationalpark** gute Wandermöglichkeiten, auf keinen Fall versäumen sollte man die hufeisenförmige Schlucht von ✶✶ **Ásbyrgi** und den wasserreichsten Wasserfall Europas, den ✶✶ **Dettifoss**.

Vom Nationalpark kehren Sie an die Küste zurück und fahren nach ❼ **Húsavik**, um dort an einer ✶✶ **Walsafari** teilzunehmen. Auf dem Weg zum Mývatn bietet sich noch ein kurzer Halt am ❽ ✶ **Goðafoss** an. Für die Umrundung des ❾ ✶✶ **Mývatn** sollte man sich mindestens zwei Tage Zeit nehmen, um das Solfatarenfeld am Námafjall, das von zahlreichen Ausbrüchen des Vulkans Krafla gezeichnete Geothermalgebiet, die schwarzen Lavatürme von Dimmuborgir und natürlich den See mit seinem reichen Vogelleben zu erkunden. Als Standquartier bietet sich der kleine Ort **Reykjahlíd** an. Auf der Ringstraße erreichen Sie schließlich wieder Egilsstaðir und nach weiteren 21 km den Ausgangspunkt Seyðisfjörður.

✔ NICHT VERSÄUMEN

- Langanes: Eine Wanderung auf der menschenverlassenen Halbinsel ist Seelenbalsam.
- Jökulsárgljúfur Nationalpark: Einzigartige Canyon-Landschaft mit der Ásbyrgi-Schlucht als Höhepunkt
- Mývatn: Krater, Solfatarenfelder und unsere gefiederten Freunde warten auf Besucher.

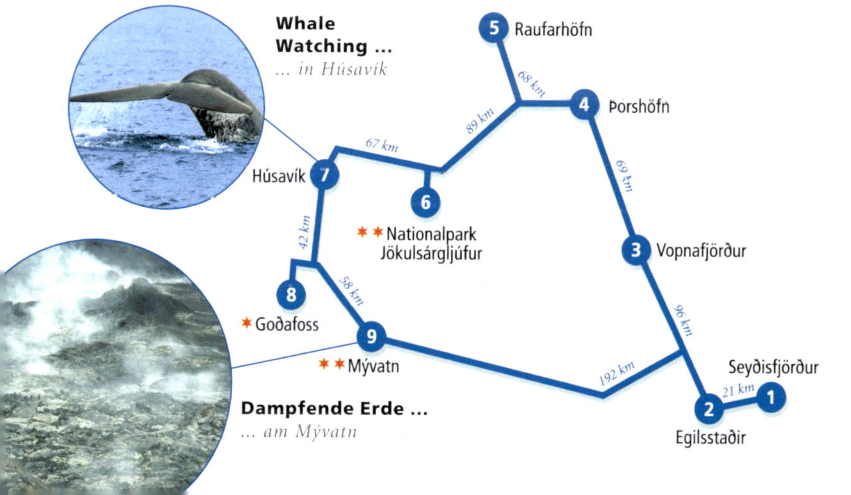

Reiseziele von A bis Z

ISLAND, EINE FASZINIERENDE INSEL: VULKANE, GLETSCHER, WASSERFÄLLE. ERUPTIERENDE GEYSIRE, SICH VOR DER KÜSTE TUMMELNDE WALE. STÄDTE, DIE EHER DÖRFERN GLEICHEN, MIT REYKJAVÍK ABER EINE METROPOLE FÜR NACHTSCHWÄRMER.

Akranes

D 5

Region: Westisland **Einwohnerzahl:** 5600

Akranes, das früher Skagi hieß, liegt am Ende der gleichnamigen Halbinsel, zwischen dem tief ins Land reichenden Fjord Hvalfjörður und der Bucht Leirárvogur. Laut Landnahmebuch wurde die Gegend um 880 von zwei irischen Brüdern, Ketill und Þormóður Bresason, besiedelt.

Sehenswertes in Akranes

Bei einem Stadtbummel fallen die beiden **Leuchttürme** auf der Spitze der Landzunge ins Auge und auch das alte Viertel am Hafen ist einen Abstecher wert. Der lange Sandstrand hat durchaus seinen Reiz, nur die nahe Fabrik trübt ein wenig den Ausblick. Die **Kirche von Akranes** stammt aus dem Jahr 1896, im Inneren sind ein goldenes Taufbecken, das Altarbild von Sigurður Guðmundsson und die im Jahr 1966 von Greta und Jón Björnsson ausgeführte Decken- und Wandbemalung bemerkenswert.

✶ **Museumsgelände Garðar**

Östlich des Zentrums wartet eines der größten Regionalmuseen Islands mit vier Abteilungen. Das 1959 eröffnete **Volksmuseum** bildet den ältesten Teil des Museumskomplexes und ist im ehemaligen Gut von Garðar untergebracht. Es beherbergt eine umfangreiche Sammlung von Gegenständen, die mit der Geschichte von Akranes verknüpft sind. Zu sehen sind u. a. ein Ruderboot aus dem Jahre 1874, verschiedene Schiffsmodelle, eine vollständig eingerichtete Schmiede, das älteste Holzhaus von 1875 und das erste Betonhaus der Stadt, das kleine Schulgebäude vom Anfang des 20. Jh. und der restaurierte Küstensegler »Sigurfari«. Die **Stein- und Mineraliensammlung** ist die umfangreichste Islands und präsentiert Tausende von Exponaten. Angegliedert ist eine Ausstellung zum Bau des Hvalfjörður-Tunnels, der seit 1998 die Straßenverbindung nach Reykjavík stark verkürzt. Das **Sportmuseum** befasst sich mit der Geschichte des isländischen Sports und zeigt Fotografien, Sportausrüstungen und Trophäen. Seit 2003 präsentiert zudem das Nationale Institut für Landvermessung die Geschichte der Kartografie und die neuesten Techniken der Landvermessung. Öffnungszeiten: Mitte Mai – Mitte Sept. tgl. 10.00 – 18.00 Uhr, sonst tgl. 13.00 – 18.00 Uhr, www.museum.is.

Umgebung von Akranes

Akrafjall

Im Rücken der Stadt liegt der markante Basaltberg Akrafjall, der durch das Berjadalur in zwei Hälften geteilt wird. Der südliche Gipfel **Háihnjúkur** (555 m) ist bequem in einer Stunde vom Parkplatz am Fuße des Berges beim Heißwasserkraftwerk zu erreichen. Der

AKRANES ERLEBEN

AUSKUNFT

Im Museum Garðar
Tel. 431 55 66, Fax 431 55 67
www.akranes.is

ESSEN

▶ Fein & teuer

Restaurant des Hotels Glymur
Hvalfjörður, Tel. 430 31 00
Das Hotel ist bekannt für seine exzellente Küche, Spezialität ist das umfangreiche italienische Buffet. Erschwinglich ist das ausgezeichnete Lunchbuffet (für Nichthotelgäste auf Vorbestellung).

▶ Preiswert

Maríukaffi
Garðar, Tel. 431 55 66
Ein guter Platz für eine Tasse Kaffee und ein Stück frisch gebackenen Kuchen. Lohnend ist auch ein Blick auf die Muschel- und Sandkompositionen unter den Glasplatten der Tische.

ÜBERNACHTEN

▶ Luxus

Hotel Glymur
Hvalfjörður
Tel. 430 31 00, www.hotelglymur.is
Eine Einrichtung, die durch ihre konsequente Liebe zum Detail überzeugt und einen phantastischen Blick über den Fjord bietet. Umfangreiche Bibliothek mit gemütlicher Lesemöglichkeit, heiße Pötte mit Aussicht.

▶ Komfortabel

Hótel Barbró
Kirkjubraut 11
Tel. 431 42 40, www.barbro.is
Kleines, ganzjährig geöffnetes Familienhotel im Zentrum.

▶ Günstig

Gistihúsið Móar
Tel. 431 13 89, Fax 431 13 87
7 km östlich von Akranes an der [51] gelegen. Fünf phantasievoll gestaltete DZ in einer gemütlichen Pension.

Aufstieg auf den westlichen Gipfel **Geirmundartindur** (643 m) dauert unwesentlich länger. Von beiden Gipfeln sind die Bucht Faxaflói und die Bergketten auf der Halbinsel Reykjanes zu sehen.

Hvalfjörður

Rund 30 km dringt der 4-5 km breite Hvalfjörður ins Land vor und ist damit der längste Fjord an der Südwestküste. Wegen seiner steilen Felswände und der hohen Bergmassive an seinen Ufern zählt er zu den schönsten Fjorden des Landes. Im Zweiten Weltkrieg unterhielten sowohl Briten als auch Amerikaner hier Flottenstutzpunkte, von denen noch einige Spuren zu sehen sind. Nach dem Krieg wurde der Fjord durch seine großen Heringsschwärme und die **Walfangstation** bekannt. Seit der Eröffnung des Tunnels geht es im Fjordinnern relativ ruhig zu, doch die rund 60 km lange, oft schmale und kurvige [47] ist wegen der spektakulären Landschaft einen Umweg wert. In **Saurbær** ist die kleine Kirche sehenswert, die zu Ehren von Hallgrímur Pétursson (1614 – 1674) erbaut wurde, der hier Pfarrer war und seine Passionspsalmen verfasste. Am Ende des Fjordes führt eine Piste ins **Botnsdalur**, das durch seinen dichten Birkenwald beeindruckt. Vom Parkplatz führt ein Weg in rund einer Stunde zum höchsten Wasserfall Islands, dem rund 200 m hohen **Glymur**. Für längere Wanderungen bieten sich die Heringsfischerpfade (Síldarmannagötur) und der Beinbrecherpfad (Leggjabrjótur) an, die ebenfalls am Fjordende beginnen.

★ Akureyri

G 3

Region: Nordisland **Einwohnerzahl:** 16 000

Die Hauptstadt des Nordens liegt zwar fast am Polarkreis, hat aber ein außergewöhnlich mildes, regenarmes Klima und überrascht mit einer für isländische Verhältnisse üppigen Vegetation. Einige sehenswerte Museen, ein langer Kunstsommer, schöne alte Holzhäuser und gute Einkaufsmöglichkeiten lassen die Besucherzahlen ständig steigen.

Am Ende des weit ins Land reichenden Eyjafjörður und am Beginn des gleichnamigen grünen Tals liegt Islands größte Stadt außerhalb des Hauptstadtgebietes. Der erste Siedler war höchstwahrscheinlich **Helgi der Magere**, der sich im 9. Jh. rund 10 km südlich der heutigen Stadt niederließ und seine Ansiedlung Kristnes nannte. Eine Statue nördlich des Zentrums am Ende der Brekkugata, von wo man eine gute Aussicht auf die Stadt hat, erinnert an ihn. Die günstigen klimatischen Bedingungen und die relativ fruchtbaren Böden ermöglichten schon damals eine ertragreiche Landwirtschaft. Erstmals urkundlich erwähnt wurde die heutige Universitätsstadt, die damals allerdings noch ein Dorf war, im Jahr 1562.

AKUREYRI ERLEBEN

AUSKUNFT

Buszentrale
Hafnarstræti 82
Tel. 462 77 33, Fax 461 18 17
www.eyjafjordur.is

AUSFLÜGE

Der Wanderverein Ferðafélag Akureyrar (Strandgata 23, Tel. 462 27 20) bietet Tagesausflüge und längere Wandertouren an. Viele Ausflugsziele: Goðafoss, Mývatn, Reykjavík über Kjölur, Dettifoss, Ásbyrgi, Hljóðaklettar, Vatnajökull, Kverkfjöll, Askja, Húsavík. Im Sommer viele Touren täglich, Abfahrten oft 8.30 Uhr ab Busbahnhof in der Hafnarstræti. Linienflüge zu diversen Zielorten mit Air Iceland (Tel. 460 70 00). Fähre nach Hrísey ab Árskógsströnd (8 x täglich). Fähre nach Grímsey Mo., Mi., Fr., Abfahrt in Dalvík 9.00 Uhr, Fahrzeit 3,5 Std., 3 Std. Aufenthalt.

VERANSTALTUNGEN

Ende Juli findet auf dem nördlichsten

18-Loch-Golfplatz das international besetzte Arctic Open Turnier im Licht der Mitternachtssonne statt.

ESSEN

▸ Fein & teuer

① ***Rosagarðurinn***
Hafnarstræti 89, Tel. 460 20 00
Das Rosagarðurinn im Erdgeschoss ist ein Toprestaurant im besten Hotel der Stadt. Auch die Weinkarte kann sich sehen lassen. Relativ großer, nicht unbedingt gemütlicher Speisesaal.

② ***Fiðlarinn á Þakinu***
Skipagata 14, Tel. 462 71 00
Erstklassiges Restaurant im Zentrum. Schon allein der Blick vom Speisesaal über den Fjord ist sein Geld wert.

▸ Erschwinglich

③ ***La Vita è Bella***
Hafnarstræti 92, Tel. 461 58 58
Italienisches Restaurant mit guten Pizza- und Pastagerichten, ein Klassiker. Gute Weinkarte, frisches hausgemachtes Brot.

▸ Preiswert

④ ***Bláa Kannan***
Hafnarstræti 96, Tel. 461 46 00
Innen supergemütliche Einrichtung mit viel Holz, Terrasse auf der Haupteinkaufsstraße. Leckerer Kuchen, gute Torten, relativ teurer Kaffee, morgens frisches Brot, mittags günstige Tagessuppe und Tagesgericht.

⑤ ***Bautinn***
Hafnarstræti 92, Tel. 462 18 18
In einem der ältesten und schönsten Häuser von Akureyri untergebracht. An kalten Tagen ist die Veranda mit Ausblick die beste Wahl.

⑥ ***Blómahúsið***
Hafnarstræti 26, Tel. 461 32 00
Torten, Sandwichs und leckere Kleinigkeiten mit Blick aufs Wasser. Subtropisch warm, da mitten in einem großen Pflanzenmarkt gelegen; an kalten Tagen wahrlich eine Offenbarung.

ÜBERNACHTEN

▸ Luxus

① ***Hótel Kea***
Hafnarstræti 87-89
Tel. 460 20 00, Fax 460 20 60
www.hotelkea.is
Dieses Vier-Sterne-Hotel wurde im Jahre 1944 im Zentrum der Satdt erbaut und gilt als eines der besten Häuser seiner Art außerhalb von Reykjavík.

▸ Komfortabel

② ***Gistiheimili Akureyrar***
Hafnarstræti 104
Tel. 462 55 88, Fax 461 46 82
www.nett.is/guest
19 modern und hell eingerichtete Zimmer. Im obersten Stockwerk wird jeden Morgen ein tolles Frühstücksbüffet aufgebaut. Herrlich ist der Blick von hier oben auf die Stadt!

③ ***Hótel Edda***
Hrafnagilstræti
Tel. 444 49 00
www.hoteledda.is
Sommerhotel in der High School, Zimmer mit und ohne Bad, abends reichhaltiges Buffet und à la Carte.

▸ Günstig

④ ***Farfuglaheimili Akureyri***
Stórholt 1
Tel. 462 36 57, Fax 461 25 49
storholt@simnet.is
Gemütliche, modern eingerichtete Jugendherberge etwas nördlich des Zentrums, unterschiedlich große Zimmer, zwei schöne Sommerhäuser für je 8 Pers.

Sehenswertes in Akureyri

Akureyrarkirkja

Die Kathedrale liegt weithin sichtbar auf einem Hügel inmitten der Stadt und ist mit ihren hohen Türmen das Wahrzeichen Akureyris. Die von dem isländischen Architekten **Guðjón Samuélsson** entworfene und 1940 eingeweihte Kirche wirkt mit ihrer Betonarchitektur von außen nicht gerade filigran und auch der Innenraum ist sehr schlicht gehalten. Ihre Türme erinnern, ähnlich wie bei der Hallgrimskirche in Reykjavík, an Basaltsäulen. Bemerkenswert sind die Kirchenfenster: Jenes im Chor ist 400 Jahre alt und stammt aus der im Zweiten Weltkrieg zerstörten Kathedrale von Coventry. Die Fenster im Kirchenschiff zeigen Ereignisse aus dem Leben Christi und der isländischen Kirchengeschichte. Öffnungszeiten: Juni – Aug. tgl. 10.00 – 12.00 und 14.00 – 16.00 Uhr.

✶ Der alte Ortskern

Auch wenn Akureyri die zweitgrößte Stadt Islands ist, lässt sie sich gut zu Fuß erkunden. Ein guter Ausgangspunkt für einen Stadtbummel ist die **Aðalstræti** am Südende des Ortes, denn dort liegt der Ursprung Akureyris. Der Straße weiter in Richtung Norden folgend kommen bald das Heimatmuseum, das Nonnahús und einige alte, liebevoll gepflegte Holzhäuser. Auch die nun folgende **Hafnarstræti** ist in ihrem südlichen Teil von einigen rund 100 Jahre alten Holzhäusern geprägt. Das auffällige hellblaue Gebäude in der Hafnarstræti 3 war einst die Telefonzentrale der Stadt.

Ein Stück weiter nördlich liegt das unscheinbare **Laxdalshús** von 1795, das als ältestes Haus Akureyris gilt. Zu Beginn des 20. Jahrhunderts trug die Hafnarstræti ihren Namen noch zu Recht, denn die Häuser lagen noch am Wasser, durch die folgenden Aufschüttungen hat sich das Ufer ein gutes Stück von der Hafenstraße entfernt. Der nördliche Teil der Hafnarstræti, Rádhustorg und Brekkugata, sind großteils Fußgängerzone und bilden das **Geschäftszentrum der Stadt** mit zahlreichen Einkaufsmöglichkeiten, Restaurants und Kneipen. Architektonisch ist dieser Teil weniger interessant, denn die wenigen alten Häuser werden von moderner Betonarchitektur fast vollständig erdrückt.

Botanischer Garten

Der Botanische Garten (Lystigarður Akureyrar), der »Lustgarten«, ist zugleich öffentlicher Park und liegt hoch über der Stadt und dem Fjord. Die **grüne, ruhige Oase** wird auch von Einheimischen gerne für eine kurze Pause oder ein Picknick genutzt. In dem Park wachsen und blühen 4000 ausländische und 400 einheimische Pflanzenarten. An einem warmen Sonnentag vermitteln die bunt blühenden Beete und Schatten spendenden Bäume den Eindruck von erheblich wärmeren Gefilden und lassen die Nähe des Polarkreises vergessen. Angelegt wurde der Park 1911 von einigen Frauen, die Akureyri verschönern wollten, 1957 wurde dann der botanische Garten in den Park integriert. Öffnungszeiten: Juni – Okt. werktags 8.00 – 22.00, Sa./So. 9.00 – 22.00 Uhr.

Akureyri Orientierung

Übernachten

1. Hótel Kea
2. Gistiheimili Akureyrar
3. Hótel Edda
4. Farfuglaheimili Akureyri

Essen

1. Rosagarðurinn
2. Fiðlarinn á Þakinu
3. La Vita é Bella
4. Bláa Kannan
5. Bautinn
6. Blómahúsið

Wanderungen in und um Akureyri

Die Stadt und ihre Umgebung bieten viele Wandermöglichkeiten, für größere Unternehmungen ist die Karte des Wandervereins Akureyri (Ferðafélag Akureyrar), in der auch Wandermöglichkeiten im Tal **Glerárdalur** und auf der Hochfläche **Vaðlaheiði** verzeichnet sind, empfehlenswert. Eine oft begangene, markierte Route führt auf den Hausberg **Súlur**, in dessen pyramidenförmigem Gipfelbereich sich auch im Sommer oft noch Schneefelder halten. Der Weg beginnt am Parkplatz der Mülldeponie von Akureyri. Bis zum Gipfel sind auf einem immer steiniger und steiler werdenden Weg rund 900 Höhenmeter zu überwinden, Auf- und Abstieg dauern mindestens 5 Std. Bei gutem Wetter ist vom Gipfel selbst die Insel Grímsey zu sehen.

Wintersport in Akureyri

Die Eyjafjörður-Region gehört zu den besten Skigebieten Islands, sowohl für Langläufer als auch für alpinen Skilauf. Das Skizentrum mit vier Liften befindet sich am Berg **Hlíðarfjall**, nur 7 km westlich der Stadt und liegt 500 – 1000 m. ü. d. M.

Museen und Ausstellungen

Nonnahús

Die lebensgroße Statue des Schriftstellers und Jesuitenpaters **Jón Sveinsson** (Jon Svensson), besser bekannt als Nonni (1857 – 1944), steht direkt an der Straße vor dem roten Haus des Zonta-Clubs. Doch erst wer an diesem Haus vorbeigeht, sieht das kleine, schwarz geteerte Nonnahús (Aðalstræti 54). Das Museum, das 1957 zum 100. Geburtstag von Nonni eröffnet wurde, zeigt, in welch beengten Verhältnissen Jón Sveinsson hier als Kind gelebt hat. Das Innere ist mit Möbeln aus dem 19. Jh. eingerichtet und zeigt Nonnis Bücher in vielen Sprachen sowie Fotos und Erinnerungsstücke. Heute sind die Nonni-Bücher wie **»Nonnis Abenteuer auf Island«** oder **»Nonnis Reisen um die Welt«** etwas in Vergessenheit geraten, aber vor fünfzig Jahren waren sie Bestseller. Öffnungszeiten: Juni – Aug. tgl. 10.00 – 17.00 Uhr, sonst n. V., Tel. 462-35 55; www.nonni.is

> **! Baedeker TIPP**
>
> **Ein langer Kunstsommer**
>
> »Listagil«, die »Kunstschlucht« in der Kaupvangsstræti, ist das künstlerische und kulturelle Zentrum der Stadt. In den ehemaligen Fabrikhallen haben das Kunstmuseum, die Kunstschule, Galerien und Ateliers Quartier bezogen. Hier schlägt dann auch von Mitte Juni bis Ende August das Herz des »Listasumar«, des Kunstsommers mit Auftritten und Ausstellungen in- und ausländischer Künstler. Höhepunkt des Kunstsommers ist das große Fest Akureyrarvaka im August, das Kunst und Unterhaltung verbindet (www.listagil.is).

Heimatmuseum

Das Heimatmuseum von Akureyri (Minjasafnið á Akureyri) ist in der 1934 erbauten **Villa Kirkjuhvoll** (Aðalstræti 58) untergebracht und zeigt zwei sehenswerte Ausstellungen über die Geschichte der Stadt und das Gebiet des Eyjafjörður von den Anfängen bis zur Gegenwart. Dort, wo sich heute der Museumsgarten befindet, wurde

Hier lebte ein großer Kinderbuchautor als kleiner Junge: Jón Sveinsson alias Nonni.

vor gut 100 Jahren die erste Baumschule Islands eingerichtet. Die kleine Holzkirche wurde 1846 in Svalbarð, am Ostufer des Fjords, errichtet und steht seit 1970 im **Museumsgarten**. Im Sommer beginnt jeden Freitag um 13:30 Uhr ein historischer Stadtspaziergang an der Kirche (Tickets bei Aktravel, Ráðhústorg 3, Tel. 460 06 00). Öffnungszeiten desMuseums: Juni – Mitte Aug. tgl. 11.00 – 17.00, sonst So. 14.00 – 16.00 Uhr, www.akmus.is

Kunstmuseum Akureyri

Seit Hannes Sigurdsson vor fünf Jahren zum Direktor des Kunstmuseums (Listasafnið á Akureyri) ernannt wurde, beneidet so manche Großstadt den agilen Isländer um seine Exponate. So gelang es ihm, 2002 eine große Ausstellung holländischer Meister mit 30 Rembrandts nach Akureyri zu holen. Auch die Präsentation von 80 Goya-Zeichnungen war eine kleine Sensation. Man darf gespannt sein, welche Werke isländischer und ausländischer Künstler er in Zukunft in den Hallen der ehemaligen Molkerei (Kaupvangsstræti 24) präsentieren wird. Öffnungszeiten: tgl. außer Mo. 12.00 – 17.00 Uhr.

Safnasafnið

Das weiße Haus am Ostufer des Eyjafjörður (Svalbarðsströnd)mit Blick auf Akureyri beherbergt seit 2001 eine liebevoll zusammengestellte Auswahl moderner isländischer Volkskunst. Zu sehen sind Zeichnungen, Skulpturen, Puppen, Spielzeug und vieles mehr. Schon die phantasievollen Figuren vor dem Eingang lohnen einen näheren Blick. Öffnungszeiten: Mitte Mai – Anfang September täglich von 10.00 – 18.00 Uhr.

Umgebung von Akureyri

Vaglaskógur Im fruchtbaren Tal **Fnjóskadalur**, das rund 30 km östlich von Akureyri von der Ringstraße abzweigt, wächst mit dem Vaglaskógur einer der schönsten Birkenwälder Islands.

★ Laufás Schon in vorchristlicher Zeit gab es am Ostufer vom Eyjafjörður bei Laufás eine Ansiedlung. Seit der Christianisierung war der Ort dann Pfarrsitz, die heutige Kirche stammt aus dem Jahr 1865. Die ältesten Teile des benachbarten Gehöftes, das noch bis 1936 bewohnt war, stammen vermutlich aus dem 16. und 17. Jahrhundert. Der typisch isländische **Grassodenhof** ist erheblich größer als die meisten zu dieser Zeit bewirtschafteten Höfe und liegt wunderschön zwischen Fjord und Fjell. Die mit weißen Brettern verkleidete Vorderfront, die gegen Ende des 19. Jh.s entstand, lässt vermuten, dass Laufás zu dieser Zeit ein reicher Hof war. Der Pfarrhof war nicht nur von fruchtbarem Land umgeben, auch durch Fischfang und den Verkauf von Eiderdaunen kam Geld in die Kasse. Die Eiderente auf dem Dach des Vorratshauses deutet noch auf diesen Nebenerwerb hin. Im Schnitt wohnten auf dem Gehöft 20 bis 30 Menschen, denn der große Gutshof benötigte viele Arbeitskräfte. Heute ist das Laufásgehöft Regionalmuseum, die Innenräume spiegeln die Zeit um 1900 wider. Öffnungszeiten: Mitte Mai – Mitte Sept. tgl. 10.00 – 18.00 Uhr, sonst nach Vereinbarung: Tel. 463 31 96.

Goðafoss, der Götterfall: Erhaben ...

Grímsey

Ihre Lage genau auf dem nördlichen Polarkreis sichert der 5,3 km² großen und 41 km von Island entfernten Insel Grímsey eine gewisse Aufmerksamkeit. Die knapp 100 Einwohner der nördlichsten Siedlung Islands teilen sich die grüne Insel mit einer großen Anzahl von Seevögeln, die in den bis zu 105 m hohen Felsen der Ostküste ideale Brutplätze finden. Die Insulaner leben in erster Linie vom Fischfang und der Fischverarbeitung, doch seit die Insel einen Flugplatz hat und es regelmäßige Fährverbindungen gibt, zieht es auch viele Touristen wegen der »echten« **Mitternachtssonne** hierher.

*** Goðafoss**

Rund 50 km östlich von Akureyri bildet der Fluss Skjálfandafljót den Goðafoss-Wasserfall, der es zwar nur auf eine bescheidene Fallhöhe von 10 m bringt, aber die Wassermassen ergießen sich sehr fotogen auf breiter Front in eine Schlucht. Da der **»Götterfall«** zudem verkehrsgünstig an der Ringstraße liegt, gehört er zu den meistbesuchten Zielen Islands. Seinen Namen erhielt er von dem Goden Þorgeir, der sich im Jahr 1000 in Þingvellir zum Christentum bekannte und daraufhin seine heidnischen Götterstatuen in den Wasserfall warf.

Látraströnd

Die **ausgedehnte Halbinsel** zwischen Eyjafjörður und Skjálfandi war früher dicht besiedelt, ist heute aber völlig verlassen. Die kaum noch benutzten Wege bieten sich deshalb für längere Wanderungen an. Eine schöne Strecke führt von Grenivík, immer entlang der Küste, bis nach Gjögurtá auf der äußersten Spitze der Halbinsel.

... wie die Götter selbst, die ihn schufen.

LEUCHTENDE GEMÄLDE AM HIMMEL

Polarlichter gehören zu den beeindruckendsten Naturphänomenen im Norden. In Island, Nordskandinavien, Nordschottland, Grönland, Kanada, Alaska und Nordsibirien bestehen die besten Chancen, sie zu sehen. Diese Gegenden liegen alle auf dem Polarlichtoval, einer kreisförmigen Zone rund um den magnetischen Südpol.

Hier erscheinen Polarlichter häufig, manchmal sogar täglich, besonders in **Zeiten erhöhter Sonnenaktivität**. Ist die Sonne besonders aktiv, sind relativ schwache Polarlichter auch weiter im Süden am Nachthimmel zu sehen, in Norddeutschland durchschnittlich 10 bis 20 Mal pro Jahr. Da es im Norden der Erde zwischen Mitte April und Ende August nicht richtig dunkel wird, sind Polarlichter nur im Winter zu beobachten.

Ehrfürchtiges Staunen

Die Bewohner des hohen Nordens leben seit Ewigkeiten mit Polarlichtern, doch auch für sie wurde der leuchtende Nachthimmel nie zur Alltäglichkeit und so begleiteten Aberglauben, Angst und ehrfürchtiges Staunen das **nächtliche Himmelsleuchten** zu allen Zeiten, denn mit irdischen Maßstäben war es Jahrtausende lang nicht zu erklären. Wer diese meist grünen, aber auch manchmal blauen oder roten Lichtschleier gesehen hat, die ständig lautlos wabernd ihre Form verändern, wird verstehen, dass dieses Phänomen viele beunruhigt hat. Stundenlang können die Schleier, Strahlen, Draperien, Bögen, Wolken und Wirbel über den Himmel tanzen und schließlich ganz plötzlich wieder verschwinden oder in einer **Aurora** kulminieren, die wie eine Krone aussieht, in die man von unten hineinschaut.

Schlechtes Zeichen

Im Mittelalter galt das Polarlicht, ebenso wie das Erscheinen eines Kometen, als Zeichen für einen bevorstehenden Krieg, für Hungersnöte und Seuchen. Auch in der **nordischen Mythologie** und in den Mythen der nordamerikanischen Indianer und Inuit spielte das Polarlicht eine große Rolle. Oft wurde es als Tanz der Jungfrauen und Walküren, als Kampf der Götter und Geister, aber auch als Botschaft gefallener Krieger an die Lebenden gedeutet. In Finnland soll ein Fabelwesen – der Fuchs Repu – mit seinem Schwanz Schneeflocken aufwirbeln, die den Himmel mit glitzerndem Licht überziehen. Auch

Aurora borealis in Grün. Im isländischen Winter keine Seltenheit.

Anzeichen von Wetteränderungen sollten Polarlichter sein: So galt auf den Färöern ein niedrig stehendes Nordlicht als Zeichen für schönes, ein hoch stehendes für schlechtes Wetter, flackerte es, war Wind im Anzug.

Alles erklärbar

Heute weiß man, dass all dies nicht zutrifft und die rätselhaften Lichter am Nachthimmel auf einer **Wechselwirkung von Sonnenwind und Erdmagnetfeld** beruhen. Alle elf Jahre sind auf der Sonne besonders viele Flecken zu sehen, ein Zeichen verstärkter Sonnenaktivität, die sich auch in besonders heftigen Eruptionen, den so genannten Protuberanzen äußert. Dabei werden lichtschnelle Röntgenstrahlen, aber auch elektrisch geladene Partikel wie Protonen und Elektronen ausgestoßen, die viel langsamer sind und die Erde erst einige Tage nach einer Eruption als Sonnenwind erreichen. Die **Partikel des Sonnenwindes** prallen auf das magnetische Feld der Erde, drücken es zusammen und bewegen sich entlang der magnetischen Feldlinien zu den magnetischen Polen. Dabei dringen sie in die oberste Schicht der Erdatmosphäre ein, wo sie auf Gasmoleküle wie Sauerstoff oder Stickstoff prallen. Dadurch wird ein Teil ihrer Bewegungsenergie in Licht umgewandelt, wobei die Kollisionen mit Sauerstoff zu grünem Polarlicht, die mit Stickstoff zu einer Rotfärbung des Himmels führen. Da die Partikel des Sonnenwindes von allen Seiten in Richtung auf die Magnetpole wandern, entstehen Polarlichter stets zeitgleich um beide Pole. Das Nordlicht wird **Aurora borealis**, das Südlicht **Aurora australis** genannt. Wird der Sonnenwind zum Magnetsturm, wird das Magnetfeld besonders stark gestaucht und der Sonnenwind kommt schon vor den Magnetpolen in Kontakt mit der Erdatmosphäre. Deshalb sind Polarlichter bei starker Sonnenaktivität auch in Mitteleuropa zu sehen. Wer im Sommer in Island unterwegs ist, wird wegen der hellen Nächte keine Polarlichter sehen. Eine Entschädigung bietet die Multimediashow im Geysircenter (► S. 169), die nicht ganz so faszinierend wie das Original ist, aber einen Eindruck von der Schönheit des leuchtenden Nachthimmels vermittelt.

»Im Mittelalter galt das Polarlicht, ebenso wie das Erscheinen eines Kometen, als Zeichen für einen bevorstehenden Krieg, für Hungersnöte oder Seuchen.«

Möðruvellir Der Hof Möðruvellir, 1 km nördlich von Akureyri, im Tal Hörgárdalur ist einer der historisch bedeutendsten Orte Nordislands. Von 1296 bis zur Reformation gab es hier ein **Augustinerkloster**, danach war der Ort Sitz des Provinzgouverneurs. Heute gibt es in Möðruvellir ein landwirtschaftliches Forschungsinstitut und eine ansehnliche Kirche aus dem Jahre 1865. Möðruvellir ist der Geburtsort des Schriftstellers Jón Sveinsson (»Nonni«).

Dalvík Dalvík am Westufer des Eyjafjörður wurde 1934 von einem starken Erdbeben fast vollständig zerstört und modern wieder aufgebaut. Das **Heimatmuseum** zeigt eine recht ansehnliche naturhistorische Sammlung. Außerdem erinnert das Museum an Jóhann Pétursson, der 1913 in Dalvík geboren wurde und bis heute mit 2,34 m der größte Isländer ist. Öffnungszeiten: Juni – Aug. tgl. 11.00 – 18.00 Uhr. Außerdem starten von Dalvík **Walbeobachtungsfahrten** (Infos: Tel. 863 25 55; www.hvalaskodun.is) und Ausflüge zur Insel Hrísey.

★★ Askja · Kverkfjöll

J 4/5

Region: Hochland nördl. des Vatnajökull

Isländisches Hochland in Bestform! Das Gebiet nördlich des Vatnajökull mit dem markanten Tafelberg Herðubreið, dem Kraterkessel Askja, dem Vulkankrater Víti, der zum Bad im milchweißen Wasser einlädt, und dem Geothermalgebiet am Kverkfjöll zählt zu den interessantesten Regionen Islands und bleibt für jeden Reisenden unvergesslich.

[F 88] und [F 910] Nicht alle Wege führen zur Caldera (Kraterkessel) Askja, doch es sind deren viele. Meist wird die **Öskjuleið** [F 88] als Anfahrtsroute gewählt, die gut 30 km östlich von Reykjahlíð am ► Mývatn von der Ringstraße nach Süden abzweigt. Die parallel zum reißenden Gletscherfluss **Jökulsá á Fjöllum** verlaufende [F 88] ist – wie alle anderen Anfahrtsmöglichkeiten zur Askja – nur mit Geländewagen befahrbar. Wer von ► Egilsstaðir auf der Ringstraße gen Westen unterwegs ist, für den bietet sich die 34 km hinter Egilsstaðir abgehende [923] als Zufahrt an, die zunächst durch das **Jökuldalur nach Brú** führt, dort auf die [F 910] stößt, der man kurz nach Norden, dann nach Westen bis zur Askja folgt. Sandige Passagen und einige leichte Furten sind auf der [F 910] zu bewältigen, die reißende **Kreppa** ist überbrückt. Unvergesslich bleibt die landschaftliche Schönheit links und rechts der [F 910], ein Gebiet, geprägt von Bimssteinwüsten, Basaltformationen und dunklen Flächen, mit Lavaasche überzogen, in der sich Strandroggen und Salzmiere, Austernkraut und Strandtaubenkopf als zarte Vegetationsinseln behaupten. Alternativ zur [923] können die [901] und [F 905] respektive die [901] und [907] als Zu-

Luftbild vom winterlichen Gletscherfluss Jökulsá á Fjöllum

fahrt zur [F 910] gewählt werden. Grundsätzlich ist es zu empfehlen, sowohl die [F 88] als auch die [F 910] kennen zu lernen, eine von beiden als Anfahrts-, die andere als Rückfahrtsroute.

✶ Herðubreið – die »Breitschultrige«

Er beherrscht die Szenerie einer gesamten Region, ist allgegenwärtig: der Tafelberg Herðubreið, die »Breitschultrige«, die im Osten der Lavawüste **Ódáðahraun** ihre markante Kontur zur Schau stellt. Egal, ob man sich von Norden auf der [F 88] dem Gebiet der Askja nähert oder von Osten auf der [F 910] – die Herðubreið ist ständiger Begleiter und **Orientierungspunkt** auf dem Weg in das Hochland nördlich des Vatnajökull. Mit ihren 1682 m überragt sie die ihr zu Füßen liegende Hochebene um rund 1000 m und ist dadurch eine unübersehbare, häufig wolkenumhangene Landmarke.

? WUSSTEN SIE SCHON ...?

- ... dass in der nordischen Mythologie die Herðubreið unter dem Namen Asgard Sitz des Göttergeschlechts der Asen ist? Die ersten Menschen hingegen, die die göttliche Gipfelregion erreichten, waren der Deutsche Hans Reck und der Isländer Sigurður Sumarliðason. Man schrieb das Jahr 1908.

Geradezu lieblich hebt sich die vegetationsreiche Oase **Herðubreiðarlindir** vom öden Umland östlich der Herðubreið ab: ein mit Pflanzenreichtum üppig gesegnetes Fleckchen Land inmitten einer weitflächigen Wüstenlandschaft. Herðubreiðarlindir liegt direkt an der [F 88], 60 km südlich der Abzwei-

ASKJA · KVERKFJÖLL ERLEBEN

AUSKUNFT

►Egilsstaðir
►Mývatn, Reykjahlið

EXKURSIONEN

Destination Iceland bietet zur Hauptreisezeit (15.6. – 31.8.) dreimal wöchentlich (Mo., Mi., Fr.) Exkursionen zur Askja an (vom 15.7. bis 15.8. tgl.). Dauer: ca. 12 Std. Abfahrt in Reykjahlið am Mývatn. Derselbe Anbieter startet zweimal wöchentlich zur dreitägigen »Ice and Fire Expedition« mit dem Ziel Askja und Kverkfjöll. Abfahrt in Reykjahlið, Akureyri und Húsavík. Informationen unter: Tel. 591 10 20, www.dice.is

ÜBERNACHTEN

► **Günstig**

Herðubreiðarlindir:
Hütte Þorsteinskáli/Zeltplatz
Tel. 462 27 20
(Hüttenplatz vorbuchen!)
Hütte (Matratzenlager, Kochgelegenheit) und Zeltplatz in einer grünen Oase an der Piste [F 88] nahe der Herðubreið.

Askja/Dyngjufjöll:
Hütte Dreki/Zeltplatz
Tel. 462 27 20
(Hüttenplatz vorbuchen!)

Kleine Hütte in beeindruckender Lage am Zugang zur Drachenschlucht; dem Wind ausgesetzter Zeltplatz, steiniger Boden, dafür gute sanitäre Anlagen, z.T. behindertengerecht.

Kverkfjöll:
Hütte Sigurðarskáli/Zeltplatz
Tel. 853 62 36 (Hüttenplatz beim Isländischen Wanderverein Ferðafélag Ísland vorbuchen: Tel. 568 25 33, www.fi.is)
Hütte am Nordrand des Vatnajökull. Angelegte Rasenflächen für Zelte.

gung von der Ringstraße, und ist Ausgangspunkt für Wanderungen und Touren am Fuße der **»Königin der Berge«**, wie die Herðubreið auch bezeichnet wird. Eine vom Wanderverein Akureyri unterhaltene Hütte mit Zeltplatz bietet Übernachtungsmöglichkeiten. Markierte Wanderwege führen durch das nahe Umland, u. a. zu einer Lavahöhle, in welcher der legendäre Geächtete **Fjalla-Eyvindur** den strengen Winter 1774/75 verbracht haben soll. Die Besteigung der Herðubreið kann ebenfalls von Herðubreiðarlindir angegangen werden, doch die Tour gilt als sehr schwer. Auch wer über alpine Erfah-

Die Herðubreið: Sitz der Götter?

rung verfügt und mit entsprechendem Material ausgerüstet ist, sollte sich vor Tourbeginn beim Hüttenpersonal über die Gegebenheiten am Berg erkundigen.

★★ Ein Bad im Vulkan: Askja

Drekagil

Unsere nächste Station ist alles andere als eine grüne Oase wie jene an der Herðubreið, sondern eine Hütte samt Zeltplatz in rauer Umgebung am Fuße des Dyngjufjöll-Massivs, 30 km südwestlich von Herðubreiðarlindir. Die Hütte Dreki liegt am Eingang zur Drekagil, zur **Drachenschlucht**, deren Ende eine Felswand mit herabstürzendem Wasserfall bildet. Ein Pfad führt durch die gesamte Schlucht.

★★ Víti-Krater, Öskjuvatn

Bei der Hütte Dreki beginnt die Stichstraße [F 894], die durch ein 1961 entstandenes Lavafeld – hier befindet man sich in einer bis heute aktiven vulkanischen Zone! – zu einem Parkplatz am nordöstlichen Rand der Askja-Caldera führt. Der **Kraterkessel** (Caldera) der Askja entstand vor knapp 5000 Jahren durch die Entleerung einer Magmakammer und der daraufhin einsetzenden Absenkung des Bodens. Zu Fuß geht es vom Parkplatz in einem 20-minütigen Spaziergang weiter in das Innere der Caldera, zum Víti-Krater und Öskjuvatn. Beide sind wesentlich jünger als die Askja-Caldera: Nach einer gewaltigen Eruption im Jahr 1875 senkte sich der südöstliche Teil der Askja weiter ab und füllte sich allmählich mit Wasser – die Geburt des Öskjuvatn. Zur selben Zeit ließen weitere Eruptionen den Víti-

Kraterlandschaft: der Öskjuvatn mit dem Víti-Krater im Vordergrund

Krater entstehen. Ein Bad in seinem milchweißen, lauwarmen Wasser ist ein Erlebnis der besonderen Art. Ein Denkmal am Kraterrand erinnert an den Geologen **Walther von Knebel** und den Maler **Max Rudloff**, die im Jahr 1907 im Rahmen einer Forschungsreise in das Askja-Gebiet aufbrachen und mit einem Segeltuchboot trotz Vorwarnung den Öskjuvatn befuhren. Beide blieben für immer verschollen.

★★ Kverkfjöll: Heiße Quellen im ewigen Eis

Der Gletscher Kverkjökull mit dem Berg Kverkfjöll ist ein Musterbeispiel für die Verbindung von Vulkanismus und glazialen Erscheinungen, von **Feuer und Eis**. Wenn auch vulkanische Tätigkeit unter den Gletschern Islands beileibe nicht einzigartig ist, weitere geothermale Austritte aus dem ewigen Eis andernorts existieren, allein am Kverkfjöll sind sie ohne übermäßigen Aufwand erreichbar.

Zwei Pisten führen zum Kverkfjöll, sodass sich die eine als Anfahrts-, die andere als Rückfahrtsstrecke anbietet. Ausgehend von der Askja fährt man auf der [F 910] Richtung Osten, später Südosten, bis die [F 902] (Kverkfjallaleið), 3 km weiter die [F 903] (Hvannalindavegur)

? WUSSTEN SIE SCHON ...?

- ...dass die Astronauten der NASA an der Askja für die Mondlandung 1969 trainierten? Warum die Wahl der NASA auf die Askja gefallen ist? Nun, gäbe es da kein Wasser, ein Unterschied zum Mond wäre schwerlich zu erkennen.

Im Quellgebiet der Jökulsá á Fjöllum beim Kverkfjöll

nach Süden abgehen, wobei die Letztgenannte durch die grüne Vegetationsoase **Hvannalindir** führt. Rund 25 km weiter südlich finden sich die beiden Pisten wieder. Die letzten 17 km zu Hütte und Zeltplatz am Kverkfjöll firmieren als [F 902].

Ein erster Eindruck

Angekommen an der Hütte **Sigurðarskáli** am Kverkfjöll: Man sichtet die Räumlichkeiten oder baut sein Zelt auf einem der Rasenflecken auf. Die Umgebung ist beeindruckend, man möchte einen ersten Eindruck von ihr gewinnen. Wenn Ihnen so ist, schnüren Sie die Wanderstiefel und folgen Sie dem Pfad, der auf den Berg im Rücken des Zeltplatzes führt. Von hier oben haben Sie einen herrlichen Ausblick auf die nahe Gletscherwelt.

Eishöhle

Von der Hütte ist es auf holpriger Piste und über eine Furt nicht weit zu einem Parkplatz in nächster Nähe vom Kverkjökull. Von hier erreichen Sie zu Fuß die größte Eishöhle Islands. Lange Jahre war die Höhle begehbar, doch **vulkanische Tätigkeit und Gletscherbewegungen** haben sie zum Teil einstürzen lassen. Regelmäßig lösen sich schwere Eisbrocken und zerschellen am Boden. Ein Eindringen in die Höhle ist lebensgefährlich, selbst vom Eingangsbereich sollte man sich fern halten.

*** Hveradalur**

Der Parkplatz ist auch Ausgangspunkt von Gletschertouren zu den brodelnden Schlammtöpfen, Fumarolen und Solfataren von Hveradalur, dem **»Tal der heißen Quellen«**. Eine Route führt über den

Ewiges Eis am Kverkjökull

Kverkjökull nach Hveradalur, eine andere, leichtere westlich um die Gletscherzunge herum. Jedoch ist keine der Touren ungefährlich: Rasch wechselnde Wetterbedingungen und Nebel erschweren die Orientierung, von den Gefahren des Gletschers selbst ganz zu schweigen. Jede Tour sollte deshalb unbedingt mit dem Personal der Sigurðurskáli-Hütte abgesprochen werden. Unerfahrene Gletschergänger können sich einer organisierten **Gletscherwanderung** anschließen. Auskünfte erteilt das Hüttenpersonal.

Bakkagerði · Borgarfjörður

L 3

Region: Ostisland, Ostfjorde **Einwohnerzahl:** 100

Die Bewohner des Ortes Bakkagerði müssen vorsichtig sein, denn am Borgarfjörður leben überall Elfen und Trolle und in Álfaborg residiert sogar die Königin aller isländischen Elfen. Trotzdem sollten sich Besucher nicht abschrecken lassen, denn die wilde Bergwelt und die Küsten zählen zu den besten Trekkinggebieten Islands.

Der östlichste der Ostfjorde, der Borgarfjörður, ist kurz und breit und recht unspektakulär. Doch dafür sind die Berge im Hinterland umso beeindruckender. Geologisch verläuft hier die Grenze zwischen den dunklen **Basaltbergen** im Westen und den in kräftigen Farben leuchtenden **Liparitbergen** im Osten. Die einzige nennenswerte Ansiedlung auf dem ansonsten fast menschenleeren Landstrich ist Bakkagerði, das manchmal in Landkarten auch als Borgarfjörður eystri auftaucht. Bis 1950 hatte Bakkagerði nicht einmal eine Straßenanbindung und auch heute liegt der Ort noch am Ende einer Sackgasse. In Bakkagerði sind die Möglichkeiten für ornithologische Beobachtungen ausgezeichnet. Der beste Platz ist **Hafnarhólm**, wo von einem Hügel Möwen, Eiderenten und Papageitaucher zu beobachten sind (im Mai zum Schutz der brütenden Vögel gesperrt, im Juni und Juli Zutritt von 11.00 – 19.00 Uhr).

Sehenswertes in Bakkagerði

Álfaborg

Am Ortsrand fällt die unter Landschaftsschutz stehende, rund 30 m hohe Felsformation Álfaborg ins Auge, um die sich ein ausgeprägter Elfenglaube rankt, denn hier soll die isländische **Elfenkönigin** residieren. Aber wie das mit Elfen so ist, hat sie bis jetzt noch niemand so richtig zu Gesicht bekommen. Deshalb muss man wohl auch annehmen, dass sie nichts dagegen hat, wenn Besucher den Gipfel des Hügels erklimmen und die Aussicht genießen. Doch der Álfaborg ist nur einer von vielen Orten, die mit Elfen, Unsichtbaren und Trollen in Verbindung gebracht werden. Und so können manche Einheimische noch viele **Geschichten von sonderbaren Begegnungen und Ereignissen** erzählen.

Bakkagerðiskirkja

Die Kirche von Bakkagerði aus dem Jahr 1901 ist architektonisch nichts Besonderes, zieht aber wegen des Altarbildes von **Jóhannes Sveinsson Kjarval** (1885 – 1972) viele Besucher an. Es ist eines von Kjarvals bekanntesten Bildern und zeigt Jesus bei der Bergpredigt, die er auf der Elfenburg hält.

BAKKAGERÐI ERLEBEN

AUSKUNFT

Bei Álfasteinn
Tel. 472 99 77
www.borgarfjordureystri.is

ESSEN

▶ Preiswert

Fjarðarborg
Tel. 472 99 20
in diesem Lokal werden zumeist einfache Gerichte serviert.

ÜBERNACHTEN

▶ Günstig

Gistiheimilið Fjarðarborg
Tel. 472 99 62
Fax 472 99 61
gisting-borg@visir.is
Einfache und ausgesprochen preisgünstige Herbegre mitten im Ort

Farfuglaheimili Borgarfjörður eystri
Tel. 472 99 62
Fax 472 99 61
bergrunj@mi.is
Kleine und recht gemütliche Jugendherberge in Bakkagerði mit 17 Betten

Alfasteinn Hier werden Mineralien, die aus dem Börgarfjörður-Gebiet stammen, zu Souvenirs wie Steintrollen verarbeitet. Auch die **Mineralienausstellung** ist sehenswert. Öffnungszeiten: Mo. – Fr. 10.00 – 18.00, Sa., So. 13.00 – 18.00 Uhr.

Wanderungen und Ausflüge In den letzten 10 Jahren hat der lokale Fremdenverkehrsverein rund 140 km Wanderwege markiert, die Touren bis nach ► Seyðisfjörður ermöglichen und Borgarfjörður zu einem der besten Wandergebiete Islands machen. Auf dem Weg ins südlich gelegene **Seyðisfjörður** gibt es für Wanderer in Breiðavík und Húsavík zwei einfache Berghütten (Reservierung unter Tel. 471 20 00 erforderlich). Für längere Unternehmungen ist die Wanderkarte »Á Víknaslóðum« (1:75 000) hilfreich, die Informationen zu den wichtigsten Routen bietet. Eine beliebte und recht einfache Tour führt zu den gewaltigen Felsbrocken von **Stórurð**, die von einem Bergrutsch an der Westflanke vom Dyrfjöll stammen. Markierte Wege beginnen an der Straße [94] bei Skeggjaklettur und bei Vatnsskarð, Hin- und Rückweg dauern ca. 5 Std. Ein schöner Aussichtsberg ist der rund 600 m hohe **Staðarfjall**, dessen Gipfel am besten von Nordosten aus zu besteigen ist und ein grandioses Panorama über den Fjord bietet.

Blönduós

E 3

Region: Nordwestisland **Einwohnerzahl:** 900

Húnaflói, die größte Bucht im Norden Islands, trennt die Westfjorde vom Rest der Insel. Am Ostufer der Bucht liegt mit dem modernen und recht nüchternen Blönduós das Handels- und Dienstleistungszentrum der Region. Einige Kilometer südlich des Ortes geht die Bucht Húnaflói in das fruchtbare Tal Vatnsdalur über, das 25 km landeinwärts reicht.

Der Ort erstreckt sich zu beiden Seiten der Mündung des Gletscherflusses **Blanda**, der am Gletscher Hofsjökull entspringt und mit 125 km zu den längeren Flüssen Islands gehört. Die Blanda ist seit langem als einer der besten Lachsflüsse Islands bekannt und häufig wurden hier schon über zweitausend Lachse pro Sommer geangelt. Mitten im Ort bildet der Fluss die **Insel Hrútey**, die wegen des Vogelbestandes unter Naturschutz steht und auf mehreren kürzeren Wanderwegen erkundet werden kann.

Sehenswertes in Blönduós

Textilmuseum Das Textilmuseum (Heimilisiðnaðarsafnið) ist in ein neues, architektonisch interessantes Haus am Flussufer umgezogen (Árbraut 29). Es zeigt eine Sammlung handgearbeiteter Seil- und Textilwaren, außer-

BLÖNDUÓS ERLEBEN

AUSKUNFT

Brautarhvammi
Tel. 452 45 20, www.northwest.is

ESSEN

▶ **Preiswert**

Við Árbakkann
Húnabraut 2, Tel. 452 46 78
Auffälliges blaues Haus mit Terrasse mitten in der Stadt. Kleinigkeiten wie Sandwichs und Eierkuchen.

ÜBERNACHTEN

▶ **Komfortabel**

Hótel Blanda
Aðalgata 6
Tel. 557 61 00
Fax 557 61 08
arnibald@lax-a.is
Kleines Hotel im alten Ortskern von Blönduós direkt an der Ringstraße.

Glaðheimar
Brautarhvammur 11
Tel. 452 44 03
Fax 452 49 13
gladheimar@gladheimar.is
Sieben gut ausgestattete Ferienhäuser für 3 bis 8 Personen, die meisten haben heiße Pötte und Sauna. Außerdem Übernachtungsmöglichkeit im Gästehaus Blöndubyggð.

dem verschiedene Trachten sowie Sonderausstellungen von bekannten Textilkünstlern. Ein Teil des Museums, die Halldórustofa, ist **Halldóra Bjarnadóttir** (1873 – 1981), der am ältesten gewordenen Isländerin gewidmet. Öffnungszeiten: Juni – Aug. tgl. 10.00 – 17.00 Uhr, www.simnet.is/textile

Blönduósskirkja

Die 1993 geweihte **Gemeindekirche von Blönduós** wurde von Maggi Jónsson entworfen. Der auffällige Betonbau soll die Natur der Umgebung symbolisieren, hat eine hervorragende Akustik und wird häufig für Konzerte genutzt. Das Altarbild stammt von Jóhannes Kjarval.

Umgebung von Blönduós

Þingeyrar

Im Jahr 1133 wurde in Þingeyrar, 25 km südwestlich von Blönduós, das erste **Benediktinerkloster** Islands gegründet, das rund 400 Jahre bis zur Reformation bestand und in der Umgebung viele Ländereien besaß. Das Kloster war ein bedeutendes Kulturzentrum, in dem viele historische Bücher verfasst wurden. So schrieb der Abt **Arngrímur Brandsson** die Geschichte des Bischofs Guðmundur des Guten nieder, die die älteste Beschreibung Islands enthält. Auch verschiedene Sagas der Húnavatn-Region wie die Heiðarvíga-Saga wurden in diesem Kloster niedergeschrieben. Heute erinnert nur noch die zwischen 1864 und 1877 im romanischen Stil erbaute Steinkirche an den einst bedeutenden Pfarrsitz. Im Inneren sind das **Altarbild aus Alabaster**, das wahrscheinlich aus dem 13. Jh. stammt, die Kanzel aus dem Jahr 1696 und das silberne Taufbecken sehenswert.

Vatnsdalur Das zwischen Víðidalsfjall (993 m) und Vatnsdalsfjall (1018 m) gelegene, 25 km lange, grüne Tal Vatnsdalur hat viel gutes Weideland und wird von dem Lachsfluss Vatnsdalsá durchflossen. Der Fluss entspringt im Hochland und bildet auf seinem Weg zum Meer eine tiefe Schlucht und zahlreiche Wasserfälle. Am Talausgang, in der Nähe der Ringstraße, befindet sich eine eigenartige Hügelgruppe (Vatnsdalshólar), die durch eine gewaltige Lawine vom **Vatnsdalsfjall** lange vor der Besiedlung des Landes entstanden ist. Die Hügel haben verschiedene, teils auffällige Farben und Formen. Nördlich der Ringstraße liegen drei Hügel (Þrístapar) dicht beisammen, hier fand am 12. Januar 1830 die letzte Hinrichtung Islands statt. Markierte Wanderpfade führen durch die Vatnsdalshólar.

Halbinsel Skagi Von Blönduós bietet sich eine Umrundung der dünn besiedelten Halbinsel Skagi auf den Straßen [74], [744] und [745] an (Länge ca. 140 km). An der Küste bei **Skagaströnd** stehen bei **Spákonufellshöfði** einige schöne Basaltsäulen. Einer der auffälligsten Berge in der Umgebung ist der 646 m hohe Spákonufell, der seinen Namen (»Wahrsagerinnenberg«) von der Hellseherin Þórdís bekam, die im 10. Jh. auf dem gleichnamigen Hof an seinem Fuß lebte. Vom Hof **Brandaskarð** führt ein Wanderweg auf den Gipfel mit guter Aussicht in alle Richtungen. Auch nördlich von Skagaströnd gibt es zwischen Króksbjarg und Kálfshamarsvík bis zu 50 Meter hohe Klippen mit sehenswerten Basaltsäulen. Im Norden der Halbinsel sind bei **Selavíkurtangi** vom Ufer aus oft Seehunde auf den Schären zu beobachten.

! *Baedeker* TIPP

Beim King of Country

Das Country-Music-Restaurant Kántrýbær in Skagaströnd ist einmalig in ganz Island. Der Besitzer Hallbjörn Hjartarson bezeichnet sich als den einzigen Cowboy des Landes, betreibt einen eigenen Radiosender (FM 96,7 und 100,7) und organisiert häufig Live-Auftritte in seinem urigen Lokal. Hólanesvegur, Tel. 452 29 50.

Borgarnes

D 5

Region: Westisland **Einwohnerzahl:** 1770

Borgarnes taucht schon in der Egilssaga unter dem Namen Digranes auf, weshalb alle Straßen nach Personen der Saga benannt sind. Seit dem Brückenbau über den Borgarfjörður 1980 ist der Ort Verkehrsknotenpunkt zwischen Reykjavík und dem Norden.

Sehenswertes in Borgarnes und Umgebung

Skallagrímsgarður In dem kleinen Park Skallagrímsgarður in der Stadtmitte befindet sich ein Grabhügel, in dem Egills Vater, **Skallgrímur Kveldúlfsson**,

BORGARNES ERLEBEN

AUSKUNFT

Hyrnan, Brúartorg
Tel. 437 22 14, Fax 437 23 14
www.vesturland.is, www.west.is
oder: Borgarbraut 59 (Esso-Tankstelle), Tel. 437 15 29

VERANSTALTUNGEN

Beim Reykholt-Festival im Juli wird klassische Musik auf historischem Boden gespielt. www.reykholt.is.

ESSEN

▸ Fein & teuer

Restaurant im Hótel Borgarnes
Egilsgata 14-16
Gute isländische Küche

▸ Preiswert

Esso-Tankstelle
Borgarbraut 59
Große Auswahl an guten Schnellgerichten

ÜBERNACHTEN

▸ Komfortabel

Fosshotel Bifröst
Tel. 433 30 90, www.fosshotel.is
Sommerhotel in der Wirtschaftsschule, schöne Lage inmitten eines Lavafeldes am Fuß des Vulkankegels Grábrók. Gute Wandermöglichkeiten.

Hótel Reykholt
Tel. 435 12 60, Fax 435 12 06
hotelreykholt@simnet.is
Modernes Hotel beim Museum, das auch Schlafsackplätze anbietet. Ganzjährig geöffnet.

▸ Günstig

Gästehaus Bjarg
Tel. 437 19 25, Fax 437 19 75
bjarg@simnet.is
Altes Farmhaus etwas außerhalb von Borgarnes, insgesamt 14 Betten, darunter ein Studio-Appartement.

Fer ɖjónustan Húsafelli
Tel. 435 15 50, Fax 435 15 51
www.husafell.is
Schlafsackplätze, Campinghütten und ein schöner Campingplatz im Birkenwald von Húsafell, ganzjährig geöffnet. Schwimmbad, Reiten, Wandern, Golf.

Fljótstunga
Tel. 435 11 98, Fax 435 14 98
www.fljotstunga.is
Bauernhof an der Str. [518], nördlich von Húsafell, Campinghütten mit Küche, 3 DZ. Von hier Besichtigung der Lavahöhle Viðgelmir.

nach Wikingerart mit Pferd und Waffen beigesetzt wurde. Ein Relief der dänischen Künstlerin Anna Marie Brodersen zeigt Egill mit seinem toten Sohn Böðvar, der ebenfalls hier begraben sein soll.

Im Museumszentrum Safnahús (Bjarnarbraut 4-6) sind das **Kunstmuseum** mit Werken isländischer Künstler, das **Naturkundemuseum** mit einer großen Sammlung ausgestopfter Vögel und das **Heimatmuseum** mit historischen Trachten und Gebrauchsgegenständen aus der Region untergebracht. Öffnungszeiten: Mo. – Fr. 13.00 – 18.00, Di. bis 20.00 Uhr. Safnahús

Borg à Mýrum Auf dem Hof Borg à Mýrum am Ende der Bucht Borgarvogur, westlich von Borgarnes, wurde der berühmte Skaldendichter **Egill Skallgrímsson** (900 – 983) geboren. Vor der kleinen Holzkirche von 1885 steht die Skulptur Sonatorrek (Klage um den Sohn) von **Ásmundur Sveinsson**, die den Verlust von Egills Sohn Böðvar darstellen soll. Auch der große Dichter **Snorri Sturluson** (1178 – 1241) lebte eine Zeit lang in Borg, bevor er nach Reykholt zog.

Deildartunguhver Rund 20 km nördlich von Borgarnes zweigt die [50] von der Ringstraße ab und führt durch ein weites, grünes, landwirtschaftlich genutztes Tal, das von sanft ansteigenden Hügeln umgeben ist. Kurz nach der Überquerung des Flusses **Hvitá** fördert die Thermalquelle Deildartunguhver auf mehreren Hundert Metern Länge rund 11 000 Liter fast kochendes Wasser pro Minute. Sie ist die ergiebigste Heißwasserquelle Islands, aber nicht die einzige, denn überall dampfen die mittlerweile gezähmten Quellen still vor sich hin und versorgen die Bauern mit billiger Energie.

Lavahöhle Viðgelmir Nach diesem Abstecher fährt man ein Stück zurück, überquert wiederum die Hvitá und folgt der Straße [523], die am nördlichen Ufer des Flusses entlangführt. Der **Hof Fljótstunga** ist dann der Ausgangspunkt für die Besichtigung der Lavahöhle Viðgelmir, einer der größten Lavahöhlen weltweit. Sie steht unter Naturschutz und ist nur im Rahmen einer Führung zu besichtigen. Beim **Hof Kalmanstunga** zweigt dann eine Piste zu den Höhlen **Surtshellir und Stefánshellir** ab, die auf eigene Faust erkundet werden können.

Húsafell, Hraunfossar Kurz vor Húsafell führt die Hochlandpiste [F 550] (► Kaldidalur) nach ►Þingvellir, die bei gutem Wetter mit einem normalen PKW zu befahren ist. Wer in Húsafell bleibt, hat von hier aus gute Wandermöglichkeiten. Nach Húsafell folgt die [518] dem südlichen Flussufer und nach einigen Kilometern kündigt ein Parkplatz die Hraunfossar-Wasserfälle an. Unter dem Lavastrom **Hallmundarhraun**, der um 800 v. Chr. entstand und in der Sage von Grettir dem Starken erwähnt wird, quellen auf einer Länge von rund einem Kilometer unzählige Wasserfälle hervor und ergießen sich in die Hvitá. Ein Stück weiter flussaufwärts liegt der **Barnafoss**, der »Kinderwasserfall«, der an zwei Kinder erinnert, die hier ertrunken sind.

✶ Reykholt Die [518] führt schließlich zum Pfarrsitz und Schulort Reykholt im Tal **Reykholtsdalur**, einem der wichtigsten historischen Orte Islands. Hier lebte und wirkte der bekannteste isländische Dichter und Historiker **Snorri Sturluson** (1206 – 1241). Mit der Heimskringla verfasste er eine detaillierte historische Analyse seiner Zeit, fast noch wichtiger ist jedoch sein Skaldenlehrbuch, in dem er die Regeln der damaligen Dichtkunst und viele nordische Mythen niederschrieb. Snorri Sturluson war aber nicht nur Dichter und Historiker, er gehörte auch zu den einflussreichsten Männern seiner Zeit. Er herrsch-

Hraunfossar: Unzählige Wasserfälle speisen die Hvitá.

te über zwei Godentümer, nahm am Alþing teil und wurde zwei Mal zum Gesetzessprecher berufen, was in der damaligen Zeit das höchste Amt im Staat war. Der Machtpolitiker hatte gute Verbindungen zum norwegischen Königshaus und war wohl in mehrere Intrigen verstrickt, wegen derer er 1241 in Reykholt ermordet wurde. Heute erinnert an ihn vor der Schule eine Statue von Gustav Vigeland, die ein Geschenk des norwegischen Königshauses ist. Hinter dem Gebäude liegt das kleine, runde Badebecken **Snorralaug**, das noch aus der Zeit von Snorri Sturluson stammt und von einer heißen Quelle gespeist wird. Von dort führte ein unterirdischer Gang zum Wohnhaus, der allerdings nur teilweise erhalten geblieben ist. Beigesetzt wurde Snorri vermutlich auf dem Friedhof neben der kleinen Holzkirche, der genaue Platz ist nicht bekannt. Seit einigen Jahren werden hier umfangreiche archäologische Ausgrabungen durchgeführt, die mehr Licht in das mittelalterliche Reykholt bringen sollen. Im **Kulturzentrum Snorrastofa**, das im Untergeschoss der modernen Kirche untergebracht ist, wird das Leben Snorri Sturlusons dokumentiert. Öffnungszeiten: tgl. 10.00 – 18.00 Uhr, www.snorrastofa.is

Djúpivogur

L 5

Region: Ostisland **Einwohnerzahl:** 400

Schon die Kaufleute der Hanse trieben hier wegen des guten natürlichen Hafens Handel. Danach kamen die Dänen und machten Djúpivogur zu einem der wichtigsten Fischereihäfen der Ostfjorde.

DJÚPIVOGUR ERLEBEN

AUSKUNFT

Langabúð
Tel. 478 82 20

AUSFLÜGE ZUR INSEL PAPEY

tgl. 13.00 Uhr, Dauer ca. 4 Std.
Tel. 478 81 19

ESSEN

► Preiswert bis teuer

Restaurant im Hotel Framtíð
Tel. 478 88 87

Sehr schönes, kleines Restaurant im alten Teil des Hauses. Exzellentes isländisches Essen mit Gourmetanspruch, gute Weinkarte, Kellerbar.

► Preiswert

Langabúð
Tel. 478 82 20
Im Museumscafé wird Kaffee und Kuchen in gemütlicher Atmosphäre serviert.

ÜBERNACHTEN

► Komfortabel

Hótel Framtíð
Vogalandi 4
Tel. 478 88 87, Fax 478 81 87
framtid@simnet.is

Das Hotel »Zukunft« wurde 1905 direkt am Hafen erbaut. Ein moderner Anbau nimmt dem alten Haus viel von seinem Charme. Komfortable Zimmer im Neubau, sonst auch Zimmer ohne Bad und Schlafsackunterkünfte.

► Günstig

Farfuglaheimili Berunes
Tel. 478 89 88
Auf der Nordseite des Berufjörður. Einfache, urgemütliche Unterkunft in einem ehemaligen Bauernhaus mit Blick über den Fjord. Außerdem Campingplatz und Ferienhäuser.

Djúpivogur liegt auf der relativ flachen Landzunge Búlandsnes, die sich zwischen den Fjorden Hamarsfjörður und Berufjörður weit ins Meer vorschiebt und in zahlreichen Schären ausläuft. Im Hinterland fällt der regelmäßige, pyramidenförmige **Búlandstindur** (1068 m) auf, von dem starke magische Kräfte ausgehen sollen. Von einem Felsabsatz auf der Ostseite in 700 m Höhe, Goðaborg genannt, wurden der Überlieferung nach die alten Götterbilder in die Tiefe gestürzt, nachdem Island sich zum Christentum bekehrt hatte.

Sehenswertes in Djúpivogur und Umgebung

Langabúð

Das lange, rote Haus oberhalb des Hafens gilt als eines der ältesten Handelshäuser Islands und geht zumindest teilweise auf das Jahr 1790 zurück. Bis nach 1950 war es das wirtschaftliche Zentrum von Djúpivogur. Um 1850 wurde ein weiteres Fachwerkhaus errichtet, das noch heute vor dem Langabúð steht. Heute sind im Inneren vom Langabúð zwei Sammlungen untergebracht: Die Skulpturen des Bildhauers **Ríkarður Jónsson** und Erinnerungsstücke an den Minister **Eysteinn Jónsson** sowie weiterer isländischer Politiker. Auf dem Dachboden ist ein informatives regionalhistorisches Museum eingerichtet. Öffnungszeiten: tgl. 10.00 – 18.00 Uhr.

Papey

Vor der Landzunge Búlandsnes liegt neben zahlreichen anderen Inseln und Schären das rund 2 km² große Papey, auf dem höchstwahrscheinlich schon vor der Ankunft der Wikinger irische Mönche weilten. Zumindest legt der Inselname diese Vermutung nahe, denn die **Wikinger** nannten die irischen Mönche »Papar«. Nach den Mönchen haben Bauern auf der Insel gelebt, die durch Eiersammeln und Eiderentendaunen einen guten Nebenverdienst erzielten. Heute ist die Insel unbewohnt und gehört ganz den kreischenden Seevögeln. Im Wasser und auf niedrigen Felsen fühlen sich die Seehunde wohl. An die Zeiten, als die Insel noch bewohnt war, erinnern das Haus des letzten Insulaners und eine der kleinsten Holzkirchen Islands aus dem Jahre 1807.

Papageitaucher fühlen sich auf Papey wohl.

Teigarhorn

Die Küste beim Hof Teigarhorn, 3 km nördlich von Djúpivogur, ist seit 300 Jahren als Fundort schöner Mineralien bekannt. Heute ist das gesamte Gebiet in Privatbesitz und steht unter **Naturschutz**. Beim Hof gibt es eine Mineraliensammlung mit Verkaufsausstellung, die Funde ausschließlich aus der Gegend, hauptsächlich Zeolithe, zeigt. Öffnungszeiten: täglich 9.00 – 21.00 Uhr. Hinter der Mineraliensammlung steht das alte Wohnhaus von Teigarhorn, das 1880 von Niels Weywardt, dem Vorsteher des Handelshauses Ørum & Wulff als Bausatz aus Norwegen importiert wurde. Seine Tochter Nicoline (1848 – 1921) erlernte in Kopenhagen das Fotografenhandwerk und studierte Gesteinskunde. Sie übernahm nach dem Tod des Vaters das Gehöft und ließ ein Fotoatelier anbauen, in dem sie lange Jahre erfolgreich arbeitete. **Nicoline Weywardt** gilt als erste Fotografin Islands, ihre Arbeiten sind im Besitz des Isländischen Nationalmuseums, das auch ihr Wohnhaus in Teigarhorn 1992 übernommen

Ein Schiff, ein Haus und Nebelschwaden vor grandioser Kulisse – Alltag in Djúpivogur

hat und es zu einem Fotografie-Museum ausbauen will. Einige Reproduktionen von Nicolines Fotografien sind im Hotel Framtið in Djúpivogur zu sehen.

Eyjólfsstaðir 20 km nordwestlich von Djúpivogur zweigt eine rund 2 km lange Stichstraße zum Hof Eyjólfsstaðir im Fossárdalur ab. Das **Tal der Fossá**, die sich über zahlreiche Basaltstufen und Wasserfälle den Weg zum Fjord bahnt, wird von mächtigen, gestuften und großteils grünen Berghängen eingerahmt. Von der Ringstraße oder vom Hof bietet sich eine Wanderung talaufwärts an, entweder entlang des Flusses oder einfacher auf der Allradpiste, die durch das Tal bergan führt.

Egilsstaðir

L 3

Region: Ostisland **Einwohnerzahl:** 1700

Wer architektonisch Interessantes in Egilsstaðir erwartet, wird enttäuscht, denn erst vor rund 60 Jahren entwickelte sich die Stadt aus einem Großgehöft. Der Aufschwung zum Verkehrsknotenpunkt und Dienstleistungszentrum Ostislands begann dann endgültig mit dem Bau der Brücke über den Lagarfljót.

In Egilsstaðir geht es für isländische Verhältnisse ungewöhnlich lebhaft zu. Aus der weiteren Umgebung kommen die Isländer zum Einkaufen und auch für viele Touristen ist der Ort Durchgangsstation, speziell nach der Ankunft und vor der Abfahrt der wöchentlichen Fähre von Seyðisfjörður auf die Färöer Felseninseln.

Sehenswertes in Egilsstaðir und Umgebung

Heimatmuseum

Das Ostisländische Heimatmuseum (Minjasafn Austurlands; Laufskógar 1) zeigt Fundstücke aus einem 1995 entdeckten **Wikingergrab**, das zu den wichtigsten archäologischen Ausgrabungen Islands gehört. Außerdem sind in dem Museum alte Möbel, Kirchengegenstände, Kleidung und Werkzeuge aus der Gegend zu sehen. Informationen zu Verkehrs- und Transportverbindungen in Ostisland runden dieses gelungene Heimatmuseum ab. Öffnungszeiten: Di. – So. 11.00 – 17.00 Uhr.

EGILSSTAÐIR ERLEBEN

AUSKUNFT

Auf dem Campingplatz
Tel. 471 23 20, Fax 471 18 63
www.east.is

AUSFLÜGE

Fahrten auf dem Lagarfljót mit dem Vergnügungsdampfer Lagarfljótsormurinn. Täglich 21.00 Uhr von Atlavík; Restaurant mit Musik an Bord.

ESSEN

► **Erschwinglich**
Klausturkaffi
Skriðuklaustur, Tel. 471 29 92
Mi. und Sa. empfehlenswertes Lunch- und Kuchen-Buffet. Das Dinner-Buffet ist teurer, aber seinen Preis wert.

► **Preiswert**
Café Nielsen
Tel. 471 26 26
Altes Holzhaus, das sich hinter hohen Bäumen versteckt. Sonnige, ruhige Terrasse, leckere Torten und traditionelles isländisches Essen wie Fischsuppe.

ÜBERNACHTEN

► **Komfortabel**
Fosshótel Hallormsstaður
Tel. 471 17 05, Fax 562 40 01
www.fosshotel.is
Sommerhotel mit 35 komfortablen DZn, einige mit Seeblick. Mitten im Wald gelegen, Schwimmbad direkt vor der Tür. Gutes Restaurant, günstiges Tagesgericht am Abend.

Baedeker-Empfehlung

► **Komfortabel**
Gistihusið Egilsstöðum
Tel. 471 11 14
Fax 471 12 66
egilsstadir@isholf.is
Nur wenige Hundert Meter von der Hauptstraße entfernt und trotzdem herrlich ruhig und idyllisch am See gelegen. Schonend restauriertes, komfortables Gutshaus von 1903 mit viel Atmosphäre, gutes Restaurant. Ganzjährig geöffnet.

► **Günstig**
Húsey: Tungnahreppur
Tel. 471 30 10, Fax 471 30 09
husey@simnet.is
Kleine Jugendherberge mit 16 Betten. Ideal für Reiterferien, jeder Gast bekommt sein eigenes Pferd.

Fellabær: Skipalækur í Fellum
Tel. 471 13 24
Zimmer mit Bad im Farmhaus, Campingplatz und fünf einfache, aber direkt am See gelegene Hütten.

Lagarfljót Der Fluss Lagarfljót wird vom Vatnajökull gespeist und bildet südlich von Egilsstaðir einen rund 25 km langen und maximal 2,5 km breiten See, der manchmal in den Karten auch unter dem Namen **Lögurinn** auftaucht. Mit einer Tiefe von 112 m und einer bis zu 100 m dicken Sedimentschicht ist der Seegrund der tiefste Punkt Islands. Der vom Gletscherwasser trübgraue See ist das **Loch Ness Islands**, denn in seinem eiskalten Wasser soll sich der Lagarfljótsormurinn, ein Seeungeheuer, tummeln und einen Goldschatz bewachen. Der Lagarfljótwurm, auch **Laggi** genannt, muss allerdings mittlerweile schon uralt sein, denn die ersten Sichtungen – bis jetzt waren es mindestens 20 – gab es schon im 13. Jahrhundert. Übrigens ist Laggi ähnlich fotoscheu wie sein Verwandter im Loch Ness, deshalb sind mittlerweile Prämien für das erste Foto von ihm ausgesetzt. Rund 11 km südlich von Egilsstaðir zweigt die [931] ab und führt um den gesamten See herum (ca. 90 km).

Hallormsstaðarskógur Islands ausgedehntestes Waldgebiet am Ostufer des Lagarfljót bei Hallormsstaður wird seit 1899 gehegt und gepflegt. 70% der Bäume sind Birken, die ältesten sind 160 Jahre alt, doch die stattlichsten Bäume bringen es gerade mal auf eine Höhe von 13 m. Schon 1903 wurden erste Versuche mit der **Ansiedlung ausländischer Bäume** gemacht, mittlerweile wurden 90 Baumarten auf ihre Islandtauglichkeit getestet, nur rund zehn von ihnen bestanden den Test. Der Campingplatz in Atlavík liegt mitten im Wald am Seeufer.

Hengifoss Kurz nach dem Überqueren der Brücke im Norden vom Fljótsdalur stürzt das Wasser des Hengifoss 118 m in die Tiefe und darf sich damit dritthöchster Wasserfall Islands nennen. Unterhalb vom Hengifoss liegt der 30 m hohe **Litlanesfoss** mit einem ungewöhnlich schönen Becken aus Säulenbasalt. Vom Parkplatz führt am westlichen Flussufer ein rund 2,5 km langer, ansteigender Pfad zum Hengifoss. Zwei Kilometer südlich vom Wasserfall zweigt die Jeeppiste [F 910] zum 1863 m hohen **Snæfell** am Fuß des Vatnajökull ab (57 km).

Skriðuklaustur Ursprünglich hieß der Hof im Fljótsdalur nur Skriða (Erdrutsch), doch nach der Gründung eines Augustinerklosters Ende des 14. Jh. wurde dem Ortsnamen Klaustur (Kloster) hinzugefügt. Es war das einzige Kloster Ostislands und zugleich das letzte, das zu katholischer Zeit gegründet wurde. 1938 erwarb der Dichter **Gunnar Gunnarsson** (1889 – 1975) Skriðuklaustur und ließ sich von einem deutschen Architekten ein stattliches Haus im böhmischen Stil entwerfen. Wegen wirtschaftlicher und gesundheitlicher Probleme zog Gunnarsson mit seiner Frau schon 1948 nach Reykjavík, wo er bis zu seinem Tode lebte. Skriðuklaustur vermachte er dem Staat mit der Auflage, es für kulturelle Zwecke zu nutzen. Mittlerweile ist sein Wunsch in Erfüllung gegangen und das Gunnar-Gunnarsson-Institut organisiert in dem repräsentativen, wunderschön am Hang gelegenen Haus mehrere Ausstellungen pro Jahr. Öffnungszeiten: tgl. 10.00 – 18.00 Uhr.

★★ Golden Circle

D/E 5/6

Region: Südwestisland

Kulturhistorische Stätten, atemberaubende Natur. Die Golden-Circle-Route berührt die touristischen Highlights der Region östlich von Reykjavík: Þingvellir, Geysir, Gullfoss, Skálholt.

Ausgangspunkt der Golden-Circle-Route ist in der Regel ►Reykjavík. Von der isländischen Hauptstadt folgt man der Ringstraße über Hveragerði bis kurz vor Selfoss, biegt dort nach Norden auf die Straße [35], fährt am Explosionskrater Kerið vorbei, macht einen Stopp an der Kirche von **Skálholt**, im Mittelalter das geistliche Zentrum des Landes, und erreicht schließlich die Geysire im **Haukadalur** und we-

GOLDEN CIRCLE ERLEBEN

AUSKUNFT

Touristenbüro Hveragerði
Breiðamörk 2
Tel. 483 46 01, Fax 483 46 04
www.southiceland.is

Im Geysircenter
Tel. 480 68 00, Fax 480 68 01
geysir@geysircenter.is

ESSEN

►Reykjavík
►Þingvellir

ÜBERNACHTEN

► Komfortabel

Fosshótel Ingólfur
Zwischen Hveragerði und Selfoss
Tel. 483 52 22, Fax 483 52 21
Miniapartments, jedes mit Whirlpool neben der Terrasse, ausgezeichnete Küche. An das Restaurant ist eine Reithalle angebaut, in der während der Touristensaison allabendlich Islandpferdeshows stattfinden.

Geysir-Center
Tel. 480 68 00, Fax 480 68 01
geysir@geysircenter.is
Das Geysir-Center bietet mit Hotel, Restaurant, Pool, Multimediashow, Pferdeverleih und Campingplatz ein Rundum-Paket für Touristen. Auch Schlafsackunterkunft.

Hveragerði: Hótel Eldhestar
Tel. 480 48 00, Fax 480 48 01
www.eldhestar.is
Kleines Hotel mit zehn komfortablen Doppelzimmern im Country-Stil. Wegen der angebotenen Reittouren fühlen sich hier Pferdeliebhaber besonders wohl.

Skálholt: Skálholtsskóli
Tel. 486 88 70, Fax 486 89 90
skoli@skalholt.is
Im modernen Schulgebäude von Skálholt stehen 18 komfortable Doppelzimmer, in einem benachbarten Gebäude weitere 35 Betten zur Verfügung.

► Günstig

Selfoss: Gesthus
Tel. 482 35 85, gesthus@gesthus.is
Elf Hütten mit Küche, Bad und TV in Selfoss. Campingplatz.

nige Kilometer entfernt den **Gullfoss**, den Goldenen Wasserfall. Die Rückfahrt nach Reykjavík erfolgt über den Hotelort Laugarvatn und durch den Nationalpark ► Þingvellir. Für die 250-Kilometer-Rundfahrt benötigen Sightseeingbusse etwa acht Stunden. Fährt man selbst, lassen sich Abstecher – zum Beispiel in die Stadt Selfoss oder ins ► Þjórsárdalur hinein – und Umwege wie die Rückfahrt nach Reykjavík am See Þingvallavatn entlang über Nesjavellir einbauen. Nur noch wenige Abschnitte dieser Golden-Circle-Route sind nicht asphaltiert, aber alle problemlos auch mit kleinen PKWs zu bewältigen. Selbst im Winter wird der Golden Circle freigehalten.

Über die Ringstraße nach Südisland

Hellisheiði Zu Beginn des Golden Circle verlässt man Reykjavík in südöstlicher Richtung, die Landschaft wirkt von Minute zu Minute archaischer, rauer, unwirtlicher. Schwarze Lava mit minimalistischer Vegetation prägt das Bild. Bald nach dem Abzweig der Straße [39] zum Fährhafen Þorlákshöfn (►S. 163) führt die Ringstraße [1] aufwärts zur Hellisheiði. Am Westrand dieser Hochebene durchschneidet die Ringstraße jenen Lavastrom, der im Jahr 1000 gerade zu der Zeit aus einer Eruptionsspalte am nahen **Hengill**-Massiv hervorquoll, als kaum 30 km nördlich in Þingvellir das mittelalterliche Parlament die Einführung des Christentums beschloss, und so bekam der Lavastrom den Namen **Kristnitökuhraun**, Christianisierungslava. Im Osten endet die Hellisheiði abrupt und die Ringstraße windet sich den steilen Hang Kambar hinunter.

Hveragerði Gleich unter dem Hang liegt Hveragerði, Kurort und Treibhausstadt mit annähernd 2000 Einwohnern. Nirgendwo sonst ist das Knowhow der Isländer, mit Hilfe geothermischer Energie die Unbilden des Klimas im Nordatlantik zu überlisten, offensichtlicher als hier: Heiße Quellen im Ort werden zum Beheizen unzähliger **Gewächshäuser** genutzt, unter deren Glas sogar Südfrüchte reifen. Diese demonstrieren das Machbare, wirtschaftlich lohnend ist indes die Blumenzucht sowie der Gemüseanbau. Islands Treibhausgärtner – die in Hveragerði ihre staatliche Gartenbauschule haben – decken weitgehend den Inlandsbedarf an Gurken, Paprika und Tomaten. Etliche Betriebe haben einen Direktverkauf. Touristisch präsentiert sich das Gewächshaus Eden mit einem Café unter Palmen sowie einem gigantischen Souvenirshop (Austurmörk 25).

Selfoss Selfoss liegt abseits der Golden-Circle-Route, die noch vor dem Ortseingang nach Norden abzweigt. Mit seinen annähernd 5000 Einwohnern ist Selfoss Islands größter Ort im Binnenland, obwohl es durch eine Gebietsreform Ende der 1990er-Jahre mit den Küstendörfern Eyrarbakki und Stokkseyri zur Großgemeinde **Árborg** verschmolzen ist und damit einen Zugang zum Meer bekam. Die Geschichte der Stadt beginnt im späten 19. Jh., als hier eine erste Hängebrücke über

Den heißen Quellen verdankt die Treibhausstadt Hveragerði ihr Auskommen.

die Ölfusá gebaut wurde. Einen Wachstumsschub verdankte Selfoss der Gründung einer bäuerlichen Absatzgenossenschaft in den 1930er-Jahren, aus der der heute wichtigste Arbeitgeber hervorging, eine der größten Molkereien Nordeuropas.

Þorlákshöfn, Eyrarbakki und Stokkseyri

Die drei Orte an der Südküste mit zusammen nicht einmal 2500 Einwohnern leben vorrangig von der Fischerei. Der größte Arbeitgeber ist jedoch das isländische Staatsgefängnis Litla Hraun am Ostrand von Eyrarbakki. Von den drei Orten besitzt Þorlákshöfn den besten Hafen, hier legt mindestens einmal am Tag die Autofähre von den Westmänner-Inseln an. Seit dem Bau der Brücke über die Mündung der Ölfusá landen auch viele Fischer aus Eyrarbakki und Stokkseyri ihre Fänge hier an und sparen sich die schwierigen, oft von hoher Brandung gefahrdeten Einfahrten in die kleinen Häfen ihrer Orte. Über die Fischerei in der Region informiert in Eyrarbakki (Túngata 59) eine **maritime Sammlung**. So unscheinbar Eyrarbakki heute wirkt, es blickt auf eine große Vergangenheit als Handelshafen für die isländische Südküste während der Kolonialzeit zurück. Das 1756 gebaute Handelshaus des dänischen Monopolhändlers in der Eyrargata, kurz **Husið** genannt, wird als kulturhistorisches Regionalmuseum genutzt (www.husid.com). Öffnungszeiten beider Museen: Juni – Aug. tgl. 11.00 – 17.00 Uhr.

Kerið – Krater am Wegesrand

Die Golden-Circle-Route überquert auf der Straße [35] wenige Kilometer nördlich von Selfoss den Fluss Sog. Bald darauf liegt auf der Ostseite der Straße der Explosionskrater Kerið, ein Maar wie aus dem Lehrbuch der Vulkankunde. 55 m tief und sehr gleichmäßig, fast wie ein Amphitheater geformt, zählt er zu den schönsten seiner

Art im Lande und diente gar schon als **Konzertarena**. Auf dem Kratersee wurde zu diesem Anlass ein Ponton als Bühne zu Wasser gelassen, die Akustik erwies sich als ausgezeichnet.

★ Skálholt: Im Land der Bischöfe

Glaubenshochburg

Die Brücke am Fluss Brúará markiert den Übergang in die Region **Biskupstungur**, die Bischofszunge, ein Gebiet, das sich wie eine Zunge zwischen den Flüssen Brúará und Hvítá erstreckt und landeinwärts bis ans Hochland reicht. Für den Namen Bischofszunge sorgt der alte Bischofssitz Skálholt. Dessen große, isoliert stehende Kirche überragt die Umgebung und fällt von weitem auf. Skálholt war von 1056 bis zur Reformation, die anno 1541 nach Südisland kam, das geistliche und zuletzt auch weltliche Zentrum Islands. Die angeschlossene »Eliteschule« war über Jahrhunderte die einzige im Lande, die eine höhere Bildung ermöglichte. Skálholt blieb das führende Episkopat des Landes, als 1106 im nordisländischen Hólar ein zweiter Bischofssitz entstand.

! *Baedeker* TIPP

Anthroposophisch und ökologisch

Die Straße [354] – Abzweig bei Borg – erlaubt einen 10-km-Umweg über Sólheimar. Das 100-Einwohner-Öko-Dorf mit engagiertem Behindertenprojekt wird seit den 1930er-Jahren nach anthroposophischen Grundsätzen betrieben. Werkstätten verkaufen Kunsthandwerk, Kerzen sowie Ökogemüse aus eigenen Gewächshäusern. Zudem stehen Gästen das Café Græna kannan (Grüne Kanne) und das Gästehaus Brekkukot offen. Infos: Tel. 480 44 00; www.solheimar.is

Viele **bedeutende Ereignisse** der isländischen Geschichte und Kultur sind eng mit Skálholt verbunden. So entstand in der Klosterschule Ende der 1530er-Jahre heimlich jene Bibelübersetzung, die als erstes Buch in isländischer Sprache gedruckt wurde. Und gut ein Jahrzehnt später verlor hier der letzte katholische Bischof Nordeuropas seinen Kopf: **Jón Arason**, eigentlich Bischof von Hólar, ahnte, dass der neue Glaube den Einfluss der dänischen Krone in Island stärken würde und wollte deshalb mit einer Gegenreformation den Lauf der Geschichte wenden. 1549 unterwarf er – mehr auf das Schwert denn auf die Bibel gestützt – das schon einige Jahre protestantische Episkopat Südisland. Das was des Guten zu viel: Königstreue Lutheraner setzten ihn fest. 1550 wurde er zusammen mit zwei Söhnen nahe der Kirche von Skálholt geköpft. Am Ort des Geschehens erinnert ein Gedenkstein an die Bluttat.

1785 zog ein Erdbeben die alte Kathedrale und die Schule derart in Mitleidenschaft, dass der Bischof und sein Gefolge nach Reykjavík übersiedelten, wo bald ein gemeinsames Bistum für das ganze Land eingerichtet wurde. Skálholt war dann über ein Jahrhundert nur eine einfache Gemeindekirche, ist inzwischen aber wieder Amtssitz eines Weihbischofs.

Ein geschichtsträchtiger Ort: die Kirche von Skálholt →

Die Moderne dominiert

Für das heutige Gotteshaus wurde 1956 zum 900-jährigen Gründungsjubiläum des Bistums Skálholt der Grundstein gelegt, 1963 war es fertig. Die Kirche dürfte, so lassen Ausgrabungen ahnen, die elfte an diesem Ort sein. Aus alten Zeiten ist wenig erhalten, ein Kleinod entdeckte man jedoch bei Ausgrabungen im Zuge des letzten Kirchenbaus in einer Krypta: ein Steinsarg aus dem frühen 13. Jh. inklusive der Gebeine des aus der Sagaliteratur bekannten Bischofs **Páll Jónsson** in vollem Ornat. Der Sarkophag wird in einer kleinen Ausstellung gezeigt. Ansonsten haben bekannte Künstler des 20. Jh. viel zur Gestaltung der modernen Kirche beigetragen. **Nína Tryggvadóttir** (1913 – 1968) schuf als überdimensionales Altarbild das dominierende Mosaik an der hinteren Chorwand, **Gerður Helgadóttir** entwarf die bunten Glasfenster. Vor der Kirche stehen zwei Steintafeln des Bildhauers **Páll Guðmundsson**. Sie zeigen zwei bekannte Kirchenmänner, Gissur den Weisen, der die erste Kirche in Skálholt bauen ließ, und Ísleifur Gissurarson, den ersten isländischen Bischof (1056).

✶✶ Gullfoss, der Goldene Fall

Laugarás

Richtung Gullfoss und Geysir fährt man nun entweder zur Straße [35] zurück, etwas länger aber interessanter ist der Wechsel auf Straße [30] östlich der mächtigen Hvítá, die bei Laugarás überquert wird. Dank heißer Quellen floriert auch in diesem Dorf der **Gartenbau unter Glas**. Wer mit Kindern reist, sollte dem kleinen Haustierzoo am Hof Slakki einen Besuch abstatten. Von Straße [30] bietet sich gleich wieder ein Abstecher ins ►Þjórsárdalur, in das Tal der Þjórsá an, ansonsten erreicht man nach wenigen Kilometern Fluðir. Von hier sind es noch rund 30 km zum Gullfoss.

> **! *Baedeker* TIPP**
>
> **White-Water-Rafting**
>
> Die weiße Gischt der Hvítá macht deutlich: Ihr Wasser zieht nicht gemächlich dahin, Stromschnellen folgen dicht auf dicht. Der »Weiße Fluss« ist so auch ein populäres Rafting-Revier. Ein umfangreiches Schulungs- und Tourenprogramm bietet: Arctic Rafting, Laugavegur 11, 101 Reykjavík, Tel. 562 70 00, www.arcticrafting.com

Über zwei gegeneinander versetzte Fallstufen stürzen die Wassermassen in die bis zu 70 m tiefe Klamm **Gullfossgljúfur**. Spannt sich an sonnigen Nachmittagen ein Regenbogen über den Gullfoss oder legt die Abendsonne einen goldroten Schein über seine Gischt, dann wird die Bedeutung des Namens Goldener Fall mehr als deutlich. Im Sommerdurchschnitt donnern 130 m³ Wasser pro Sekunde den Fall hinab, Rekordmengen von 2000 m³ wurden schon gemessen.

Die Besucherströme werden zu einem Parkplatz oberhalb der Schlucht geleitet. Dort informiert eine **Miniausstellung im Besucherzentrum Sigrídarstofa** über den Wasserfall und die umgebende Landschaft. Am Parkplatz vorbei führt die Straße [35] weiter als so genannte ►Kjölur-Route durch das Hochland bis nach Nordisland.

Mag's nicht immer gülden: der Gullfoss im Winterkleid

★★ Haukadalur – Tal des springenden Wassers

Der Große Geysir

Am Gullfoss ist der Wendepunkt der Golden-Circle-Route. Knapp 10 km auf Straße [35] zurück nach Westen liegt im Haukadalur **Islands bekanntestes Geothermalgebiet**, meist nur mit dem Namen seiner bekanntesten Quelle benannt, **Geysir** (► 3-D-Illustration S. 20). Dieser Eigenname, abgeleitet vom altwestnordischen Wort für »hervorschießen«, wurde für Springquellen in aller Welt zum Gattungsbegriff, in Island jedoch heißen sie »goshver« und nur dieser eine im Haukadalur Geysir, genauer **Stóri-Geysir**, der Große Geysir. In Berichten über die Besiedlungszeit wird er nicht erwähnt, und dies obgleich **Ári Þorgilsson**, der wichtigste Chronist der Epoche, viele Jahre auf dem Hof Haukadalur gleich nebenan lebte. Geologen schätzen das Alter des Geysirs aufgrund von Sinterablagerungen rund um sein Austrittsloch jedoch auf mindestens 10 000 Jahre. Wahrscheinlich hatte der Stóri-Geysir, als die ersten Siedler kamen, nur eine längere Ruhephase, bis ihn Ende des 13. Jh.s eines jener Erdbeben wachrüttelte, die Südisland häufig erschüttern und die ihn später noch oft beeinflussen sollten.

Aus dem Tiefschlaf erwacht

In seinen besten Tagen schickte der Große Geysir seine Wassersäule bis zu 60 m in die Höhe, begleitet von gespenstischem Grummeln im Boden. Soweit verlässliche Beschreibungen vorliegen, variierten die Abstände zwischen den Eruptionen im Laufe der Jahre von 30 Minuten bis zu mehreren Wochen. Im 19. Jh. regte ein Erdbeben den Stóri-Geysir zu einer Phase mit sehr kräftigen Eruptionen an, dann wurde er wieder ruhiger und schlief von 1916 bis 1932 fest. Immer wieder gab es Versuche, das Naturschauspiel künstlich zu reanimieren: Kurzzeitig half es, den Wasserspiegel abzusenken, und auch große Mengen Schmierseife regten ihn an, ein Trick, der weltweit müden Geysiren auf die Sprünge hilft. Die Seife verändert die Oberflächenspannung des Wassers und fördert so die Eruption. Dieses **»Aphrodisiakum«** und alle anderen Hilfsmittel wurden im Haukadalur jedoch 1992 vom isländischen Naturschutzrat verboten. Was der Mensch nicht schaffte, gelang im Juni 2000 dann einem Erdbeben: Der Stóri-Geysir wachte wieder auf und ist seitdem aktiv, wenn auch nur mit kleinen Eruptionen, die weit hinter seinen großen Sprüngen zurückbleiben.

✶✶ Strokkur

Aber kein Grund zur Sorge: Jeder Besucher des Haukadalur sieht die in den Himmel schießende Wassersäule eines Geysirs, dafür sorgt Strokkur, das Butterfass. Es schafft zwar nur Höhen zwischen 10 und 20 m, dies aber zuverlässig alle paar Minuten. Faszinierend an den Eruptionen des Strokkur ist die **Wasserglocke**, mit der jeder Aus-

Zuverlässig wie ein Schweizer Uhrwerk: Strokkur – das »Butterfass«

bruch beginnt und aus der heraus der Strahl aus Wasser und Dampf in den Himmel schießt. Im Thermalfeld des Haukadalur gibt es noch zahlreiche andere Quellen, von denen einige vor sich hin brodeln, andere sind lauwarme Wasserpfützen. Vorsicht ist jedoch überall geboten, denn alle Quellen im Haukadalur sind seit dem letzten Erdbeben aktiver und vor allem heißer geworden, viele kochen unübersehbar. Warntafeln haben ihre Berechtigung und bei Fehltritten kann man sich gefährlich die Zehen verbrennen.

Geysir Center

Da Geysir und Strokkur zu den am häufigsten besuchten Sehenswürdigkeiten Islands zählen, sollte es kaum überraschen, dass sich hier große Servicebetriebe etabliert haben: Zum Übernachten ein Hotel mit Hüttendorf, ein preiswerteres Gästehaus sowie ein Campingplatz und für das leibliche Wohl ein Restaurant sowie an der Tankstelle eine große Cafeteria mit Souvenirshop. Daran angeschlossen ist das multimediale Geysir Center, das **Islands geologische Phänomene** populärwissenschaftlich, manchmal etwas zu laut und schrill aufbereitet. Hier können Sie sich sogar von einem Erdbeben durchrütteln lassen. Öffnungszeiten: tgl. 10.00 – 19.00 Uhr.

Laugarvatn

Die Golden-Circle-Route führt auf der Fahrt nach Westen – Straße [35], später [37] – in das 150-Einwohner-Dorf Laugarvatn am gleichnamigen See, Schulzentrum und Touristenhochburg gleichermaßen. Es ist die Nähe zu Gullfoss, Geysir und Þingvellir, die Laugarvatn für Touristen attraktiv macht, der Ort selbst kann nur mit einer Attraktion aufwarten: Die Dampfsauna **Gufubaðið**, die am Seeufer über heißen Quellen steht. Hier strömt der Dampf direkt aus der Erde. Die heißen Quellen am See sorgten aber auch dafür, dass Laugarvatn in den Annalen Islands wenigstens mit zwei Ereignissen auftaucht: Nach der Einführung des Christentums im Jahr 1000 im nahen Þingvellir zogen es etliche der angeblich so hartgesottenen Männer vor, sich hier in einer warmen Quelle statt im eiskalten Þingvallavatn taufen zu lassen, und als Bischof Jón Arason und seine Söhne nach der Hinrichtung für ihre letzte Reise vorbereitet wurden, wusch man die Leichen in eben dieser Quelle.

Über Þingvellir nach Reykjavík

Die Straße [365] führt vom Laugarvatn zum Þingvallavatn. Ein kurzer Abstecher wird notwendig, wenn man am Osthang des Bergrückens Reyðarbarmur sehen möchte, wie einfach manche Isländer noch zu Beginn des 20. Jh.s auf dem Lande lebten: Die beiden Lavahöhlen **Laugarvatnshellir** dienten zuletzt im Jahr 1922 armen Menschen als dauerhafte Unterkunft. Bald erreicht die Straße den Nationalpark ► Þingvellir und man sieht das Wasser des Þingvallavatn blinken, des größten natürlichen Sees in Island. Die historischen Stätten von Þingvellir liegen an seinem Westufer, dorthin führen die Straße [361] am See entlang oder die [36] mitten durch den Park – beide reizvoll. Die [36] führt denn auch zurück zum Ausgangspunkt ►Reykjavík – der Kreis ist damit geschlossen.

Hafnarfjörður

D 6

Region: Südwestisland, Capital Region **Einwohnerzahl:** 24 500

Hafnarfjörður, Islands drittgrößte Stadt, schmiegt sich hufeisenförmig an eine Meeresbucht. Zahlreiche Geschäfte und Restaurants liegen an der Hafenfront, die Wohnviertel etwas höher. Durch das Gefälle gewähren etliche Aussichtspunkte – der bekannteste ist der Hügel Hamarinn oberhalb des Zentrums – einen herrlichen Blick auf die Stadt, den Hafen und das Meer.

Wenngleich der erste Eindruck vom Hafen bestimmt wird, verweist die selbst gewählte Bezeichnung »Stadt in der Lava« auf ein weiteres Charakteristikum des Ortes: Hafnarfjörður steht weitgehend auf einem rund 8000 Jahre alten Lavafeld, das an vielen Stellen sichtbar wird und bei genauerem Hinsehen das Bild der Stadt beeinflusst. Obwohl ein **Teil der Metropolitan Area von Reykjavík**, besitzt Hafnarfjörður einen eigenständigen, kleinstädtischen Charakter.

Stadt der (Un-)Sichtbaren

Die Menschen von Hafnarfjörður teilen sich die Stadt mit einer nicht unerheblichen Zahl von Feen, Elfen, Engeln, Zwergen und Trollen, deren Wohnungen in den Lavahügeln und -höhlen jedes Kind kennt. Die Seherin und Künstlerin **Erla Stefánsdóttir**, die seit ihrer Kindheit angelblich Kontakt zu den Unsichtbaren hat, markierte die Lage ihrer Häuser und Burgen in der **Hidden Worlds Map**, der inzwischen Stadtführungen folgen. Nähere Informationen wie auch Gelegenheit zur Buchung erhalten Sie in der Touristeninformation von Hafnarfjörður. Sichtbar hingegen sind die Besucher des seit Jahren regelmäßig in Hafnarfjörður stattfindenden **Internationalen Wikingerfestivals**. Wikingerstimmung erlebt man indes auch zu anderen Zeiten, wenn wilde Nordleute durch das Wikingerdorf Fjörukráin inmitten Hafnarfjörðurs toben. Dessen Mittelpunkt ist das Themenlokal Fjörugarðurinn (►Hafnarfjörður erleben S. 171).

? WUSSTEN SIE SCHON ...?

- ... dass im 17. Jh. Kaufleute aus dem damals dänischen Flensburg in Hafnarfjörður aktiv waren? An sie erinnern Namen wie der der Schule Flensborgarskólinn auf Hamarinn oder der des Kleinboothafens Flensborgarhöfn.

Sehenswertes in Hafnarfjörður

Seefahrtsmuseum

Über Jahrhunderte hinweg war der Hafen von Hafnarfjörður Mittelpunkt des Handels mit dem Festland. Es überrascht daher kaum, dass Islands **Nationalmuseum** (► Reykjavík S. 254) seine maritime Abteilung in Hafnarfjörður präsentiert: Sjóminjasafn Íslands dokumentiert mit Gerätschaften, kleineren Booten und Schiffsmodellen die Entwicklung und Geschichte der Seefahrt und der Küstenfische-

HAFNARFJÖRÐUR ERLEBEN

AUSKUNFT

Strandgata 6
Tel. 585 55 55
www.hafnarfjordur.is

ESSEN

▸ Erschwinglich

① ***Fjörugarðurinn***
Strandgata 55
Tel. 565 12 13
www.fjorukrain.is
In der Stadt, in der sich alles um die Wikinger dreht, speist man natürlich auch wie diese – im Fjörugarðurinn. Das Speisenangebot reicht von deftig-zünftig bis elegant-gediegen und nach dem Essen spült man alles natürlich mit mindestens einem »Schwarzen Tod« hinunter. Vorbestellung ist ratsam, denn das Fjörugarðurinn ist bei Gruppen beliebt.

② ***A. Hansen***
Vesturgata 4
Tel. 565 11 30
Das Restaurant befindet sich in einem der ältesten Häuser der Stadt. Natürlich werden exzellente isländische Fisch- und Lammgerichte angeboten, aber die Spezialität des Hauses sind die Elfenmenüs. Wer schon immer wissen wollte, was Elfen gerne essen, ist hier richtig – und wird überrascht sein vom guten Geschmack der Unsichtbaren.

ÜBERNACHTEN

▸ Komfortabel

① ***Hótel Viking***
Strandgata 55
Tel. 565 12 13
www.fjorukrain.is
Hier schläft man wie die alten Wikinger, in Zimmern, die nach alten Göttern oder Häuptlingen benannt sind. Doch in der ehemaligen Schmiede kommt auch der Komfort nicht zu kurz, dafür sorgen Zimmer mit Bad und TV und natürlich die heißen Pötte.

▸ Günstig

② ***Helguhús***
Lækjarkinn 8
Tel. 555 28 42
helguhus@helguhus.is
Zehn Minuten Fußweg vom Zentrum entfernt bietet dieses Gästehaus helle Zimmer unter dem Dach und zwei weitere im Untergeschoss. Frühstück und freundliche Atmosphäre sind inklusive.

rei des Landes. Das Museum ist in der Vesturgata 8 in einem restaurierten Lagerhaus von 1865 untergebracht und bildet zusammen mit dem Hauptgebäude des Heimatmuseums sowie weiteren Bauten aus dem 19. Jh. eines der schönsten Häuserensembles im gesamten Hauptstadtbereich. Öffnungszeiten: Juni – Sept. tgl., sonst nur Sa./So. 13.00 – 17.00 Uhr. ⌚

Húni II

Am Kai gleich gegenüber kann man ein **Stück isländischer Seefahrtsgeschichte** sogar nutzen: Im Sommer läuft mindestens einmal am Tag der Kutter »Húni II« zur Walbeobachtung aus (Buchung bei der Tourist Information oder unter Tel. 894 13 88). Das 1963 gebaute

Hafnarfjörður Orientierung

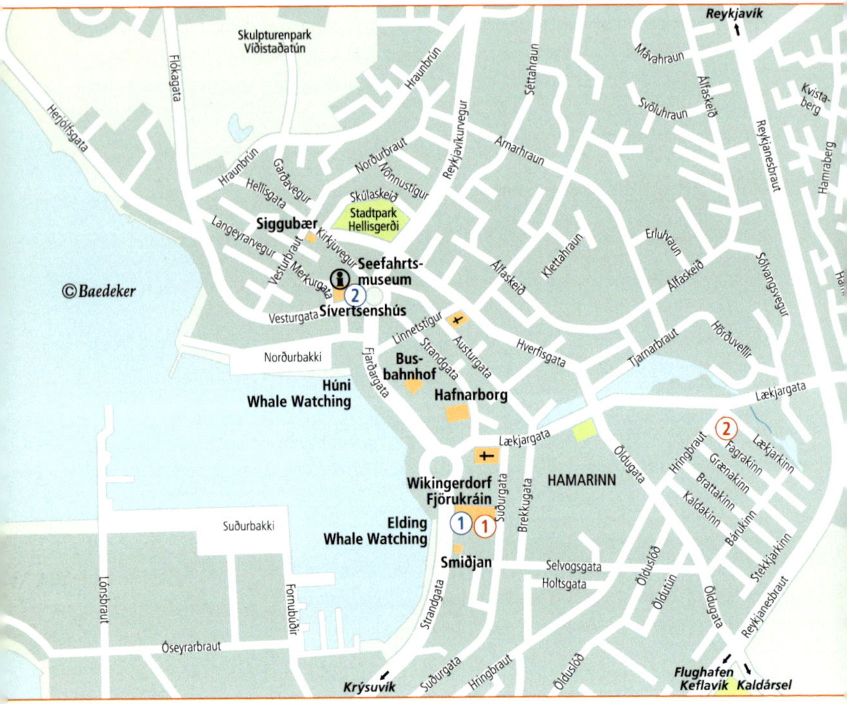

Übernachten
① Hótel Viking
② Helguhús

Essen
① Fjörugarðurinn
② A. Hansen

Schiff gehört zu den wenigen erhaltenen Eichenholzkuttern, die früher überall vor Islands Küsten für die Fischerei genutzt, aber inzwischen durch Kunststoffboote verdrängt wurden.

Heimatmuseum
Sívertsenshús ►

Zum Häuserensemble an der Vesturgata gehört ferner das Sívertsenshús (Nr. 6), das älteste Haus der Stadt mit der kulturhistorischen Abteilung des Heimatmuseums. Gebaut wurde es im Jahr 1803 für Bjarni Sívertsen, den »Vater von Hafnarfjörður«. Mit einem kleinen Firmenimperium trieb er Handel, Fischerei und Schiffbau und legte damit Ende des 18. Jahrhunderts die Grundlagen für die heutige Wirtschaftskraft von Hafnarfjörður. An Sívertsen und seine Familie erinnert noch vieles im Haus, folglich erfährt man hier vor allem etwas über das Leben der isländischen Oberschicht im 19. Jahrhundert.

Öffnungszeiten: Juni – August täglich 13.00 – 17.00 Uhr, außerhalb der Hauptsaison nur Sa./So. 13.00 – 17.00 Uhr.

Dass es auch andere Lebensumstände gab, zeigt die zweite Abteilung des Heimatmuseums im 1902 gebauten Arbeiterhaus Siggubær am Rande des Lavaparks Hellisgerði (Kirkjuvegur 10). Öffnungszeiten: Juni – Aug. Sa./So. 13.00 – 17.00 Uhr.

◄ Siggubær

Die ehemalige Hafenschmiede Smiðjan gleich neben dem Wikingerdorf Fjörukráin (Strandgata 50) nutzt das Heimatmuseum letztlich für wechselnde Ausstellungen. Öffnungszeiten: Mai – Aug. tgl. 13.00 – 17.00 Uhr.

◄ Smiðjan

Stadtpark Hellisgerði

Wohl nirgendwo wird Hafnarfjörður seiner Rolle als Elfenstadt so gerecht wie im kleinen Stadtpark Hellisgerði, dem **Höhlengarten**, oberhalb von Heimat- und Seefahrtsmuseum. Für den Namen sorgt eine Grotte in der uralten Lava, die die Grünanlage mit Anhöhen und Senken ebenso unübersichtlich wie romantisch macht. Schon das Gelände regt die Phantasie an, und so überrascht es nicht, dass hier mehr Unsichtbare leben als in anderen Stadtbezirken.

Hafnarborg

Im Jahr 1983 vermachte das Apothekerpaar Sverrir Magnússon und Ingibjörg Sigurjónsdóttir ihr Haus im Zentrum (Strandgata 34) mitsamt einer Sammlung isländischer Kunst des 20. Jh.s den Bewohnern von Hafnarfjörður. Das Gebäude wurde auf architektonisch höchst interessante Art in den Neubau eines Kunst- und Kulturzentrums integriert, das unter dem Namen Hafnarborg Werke aus dem eigenen Fundus, aber auch Wechselausstellungen präsentiert – es lohnt sich, nach dem Programm zu schauen oder dem **Museumscafé** einen Besuch abzustatten. Öffnungszeiten: tgl. außer Di. 11.00 – 17.00 Uhr, www.hafnarborg.is

Skulpturenpark Víðistaðatún

Mehr moderne Kunst sieht man im Skulpturenpark Víðistaðatún nördlich des Zentrums, dort wo auch der Campingplatz liegt. Die meisten der Plastiken, darunter auch Arbeiten junger deutscher Künstler, entstanden im Rahmen eines Kunstfestivals im Jahr 1991. Die Stadt bemüht sich bis heute um die Kunstförderung, so durch die **Bereitstellung von Künstlerateliers** auf dem Hof Straumur, der gleich westlich der Aluminiumfabrik Straumsvík durch seine zahlreichen Giebel auffällt.

★★ Hekla

F 6

Region: Hochland nördl. Mýrdalsjökull

Zahlreiche Legenden ranken sich um einen der bekanntesten Vulkane der Erde: Höllenschlund soll er sein, Heimat der verlorenen Seelen. Gewiss ist: Die Hekla ist ausgesprochen aktiv, immer »für ein Feuer gut«.

Ihr Grundstein wurde noch unter Gletschern der letzten Eiszeit – vor ca. 20 000 Jahren – gelegt und im Laufe der folgenden Jahrtausende ist aus einer gut 5 km langen Vulkanspalte ein stattlicher **Zentralvulkan** herangewachsen, ein von Südwesten nach Nordosten lang gestreckter Rücken mit einer Gipfelhöhe von inzwischen 1491 m am Krater Toppgígur. Doch diese Höhenangabe muss nicht von Dauer sein: Bei einem Ausbruch 1947 legte der Berg fast 40 m an Höhe zu, und die Hekla ist immer für einen neuerlichen Ausbruch bereit. Typisch für die Hekla sind Spalteneruptionen, die sich über mehr oder minder lange Abschnitte ihres Rückens erstrecken, so im Februar 2000 über fast 7 km.

Feuerberg und Höllenschlund

Drachenrücken

Von der Ringstraße zweigt 7 km nordwestlich von Hella die Straße [26] nach Norden ab. Je weiter man ins Landesinnere vorstößt, desto stärker bestimmt die Hekla das Landschaftsbild. Von Süden blickt man zunächst auf die schmale Stirnseite des Feuerberges, ihre wirklichen Ausmaße zeigt die Hekla indes an ihren Flanken. Sie wird oft mit einem kieloben treibenden Boot verglichen, dabei wäre es nahe liegender, an den Rücken eines Riesenreptils zu denken, vielleicht eines Drachen, denn Feuer speit der Berg nicht zu knapp: Mit Hilfe der **Tephrochronologie**, der Datierung von Aschelagen, konnten der Hekla über 100 Ausbrüche in nunmehr fünf großen Zyklen nachge-

Februar 2000: Die Hekla spuckt Feuer.

wiesen werden. Dazwischen gab es Jahrhunderte andauernde Ruhepausen, die immer mit einem besonders heftigen Initialausbruch endeten. So dürfte im 9. Jh. v. Chr. auch der größte Vulkanausbruch, den Island nach der letzten Eiszeit erlebt hat, den Beginn einer Eruptionsperiode der Hekla markiert haben. Seine Asche – Wissenschaftler haben ihr Volumen auf 9 Mrd. Kubikmeter hochgerechnet – ist im Boden von gut 80 % der Oberfläche Islands nachweisbar, von den Westfjorden bis in den äußersten Osten.

Aktiver Zyklus

Den letzten, bis heute anhaltenden Eruptionszyklus läutete 1104 jener Ausbruch ein, der fast alles Leben im ►Þjórsárdalur unter einer dicken Lage Bimsasche erstickte. Insgesamt hat die Hekla seit 1104 rund 7 Mrd. Kubikmeter Asche in den Himmel geblasen – das würde etwa 115 Mio. Schiffscontainer füllen – und rund 8 Mrd. Kubikmeter Lava aus ihren Kratern und Spalten quellen lassen. Auch kleinere, aktive Phasen innerhalb der großen Zyklen beginnen gewöhnlich mit einem explosionsartigen **Initialausbruch**, dem dann lang anhaltende Lavaflüsse folgen. Als solch ein Ereignis werten Wissenschaftler die Eruption Ende März 1947. Ohne Vorwarnung pustete der Berg eine Aschewolke in die Atmosphäre, die nach weniger als einer halben Stunde schon eine Höhe von gut 30 000 m erreicht hatte und in den folgenden Tagen über ganz Skandinavien bis nach Finnland niederging. 1970 wurde die Asche einer kleineren Eruption Tausenden von Schafen in Nordisland zum Verhängnis, sie brachte giftige Fluorverbindungen auf die Weiden. Die Ausbrüche 1980/1981, 1991 und zum vorläufig letzten Mal am 27. Februar 2000 brachten fast ausschließlich Lava an die Oberfläche, die sich in unbewohnten Gebieten am Berg verteilte.

Edutainment-Center Hekluhof

Die Hekla wurde in alten europäischen Reisebeschreibungen oft als Tor zur Hölle bezeichnet, aus dem man die Schreie der verloren Seelen hören könne. In der alten isländischen Literatur wird jedoch kein Wort über ein Höllentor Hekla verloren – es ist eine Erfindung früher, religiös motivierter Islandtouristen. Legenden und wissenschaftliche Fakten rund um die Hekla arbeitet das vulkanologische Edutainment-Center Hekluhof mit einem multimedialen Konzept auf, dazu gehört auch die **Simulation eines Ausbruchs** inklusive künstlichem Erdbeben. Der architektonisch extravagante Bau besteht aus Wänden mit Lavablöcken und zeigt durch große Fenster das Ausstellungsthema im Spiegel der Jahres- und Tageszeiten als reales Bild. Hekluhof gehört zum Touristenzentrum Leirubakki an der [26].

Besteigung der Hekla

Der Hekla am nächsten kommt man auf der Piste Landmannaleið [F 225], die nördlich des Vulkans verläuft. Zwei Abzweige führen von der [F 225] zum Fuß des Vulkans, von wo aus Sie Hekla auf markierter Route besteigen können. Der Mühe Lohn ist ein phantastischer Ausblick auf die zu Füßen liegende **Vulkanlandschaft**. Allerdings ist zu beachten, dass der Wind auf der Hekla mitunter Sturmstärke er-

HEKLA ERLEBEN

AUSKUNFT

Hvolsvöllur
Austurvegi 4
Tel. 487 80 43
www.hvolsvollur.is

Hella
Suðurlandsvegi 1
Tel. 487 51 65, tourinfo@rang.is

ESSEN/ÜBERNACHTEN

► **Günstig**

Hella: Hekluhestar
Austvadsholt
Tel. 487 65 98, Fax 487 66 02
hekluhestar@islandia.is
Gästehaus mit 18 Betten (Schlafsackunterkunft) in einem 1990 im traditionellen isländischen Stil erbauten Haus. Vielfältige Angebote für Reiterferien und Ausflüge zur Hekla.
Ganzjährig geöffnet.

Hvolsvöllur: Hótel Hvolsvöllur
Hliðarvegur 7, Tel. 487 80 50
Kleines Hotel mit 28 Zimmern, teils mit Bad. Angenehmer Frühstücksraum im Wintergarten. Sauna, Jacuzzi, Bar und Restaurant im Haus. Ausflüge können von hier aus organisiert werden.

Leirubakki
Tel. 487 65 91
www.leirubakki.is
Pferdehof an der [26] mit komfortabel ausgestatteten Hütten, Schlafsackunterkunft für bis zu 50 Personen. Außerdem gutes Restaurant, heiße Pötte, Sauna und Wikingerbad, Reithalle, Pferdeverleih und diverse Ausflugsangebote.

reicht und Nebel die Orientierung auf den Lavafeldern erschwert. Grundsätzlich ist es angebracht, sich im Touristenzentrum Leirubakki (s.o.) über die gegenwärtige Situation am Berg zu erkundigen.

Hella und Hvolsvöllur

Ausgangspunkte für die Erkundung der Hekla-Region sind neben dem Touristenzentrum Leirubakki (s.o.) die Ortschaften Hella und Hvolsvöllur. Das 600-Einwohner-Dorf Hella entwickelte sich erst ab den 1920er-Jahren an der Brücke, die an dieser Stelle über die **Ytri Rangá** gebaut worden war. Unterkünfte und Restaurants lassen allenfalls manche Reisegruppe für kurze Zeit in Hella Halt machen.

Sagazentrum Hvolsvöllur

Ähnlich ergeht es dem geringfügig größeren Hvolsvöllur. Das müht sich redlich, mit einem Sagazentrum für Touristen interessant zu werden. Die Ausstellung mit vielen Text- und Schautafeln, aber nur wenigen Exponaten ist jedoch allenfalls bei schlechtem Wetter ein lohnendes Ziel. Spannender sind da vom Sagazentrum organisierte Rundfahrten zu Schauplätzen der bekannten **»Saga vom weisen Njáll«**, die sich überall um Hvolsvöllur lokalisieren lassen. Öffnungszeiten: Juni – August tgl. 9.00 – 18.00 Uhr, Sa./So. erst ab 10.00 Uhr.

Lohnenswert ist eine Besichtigung des Museumsdorfes Keldur nahe Hvolsvöllur. Eines der Häuser des Dorfgehöfts, **Keldnaskálinn**, gilt als das älteste erhaltene Gebäude Islands (12. Jh.). Ein weiteres wurde um eine Quelle gebaut – daher der Name Keldur, Quelle. Bei Ausgrabungen jüngeren Datums wurde ein **Fluchttunnel** aus dem 12. Jh. freigelegt, der vom Gehöft zum Fluss führte. Dieser Tunnel findet bereits in der Saga vom weisen Njáll Erwähnung. Keldur finden Sie nahe der westlichen Zufahrt zur Piste Fjallabaksleið Syðri [F 210], erreichbar auf der Straße [264], die 5 km westlich von Hvolsvöllur landeinwärts ins Tal Ragnávellir abbiegt. Öffnungszeiten: Juni bis Sept. tgl. 10.00 – 18.00 Uhr, sonst nach Vereinbarung Tel. 487 84 52.

✶ Museumsdorf Keldur

! *Baedeker* TIPP

Auf die Westmännerinseln

Richtet man bei klarem Wetter den Blick nach Süden, erkennt man vor der Küste deutlich die Konturen der ► Vestmannaeyjar. Wenn Sie fünf Minuten Ihrer Zeit entbehren können, dann biegen Sie 10 km östlich von Hvolsvöllur zum Flugfeld Bakki ab: Flugfélag Vestmannaeyja fliegt von dort einmal stündlich auf die Inseln. Dauer des Flugs: fünf Minuten! (Buchungen sind notwendig: Tel. 481 32 55).

Beim Hof Keldur zweigt die **Fjallabaksleið Syðri** [F 210] Richtung Osten ab. Sie schlängelt sich mit grandiosen Fernsichten durch eine spektakuläre Gebirgslandschaft an drei Gletschern vorbei, dem großen **Mýrdalsjökull** und seinen kleinen Nachbarn **Torfajökull** und **Tindfjallajökull**. Mit entsprechenden Fahrzeugen kann man sie bei einer Fahrt durch Südisland als Alternative zur Ringstraße [1] nutzen. Diese Funktion hat sie sogar in offiziellen Notfallplänen für den Fall, dass der Vulkan Katla unter dem Mýrdalsjökull ausbricht und das Vorland mitsamt der Ringstraße bis hin zur Küste mit einem seiner gefürchteten Gletscherläufe überflutet. Die [F 210] erfordert die Durchquerung mehrerer Wasserläufe und Treibsandfelder und sollte nur mit gut ausgestatteten Geländewagen möglichst im Konvoi befahren werden.

Auf der Ringstraße Richtung Osten

Eyjafjöll

Fährt man ab Hvolsvöllur die Küste entlang weiter nach Osten, markiert das 1666 m hohe Tuffsteinmassiv Eyjafjöll das Ende des dichter besiedelten, fruchtbaren Südwestens Islands. Über der Gipfelregion liegt eine mächtige, rund 100 km² große Eiskappe, der Eyjafjallajökull, und verbirgt unter sich einen gewaltigen Vulkankrater, der zuletzt in den frühen 1820er-Jahren aktiv war und gefährliche Gletscherläufe auslöste.

Seljalandsfoss und Gljúfurárfoss

An der Südwestecke des Eyjafjöll, und zwar dort, wo die Zufahrt nach ►Þórsmörk von der Ringstraße abzweigt, machen zwei ebenso unterschiedliche wie **ungewöhnliche Wasserfälle** den letzten Sprung von den Bergen in das flache Vorland hinunter. Den schon von weitem sichtbaren und nachts sogar angestrahlten Seljalandsfoss können

Schleierhaft: Der Seljalandsfoss ist leicht zu hintergehen.

Sie – mit wem auch immer Sie wollen – »hintergehen«, während sich der Gljúfurárfoss ein paar Hundert Meter nördlich am Rande des Campingplatzes Hamragarðar geheimnisvoll in einer moosbewachsenen Felsspalte verkriecht und trockenen Fußes nicht zu erreichen ist.

Seljavallalaug Ein Tal schiebt sich besonders weit in die Südflanke des Eyjafjöll hinein, das Seljavellir. Der Abstecher lohnt, weil inmitten des imposanten Bergpanoramas ein uriges kleines Schwimmbad, das Seljavallalaug, zum Baden lädt. Das Wasser stammt aus einer warmen Quelle weiter oben in den Bergen, wo es schon in den 1920er-Jahren ein erstes geothermisches Bad gab. Dort, wo die Ringstraße das Eyjafjöll im Süden umfährt, brandete in grauer Vorzeit das Meer an steile Klippen, vielerorts deutlich zu erkennen. Das Meer wusch dabei einige Höhlen ins Gestein, in frühen Tagen der Besiedlung gern genutzte Unterkünfte und bis heute als Ställe oder Schuppen im Einsatz. Schöne Beispiele wie die **Rútshellir** und die Stallhöhlen von **Drangshlið** sieht man im Südhang des Drangshlídarfjall, eines kleinen Bergvorsprungs kurz vor Erreichen von Skógar.

★ Skógar Das Regionalmuseum von Skógar zählt zu den interessantesten Islands und ist das Lebenswerk eines Mannes: **Þórður Tómasson** hat nicht nur alte Torfhäuser, eine Schule und eine Kirche nach Skógar gebracht und eingerichtet, auch unzählige Gebrauchsgegenstände überließ er dem Museum. Neben dem Museum ist der nahe Wasserfall **Skógafoss** die größte Attraktion des Ortes. Auf 25 m Brei-

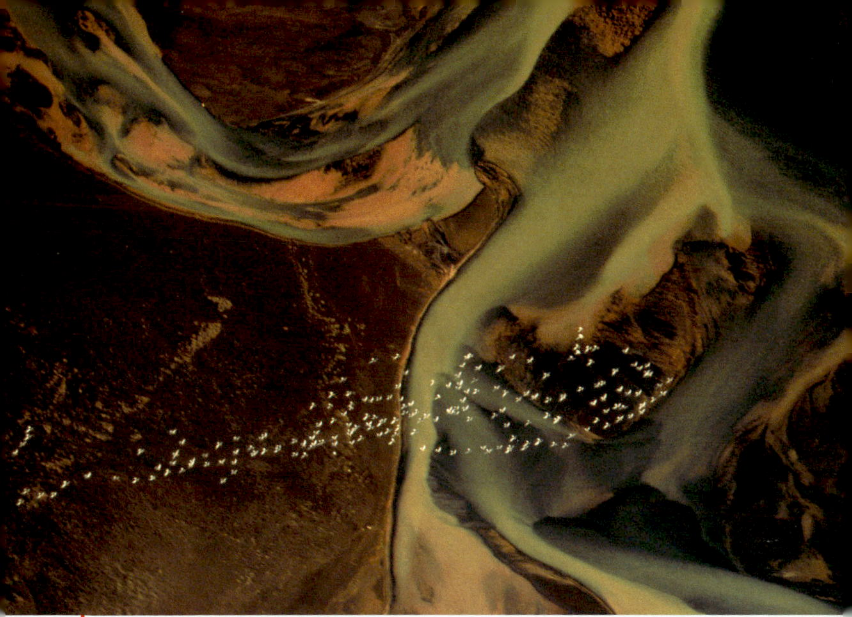

Wie gemalt: der Skógasandur an der Südküste Islands

te fallen die Wassermassen 60 m in die Tiefe. Nach einer Legende verbarg der Landnehmer Þrasi eine Kiste voller Gold in einer Höhle hinter dem heute unter Schutz stehenden Wasserfall. Auch weiter flussaufwärts bildet der Fluss Skógá, der seinen Ursprung beim Hochlandpass Fimmvörðuháls hat, noch viele, teilweise recht hohe Wasserfälle.

Höfn

K 5/6

Region: Ostisland **Einwohnerzahl:** 1750

Der Name zeigt an, worin die Bedeutung der Stadt begründet liegt: Höfn, zu Deutsch Hafen. Im fernen Þorlákshöfn und eben hier sind die beiden einzigen Häfen an der Südküste Islands zu finden.

Für Urlauber ist weniger der Hafen, denn die Lage der Ortschaft interessant: Höfn bietet sich als Ausgangspunkt für die Erkundung der Region südlich des ►Vatnajökull an.

Sehenswertes in Höfn

Höfn í Hornafirði, wie der Ort mit vollem Namen heißt, ist kein touristisches Highlight. Es ist vorwiegend die Nähe zum Vatnajökull, die Reisende (vorübergehend) anzieht: Hier übernachtet man – und zieht weiter. Gleichwohl unterhält Höfn drei sehenswerte kulturelle Einrichtungen.

Heimatmuseum Gamlabúð

Am Ortseingang fällt linksseitig das älteste Haus Höfns ins Auge, ein Gebäude mit ungewöhnlicher Vergangenheit: Ein Kaufmann namens **Ottó Tulinius** ließ es 1864 als Handelshaus Gamlabúð errichten – jedoch nicht hier, sondern in dem Ort Papós am Ufer des benachbarten Skarðsfjörður. Dem Handelsplatz Papós war aber keine lange Zukunft vergönnt, 1897 lebte nur mehr ein Händler im Ort – eben Ottó Tulinius. Dieser baute sein Haus in Papós ab und am Hafen von Höfn am **Hornafjörður** wieder auf. 1978 war das Haus erneut am falschen Fleck: Es wurde in seine Einzelteile zerlegt und am jetzigen Standort in der Hafnarbraut wiedererrichtet, mit alten Möbeln und Gegenständen aus der Region gefüllt, um als Heimatmuseum interessierte Besucher einzulassen. Öffnungszeiten: Juni – Aug. tgl. 13.00 – 21.00 Uhr.

Gletscherschau

In derselben Straße (Hafnarbraut 30), aber in der Ortsmitte gelegen, wird dem Betrachter in Wort und Bild, mit Filmen und Dias, Gemälden und anderen Kunstwerken, mit historischem und zeitgenössischem Gerät und Material zur Erforschung von Gletschern die **eisige Welt des Vatnajökull** näher gebracht. Öffnungszeiten: Juni – Aug. 10.00 – 21.00 Uhr.

Der Hafen des Städtchens Höfn ist der einzige weit und breit an der Südküste Islands. Dennoch irgendwie kein Grund, anderswo an Land zu gehen.

HÖFN ERLEBEN

AUSKUNFT

Hafnarbraut 25
Tel. 478 15 00, www.east.is

ESSEN

▸ Erschwinglich

Veitingstaðurinn Víkin
Víkurbraut 2, Tel. 478 23 00
Traditionelle isländische Gerichte oder Pizzas stehen zur Auswahl.

ÜBERNACHTEN

▸ Komfortabel

Arnanes
Nesjum, 6 km westl. von Höfn
Tel. 478 15 50, Fax 478 18 19
arnanes@arnanes.is
Gästehaus in der Nähe der Ringstraße, 16 Zimmer in fünf kleinen Häusern, teils mit Bad. Außerdem gibt es ein Restaurant und eine Galerie.

▸ Günstig

Nýibær Farfuglaheimili
Hafnarbraut 8
Tel. 478 17 36, Fax 478 1965
nyibaer@simnet.is
Jugendherberge mit freundlicher Bewirtschaftung im Ort, 33 Betten in Räumen mit 2 bis 6 Betten. Gemütlich durch viel Holz in den Zimmern.

Pakkhúsið

Im Untergeschoss des Pakkhúsið (Krosseyjarvegur, direkt am Hafen) zeigt das Heimatmuseum seine maritime Sammlung: Boote und Gegenstände aus dem Bereich der Schifffahrt. Interessanter ist der Laden **Hanraðin Hafnarfirði** im Obergeschoss, der Kunsthandwerk, Islandpullis und Schmuck zum Kauf anbietet und in rustikaler Atmosphäre auf dem Dachboden des ehemaligen Lagerhauses zum Stöbern animiert.

Húsavík

H 2

Region: Nordostisland **Einwohnerzahl:** 2400

Nirgendwo gibt es bessere Möglichkeiten, Wale zu beobachten, als in Húsavík. Deshalb schmückt sich der kleine Ort auch selbstbewusst mit dem Titel »Hauptstadt der Walbeobachtung Europas«.

Húsavík liegt an einer sanft geschwungenen Bucht mit dunklem Sandstrand, die Teil der großen Skjálfandi-Bucht ist. 80 000 Besucher kommen jedes Jahr in den kleinen Ort, rund ein Drittel von ihnen, um an einer **Walsafari** teilzunehmen. Doch schon bei der Annäherung an Húsavík liegt deutlicher Fischgeruch in der Luft, ein untrügliches Anzeichen dafür, dass auch dieser Ort nicht allein vom Tourismus leben kann und nach wie vor auch auf Fischfang und Fischverarbeitung setzt.

Sehenswertes in Húsavík

✶✶ Whale Watching

Die größte Attraktion Húsavíks sind die Walsafaris, die im Sommer mehrmals täglich angeboten werden. **North Sailing**, 1995 von einer einheimischen Familie gegründet, war das erste isländische Unternehmen, das Walbeobachtungstouren durchgeführt hat. Zwei Jahre später wurde dann das Walzentrum eröffnet, das den Besuchern viele fundierte wissenschaftliche Untersuchungen zu Walen in anschaulicher Form präsentiert. Seit Beginn der Touren liegt die Wahrscheinlichkeit, auf einer Tour Wale zu sichten, bei 99 %, ein Wert, der nirgendwo sonst in Europa erreicht wird. Im Sommer finden Wale und Delphine in der Skjálfandi-Bucht ideale Bedingungen vor, unter anderem wegen der großen Wassertiefe auf der Westseite, den in die Bucht mündenden Flüssen, der durch die hohen Berge geschützten Lage und der geringen Gezeitenschwankungen. Bisher konnten **zwölf verschiedene Walarten** gesichtet werden, unter ihnen die wegen ihrer Größe beeindruckenden Buckelwale, Pottwale und Finnwale. Sehr selten sind Blauwale zu beobachten.

HÚSAVÍK ERLEBEN

AUSKUNFT

Húsavíkurstofa
Garðarsbraut 7, 640 Húsavík
Tel. 464 43 00, www.markthing.is

AUSFLÜGE/ WHALE WATCHING

North Sailing bietet Walbeobachtungs- und andere Bootsfahrten in restaurierten Eichenbooten und mit einem isländischen Küstensegler an, Tel. 464 23 50, www.nordursigling.is. Abfahrten 10.00, 13.30, 17.00 und 20.15, bei Bedarf auch 9.00 und 12.30 Uhr. Auch der Veranstalter Gentle Giants bietet mehrmals täglich (9.45, 13.15, 16.45 und 20.15 Uhr) Walsafaris an, Tel. 464 15 00, www.gentlegiants.is.

ESSEN

► Erschwinglich
Salka
Garðarsbraut 6
Tel. 464 25 51
Gemütlich eingerichtetes Holzhaus vom Ende des 19.s Jh. Hauptsächlich Fischgerichte wie Meeresfrüchtesalat.

ÜBERNACHTEN

► Komfortabel
Fosshótel Húsavík
Ketilsbraut 22
Tel. 464 12 20, Fax 464 21 61
www.fosshotel.is
Mittelklassehotel mitten in der Stadt, alle Zimmer mit Bad und TV, einige mit Blick über die Bucht. Gutes Hotelrestaurant zu fairen Preisen.

Baedeker-Empfehlung

► Günstig
Kaldbakskot
Tel. 464 15 04, Fax 464 15 03
cottages@cottages.is
Rund ein Dutzend Campinghütten unterschiedlicher Größe südlich von Húsavík. Komfortabel eingerichtet, mit Küche und Terrasse, tolle Lage mit Meerblick, kurzer Fußweg zum Wasser.

Hafendämmerung: Die Nacht hält Einzug in Húsavík.

Das in einem ehemaligen Schlachthaus untergebrachte Museum (Hvalamiðstöðin, Hafnarstétt) informiert ausführlich über die riesigen Meeresbewohner sowie deren Entwicklung. Breiten Raum nimmt die Vorstellung der verschiedenen Walarten ein. Auch auf die Themen Walfang, Walstrandungen und Walbeobachtung wird eingegangen. Neun Walskelette bilden einen »Whale Walk«. Öffnungszeiten: Juni – Aug. 9.00 – 19.00 Uhr, Mai und Sept. 10.00 – 17.00 Uhr, www.icewhale.is

Walmuseum

Kunst hin, Kunst her, Schlüpfriges kommt offensichtlich besser an: Als das Museum noch in Reykjavík ansässig war, zählte es zu den meistbesuchten ganz Islands. Daran dürfte sich auch nach dem Umzug nach Húsavík nichts geändert haben. Das Museum (Héðinsbraut 3a) zeigt mehr als 100 **Penisse von Säugetieren**, die größten stammen von Walen. Bisher fehlt noch ein menschliches Glied in der Sammlung, obwohl es in kaum einer Beschreibung des Museums an dem Hinweis mangelt, dass schon mehrere testamentarisch versprochen wurden. Neben den Originalen, die mal getrocknet, mal ausgestopft oder in Alkohol präsentiert werden, stehen phallische Gebrauchs- und Kunstgegenstände zur Ansicht und zum Verkauf. Öffnungszeiten: Mai – Sept. tgl. 10.00 – 18.00 Uhr, www.phallus.is.

Phallologisches Museum

Rückendeckung: Zwei Islandpferde halten Ausschau an der Küste bei Húsavík.

Safnahúsið Das Regionalmuseum (Stóragarði 17) beherbergt mehrere Abteilungen und Sammlungen wie das interessante **Gemeindemuseum**, das **Seefahrtsmuseum**, das **Kunstmuseum**, das hauptsächlich Werke von einheimischen Künstlern ausstellt, und eine naturkundliche Sammlung. Öffnungszeiten: im Sommer tgl. 10.00 – 18.00 Uhr.

Die zwischen 1997 und 1999 aus Treibholz errichteten Gebäude an der **Hafenpromenade**, unter ihnen das Fischrestaurant »Gamli Baukur«, erstrahlen im Sonnenlicht in wunderbar warmen Tönen. Die Terrasse mit Blick auf den Hafen ist der ideale Platz für eine Tasse Kaffee am Nachmittag. Auch das vom **»Gamli Baukur«** zur Mittagszeit angebotene, reichhaltige Meeresfrüchtebuffet lohnt sich. Nostalgiker kommen bei den Schiffslaternen, Kompassen und Steuerrädern der Nautischen Sammlung voll auf ihre Kosten.

? WUSSTEN SIE SCHON ...?

- ... dass in den isländischen Sagas an einigen Stellen Geschichten über die Beziehungen zwischen Menschen und Walen zu lesen sind, aber nirgendwo etwas über Walfang oder den Verzehr von Walfleisch steht?

Hvammstangi

E 3

Region: Nordwestisland **Einwohnerzahl:** 600

Der ruhige Ort abseits der Ringstraße hat einen schönen Aussichtsberg, eine Galerie mit hochwertigem Kunsthandwerk und eine große Auswahl an Wollwaren zu bieten. Bei einer Fahrt um die Halbinsel Vatsnes lassen sich viele faule Seehunde beobachten.

Sehenswertes in Hvammstangi

Islands größte **Wollwarenfabrik** befindet sich in Hvammstangi, der angegliederte Laden »Ísprjón« (Höfðabraut 34) bietet nicht nur eine große Auswahl an Islandpullovern, auch viele andere Wollwaren sind hier zu haben. Bei einem Spaziergang durch den Ort ist auch die **Goldschmiedewerkstatt** von Einar H. Esrason (Eyrarland 1), der sich gerne bei der Arbeit zuschauen lässt, einen Besuch wert. In der »Gallerí Bardúsa« (Brekkugata) wird qualitativ hochwertiges **Kunsthandwerk** angeboten, ein Teil des Gebäudes dient zudem noch als Museum, das in erster Linie aus einem alten Kramladen besteht. Oberhalb von Hvammstangi liegt die eigenartige Felsformation **Káraborg** (476 m) mit einem guten Ausblick über den Ort und die Berge der Umgebung. Die Piste zum Gipfel beginnt in Helguhvammur, zu Fuß dauert die Besteigung ca. 2 Std.

Hochwertige Souvenirs

Sehenswertes in der Umgebung

Reykir

Das Regionalmuseum, ca. 22 km südlich von Hvammstangi, dokumentiert in erster Linie den Haifang, der in der Bucht Húnaflói im 19. und bis ins 20. Jh. betrieben wurde. Das bedeutendste Ausstellungsstück ist das offene, komplett aus Treibholz gebaute **Haifangboot Ófeigur**, das von acht bis zehn Männern gerudert wurde. Außerdem ist eine »Baðstofa«, der Gemeinschafts- und Schlafraum eines alten isländischen Gehöfts, zu besichtigen. Öffnungszeiten: Juni – Aug. tgl. 10.00 – 18.00 Uhr.

Bjarg

Der heute noch bewirtschaftete Hof Bjarg in Miðfjörður, südlich von Hvammstangi an der [704], ist der Geburtsort von **Grettir dem Star-**

HVAMMSTANGI ERLEBEN

ESSEN

▶ Preiswert

Gunnukaffi
Norðurbraut 1
Tel. 451 27 17
Preisgünstiges, wechselndes Tagesgericht, Suppen, Sandwichs, Kuchen. Außerdem Internetanschluss, Gästehaus und Laden.

ÜBERNACHTEN

▶ Komfortabel

Hótel Edda Laugarbakki
Ketilsbraut 22
Tel. 444 49 20
www.hoteledda.is
Sommerhotel mit 28 praktisch eingerichteten Zimmern und 30 Schlafsackplätzen.

▶ Günstig

Gistiheimili Hönnu Siggu
Garðarvegur 26
Tel. 451 24 07, gistihs@simnet.is
Vier DZ mit Familienanschluss bei Jóhanna Sveinsdóttir und Ólafur Guðmundsson. Frühstück mit frisch gebackenem Brot. Großes Wohnzimmer mit TV, Gartenbenutzung, Blick über den Fjord.

ken, der als berühmtester Geächteter in die Geschichte Islands einging. Wahrscheinlich wurde er um das Jahr 1000 geboren und verbrachte auf dem Hof seine Kindheit, doch auch als Geächteter kehrte er immer wieder zu seiner Mutter Ásdís zurück. Grettir wurde schließlich auf Drangey, einer Insel im Skagafjörður, erschlagen. Seine Mörder brachten Ásdís sein Haupt, das sie wahrscheinlich auf dem Hof bestattete. Am Weg zum Hof steht ein Denkmal mit Reliefs von **Halldór Pétursson**, das Szenen aus der Grettir-Saga zeigt.

Halbinsel Vatsnes Die rund 80 km lange Umrundung der Halbinsel Vatsnes führt auf der Str. [711] an der überwiegend relativ flachen Küste entlang. An vielen Stellen, wie in der Bucht Hindisvík an der Nordspitze oder bei Ósar, liegen Seehunde faul in der Sonne. Bei **Ósar**, im Osten der Halbinsel, wurde ein Wall aus Geröll aufgeschüttet, um sie noch besser aus der Nähe beobachten zu können. Da die Seehunde schon seit Jahrzehnten geschützt sind, lassen sie sich aber auch sonst von Besuchern beim Faulenzen kaum stören. **Hvítserkur** (Weißkittel) ist ein von der Brandung umspülter 15 m hoher Fels an der Ostseite von Vatsnes am Húnafjörður. Auf ihm brüten hauptsächlich Kormorane und Dreizehenmöwen, deren Exkremente dem Felsen seinen Namen gaben. Auch um Hvítserkur rankt sich natürlich wieder eine Trollgeschichte, diesmal soll einer von ihnen versucht haben, das Kloster von Þingeyri mit Steinen zu bewerfen und wurde natürlich wieder von der Sonne überrascht und muss seitdem die brütenden und kreischenden Vögel ertragen. Kurz vor der Ringstraße lohnt ein Abstecher über die [717] nach **Borgarviki**, wo bis zu 15 m hohe, kreisförmig angeordnete Basaltsäulen an eine Burg erinnern.

Leuchtturm auf der Halbinsel Vatsnes

★★ Jökulsárgljúfur Nationalpark

J 2

Region: Nordostisland

Im Laufe der Jahrtausende haben sich die grauen Fluten der Jökulsá im Jökulsárgljúfur Nationalpark in den Basalt gegraben und eine tiefe Schlucht geschaffen, in die mit dem Dettifoss der wasserreichste Wasserfall Europas stürzt. Der Grand Canyon und die Niagarafälle sind zwar um einiges größer, doch die isländische Variante dieser Naturwunder ist kaum weniger beeindruckend. Ein weiterer landschaftlicher Höhepunkt des Nationalparks ist die hufeisenförmige Ásbyrgi-Schlucht.

Die Schluchten des Flusses Jökulsá á Fjöllum und die Ásbyrgi-Schlucht wurden 1973 durch die Einrichtung des 120 km² großen Jökulsárgljúfur Nationalparks unter Schutz gestellt. Im Osten folgt die Nationalparkgrenze vom Dettifoss bis zur Straße [85] dem Flusslauf, die Westgrenze verläuft relativ geradlinig vom Berg Eilífur im Süden bis zur [85] im Norden. Jökulsárgljúfur (die Schlucht der Jökulsá) ist mit 25 km Länge, 500 m Breite und einer Tiefe bis zu 120 m die gewaltigste **Erosionsschlucht** Islands, der Fluss einer der wasserreichsten und mit 206 km auch einer der längsten des Landes. Die Jökulsá entspringt mit zwei Armen am Gletscher Vatnajökull und vereinigt sich südlich von Herðubreiðarlindir zu einem Fluss.

JÖKULSÁRGLJÚFUR ERLEBEN

AUSKUNFT

Beim Campingplatz in Ásbyrgi
Tel. 465 21 95
www.ust.is
Nationalparkverwaltung:
Tel. 465 23 59

ESSEN

► Erschwinglich

Skúlagarður
Kelduhverfi
Tel. 465 22 80
Guðrún Helga Sigurðardóttir und Andrés Július Ólafsson sorgen für Gemütlichkeit in diesem Gasthaus und Restaurant 12 km westlich vom Nationalpark.

ÜBERNACHTEN

► Günstig

Campingplatz Ásbyrgi
Tel. 465 23 91
Schönes Gelände am Beginn der Schlucht, gute Sanitäranlagen.

Campingplatz Vesturdalur/Hljóðaklettar
Landschaftlich sehr schön gelegener Platz, einfache Ausstattung.

Grímstunga i Fjallahreppi
Tel. 464 42 94
Kleines Haus in ruhiger Lage, kurz hinter dem Abzweig der [864] von der [1], 27 km südlich vom Dettifoss.

Anfangs hat sie nur wenig Gefälle, doch am Rande des Hochlandes nimmt die Strömung zu und nahe des Dettifoss stürzen die durch die Sedimentfracht dunkelgrauen Fluten über mehrere Wasserfälle in die Tiefe. Im Schutz der Felswände gedeiht eine für isländische Verhältnisse **üppige Vegetation** und stellenweise erreichen die Bäume eine stattliche Höhe. Die größten Waldgebiete, die aus Birken, Weiden und Ebereschen bestehen, liegen in der Nähe von Ásbyrgi, sonst bestimmen Buschwald und Heidekraut das Landschaftsbild.

Sehenswertes im Nationalpark

✶✶ Ásbyrgi

Die Ásbyrgi-Schlucht ist ca. 3,5 km lang, einen Kilometer breit und 100 m tief. Durch den von Norden her in die Schlucht ragenden Keil »Eyjan« bekommt sie die Form eines Hufeisens. So ist es auch nicht verwunderlich, dass sie der Überlieferung nach durch einen **Hufabdruck von Odins achtbeinigem Ross Sleipnir** geschaffen worden sein soll. Lange haben auch die Wissenschaftler gerätselt, wie diese imposante Felsformation mit den senkrechten Wänden entstanden sein könnte. Die Lösung des Rätsels könnten zwei einst dicht beieinander liegende Wasserfälle sein, die sich durch Erosion der Fallkanten schließlich vereinigt haben, so dass nur der Keil in der Mitte der Schlucht übrig blieb. Später hat dann auch der Fluss sein Bett verändert, denn heute fließt er rund 3 km weiter östlich. Vom Campingplatz führt ein Wanderweg auf die Insel in der Schlucht und weiter bis zu ihrem südlichen Ende. Erst von hier oben wird die Hufeisenform der Ásbyrgi-Schlucht deutlich. Außerdem ermöglicht die Felsnase einen guten Blick über die Sandflächen, die sich in nördlicher Richtung bis zum Meer erstrecken (Weglänge 5 km, ca. 1 ½ Std.). Vom Parkplatz im Inneren der Schlucht gibt es ebenfalls mehrere Wanderwege, eine einfache Wanderung führt zum See Botnstjörn und dann weiter zu einem Aussichtspunkt. Etwas anspruchsvoller ist der Weg vom Campingplatz durch die **Tófugjá-Schlucht**, denn vom Talboden gelangt man nur mit Hilfe eines Seils auf das Plateau. Danach geht es in östlicher Richtung zur Jökulsá-Schlucht und um den bewaldeten Áshöfði herum zurück zum Ausgangspunkt (ca. 2 Std.).

Hljóðaklettar

Ungefähr in der Mitte des Nationalparks liegt Hljóðaklettar. Ausgangspunkt der folgenden Wanderungen sind der Parkplatz oder der Campingplatz, die beide problemlos auf einer Piste zu erreichen sind. Der **Rundwanderweg zu den Echofelsen** (Hljóðaklettar) dauert ungefähr eine Stunde und führt durch eine imposante Vulkanlandschaft mit bizarr erodierten Überresten von Vulkanen, eigenartigen Basaltformationen, »versteinerten Trollen« und einer großen Höhle. Eine weitere kurze Wanderung führt vom Parkplatz zu Karl und Karling (Mann und Frau), zwei angeblich versteinerten Trollen, die auf einer Geröllhalde am Ufer des Flusses Jökulsá stehen.

← Bizarre Felsformationen im Canyon der Jökulsá

Mosaik der Natur: Säulenbasalt im Jökulsárgljúfur Nationalpark

★★ **Dettifoss**

Der Dettifoss ist zwar nur 45 m hoch, da aber gewaltige Mengen grauen Wassers über die rund 100 m breite Stufe gischtend in die Tiefe stürzen, gehört er zu den eindrucksvollsten Wasserfällen Europas. Oberhalb vom Dettifoss liegt der 10 m hohe **Selfoss**, unterhalb der 27 m hohe **Hafragilsfoss**, alle drei Fälle sind durch einen Wanderweg miteinander verbunden. In diesem Bereich hat sich die Jökulsá besonders tief in den dunklen Basalt gefressen und eine spektakuläre Schlucht gebildet. Vom Wasserfall Dettifoss führt ein markierter Wanderweg, der an der Westseite der Schlucht entlangführt und immer wieder spektakuläre Ausblicke bietet, zum Zeltplatz bei Ásbyrgi. Die gesamte Wanderung nimmt zwei Tage in Anspruch und ist bis auf die Hafragil-Klamm und die Tófugjá-Schlucht bei Ásbyrgi relativ einfach. Die Zufahrt zum Dettifoss erfolgt von Norden und Süden über die staubige, aber gut befahrbare Str. [864]. Die [862], auf der Westseite der Schlucht, ist von Norden bis zum Dettifoss ebenfalls gut befahrbar, danach allerdings nur noch eine Allradpiste.

Kaldidalur

E 5

Region: Westisland

Mit 40 km ist die Kaldidalur [F 550] die kürzeste Hochlandverbindung. Da unterwegs keine tiefen Flüsse überquert werden müssen und die Piste bei gutem Wetter auch mit einem normalen PKW zu bewältigen ist, wird sie auch »Hochland für Anfänger« genannt.

Die Kaldidalur-Route ist die kürzeste Verbindung zwischen ► Þingvellir und dem Norden und Westen Islands. Deshalb wurde sie schon seit der Besiedlung genutzt, um zum Alþing zu reiten. Wer von Süden kommt, folgt von Þingvellir der Straße [52], dem **Uxahryggjavegur**, für 23 km in Richtung Norden bis nach Brunnar, wo dann die Piste [F 550] abzweigt. Östlich der Straße fällt der markante, 1060 m hohe Schildvulkan **Skjaldbreiður** ins Auge. Weiter geht die Fahrt durch das Kaldidalur, das kalte Tal, das zwischen den Gletschern **Ok und Þórisjökull** liegt und seinen Namen durchaus zu Recht trägt. Danach steigt die Straße an und führt schließlich zur Passhöhe Langihryggur (727 m). Etwas nördlich liegt Skúlaskeið, von dem die Sage berichtet, dass der auf dem Alþing zum Tode verurteilte Gesetzesbrecher Skúli dort seinen Verfolgern nach der Flucht vom Thingplatz entkam. Sein Leben verdankte er seinem schnellen Pferd Sörli, das am Ende der Flucht in Húsafell vor Erschöpfung tot zusammenbrach. Grímur Thomsen berichtet über diese Flucht in seinem Gedicht »Skúlaskeið«. Von der Passhöhe führt die Straße schließlich ins **Tal der Hvitá** hinunter, und das karge, vegetationslose Hochland geht in die kleinen Birkenwälder bei Húsafell über.

KALDIDALUR

ÜBERNACHTEN

► Günstig

Fer đþjónustan Húsafelli
Tel. 435 15 50, Fax 435 15 51
www.husafell.is
Schlafsackplätze, Hütten und ein Campingplatz im Birkenwald von Húsafell am nördlichen Ende der Kaldidalur. Ganzjährig geöffnet. Reiten, Schwimmbad, Wandern, Golf.

Kirkjubæjarklaustur

G/H 6

Region: Südisland **Einwohnerzahl:** 150

Immer noch spielen hier Nonnen eine wichtige Rolle, obwohl es schon lange keine mehr in Kirkjubæjarklaustur gibt. Ein sonderbares Denkmal mitten im Ort, Felsen und Seen, die merkwürdige Geheimnisse bergen sollen, und selbst das einzige Restaurant erinnern an die Nonnen von einst.

Auch wenn Kirkjubæjarklaustur nur 150 Einwohner zählt, ist es doch weit und breit die größte Ansiedlung. Früher hieß Kirkjubæjarklaustur nur Kirkjubær und war lange Zeit ein reicher Hof. Daraus hat sich der heutige Ort, der landläufig nur Klaustur (Kloster) genannt wird, entwickelt. Klaustur blickt auf eine lange Geschichte zurück, denn laut **Landnahmebuch** lebten hier schon vor den nordischen Wikingern irische Einsiedler. Angeblich belegten sie bei ihrem Weggang den Ort mit einem Fluch, der jeden Heiden treffen sollte. Nach den Iren ließ sich **Ketill der Törichte** in Kirkjubær nieder, der seinen Beinahmen der Tatsache verdankte, dass er sich von den nordischen Göttern abgewandt hatte und Christ wurde. Nach einer Legende soll später der ungetaufte Hildir Eysteinsson versucht haben, sich in

KIRKJUBÆJARKLAUSTUR ERLEBEN

AUSKUNFT

Kirkjuhvoll
Tel. 487 46 20, Fax 487 48 42
info@klaustur.is

ESSEN

▸ **Erschwinglich**

Systrakaffi
Klausturvegur 13, Tel. 487 48 48
Immer gut besuchtes Restaurant mitten im Ort. Gemütliche Atmosphäre, gutes Essen, z. B. Fischsuppe.

ÜBERNACHTEN

▸ **Komfortabel**

Hörgsland á Síðu
Tel./Fax 487 66 55
postur@horgsland.is
13 neue, sehr gut ausgestattete Ferienhäuser für 6 Pers. 5 km östlich von Klaustur in schöner Lage am grünen Berghang.

▸ **Günstig**

Farfuglaheimili Hvoll
Tel. 487 47 85, Fax 487 48 90
nupsstadarskogur@simnet.is
Jugendherberge, 24 km östlich von Kirkjubæjarklaustur, 2 km abseits der Ringstraße in Richtung Küste. Großes ehemaliges Farmhaus mit 70 Betten, überwiegend in Doppel- und Dreibettzimmern, tägliche Touren nach Núpsstaðarskógur.

Kirkjubær niederzulassen, doch als er die Ortsgrenze erreicht hatte, fiel er tot um. Das nächste wichtige Ereignis war dann die Gründung eines Nonnenklosters des Benediktinerordens, das bis zur Reformation bestand. Auch um dieses Kloster ranken sich einige Legenden. So sollen sich bei Systrastapi, einer Felsformation westlich von Klaustur, die Gräber von zwei Nonnen befinden, die auf dem **Scheiterhaufen** verbrannt wurden. Die eine soll sich dem Satan verschrieben und das Lager mit Männern geteilt haben, die andere gegen den Papst gelästert haben. Letztere wurde nach der Reformation übrigens rehabilitiert, weil auf ihrem Grab Blumen blühten, während das Grab der promiskuitiven Nonne kahl blieb. Da es ganz in der Nähe in Þykkvibær zur gleichen Zeit ein Mönchskloster gab und gegenseitige Besuche wohl an der Tagesordnung waren, könnten diese Geschichten durchaus etwas Wahrheit enthalten.

Sehenswertes in Kirkjubæjarklaustur

Kirkjugólf

Etwas außerhalb des Ortes, an der Straße [203], befindet sich der so genannte Kirchenboden. Mitten auf einer Wiese befinden sich einige Quadratmeter perfekt gepflasterten Bodens. Es sind die von Wasser und Eis glatt gescheuerten Enden von Basaltsäulen.

Wanderung zum Systrafoss und Systravatn

Die Wanderung beginnt am Campingplatz und führt auf der Hauptstraße durch den Ort, vorbei an dem merkwürdigen **Denkmal der beiden Nonnen**, die einen riesigen Stein auf ihrem Kopf tragen. Am

Ende des Ortes liegt dann der Systrafoss, der Wasserfall der Nonnen. Ein kurzer, steiler Weg führt bis zur Abbruchkante des Hochplateaus mit schöner Aussicht auf Klaustur und die grünen Pseudokrater südlich der Ringstraße bei Landbrot. Am Systravatn, dem **Badesee der Nonnen** vorbei, führt der Weg weiter entlang der Kante und dann wieder ins Tal bis zum Kirchenboden. Von hier ist es dann nicht mehr weit bis zu einem weiteren Wasserfall, dem Stjórnarfoss.

Umgebung von Kirkjubæjarklaustur

Dverghamrar

Die eigenartige Formation der Dverghamrar, ca. 12 km östlich von Klaustur, besteht aus mehreren Basaltsäulen und entstand wahrscheinlich gegen Ende der letzten Eiszeit, als hier noch die Brandung an der Küste nagte. Seit Menschengedenken hält sich der Aberglaube, dass dies der Platz ist, an dem übernatürliche Wesen ans Tageslicht kommen. Nicht weit entfernt ist schon von der Ringstraße ein schöner Wasserfall, der **Foss á Siðu**, zu sehen. Ein Stück weiter in Richtung Núpsstaður, quert die Straße den Lavastrom **Brunahraun**.

★ Núpsstaður

Der Hof Núpsstaður wurde durch den Postreiter Hannes Jónsson (1880 – 1968) berühmt, der mehr als 50 Jahre lang Reisende sicher durch das gefährliche Flusslabyrinth des Skeidarársandur geführt hat. Sein Grab befindet sich hinter der kleinen Kirche, die aus dem 17. Jh. stammt und 1972 vollständig saniert wurde. Es ist die kleinste

Das Auto ist auch nicht schlecht, aber das Besondere in Núpsstaður sind die Grassodenhöfe.

Grassodenkirche Islands, in der nur Platz für 30 Besucher ist, die im Inneren kaum aufrecht stehen können. Der markante, 767 m hohe Berg **Lómagnúpur** besitzt eine der höchsten Steilwände Islands. Insgesamt zählt die Landschaft um Núpsstaður zum **Schönsten und Extremsten**, was Island zu bieten hat: Bizarre Lavaberge, teils düster und abweisend, teils von einem lückenlosen grünen Teppich überzogen, riesige erstarrte Lavaströme, Dutzende Gletscherzungen, die vom Vatnajökull zu Tal fließen und wüstenähnliche Sanderflächen, die von unzähligen Flüssen durchzogen werden, bilden hier ein grandioses und dramatisches Szenario.

Zur Kraterreihe Lakagígar

Fjaðrárgljúfur

Fünf Kilometer südlich von Klaustur zweigt die [F 206] von der Ringstraße ab und führt über 42 km in Richtung Norden zur Kraterreihe Lakagígar. Nach ungefähr 3 km zweigt ein Weg ab, der nach einem weiteren Kilometer zu einem Parkplatz am Beginn der Fjaðrárgljúfur-Schlucht führt. Bis hierher ist die Straße noch mit einem normalen PKW zu befahren, die Strecke nach Lakagígar ist dann nur noch eine **Allradpiste** für hochbeinige Fahrzeuge. Die rund zwei Kilometer lange und 100 m tiefe Fjaðrárgljúfur-Schlucht besteht aus Tuff, Lava und Intrusionen. Erosionsprozesse und der Fluss haben im Laufe von zwei Millionen Jahren diese tief eingekerbte Schlucht entstehen lassen. Ein Weg führt vom Parkplatz an der Ostkante der Schlucht bergan und ermöglicht immer wieder Blicke auf den sich am Grund in zahlreichen Bögen dahinschlängelnden Fluss.

Sie sind so bedrohlich wie sie aussehen: die Laki-Krater.

★ Lakagígar

Von Fjaðrárgljúfur führt die Piste nach Lakagígar ständig bergan, anfangs noch durch eine grüne Landschaft, die später allerdings immer karger und unwirtlicher wird. An der Strecke liegt der Fagrifoss, der schöne Wasserfall, an dem der Fluss **Geirlandsá** in die Tiefe stürzt. Die Kraterreihe Lakagígar auf der Hochebene Síðumannaafréttur war im Jahr 1783 **Schauplatz des größten Vulkanausbruchs in geschichtlicher Zeit** auf der Erde. In dem so genannten Spaltenland zwischen Mýrdalsjökull und Vatnajökull öffnete sich am 8. Juni eine 25 km lange Feuerspalte, deren über 100 Krater eine Gesamtmasse von 14 Milliarden Kubikmeter Lava förderten. Die mehrere Hundert Meter hohen Lavafontänen waren damals kilometerweit zu sehen und über dem Gebiet hing eine riesige Gas- und Aschewolke. Der Lavastrom ergoss sich in zwei Bahnen ins Flachland, wo er sich ausweitete und in den Flussbetten von Skaftá und Hverfisfljót weiterfloss. Als die Lava acht Monate später endlich zum Stillstand kam, hatte der größte Lavastrom seit Menschengedenken mehr als 300 km² Land unter sich begraben. Doch die größte Katastrophe geschah erst nach dem Ende der eigentlichen Ausbrüche, denn die giftigen Schwefelwolken überzogen große Teile Islands mit hochgiftigem Staub. Als Folge davon starben fast alle Pferde und Schafe, und auch die Ernteerträge gingen dramatisch zurück. In den folgenden Jahren wurde rund ein Viertel der Bevölkerung ein Opfer der größten **Hungersnot**, die Island je erlebt hat. Heute ist die beeindruckende Kraterlandschaft von Lakagígar großteils mit Moos bewachsen. Die beste Aussicht auf die Kraterreihe bietet der Gipfel des 818 m hohen Berges Laki.

! *Baedeker* TIPP

Abstecher zu den Lakagígar-Kratern

Auch wer ohne Allradfahrzeug unterwegs ist, kommt mit hochbeinigen Bussen problemlos zu den wichtigsten Zielen im Hochland. Von Juni bis Aug. werden täglich Fahrten von Skaftafell (Abfahrt 8.00 Uhr) und Klaustur (Abfahrt 9.00 Uhr) nach Lakagígar angeboten, dort bleiben dann 3 ½ Std. Zeit für eigene Erkundungen (Austurleið, Tel. 545 17 17, www.austurleid.is).

★ Kjölur · Kjalvegur

E/F 3-5

Region: Westliches Hochland

Die Kjölur-Route [35] – auch Kjalvegur genannt – gilt als Hochlanddurchquerung der einfachen Art: Die Piste ist für isländische Verhältnisse in einem guten Zustand, sämtliche Furten sind überbrückt, sodass die Kjölur mit einem herkömmlichen Pkw zu bewältigen ist. Gleichwohl vermag der Waschbrettcharakter der Piste die Fahrt im Pkw zur Tortur werden zu lassen. Ein Geländewagen ist kein Muss, aber wesentlich komfortabler.

Der Kjalvegur [35] nimmt im Süden am Gullfoss seinen Ausgang. Letzte Tankmöglichkeit besteht am Geothermalgebiet Haukardalur. Wer von Norden kommt, sollte in Varmhalíð oder in Blönduós den Tank füllen. In Notfällen besteht eine **Tankmöglichkeit in Hveravellir** inmitten des Hochlandes. Die Gesamtstreckenlänge vom Gullfoss bis zur Ringstraße im Norden beträgt ca. 180 km.

! *Baedeker* TIPP

Nur die Hälfte

Reisende, die das Hochland durchqueren und auf der Ringstraße Island umrunden wollen, haben ein Problem, denn: Man kann nur schwer umrunden, was man gleichzeitig durchquert! Die Fahrt vom Gullfoss auf der [35] nach Hveravellir und – am besten nach einer oder zwei Übernachtungen vor Ort – auf selber Strecke wieder zurück hat den Vorteil, das Hochland erlebt zu haben, ohne auf die klassische Umrundung Islands in voller Länge verzichten zu müssen. Die Umkehr in Hveravellir fällt zudem leichter in dem Bewusstsein, dass die Kjölur-Route nördlich des Geothermalgebiets wenig zu bieten hat.

Schon während der Landnahmezeit war die Nord-Süd-Verbindung zwischen den Gletschern Lang- und Hofsjökull von großer Bedeutung. Erst mit dem **Tod der Reynistaðir-Brüder** im Jahr 1780, zweier Bauern, die das Hochland auf der Kjölur durchqueren wollten, geriet die Passage in Vergessenheit. Ein angeblicher Fluch, der – so der Volksmund – die Bauern heimsuchte, ließ Ruhe auf dem Kjalvegur einkehren. Heute ist die Strecke für Hochlandverhältnisse wieder stark frequentiert; der Fluch beinahe vergessen. Doch wenn der Wind in Sturmstärke das Atmen erschwert, aufgewirbelter Staub die Sicht behindert, eisige Kälte die Glieder durchdringt, dann weiß man, welcher Fluch die beiden Brüder traf.

Vom Gullfoss nach Hveravellir

Abstecher zum Hagavatn

Beginnen wir die Reise mit einem Abstecher, der nur für geländegängige Fahrzeuge geeignet ist: 10 km nördlich vom Gullfoss zweigt die [335] nach Westen ab. Nach 15 km durch die typische Einöde des isländischen Hochlandes ist die kleine Hagafellhütte am Fuße der **Jarlhettur-Bergkette** erreicht. Jenseits einer nicht unproblematischen Furt führt die Piste steil aufwärts zum Gletschersee Hagavatn. Besser ist es, den Wagen an der Hütte stehen zu lassen und den Anstieg jenseits der Furt zu Fuß in Angriff zu nehmen.

Bláfell, Hvítárvatn

Wieder auf der Hauptroute [35], führt die Piste nach wenigen Kilometern aufwärts zum **Bláfellsháls**, der auf rund 700 m gelegenen Passhöhe westlich des Berges Bláfell. Unterhalb des Passes öffnet sich der Blick auf die zu Füßen liegende Tiefebene, die von den Gletschern Langjökull im Westen und Hofsjökull im Osten beherrscht wird. 2 km hinter der Brücke über die Hvítá zweigt eine Piste (nur Geländewagen!) links ab, die entlang des Sees Hvítárvatn zur ältesten Hütte des Wandervereins Ferðafélag Ísland in einem Gebiet namens **Hvítárnes** führt. Nach 12 km mündet die Piste wieder in die [35].

KJÖLUR ERLEBEN

BUSVERBINDUNGEN

Täglich ab Reykjavík über die Kjölur nach Akureyri und umgekehrt mit Halt in Hvítárnes und Hveravellir. Busgesellschaften: SBA-Norðurleið (Tel. 550 07 70, www.sba.is) und BSÍ (Tel. 591 10 20, www.bsi.is).

ÜBERNACHTEN/ESSEN

▶ Günstig

Áfangafell
Hütte beim Stausee Blöndulón
Tel. 854 54 12
Schlafsackunterkunft in Mehrbettzimmern, warme Dusche.

Hveravellir
Zwei Hütten/Zeltplatz
Tel. 854 11 93, 452 46 85
www.hveravellir.is
Eine der beiden Hütten ist für Gruppenreisende vorbehalten, die andere verfügt über einen großen Schlafsaal. Einen Kaffee und gelegentlich einen warmen Snack erhält man in der Haupthütte. Der Zeltplatz ist steinig, die sanitären Einrichtungen dürftig. Der Hot Pot entschädigt für alles.

Kerlingarfjöll
Bewirtschaftete Hütte
Tel. 852 42 23
www.kerlingafjoll.is
Schlafsackunterkunft in großem Saal sowie kleinere Hütten für bis zu zwölf Personen. Hot Pot und Campingmöglichkeit. Abendessen auf Vorbestellung, sonst nur Snacks.

Ein Abstecher führt von der Kjölur zum Geothermalgebiet Kerlingarfjöll.

Kerlingarfjöll Bei Kilometer 62 (ab Gullfoss) zweigt die [F 347] nach Osten zum Sommerski- und Geothermalgebiet Kerlingarfjöll ab. Markante Rhyolithberge und zahlreiche Dampfquellen im **Hveradalur**, dem »Tal der heißen Quellen«, machen die 16 km lange Anfahrt, die nur mit Geländewagen möglich ist, lohnenswert.

Kjalhraun Wieder auf der [35] verläuft der Kjalvegur entlang eines in der Nacheiszeit entstandenen Lavafeldes namens Kjalhraun. Eine Stichstraße führt rund 7 km in dieses Ödland hinein bis zum **Beinahóll**. Eben hier, am »Knochenhügel«, fand man die sterblichen Überreste von jenen Schafen und Pferden, die im Jahr 1780 von den beiden Bauern durch die Kjalhraun getrieben worden waren. Wo die beiden Männer starben, ist ungewiss. Nach diesem Unglück wurde die Kjölur-Route lange gemieden, später ihr Verlauf weiter nach Osten verlegt. Ein **Gedenkstein** auf dem Beinahóll erinnert an das Schicksal der Brüder.

✶ Hveravellir Am Nordrand der Kjalhraun brodelt und faucht es, Schwefelgeruch dringt in die Nase, abziehende Dampfschwaden künden das Geothermalgebiet von Hveravellir an. Kommt man der **»Ebene der heißen Quellen«** näher, macht sich zunächst Ernüchterung breit: Nicht nur, dass das Umland karg und öde ist, die zwei Hütten von Hveravellir, ein paar geparkte Fahrzeuge davor, ein »Zeltplatz« auf felsigem Grund und wahrscheinlich ein kräftiger Wind – dessen Stärke von der nahen Wetterstation akribisch festgehalten wird – wirken nicht

Brodelnde Erde in Hveravellir, der »Ebene der heißen Quellen«

! *Baedeker* TIPP

Höhlen, Krater und Geächtete

Vorbei an der Lavahöhle (Eyvindarhellir) des Fjalla-Eyvindur, eines legendären Geächteten des 18. Jh.s, der hier mit seiner Frau Halla Jahre der Isolation verbrachte, vorbei an einer Lavaspalte, einem natürlichen Pferch, in dem Eyvindur Jónsson, so sein voller Name, Schafe hielt, führt ein Wanderpfad ab Hveravellir in die Kjalhraun zum Krater des Schildvulkans Strýtur (Dauer einfache Strecke: ca. 2 Std.). Es ist eine Wanderung durch eine Lavawüste mit hochinteressanter Vegetation. Der Rückweg erfolgt auf gleicher Strecke oder über die westlich gelegene Hütte Þjófadalir. Nähere Infos und Karten erhält man beim Hüttenpersonal in Hveravellir (Tel. 452 42 00) bzw. unter folgender Internet-Adresse: www.hveravellir.is

gerade einladend. Doch ein **Spaziergang durch das Geothermalfeld** mit seinen brodelnden Quellen und fauchenden Miniaturvulkanen sowie ein fantastischer Hot Pot, den man nicht wieder verlassen möchte, lassen Hveravellir in einem anderen Licht erscheinen.

Auðkúlurheiði, Blöndulón

Auf der Kjölur ab Hveravellir Richtung Norden geht jenseits der Brücke über die Seyðisá die Wüsten- allmählich in eine Tundrenlandschaft namens Auðkúlurheiði über. Teile der Auðkúlurheiði sind von dem aufgestauten See Blöndulón überschwemmt worden, der das **Wasserkraftwerk Blönduvirkjun** speist. Mit der Abfahrt in das Tal der Blanda, die den Besucher nach 180 km Wüste und Geröll mit bisweilen sattem Grün willkommen heißt, endet die Hochlanddurchquerung. Die [35] geht in die [732] über, die zur Ringstraße führt.

★★ Landmannalaugar

F/G 6

Region: Hochland nördl. Mýrdalsjökull

Landmannalaugar, berühmt für seine Rhyolithberge und heißen Quellen, ist Mittelpunkt eines einzigartigen Wandergebietes und Ausgangs- respektive Endpunkt einer der beliebtesten Trekkingtouren Islands, des Laugarvegur. Landmannalaugar inklusive Umland steht als Naturreservat Fjallabak unter besonderem Schutz.

LANDMANNALAUGAR ERLEBEN

AUSKUNFT

Bei den jeweiligen Hüttenwirten.

ESSEN

Frischer Fisch und einige Grundnahrungsmittel werden in dem grünen Bus beim Campingplatz in Landmannalaugar verkauft (Juni/Juli – Aug.).

ÜBERNACHTEN

► Günstig

Die einfache Hütte des Isländischen Wandervereins bietet Platz für gut 100 Gäste. Vorausbuchung ist dringend zu empfehlen (Tel. 568 25 33, geöffnet Juli – September). Für Übernachtungsgäste gibt es eine Selbstversorgerküche. Ein (steiniger) Zeltplatz ist bei der Hütte. Weitere Campingplätze sind in Landmannahellir und Hrafntinnusker. Hütten in der Umgebung: Landmannahellir (Tel. 853 84 07, 893 84 07), Hrauneyar (Tel. 487 77 82), Áfangagil (Tel. 854 95 00), Hólaskjól (Tel. 854 99 77, 894 99 77), Hóláskógur (Tel. 820 87 84).

Anfahrt Die Anfahrt nach Landmannalaugar erfolgt entweder über die knapp 90 km lange Piste **Fjallabaksleið Nyrðri** [F 208] oder über den **Landmannaleið** [F 225]. Die [F 208] ist von der Straße [26] am Wasserkraftwerk Sigölduvirkjun vorbei auch mit normalen PKWs und kleineren Vans bis unmittelbar vor dem Campingplatz von Landmannalaugar befahrbar, nur die letzte Furt durch die Námskvísl bereitet Probleme. Sie kann jedoch zu Fuß umgangen werden, davor gibt es Platz zum Parken. Von Süden ist die Strecke bis zu einer Furt knapp eine Stunde Fußweg von der Eldgjá entfernt ohne geländetaugliches Fahrzeug zu schaffen. Beide Streckenabschnitte sind jedoch **unbefestigte Fahrwege**. Der Landmannaleið [F 225], die südliche Abkürzung der [26] nach Landmannalaugar, besitzt noch einige Furten und ist für Fahrzeuge mit normalem Antrieb ungeeignet.

Ohne Auto, mit dem Bus Wer seinem Auto die Fahrt nach Landmannalaugar nicht zumuten will, kann es an mehreren Stationen entlang der Ringstraße stehen lassen und mit einem Linienbus einen Tagesausflug dorthin machen. Auf der Strecke Reykjavík – Landmannalaugar – Skaftafell und umgekehrt fährt im Juni, Juli und August täglich ein Bus mit Zustiegsmöglichkeiten u. a. in Selfoss, Hella und Kirkjubæjarklaustur. Die Busse machen Stopps zum Sightseeing in der Eldgjá und in Landmannalaugar, dort ist Zeit genug für ein Bad und einen kleinen Spaziergang (www.austurleid.is oder www.bsi.is).

Sehenswertes auf der Anfahrt

✶ Landmannaleið Der interessante und abwechslungsreiche Landmannaleið [F 225] führt zunächst durch die Lavaebene **Svölvahraun**. Nirgendwo kommt man auf einer Piste der ►Hekla und ihren jüngeren Lavafeldern so nah wie hier. Zwei Abzweige führen zum Fuß des Vulkans, von wo aus Sie die Hekla besteigen können. Zurück zum Landmannaleið: Landschaftlicher Höhepunkt dieser alten Zufahrt nach Landmannalaugar sind malerische, klimatisch geschützte und deshalb relativ grüne Täler südlich des über 1100 m hohen, extrem steilen **Löðmundur**. Inmitten dieser Landschaft gibt es an den Höhlen **Landmannahellir** einen Zeltplatz und eine Berghütte. Der Weg dorthin ist eine Parallelstrecke zur [F 225], die inmitten einer Furt abzweigt: Wer den direkten Weg nach Landmannalaugar wählt, hält sich rechts, wer über Landmannahellir fährt, links.

Fjallabaksleið Nyrðri

Von Norden erreicht die Fjallabaksleið Nyrðri [F 208] das **Naturschutzgebiet Fjallabak** dort, wo man der Tungnaá am nächsten kommt. Strom und Piste verlaufen auf gleichem Geländeniveau, und in der grauen Landschaft wirkt das Grau der Wassermassen fast wie eine Tarnung. Anschließend durchquert die [F 208] eine imposante, schwarze Ascheödnis. Östlich, auf kurzen Abstechern zu erreichen, verstecken sich zwei tiefe Kraterseen mit steilen Aschewänden im Gelände, der **Hnausapollur** – auch Bláhylur genannt – und der wesentlich größere **Ljótipollur**.

Blick vom Bláhnúkur auf die Landschaft von Landmannalaugar

Die heißen Quellen der Männer von Land

Landmannalaugar ist nicht von ungefähr so beliebt: Ein Bach wird von heißen Quellen aufgeheizt, sodass man darin stundenlang liegen und in den Himmel schauen kann, bei Tag wie bei Nacht. Dies genossen schon zu Sagazeiten die Männer aus dem Landstrich namens »Land« nordwestlich von Hella, wenn sie mit Vieh in der Gegend unterwegs waren. Landmannalaugar kann man demnach als »Heiße Quellen der Männer von Land« übersetzen. Die Ufer des warmen Baches säumt grünes Sumpfland. An die eine Seite schiebt sich eine haushohe, schwarze Wand aus glasähnlicher Obsidianlava heran, die **Laugahraun**. Auf der anderen Seite öffnet sich das Bild über das weite Bett der **Jökulgilskvísl**, in hellen Gelb- und Ockertönen gehalten. Schweift der Blick weiter, streift er eine karge, aber faszinierende Gebirgslandschaft in allen Farben des Regenbogens – Rhyolith, ein saures Ergussgestein, ist für seine Farben berühmt und kommt nirgendwo in Island so großflächig vor wie hier.

Aufstieg auf den Bláhnúkur

Bei guter Sicht ist eine Wanderung auf den Bláhnúkur die beste Wahl. Der Aufstieg beginnt nur wenige Meter hinter dem Campingplatz, 350 Höhenmeter sind zu überwinden. Auf dem Gipfel hilft eine Panoramascheibe bei der Orientierung bis hin zum Vatnajökull. Geht man auf dem Rückweg an den Dampfquellen der **Brennisteinsalda** vorbei und dann quer durch die Laugahraun zum Camping-

Kontraste: Algen in den heißen Quellen von Landmannalaugar ...

platz zurück, ist man nur vier bis fünf Stunden unterwegs, bekommt aber Eindrücke für ein Leben. Hängen die Berge zu, verschafft die Wanderung in die Schlucht **Grænagil**, die den Fuß des blaugrünen Bláhnúkur von der pechschwarzen Laugahraun trennt, zwar keinen vollwertigen Ersatz, aber einen guten Eindruck. Eine Wanderkarte des Gebietes um Landmannalaugar erhalten Sie in der FÍ-Hütte.

✶✶ Laugavegur – der Vier-Tage-Track

Islands bekanntester Fernwanderweg führt über knapp 50 km von Landmannalaugar nach ▶Þórsmörk. Er wird mit drei Übernachtungen in der Regel von Norden nach Süden gelaufen. Unterwegs sind nur kleinere Bäche zu furten, alle größeren überspannen Fußgängerbrücken. Die vier- bis sechsstündigen Etappen geben die **FÍ-Berghütten** vor, nur darin oder im eigenen Zelt auf ausgewiesenen Arealen in der Nähe darf übernachtet werden; freies Zelten an der Strecke ist nicht zulässig. Hüttenplätze müssen vorgebucht werden, für Sommertermine am besten schon im Frühjahr (Tel. 568 25 33, www.fi.is). Alle Hütten werden in der Saison betreut, aber nicht bewirtschaftet; Verpflegung muss man mitbringen.

Bunte Berge, bunte Mischung

Der Track fordert am ersten Tag mit dem Aufstieg vom gut 600 m hoch gelegenen Landmannalaugar zur fast 1100 m hoch gelegenen Hütte am **Hrafntinnusker** die größten Anstrengungen, bietet aber

... und ewiges Eis beim Hrafntinnusker

auch reichlich Abwechslung, wie die Laugahraun mit ihrer Obsidianlava, die Schwefelquellen von Brennisteinsalda, bunte Rhyolithberge und die Heißwasserquelle Stórihver. Am zweiten Tag geht es vornehmlich abwärts, hier gibt es jedoch Abschnitte, auf denen man selbst im Hochsommer mit Schnee rechnen muss. Am Ende des zweiten Tages stehen am **Álftavatn**, dem »Schwanensee«, und gut eine Stunde weiter am **Hvannagíl** zwei Hütten zur Wahl. Der Track verläuft am dritten Tag durch flacheres Terrain, ein paar Kilometer davon parallel zur Hochlandpiste Fjallabaksleið Syðri [F 210]. Vom Etappenziel, der Hütte Botnar in Emstrur, führt ein Spazierweg zum größten Fluss der Region, Markarfljót. Seine grauen Wassermassen, die u. a. vom Torfajökull und Mýrdalsjökull kommen, quetschen sich hier durch den engen Canyon **Markarfljótsgljúfur**. Am letzten Tag der Wanderung wird die Landschaft zunehmend grüner, je näher man dem Ziel Þórsmörk mit seinem Staatsforst kommt. Dort stehen mehrere Hütten und Campingareale zur Verfügung, außerdem eine Busverbindung zurück in die Zivilisation.

! *Baedeker* TIPP

Laugavegur-Touren

Ferðafélag Ísland (The Iceland Touring Association) bietet erlebnisreiche und von erfahrenen Führern begleitete Laugavegur-Touren an. Man übernachtet in vereinseigenen Hütten. Bus ab Reykjavík bis Landmannalaugar, Bus zurück ab Þórsmörk. Infos: Tel. 568-25 33; www.fi.is

Ófærufoss: Die Basaltbrücke über der letzten Fallstufe ist leider eingestürzt.

✶ Eldgjá – die Feuerspalte

Verlässt man Landmannalaugar auf der Fjallabaksleið Nyrðri [F 208] Richtung Süden, kreuzt diese gut 30 km südöstlich von Landmannalaugar die Eldgjá, die »Feuerspalte«. Sie ist mit fast 40 km Länge, bis zu 600 m Breite und teilweise 200 m Tiefe derzeit die **größte Eruptionsspalte der Erde** und ein Paradebeispiel für den Spaltenvulkanismus der Region. Nachgewiesen ist wenigstens eine Eruption nach der Besiedlung des Landes. Eine Stichstraße von 2 km führt von der F 208 zur Feuerspalte. Kurz vor einem Parkplatz am Ende der Straße muss die **Ófæra**, die »Unbezwingbare«, gefurtet werden. Vom Parkplatz führt ein Weg von ca. 30-minütiger Dauer zum Ófærufoss.

? WUSSTEN SIE SCHON ...?

- ... dass in dem sehenswerten isländisch-schwedischen Spielfilm »Im Schatten des Raben« (1988) – einem historischen Abenteuerfilm über die blutige Fehde dreier Familien im Island des Jahres 1077 – die mittlerweile eingestürzte Basaltbrücke über den Ófærufoss eine »tragende Rolle« spielt?

Ófærufoss

Der mehrstufige Wasserfall Ófærufoss war bis 1993 eines der am häufigsten fotografierten Motive im Lande und fehlt in keinem älteren Bildband über Island: Den unteren Fall überspannte eine natürliche **Basaltbrücke**, die man sogar begehen konnte. Als nach einem strengen Winter im Frühjahr 1994 die ersten Touristen vorbeikamen, war sie verschwunden. Ob Frost das Wahrzeichen sprengte oder Eisblöcke, die mit dem ersten Schmelzwasser den Fall herunterstürzten und die Brücke mitrissen, ist ungeklärt. Mit der Zerstörung der Brücke ging auch der besondere Charme des Wasserfalls verloren – er ist immer noch schön, aber nicht mehr außergewöhnlich.

✶ Melrakkaslétta

J/K 1/2

Region: Nordostisland

Nur wenige Touristen machen den Abstecher in den hohen Norden Islands. Wer die Einsamkeit einer Landschaft im Urzustand erträgt, wird von den menschenleeren, mit Treibholz übersäten Stränden und der Gesellschaft der kreischenden Seevögel begeistert sein.

Die Umrundung der Halbinsel Melrakkaslétta, der **Ebene der Polarfüchse**, erfolgt auf der [85] respektive der [867]. Die rund 110 km lange Strecke führt weitgehend entlang der Küste durch eine äußerst dünn besiedelte, archaische Landschaft zum nördlichsten Punkt Islands. Der Westen der Halbinsel ist trocken und das spärliche Grün wird oft von Staub und Geröll unterbrochen. Der Osten wirkt etwas freundlicher und ist mit kleinen Seen und Mooren gesprenkelt.

MELRAKKASLÉTTA ERLEBEN

AUSKUNFT

Raufarhöfn
Im Hotel Norðurljós
Aðalbraut 2
Tel. 465 12 33, www.raufarhofn.is

ESSEN

► **Preiswert**
Raufarhöfn: Restaurant im Hotel Norðurljós
Aðalbraut 2
Tel. 465 12 33, www.raufarhofn.is
Wenn die Sonne scheint, unbedingt einen Kaffee auf der Terrasse trinken, mit Aussicht über Hafen und Leuchtturm. Wenn es stürmt, ist die Aussicht von drinnen nicht viel schlechter.

ÜBERNACHTEN

► **Komfortabel**
Raufarhöfn: Hotel Norðurljós
Aðalbraut 2
Tel. 465 12 33, Fax 465 13 83
ebt@vortex.is
www.nat.is
16 modern und zweckmäßig eingerichtete Gästezimmer am Ende der Welt sind eine echte Überraschung.

► **Günstig**
Kópasker: Farguglaheimili Kópasker
Akurgerði 7
Tel. 465 23 14
Nur vier Zimmer, dafür eine freundliche, persönliche Atmosphäre.

Sehenswertes in der Melrakkaslétta

Kópasker Kurz bevor die Straße auf den Öxarfjörður trifft, bietet sich bei Núpur ein schöner Blick auf das weite Delta der Jökulsá. Entlang der Küste geht es danach weiter nach Kópasker, das trotz seiner nur rund 130 Einwohner schon zu den großen Ansiedlungen der Melrakkaslétta zählt und sein Überleben der Garnelenfischerei verdankt. Eine recht stattliche Kirche, ein Feld mit vielen kreativen Vogelscheuchen und ein kleines **Heimatmuseum** sorgen für Abwechslung. Der Stolz des Museums ist die **Büchersammlung**, die von einem Bücherliebhaber stammt, der alle Bände selbst eingebunden und vergoldet hat.

Rauðinúpur An der Nordwestecke der Halbinsel führt eine Stichstraße zum Vogelfelsen Rauðinúpur. Das letzte Stück vor dem Parkplatz am Hof ist das Terrain der Küstenseeschwalben, die Anfang Juli ihre Jungen direkt neben der Straße füttern und jeden, der es wagt, auch nur den Kopf aus der Autotür zu strecken, mit millimetergenau ausgeführten Scheinangriffen empfangen. Der 73 m hohe Felsen Rauðinúpur bricht senkrecht zum Meer ab und ist Brutplatz zahlreicher Seevögel, von denen die **Papageitaucher** wie immer die obersten Stockwerke belegen. Bemerkenswert ist die rote Farbe des Gesteins, die von Lagen vulkanischer Schlacke herrührt und besonders schön im Abendlicht zur Geltung kommt. Dicht vor der Küste stehen zwei Felssäulen, Karlinn und Sölfavöf, wobei Letztere noch bis 1962 durch eine Felsbrücke mit Rauðinúpur verbunden war.

Hraunhafnartangi

Der unwirtliche Ort Hraunhafnartangi wurde lange für die nördlichste Spitze Islands gehalten, doch neue Messungen haben ergeben, dass die ein Stück westlich gelegenen Felsen bei Rifstangi etwas weiter gen Norden reichen. Von hier sind es nur noch 2 km bis zur imaginären Linie des Polarkreises. In Hraunhafnartangi führt eine Jeeppiste an den Strand und weiter zum **Leuchtturm**, der ausnahmsweise mal nicht orange leuchtet, sondern als schlichter weißer Betonbau auf der Landzunge steht.

Auch in der »Hauptstadt« der Melrakkaslétta, in **Raufarhöfn**, geht es so ruhig zu, als ob hier kaum noch jemand wohnen würde. Die Zeiten, als Raufarhöfn einer der bedeutendsten Heringsorte und Exporthäfen war, scheinen unwiederbringlich der Vergangenheit anzugehören. Heute rosten die Fabrikanlagen still vor sich hin und niemand scheint eine Idee zu haben, wie es besser werden könnte.

! *Baedeker* TIPP

Mit dem Kajak in die Mitternachtssonne

Der Inhaber vom Hotel Norðurljós in Raufarhöfn ist begeisterter Kajakfahrer und einige seiner Boote im Schuppen vermietet er auch. Auf einer seiner Touren entlang der Küste hat er den gewaltigen Schädelknochen von einem Blauwal entdeckt, der jetzt einen Ehrenplatz vor dem Haus hat (Adresse ► S. 206).

** Mývatn

H/J 3

Region: Nordostisland

Der Mývatn bietet eine Landschaft, wie sie abwechslungsreicher nicht sein könnte, vor allem Vulkanismus in allen erdenklichen Formen, Farben und Gerüchen: Brodelnde Schlammtöpfe, leuchtende Schwefelfelder, fauchende Solfataren, gewaltige erstarrte Lavaströme, perfekte Ringwallkrater, geheimnisvolle Pseudokrater und dunkle Lavaburgen. Und mittendrin liegt ein See mit Inseln und Buchten, teilweise sogar von lieblich grünen Wiesen eingerahmt und bevölkert von Tausenden von Vögeln.

Der Mývatn mit seinen vielen kleinen Inseln und Buchten entstand während zweier vulkanischer Eruptionsphasen vor 3700 und 2300 Jahren, als ein Lavafeld einen Fluss im Laxárdalur blockierte. Heute ist er mit 37 km² der **viertgrößte Binnensee Islands** und trotz seiner Größe nur maximal 4,5 m tief, im Durchschnitt sind es sogar nur 2,5 m. Der Mývatn hat nur wenige Oberflächenzuflüsse, dagegen viele Quellen auf dem Seegrund. Der einzige größere Abfluss, die Laxá, ist ein guter Lachsfluss, der See selbst ist bekannt für seinen Forellenbestand. Seinen Namen **»Mückensee«** trägt er durchaus zu Recht, denn im Sommer sind riesige Schwärme dieser Plagegeister unterwegs. Wer genau hinschaut, wird Zuckmücken und Kriebelmücken entdecken. Die Zuckmücken sind eher harmlos, wenn sie sich nicht gerade in Augen, Ohren oder Mund verirren, denn sie stechen nicht, und von den Kriebelmücken sind auch nur die Weibchen auf Blut aus. Und noch eine gute Nachricht: Die beiden Mückengenerationen eines Jahres schlüpfen im Juni und August, sodass im Juli deutlich weniger von ihnen unterwegs sind. Ohne diese Mückenschwärme gäbe es aber längst nicht solch ein reiches Vogelleben am Mývatn und auch die Forellen freuen sich über die Insekten.

Natur- und Umweltschutz

Seit 1974 stehen der See Mývatn und der Fluss Laxá unter Naturschutz, damit sind das freie Zelten und Übernachten, das Fahren abseits der Straßen, der Bootsverkehr auf dem See und das Betreten der Brutplätze am Nordwestufer von Mitte Mai bis Mitte Juli verboten. Trotzdem gibt es im Mývatngebiet noch eine Reihe von Umweltproblemen, in erster Linie durch die Kieselgurgewinnung und die Erosion. Auf der Ostseite des Sees ist die Erosion besonders problematisch, deshalb drohte **Dimmuborgir** vor einigen Jahren zu versanden. Zur Kieselgurgewinnung wird Schlamm vom Boden des Sees abgesaugt, was zu einer größeren Wassertiefe führt, dies verändert die Fauna am Seegrund, davon sind wiederum die Vögel betroffen.

MÝVATN ERLEBEN

AUSKUNFT

Im Supermarkt von Reykjahlið

ESSEN

► Erschwinglich

Reykjahlíð: Gamli Bærinn
Tel. 464 41 70
Gemütliche, etwas nostalgisch angehauchte Kneipe gegenüber vom Hotel Reynihlið. Preisgünstig sind Fischsuppe oder Fish and Chips. Auf dem Klavier dürfen auch Gäste spielen.

Skútustaðir: Restaurant im Hotel Gígur
Tel. 464 44 55
Forelle mit Seeblick gibt es im Hotel Gígur in Skútustaðir. Vom Restaurant kann der Blick über den See und die Pseudokrater schweifen. Wer richtig schlemmen möchte, sollte sich das dreigängige Menü gönnen.

ÜBERNACHTEN

► Komfortabel

Reykjahlíð: Hótel Reykjahlíð
Tel. 464 41 42
Kleines Hotel in direkter Seelage, einige Zimmer und der Frühstücksraum bieten eine gute Aussicht.

Reykjahlíð: Fossótel Laugar
Tel. 464 63 00, www.fosshotel.is
Sommerhotel in ruhiger Lage, ideal als Standquartier für Ausflüge nach Húsavik, Mývatn, Goðafoss und Akureyri.

► Günstig

Reykjahlíð: Hlíð
Tel. 464 41 03
Etwas außerhalb von Reykjahlið, wegen der erhöhten Lage mit Seeblick. Rund 50 günstige Schlafsackunterkünfte in einem großen Haus, Hütten verschiedener Größe und Campingplatz.

Flora und Fauna

Die flachen, stark gegliederten Uferbereiche des Mývatn und sein reichhaltiges Nahrungsangebot bieten einer Vielzahl von Vögeln ideale Voraussetzungen zum Brüten. Bei Ornithologen berühmt ist der Entenbestand, denn von den 15 verschiedenen Entenarten Islands brüten bis auf die Eiderenten alle in der Umgebung des Sees. Auch sonst ist außer den Seevögeln fast die gesamte Artenpalette Islands am Mývatn vertreten. Eine Besonderheit sind die aus Amerika nach Island eingewanderten **Spatelenten**, die sonst nirgendwo in Europa brüten. In den letzten Jahrzehnten hat der Vogelbestand allerdings beständig abgenommen, als Gründe werden der zunehmende Verkehr und Tourismus, verwilderte Nerze und die Störungen durch die Kieselgurgewinnung vermutet.

Geologie und Vulkanismus

Das Mývatngebiet liegt genau an der Grenze der auseinander driftenden eurasischen und amerikanischen Platten, die dabei entstehende Lücke wird immer wieder mit emporquellender Lava gefüllt, weshalb die Landschaft von vielfältigen vulkanischen Aktivitäten geprägt ist. Das Zentrum dieser vulkanischen Aktivität liegt beim Berg **Leirhnjúkur**. Vor 100 000 Jahren bestand er noch aus einem Vulkankegel, der große Mengen an Lava und Asche förderte, irgendwann aber in sich zusammensank, weshalb er heute eher flach wirkt. In etwa 3 km Tiefe befindet sich jedoch immer noch eine **aktive Magmakammer**, die sich ausdehnen und aufbrechen kann. Dadurch verringert sich der Druck in der Kammer und die Erdoberfläche senkt sich wieder. Dieser Wechsel kann sich im Abstand von Monaten über viele Jahre hinweg wiederholen. Zwei Mal hat es in den letzten Jahrhunderten große Ausbrüche im Mývatngebiet gegeben. Das so genannte **Mývatnfeuer** begann im Jahre 1724 mit einem gewaltigen Ausbruch, bei dem sich der **Vítikrater** bildete, und setzte sich mit Erdbeben und Ausbrüchen an der **Krafla** fort. 1729 floss die Lava bis zum Mývatn und zerstörte Teile von Reykjahlið, der bis heute kaum bewachsene Lavastrom ist noch gut zu erkennen. Beim **Kraflafeuer** erwachte der gleichnamige Vulkan 1975 zum Leben und sorgte bis 1985 für zahlreiche Eruptionen. Die Auswirkungen dieser aktiven Phase sind noch heute in Leirhnjúkur zu sehen.

> ! *Baedeker* TIPP
>
> **Mývatn Marathon**
>
> Seit 2002 findet Ende Juni rund um den See der Mývatn Marathon statt. Anmeldung und Information: Sel Hotel Mývatn, Tel. 464 41 64, myvatn@myvatn.is

Sehenswertes rund um den Mývatn

✶ Skútustaðir

Wer von Westen auf der Ringstraße kommt, erreicht bald Skútustaðir, nach Reykjahlið das größte touristische Zentrum am Mývatn. Gleichwohl ist Skútustaðir immer noch die winzige, verschlafene Ansiedlung von früher. Sehenswert sind hier die **Pseudokrater**, die es nur auf Island gibt und die bei Skútustaðir besonders deutlich her-

Im Kraftwerk Krafla wird die Erdwärme zur Energiegewinnung herangezogen, ...

vortreten. Entstanden sind sie durch Lavaströme, die über einen feuchten Untergrund wie flache Seen oder Moore geflossen sind. Durch die Hitze verdampfte das Wasser unter der Lava explosionsartig und sprengte manchmal Krater mit bis zu 300 m Durchmesser in die Landschaft. Deshalb haben Pseudokrater im Unterschied zu »richtigen« Vulkanen im Inneren keinen Schlot. Beim Campingplatz in Skútustaðir beginnt ein kurzer Wanderweg durch die großteils mit Gras überzogene **Kraterlandschaft**.

★ **Dimmuborgir**

Bei Geiteyjarströnd, ungefähr in der Mitte des Ostufers, zweigt eine Stichstraße nach Dimmuborgir ab. Nur rund einen Quadratkilometer ist dieses Areal groß und doch voll von den bizarrsten **Lavaformationen**. Die »dunklen Burgen« bestehen aus Türmen, Brücken, Höhlen und Überhängen, manche erinnern an versteinerte Trolle. Hier gehört nicht viel Phantasie dazu, um allerlei steinerne Gestalten in den gezackten Felsen zu sehen. Vor etwas mehr als 2000 Jahren gab es an dieser Stelle einen aufgestauten Lavasee. Als das Wasser unter der Lava verdampfte und der Dampf sich seinen Weg an die Oberfläche bahnte, erstarrte die Lava in einer bizarren **Formenvielfalt**. Irgendwann brach der Damm und die noch flüssige Lava floss zum Mývatn hin ab, zurück blieben die schon erstarrten Türme.

Reykjahlið

Der Ort am Nordostufer ist das Touristenzentrum des Mývatngebietes mit Hotels, Gästehäusern und Campingplätzen. Beim **Mývatnfeuer 1729** entgingen die Bewohner von Reykjahlið nur knapp einer Katastrophe, als der Lavastrom ihre Häuser zerstörte, aber die Kirche auf dem Hügel, in die sie sich geflüchtet hatten, verschonte. Noch heute ist der Lavastrom in der Nähe des Ortes gut zu erkennen.

.... während sie im Solfatarenfeld Hveraröndd ungenutzt entweicht.

Nachdem die Ringstraße den Mývatn in östlicher Richtung verlassen hat, passiert sie nach einigen Kilometern die Passhöhe **Námaskarð**, und kurz danach liegt am Fuße des Berges Námafjall das beeindruckendste Solfatarenfeld Islands: Hverarönd. Schon am Parkplatz bei Hverir nimmt das Naturschauspiel alle Sinne in Beschlag. Die vegetationslose Ebene und die Bergflanke leuchten in kräftigen Gelb-, Orange- und Brauntönen, ein Anblick, der an Fotos vom Mars erinnert. Überall treten aus Spalten weiße Dampfsäulen aus, manche bahnen sich mit lautem Zischen und Fauchen ihren Weg an die Oberfläche. Heiße **Schlammtöpfe** blubbern und brodeln vor sich hin und über allem liegt ein Geruch von faulen Eiern. Vom Parkplatz führt ein steiler Pfad auf den 485 m hohen Berg Námafjall und bietet eine Panoramatour durch diese unwirkliche Landschaft. Der Weg führt ein Stück auf dem Kamm entlang und endet schließlich auf der Passhöhe an der Ringstraße.

★ **Námafjall**

! Baedeker TIPP

Entspannung pur ...

... und eine echte Alternative zur Blauen Lagune ist das neue Mývatn Nature Baths zwischen Reykjahlið und Námaskarð. Milchig-blau und herrlich warm ist das Wasser in dem großzügig angelegten Freiluftpool, dazu bietet sich noch ein grandioser Ausblick über den See. Ob im Licht der Mitternachtssonne oder beim fahlen Schein der Polarlichter, ein Bad in der neuen Blauen Lagune ist immer ein Vergnügen. Öffnungszeiten: Sommer tgl. 9.00 – 24.00, Winter tgl. 12.00 – 22.00 Uhr. Weitere Informationen: Tel. 464 44 11; www.jardbodin.is

Kurz nach Námafjall zweigt die Piste [863] von der Ringstraße ab und führt zum **Krafla-Kraftwerk**, dem Vitikrater und dem Lavafeld Leirhnjúkur. Wer einen Blick in das Innere des Kraftwerks werfen möchte, findet im **Visitor Centre** viele Informationen über den Bau und Betrieb dieser Anlage.

ENERGIE ZUM NULLTARIF

Island will als erster Staat der Welt unabhängig vom Erdöl werden. Die Voraussetzungen sind hier so gut wie sonst kaum auf der Welt. Die Natur meint es gut mit dem Inselstaat im Nordatlantik. Riesige Gletscherflüsse treiben Kraftwerke an und die Erde trägt ihre wärmespendende Kraft bis an die Oberfläche. 70% des Energiebedarfs werden heute schon durch diese alternativen Energieformen gedeckt.

Island ist reich an natürlichen Energiequellen: An mehreren Dutzend Stellen der Insel drückt heißes Wasser bis an die Oberfläche. Manchmal schießt es sogar kochend, in haushohen Fontänen heraus. Der Grund: Die Insel liegt genau auf der Nahtstelle zwischen der amerikanischen und der eurasischen Erdplatte auf dem **Mittelatlantischen Rücken**. Diese Platten bewegen sich auseinander – Island wird deshalb Jahr für Jahr mehr als 2 cm größer. Dadurch ist die Erdkruste aber auch besonders dünn und rissig an dieser Stelle.

Geschenk der Natur

Die Isländer haben diese Geschenke der Natur bereits vor Jahrhunderten genutzt. Ein heißes Bad war für die Nordländer schon immer eine Selbstverständlichkeit. Aber erst in den 30er-Jahren des 20. Jh.s begannen isländische Ingenieure die Erdwärme nahe Reykjavík planmäßig zu erschließen und das Wasser über Leitungen in die Hauptstadt zu bringen. Und erst die Ölkrise der 1970er-Jahre hat die alternativen Energien so richtig vorangebracht. Heute ist **Nesjavellir**, etwa 30 km östlich der Hauptstadt Reykjavík, das größte Geothermalkraftwerk des Landes. Neben der Straße zieht sich eine Fernwärmeleitung dahin. Die Hügel sind moosgrün und blaugrün von Flechten. Je näher man Nesjavellir kommt, desto stärker riecht es nach faulen Eiern: das ist der Schwefelwasserstoff, der mit dem heißen Dampf aus dem Erdinneren heraufkommt. Nach dem letzten Hügelzug sieht man hinab in ein Tal, das in das große Becken des Þingvallavatn übergeht, des größten Sees auf Island. Am Fuß der Hügel steigt der Abdampf des **Erdwärmekraftwerks** in den Himmel. Reiner Wasserdampf – keine Abgase! Viel zu sehen ist dort nicht. Zwei große Gebäude, wie überdimensionale Schuhschachteln, voll gestopft mit Leitungen, Pumpen und Generatoren.

Pipeline beim Kraftwerk Krafla: Die kürzeste Verbindung zweier Punkte war einmal die Gerade.

Die Bohrlöcher, die 1000 bis 2000 m in die Tiefe gehen, haben unten nur wenige Zentimeter Durchmesser, am oberen Ende sind sie etwa einen Meter mächtig. Sie sind versiegelt und massive Rohre leiten den Dampf weiter, der hier mit 200 bis annähernd 400 °C und gewaltigem Druck herausschießt. Um ihn überhaupt nutzbar machen zu können, wird der Druck auf 30 Bar heruntergefahren. Der Überschuss entweicht. Das ist der Grund für die **riesige Dampfwolke**, die unablässig über dem Tal hängt. Dem nutzbaren Dampf wird die Feuchtigkeit entzogen. So entstehen heißes Wasser und heiße Luft mit je etwa 190 °C. Die unter Druck stehende heiße Luft treibt Turbinen an, die Strom erzeugen. Das heiße Wasser ist in unbehandelter Form nicht brauchbar, denn es enthält viele Mineralien, vor allem Schwefel! Der würde die Leitungen angreifen und zerstören. Über **Wärmetauscher** gibt das Tiefenwasser deshalb die Hitze an frisches, klares Wasser ab – und das wird dann über lange Fernwärmeleitungen nach Reykjavík gebracht.

Im Wasser liegt die Kraft

Die zweite große natürliche Energiequelle der Insel sind ihre Gletscherflüsse. Sie gischten mit gewaltiger Kraft durch Schluchten und über Wasserfälle, sind Touristenmagnete wie der Gullfoss. Immer häufiger aber stellt die Regierung ihnen Staumauern in den Weg. Das Land lockt seit längerem weltweit energieintensive Industriezweige an – vor allem **Aluminiumschmelzen**. So werden die scheinbar endlosen Energievorräte des Landes genutzt und indirekt sogar exportierbar gemacht. Dank des billigen Stroms ist es rentabel, den Rohstoff Bauxit aus Australien oder Kanada nach Island zu verschiffen, um ihn dort einzuschmelzen und dann – als Aluminium – wieder in alle Welt zu verkaufen. Doch nicht alle Isländer sind damit einverstanden. Derzeit wird eine riesige Aluminiumschmelze des US-Konzerns Alcoa gebaut. Dafür errichtet die isländische Regierung ein Großwasserkraftwerk. Das **Projekt Kárahnjúkar** sieht vor, dass mit neun Dämmen drei Gletscherflüsse im Osten der Insel aufgestaut werden. Umweltschützer sehen dadurch die Wildnis um Europas größten Gletscher, den Vatnajökull, bedroht. Aber ihr Widerstand war erfolglos.

Islands Stromversorgung basiert vollständig auf den beiden regenerativen Energiequellen Wasserkraft und Erdwärme.

Dampfendes Lavafeld bei der Leirhnjúkurspalte

Vitikrater, Leirhnjúkur

Der Vitikrater hat einen Durchmesser von 300 m und ist während einer gewaltigen Explosion zu Beginn des Mývatnfeuers im Jahre 1724 entstanden. Noch mehr als 100 Jahre nach diesem Ausbruch kochte der Schlammtopf im Krater, heute gibt es am Grund einen grünen See. Vom Parkplatz führt ein Weg zum Kraterrand und macht dann die Runde auf dem Grat. Nach der Bildung des Vitikraters öffnete sich die westlich gelegene **Leirhnjúkurspalte** und förderte große Magmamengen. Am Parkplatz beginnt eine rund einstündige Wanderung über das düster-dampfende Lavafeld.

! *Baedeker* TIPP

Ein Blick aus der Vogelperspektive

Im Sommer startet Mýflug Air vom Flugplatz Reykjahlið täglich zu Rundflügen, die bei guter Sicht ein unvergessliches Erlebnis bieten. Dabei werden die absoluten Highlights der isländischen Landschaft überflogen: Mývatn, Dettifoss und der Jökulsá Canyon, Askja, Kverkfjöll und die Insel Grimsey. Weitere Informationen: Tel. 464 44 00; www.myflug.is

Auf dem Weg vom Mývatn nach Húsavik bietet sich ein kurzer Abstecher von der Straße [87] zum **Regionalmuseum Grenjaðarstaður** im Aðaldalur an. Hier kann ein großer Grassodenhof mit einer Sammlung historischer Gegenstände besichtigt werden. Das Gehöft stammt aus dem 19. Jh. und war noch bis Mitte des letzten Jahrhunderts bewohnt. Öffnungszeiten: Juni – Aug. tgl. 10.00 – 18.00 Uhr.

Ostfjorde

L/M 2-5

Region: Ostisland

Rund ein Dutzend Fjorde gliedern die Küste Ostislands, wobei der größte von ihnen, der Reyðarfjörður, rund 30 km ins Landesinnere vordringt. Die Ostfjorde ähneln denen im Westen, nur dass hier alles eine Nummer kleiner ist. Auch die Ostfjorde sind geologisch relativ alt und weit entfernt von den vulkanisch aktiven Zonen der Insel. Typisch ist deshalb der dunkle, oft vielfach geschichtete Basalt, der von den eiszeitlichen Gletschern bearbeitet worden ist.

Die Kette der Fjorde beginnt im Norden mit dem relativ kleinen Borgarfjörður und setzt sich im Süden bis zum Álftafjörður fort. An den guten Naturhäfen entlang der Küsten bildeten sich relativ viele Ortschaften, die größten sind **Neskaupstaður** und **Eskifjörður**, die um 1900 alle sehr gut von der Heringsfischerei leben konnten. Auch heute bilden Fischerei und Fischverarbeitung noch die Lebensgrundlage, doch die goldenen Zeiten des Heringsbooms sind längst vorbei, verlassene Höfe und stagnierende oder sinkende Einwohnerzahlen zeugen von den Schwierigkeiten.

Wandern

Bis jetzt spielt auch der Tourismus nicht die erhoffte Rolle, deshalb wird versucht, das Angebot zu verbessern, einige neue Cafés sind ein Anfang und sorgen in den bisher sehr ruhigen Orten für ein wenig Leben. Durch markierte Routen und eine insgesamt verbesserte Infrastruktur sollen vor allem vermehrt Wanderer in die Region gelockt werden, die ideale Möglichkeiten für kurze Ausflüge, aber auch längere Unternehmungen in einer spektakulären Landschaft vorfinden. Mittlerweile existiert auch eine Karte, auf der alle markierten Wanderwege verzeichnet sind.

Neskaupstaður

Der größte Ort Ostislands besitzt seit 1929 die Stadtrechte und hat durchaus etwas Städtisches – zumindest im Vergleich mit den anderen Ortschaften entlang der Fjordküste. An der Hauptstraße, die dicht am Wasser verläuft, gibt es neben der obligatorischen Tankstelle und dem Supermarkt noch so manch anderen Laden, bis hin zum kleinen Möbelhaus. Auch ein Hotel, ein Restaurant und ein recht gemütliches Café hat Neskaupstaður zu bieten. Der Ort liegt am Nordufer des kleinen **Norðfjörður** mit Blick auf die unbewohnte **Halbinsel Barðsnes** und direkt unterhalb steiler Berghänge, von denen im Winter immer wieder Lawinen abgehen. Das letzte große Unglück traf Neskaupstaður im Dezember 1974, als zwölf Einwohner durch eine Lawine getötet wurden.

OSTFJORDE ERLEBEN

AUSKUNFT

Eskifjörður
Verkstæði Kötu, Strandgötu 29
Tel. 894 93 06

Neskaupstaður
Café Nesbær
Egilsbraut 5, Tel. 477 11 15

ESSEN

► Erschwinglich

Neskaupstaður:
Restaurant im Hótel Capitano
Hafnarbraut 50, Tel. 477 18 00
Blaues Wellblechhaus von 1890 am Wasser. Nicht besonders originell eingerichtet, aber gutes Essen.

► Preiswert

Reyðarfjörður: Tærgesen
Buðargata 4, Tel. 470 44 44
Das Künstlercafé in einem alten Haus am Hafen serviert Pizza und Hamburger. Sehr gemütlich. Viele Bilder an den Wänden, die zum Verkauf stehen.

Neskaupstaður: Egilsbúð
Egilsbraut 1, Tel. 477 13 21
Günstig essen bei »Pizza 67« und danach nach oben in die Kneipe zu Fassbier und Billard. Am Wochenende Treffpunkt der Jugend.

Fáskrúðsfjörður:
Fransmenn á Íslandi
Búðavegi 8/Chemin de Budir 8
Tel. 475 15 25
Kleines, gemütliches Museumscafé mit französischer Atmosphäre.

Fáskrúðsfjörður: Café Sumarlína
Búðavegur 59, Tel. 475 15 75
Gemütliches Café, das auch kleinere Mahlzeiten wie Fischsuppe serviert. Mit viel Liebe zum Detail eingerichtet, Blick über den Hafen.

ÜBERNACHTEN

► Komfortabel

Neskaupstaður: Hótel Edda
Tel. 444 48 60, www.hoteledda.is
Sommerhotel direkt am Wasser in toller Lage, 29 komfortable DZ.

Reyðarfjörður:
Fosshótel Reyðarfjörður
Tel. 474 16 00, www.fosshotel.is
20 DZ mit Bad, Telefon und TV, ganzjährig geöffnet. Hervorragendes Restaurant, auch für Nichthotelgäste offen. Abends günstiges Tagesgericht, aber auch Lamm und Fisch à la carte.

Breiðdalvik: Café Margret
Tel. 475 66 25
Schöne Solitärlage nördlich des Ortes. Neues Blockhaus mit Terrasse und Fjordblick. Horst und Margret bieten 4 komfortable DZ und eine abwechslungsreiche Speisekarte.

► Günstig

Reyðarfjörður
Tel. 895 16 39
Drei kleine neue Hütten für zwei Personen mit einfacher Ausstattung. Beim Campingplatz.

Baedeker-Empfehlung

► Komfortabel

Stöðvarfjörður: Kirkjubær
Fjardarbraut 37a
Tel. 475 88 19, Fax 475 89 38
Die Kirche wurde zum Sommerhaus für 4 – 6 Personen umgebaut. Komfortable Einrichtung, Küche und Bad. Moderater Preis. Das Innere ist noch deutlich als Kirche zu erkennen, Altar und Kanzel sind noch vorhanden, geschlafen wird auf der Chorempore. Erhöhte Lage mit Fjordblick.

Ein Tag erwacht in den Ostfjorden.

Das Naturkundemuseum (Miðstræti 1) zeigt auf zwei Stockwerken eine Sammlung isländischer Mineralien sowie eine Anzahl ausgestopfter heimischer Tiere. Die **Schachfiguren aus Birkenholz** stammen von Sófus Sveinsson und wurden schon auf der Weltausstellung in New York 1939 gezeigt. Öffnungszeiten: tgl. 13.00 – 17.00 Uhr.

Náttúrugripasafnið

Der lokale Wanderverein hat mittlerweile viele Routen rund um Neskaupstaður markiert und eine Wanderkarte herausgegeben, die das Gebiet zwischen Seyðisfjörður und Reyðarfjörður abdeckt. Am Ende des Ortes beginnt beim Campingplatz der Naturpark, der 1972 als erster Islands eingerichtet wurde. Hier ist der Startpunkt einer rund einstündigen Wanderung durch blühende Feuchtwiesen entlang der Küste bis nach Hundsvik. Bei **Páskahellir** wird eine von der Brandung gebildete Höhle passiert. Das Interessante an ihr sind die kleinen Löcher im Inneren, die von Bäumen stammen, die vor rund 12 Millionen Jahren von Lava bedeckt wurden.

Neskaupstaður-Naturpark

Eskifjörður

Einen schönen Anblick bietet Eskifjörður, am gleichnamigen, kleinen Arm des **Reyðarfjörður** gelegen, an der Straße nach Reyðarfjörður. Die bunten Häuser des lang gestreckten Ortes erscheinen vor der beeindruckenden Bergkulisse winzig klein. Der steile Berghang, der im Winter oft für Lawinengefahr sorgt, lässt dem Ort keine Entfaltungsmöglichkeiten. Der 985 m hohe **Holmatindur** ist einer der beeindruckendsten Berge der Gegend. Er trennt die beiden Fjorde Eskifjörður und Reyðarfjörður. Bei einem Spaziergang durch Eskifjörður fallen zwischen den Neubauten noch einige alte Häuser ins Auge. An der Hauptstraße steht ein Denkmal von Ragnar Kjartansson, das an die ertrunkenen Seeleute aus Eskifjörður erinnert.

Fischereimuseum

Das Fischereimuseum Ostislands (Sjóminjasafn Austurlands; Strandgata 39b) ist im **Gamla Búð**, einem alten Handelshaus aus dem Jahre 1816 untergebracht. Schon vor dem Museum liegen allerlei alte Utensilien, ein 200 Jahre alter Anker von einem Segelschiff, die Schiffsschraube eines Dampfers von 1909 und gusseiserne Töpfe, in denen früher Lebertran gekocht wurde. Im Erdgeschoss kann ein alter, originalgetreu rekonstruierter Kaufmannsladen besichtigt werden. Außerdem werden Sammlungen zum Wal- und Haifischfang sowie zur Heringsfischerei gezeigt. Im Obergeschoss befindet sich das **Heimatmuseum** mit einem Stadtmodell von Eskifjörður aus den 1920er-Jahren, allerlei altem Handwerkszeug und einer Anlage zur Herstellung von Bonbons. Insgesamt vermittelt das Museum sehr anschaulich, wie es einst in dem Ort zur Zeit der Heringsfischerei zuging. Dazu passend ist der von der Fischfabrik herüberwehende Geruch, der den Bogen von der Vergangenheit in die Gegenwart spannt. Zum Museum gehört auch ein Heringsverarbeitungshaus von 1890, das im östlichen Teil des Ortes besichtigt werden kann. Öffnungszeiten: tgl. 13.00 – 17.00 Uhr.

Tosende See in den Ostfjorden

Weitere Ortschaften

Reyðarfjörður

Während der ersten Hälfte des letzten Jahrhunderts war Reyðarfjörður Haupthandelsplatz der Bauern im Bezirk Fljótsdalshérað und im Zweiten Weltkrieg gab es hier einen **Stützpunkt der Alliierten** mit bis zu 3000 Soldaten. Heute wirkt Reyðarfjörður recht verschlafen. 1995 wurde aus Anlass des 50-jährigen Kriegsendes das Kriegsmuseum eingerichtet. Es hat nicht den Anspruch, den Zweiten Weltkrieg historisch aufzuarbeiten, sondern zeigt, wie die Soldaten hier lebten und wie sich die Bevölkerung von Reyðarfjörður mit ihnen arrangierte. Öffnungszeiten: tgl. 13.00 – 18.00 Uhr.

Am Reyðarfjörður

Am Ortseingang von Fáskrúðsfjörður weht die französische Fahne und alle Straßennamen sind zweisprachig auf Isländisch und Französisch. Damit soll an die bis zu 5000 französischen Fischer erinnert werden, die jedes Jahr von der Mitte des 19. Jh.s bis 1914 hierher zum Fischen kamen. **Fáskrúðsfjörður** war damals die wichtigste Niederlassung französischer Fischer in den Ostfjorden, die sogar ein Konsulat unterhielten sowie eine Kirche und ein Krankenhaus errichteten. Am Ortsrand befindet sich ein kleiner Friedhof, auf dem 49 französische und belgische Seeleute begraben liegen. Die Ausstellung **»Fransmenn á Íslandi«** (Buðavegi/Chemin de Budir 8) hat allerlei Erinnerungsstücke an diese Ära zusammengetragen und mit Hilfe des Stadtplanes, der im Museum erhältlich ist, lässt sich Fáskrúðsfjörður auf den Spuren der Franzosen erkunden. Öffnungszeiten: tgl. 10.00 – 17.00 Uhr.

Stöðvarfjörður

Die **Steinsammlerin Petra Sveinsdóttir** sorgt seit Jahren dafür, dass in dem kleinen Ort Stöðvarfjörður, an dem ansonsten wohl alle vorbeifahren würden, jedes Jahr 20 000 Besucher Halt machen. Wenn die alte Dame nicht gerade wieder ihrer Sammelleidenschaft frönt, führt sie Besucher durch ihr Haus und ihren Garten (Fjarðarbraut 21). Dort liegen Steine, überall nur Steine, nicht nach wissenschaftlichen Gesichtspunkten gesammelt, sondern ausschließlich nach ästhetischen. Als passionierte Sammlerin kann sie natürlich auch an einigen anderen Dingen, wie ausgebleichten Schädelknochen oder einem alten Herd, nicht vorbeigehen, die für **Arrangements im Vorgarten** genutzt werden. Öffnungszeiten: tgl. 9.00 – 19.00 Uhr, Tel. 475 88 34. Einen Besuch wert ist auch die **Galerie Snærós** unweit der Kirche, in der der Österreicher Richard seine Arbeiten und die seiner Frau Sólrun ausstellt und zum Verkauf anbietet.

★ Reykjanes

C/D 6

Region: Südwestisland

Reykjanes ist ein Island im Miniaturformat, nur die Gletscher fehlen. Zeichen des Vulkanismus – Lavagebiete, alte Krater, geothermische Felder – sind unübersehbar. Der poröse Lavaboden speichert die vielen Niederschläge kaum, das meiste Wasser versickert schnell in der Tiefe. Nennenswerte Flüsse gibt es nicht, nur einen eigenartigen See ohne größere Zu- und Abflüsse, den Kleifarvatn.

Die in ihrer Form einem Nashorn gleichende Halbinsel Reykjanes, die sich im Südwesten Islands weit in den Nordatlantik hinausschiebt, heißt genau genommen **Suðurnes**, wird jedoch häufiger Pars pro Toto nach der äußersten Spitze Reykjanes´ genannt. Das Horn nach Norden mit Islands internationalem Flughafen Keflavík hat einen eigenen, selten benutzten Namen: **Miðnes**.

Paradies für Ornithologen

Die Halbinsel ist umsäumt von steilen Klippen, sanften, aber schwarzen Sandstränden und ökologisch wertvollem Felswatt. Diese Küsten werden von unzähligen Seevögeln – neben diversen Möwen sind das

Die Sonne verabschiedet sich von der Halbinsel Reykjanes.

vor allem verschiedene Lummenarten, Tordalke und Eissturmvögel – bewohnt. Von den beiden größten Vogelklippen sind die am **Hafnaberg** südlich von Hafnir leicht zu erreichen und gut einzusehen, schwieriger ist beides am größeren **Krysuvíkurberg** an der Südküste. Die 77 m hohe **Felseninsel Eldey**, ein etwa 14 km vor der Südwestspitze der Halbinsel ruhender Rest eines Vulkans, ist Heimat einer der größten Basstölpelkolonien der nördlichen Hemisphäre. Bis das letzte Exemplar seiner Art 1844 auf Eldey erlegt wurde, lebten dort auch **Riesenalke**. Eldey ist Naturschutzgebiet und nicht frei zugänglich. Die Basstölpel zeigen sich jedoch auch an der Südwestspitze von Reykjanes am Valahnúkur (►S. 225).

Whale Watching

Die Gewässer um Reykjanes sind Revier für Delphine und Wale, die man bei ruhiger See mit Glück sogar vom Ufer aus beobachten kann. Größer sind jedoch die Chancen bei Whale-Watching-Touren: Die **»Moby Dick«** läuft von April bis Oktober mindestens einmal am Tag ab Keflavík oder bei entsprechender Wetterlage ab Sandgerði bzw. Grindavík aus (Dolphin & Whalespotting, Tel. 421 77 77 oder gebührenfrei 800 87 77, www.dolphin.is; Zubringerservice ab Reykjavík mit Option zum Bad in der Blauen Lagune).

Nahtstelle der Kontinentalplatten

Der Name Reykjanes, **Rauchhalbinsel**, lässt das Vorhandensein geothermischer Quellen erwarten, und in der Tat dampft es an vielen Stellen aus der Erde, mal weitgehend natürlich wie im Solfatarenfeld von Krysuvík, mal aus angebohrten Dampfquellen wie am Kraftwerk Svartsengi, dessen auf Badetemperaturen heruntergekühlten »Abwässer« die Blaue Lagune füllen, Islands bekanntestes Thermalbad. Geologisch gilt Reykjanes als oberirdische Fortsetzung des Mittelatlantischen Rückens, der unruhigen Nahtstelle zwischen den Kontinentalplatten von Amerika und Eurasien. Im Prinzip steht man im Südosten der Halbinsel auf europäischem, im Nordwesten auf amerikanischem Boden. Die **»Brücke zwischen den Kontinenten«** überspannt südlich von Hafnir eine Spalte in einem Lavafeld – eine pfiffige Idee, die Kontinentaldrift zu visualisieren.

Keflavík und Njarðvík – die Doppelstadt

Von Reykjavík aus lässt sich die Halbinsel Reykjanes in einer abwechslungsreichen Rundtour erkunden. Folgt man der Straße [41] ab Reykjavík gen Westen, ist nach gut 40 km der Ort Keflavík erreicht. Die so gut wie nahtlos zusammengewachsenen Städte Keflavík und Njarðvík – Letztere besteht aus dem großen, vom Hafen geprägten Ytri-Njarðvík und dem kleineren, ländlicheren Innri-Njarðvík – liegen geschützt am **Stakksfjörður**, einer Seitenbucht der großen Faxaflói. Die Doppelstadt, die gemeinsam mit Hafnir die Großgemeinde **Reykjanesbær** bildet, besitzt gleich drei wichtige Häfen, nämlich neben jenen in den beiden Ortsteilen von Njarðvík noch den Hafen von Helguvík nördlich Keflavíks.

REYKJANES ERLEBEN

AUSKUNFT

Tourist Information Center Keflavík
Flughafen Leifur Eiríksson
Tel. 425 03 30
Fax 421 61 99
www.reykjanes.is

ESSEN

► Erschwinglich

Grindavík: Blue Lagoon Restaurant
Svartsengi
Tel. 420 88 00
Der Blick durch die große Glasfront auf die dampfende Blaue Lagune und das klare Design der skandinavischen Einrichtung bilden den Rahmen dieses außergewöhnlichen und hoch gelobten Restaurants. Frische Fischgerichte sind auch hier das Rückgrat der Küche. Serviert wird z. B. eine exzellente mediterrane Bouillabaisse oder Lachs in Zitronensauce zu sehr fairen Preisen.

ÜBERNACHTEN

► Luxus

Kevlavík: Hótel Kevlavík
Vatnsvegur 12
Tel. 420 70 00
Fax 420 70 02
Luxuriöses Vier-Sterne-Hotel in Flughafennähe. Ideal für eine komfortable erste oder letzte Nacht in Island. Das Hotelrestaurant, in dem auch das Frühstück serviert wird, gehört zu den besten des Landes.

► Komfortabel

Grindavík: Northern Light Inn
Blue Lagoon Road
Tel. 426 86 50
Fax 426 86 51
Nicht weit vom Flughafen und der Blauen Lagune bietet dieses kleine Hotel mit 21 Zimmern eine komfortable und ruhige Unterkunftsmöglichkeit inmitten einer kargen Vulkanlandschaft. Auch das reichhaltige Frühstücksbuffet und das Dinner in Kristjana's Kitchen können überzeugen.

Keflavík: B&B Guesthouse
Hringbraut 92
Tel. 421 89 89, Fax 867 44 34
Relativ preisgünstiges Gästehaus mit sieben Doppelzimmern im Zentrum von Keflavík, nur fünf Minuten vom Flughafen entfernt.

► Günstig

Njarðvík: Farfuglaheimili Njarðvík
Fit Hostel, Fitjabraut 6A/6B
Tel. 421 88 89
Fax 421 88 87
Kürzlich vergrößerte und modernisierte Jugendherberge in Flughafennähe.

Duushús

An eine lange maritime Tradition erinnern die Gebäude eines ehemaligen Handelsstützpunktes, das Duushús, oberhalb von Keflavíks altem Hafen Grófin (Duusgata). Das regionale Museum **Byggðasafn Suðurnesja** zeigt dort eine Sammlung von fast 60 Modellen isländischer Schiffe, zusammengetragen von einem echten Seebären, dem Skipper Grímur Karlsson. Öffnungszeiten: Mai – Sept. tgl. 11.00 – 18.00 Uhr. Nebenan lädt bei schönem Wetter die Außenterrasse des Kaffi Duus mit Blick über den Hafen zu einem Stopp ein.

Fischerdenkmal

Zwischen dem alten Teil von Keflavík um das Duushús und dem neuen Zentrum fällt neben der Hafnargata gleich am Meer eine monumentale Skulptur auf, das Fischerdenkmal von Ásmundur Sveinsson.

Íslendingur

Ein ungewöhnliches Schiff kam 2002 nach Keflavík und liegt seitdem im eigentlichen Hafen der Stadt, dem Keflavíkurhöfn, nicht weit vom Anleger des Whale-Watching-Bootes »Moby Dick« (► S. 221) entfernt: »Íslendingur« ist der originalgetreue **Nachbau eines Wikingerschiffes**. Es segelte im Jahr 2000 zur 1000-Jahr-Feier der Entdeckung Amerikas durch Leifur Eiríksson gut 4400 Seemeilen auf alten Routen von Island über Grönland bis nach New York.

Stekkjarkot

Dass Reykjanes in der Vergangenheit nicht nur eine maritime Seite hatte, zeigt die **landwirtschaftliche Abteilung des Byggðasafn Suðurnesja** mit einem typischen Bauernhaus aus dem 19. Jahrhundert: Stekkjarkot mit seinen Wänden aus Lavasteinen und Grassoden liegt zwischen den beiden Ortsteilen von Njarðvík, am Ende der gleichnamigen Bucht.

Der Nordwesten von Reykjanes

Sandgerði

Am Ortseingang von Sandgerði empfängt die moderne, mit viel Symbolik befrachtete Skulptur **»Álög« von Steinunn Þórarinnsdóttir** die Besucher: Ein Mann aus rostendem Eisen steht vor drei großen Wellen aus rostfreiem Edelstahl – der vergängliche Mensch vor dem ewigen Meer. Die Menschen in Sandgerði verstehen diese Skulptur nur zu gut: Ihr wichtigster Arbeitsplatz ist seit Generationen draußen auf dem Atlantik. Sandgerði, das sich seit 1990 Stadt nennen darf, lebt vor allem von der Fischindustrie. Die nutzt den guten Hafen an der Westküste. Wahrzeichen der Stadt ist ein äußerst ungewöhnlicher **Leuchtturm**, der den Weg in den Hafen weist: Er ragt aus dem Dachfirst eines Lagerhauses. Das **Sandgerði Naturcenter Fræðasetrið** (Garðvegur 1) arbeitet eng mit dem Meeresforschungsinstitut im gleichen Hause zusammen. Meer, Küste und Vogelwelt werden mit hohem pädagogischem Anspruch präsentiert. Öffnungszeiten: Mo. – Fr. 9.00 – 17.00, Sa./So. 13.00 – 17.00 Uhr.

Garðskagi – die Nordspitze

Das Felswatt und der Strand vor der Nordostspitze Garðskagi sind ideale Plätze, um heimische Vögel ebenso wie Zugvögel zu beobachten; auch Robben aalen sich hier gelegentlich. Aber auch ohne Vögel sind die Aussichten in klaren, hellen Sommernächten traumhaft, vor allem, wenn am Horizont die **Silhouette des Snæfellsjökull** sichtbar wird, der gut 100 km entfernt auf der anderen Seite der Faxaflói aufragt. Zwei Leuchttürme markieren Garðskagi: Der ältere, längst stillgelegte entstand 1897 und ist heute als Beobachtungsturm zugänglich, sein jüngerer, deutlich höherer Kollege wurde 1944 in Betrieb genommen. In einem Nebengebäude des neuen Leuchtturms zeigt das **Heimatmuseum Byggðasafnið á Garðskaga** vor allem Gerätschaften und Motoren aus Fischerei und Seefahrt, darunter eines der offenen Boote, mit denen früher zum Fischfang gerudert wurde. Öffnungszeiten: im Sommer tgl. 13.00 – 17.00 Uhr.

Auf der [425] in den Süden von Reykjanes

Hafnir – das Anhängsel

Hafnir ist mit seinen 120 Einwohnern das kleine Anhängsel der Großgemeinde Reykjanesbær, 10 km von den beiden anderen »Ortsteilen« Keflavik und Njarðvík entfernt, einsam an der Westküste gelegen. Die Bucht Ósar nördlich von Hafnir war vor dem Aufkommen motorgetriebener Fischkutter und -trawler ein bedeutender Fischereistandort und ein geschäftiger Küstenstreifen. Am Nordufer der Bucht betrieb zeitweilig die Hanse eine Niederlassung. Den Niedergang läutete eine Sturmflut ein, die im Januar 1799 den dänischen Handelsposten Básendar zerstörte. Das Sædyrasafnið in Hafnir (Kirkjuvogur 13) zeigt in seinen Meerwasseraquarien, was in isländischen Gewässern lebt. In **»Berührungsbecken«** können Besucher Krabben und Krebse, Seesterne und Seeanemonen sowie ein paar Plattfische befühlen – besonders für Kinder attraktiv. Mit einer künstlichen Vogelklippe wird dem Besucher die Vogelwelt Islands näher gebracht. Öffnungszeiten: Juni – Aug. tgl. 14.00 – 17.30, Sept. – Mai tgl. 12.00 – 16.00 Uhr.

? WUSSTEN SIE SCHON ...?

- ... dass im Jahr 1870 der Schoner »Jamestown« ohne Mann und Maus an Bord in der Bucht Ósar nördlich von Hafnir strandete? Die Holzladung des Geisterschiffs war im holzlosen Island willkommen – noch heute finden sich in vielen Häusern Balken und Bretter aus dieser mysteriösen Havarie. Der Anker der »Jamestown« rostet vor dem Geräteschuppen der örtlichen Rettungswacht vor sich hin.

Hafnaberg

Südlich von Hafnir, bald nach der Fischzuchtstation von Kalmannstjörn, stemmt die Küste die Vogelklippen Hafnaberg in den Atlantik, wie ein Schutzschild gegen die Wellen. Diese Klippen sind zwar nicht so hoch und spektakulär wie die von Krysuvíkurberg an der Südküste, aber die Vögel sind hier besser zu beobachten. Die Straße [425] verläuft in diesem Abschnitt etwas weiter im Hinterland, sodass man für einen Gang vom Parkplatz zu den Klippen eine Stunde kalkulieren sollte; die Wege sind markiert. Südlich der Klippen wird die Küste an der **Stóra-Sandvík** – zu Deutsch Große Sandbucht – wieder flach und sandig. Einheimische praktizieren hier bei gutem Wetter schon mal richtiges Strandleben, nur zum Baden ist es eigentlich immer zu kalt. Die flachen Strandseen in den Dünen sind gute Vogelbeobachtungsplätze.

Brücke zwischen den Kontinenten

Auf Höhe der Stóra-Sandvík überspannt östlich der Straße [425] eine 18 m lange Brücke aus Stahl und Holz die Alfagjá, die Kontinentalschlucht, von heimischen Tourismusmanagern als »eines der großen

Wunder der Welt« bezeichnet. Das ist mindestens eine Kategorie zu hoch gegriffen, aber sehenswert ist der gut 6 m tiefe Einschnitt ohne Zweifel, zumal er in eine **dramatische Lavalandschaft** eingebettet ist. Die Schlucht entstand wie andere in der Umgebung als Folge der Kontinentaldrift. Hier treiben die Kontinentalplatten von Eurasien und Nordamerika auseinander, nach Messungen der Geologen bis zu 2 cm im Jahr. Die Brücke trägt den Namen des ersten Europäers, der im 11. Jh. amerikanischen Boden betrat: Leifur heppni, Leif der Glückliche, besser bekannt als **Leifur Eiríksson** (► S. 60). Was mancher Tourist auf den ersten Blick als Schildbürgerstreich betrachten könnte, hat für Isländer solche Bedeutung, dass zur Einweihung am 3. Juli 2002 immerhin der Regierungschef nebst Außen- und Verkehrsminister aus Reykjavík auf die »Brücke ohne sichtbare Funktion« kamen.

Valahnúkur

Während die Straße [425] nach Osten abknickt, führt eine Stichstraße auf die äußerste Südwestspitze von Reykjanes. Die letzten Kilometer sollte man vorsichtig fahren und das Fahrzeug nicht verlassen, denn man durchquert eine Kolonie von angriffslustigen Küstenseeschwalben; direkt an der Küste braucht man deren Attacken nicht mehr zu befürchten. Am Ende des Weges erhebt sich über dem Ufer der Valahnúkur, deutlich als **Teil eines Vulkankraters** erkennbar. Zum Meer zeigt er lotrechte Klippen, zum Land einen steilen, aber

Der Leuchtturm beim Valahnúkur wird von »wildgewordenen« Küstenseeschwalben geschützt.

durchaus besteigbaren Hang, von dessen Spitze einst ein Leuchtturm die Seefahrer warnte. Im Jahr 1887 zerstörte ein Erdbeben den Turm. Vom Hügel Bæjarfell etwas landeinwärts streckt sich seit 1908 sein Nachfolger gen Himmel. Von der zerklüfteten Küste hat man exzellente Aussichten auf das Meer und kann leicht Seevögel beobachten, darunter sind fast immer auch Basstölpel, die zu Tausenden auf der vorgelagerten Felseninsel Eldey nisten.

Gunnuhver Schaut man zurück ins Hinterland, zeigen Dampfsäulen die Existenz eines Hochtemperaturgebietes an. Ein Teil der Energie wird zum Sieden von Meerwasser und somit zur Salzgewinnung verwendet. Die Fabrik liegt nahe der Hauptstraße; eine Querverbindung zur Straße nach Westen passiert ein relativ naturbelassenes Feld heißer Quellen um die sagenumwobene Gunnuhver, die **Gudruns-Quelle**. In die soll der Geist einer zänkischen Frau verbannt worden sein.

Grindavík Richtung Grindavík quert die Straße wieder unwirtliche Lavafelder, erreicht aber schließlich die grünen Randbezirke der Hafenstadt, und wie so oft in Island: Kaum gibt es genügend flachen Rasen, wird ein Golfplatz angelegt, so auch hier. Grindavík ist ein bedeutender Fischereistandort mit großen Verarbeitungsanlagen. Die große Fischfang und -verarbeitungstradition Grindavíks dokumentiert das Isländische **Salzfischmuseum** in der Hafnargata 12a. Öffnungszeiten: tgl. 11.00 – 18.00 Uhr, www.saltfisksetur.is.

Bei der Fahrt durch Grindavík kann man ins Grübeln kommen: Im modernen Zentrum neben Kirche, Supermarkt und Sportanlagen nebst Schwimmbad fallen scheinbar historische Mauern ins Auge. Das vermeintlich Uralte ist moderne Kunst: Der 1995 bis 1997 gebaute Sonnentempel stammt von dem esoterisch angehauchten Multikünstler und »Erdhausarchitekten« **Tryggvi Hansen** (geb. 1956), der auch schon mit Ausstellungen in Deutschland auf sich aufmerksam machte.

✶✶ Blaue Lagune · Energiefabrik Svartsengi

Svartsengi Fünf Kilometer nördlich von Grindavík glaubt man sich vor der **Kulisse eines Science-Fiction-Films**: Glänzende Stahltürme, modernistische Betonarchitektur, zischender Dampf, dicke, rotbraune Pipelines und das alles eingerahmt von schwarzer Lava und weißblauen Wasserflächen. Doch das Kraftwerk Svartsengi ist eine Energiefabrik aus dieser Welt, auch wenn ihre Technologie futuristisch anmutet. Der ganze Westen von Reykjanes wird von hier mit Strom und Heizwärme versorgt, zwar beileibe nicht unsichtbar, aber doch umweltfreundlich. Aus annähernd 2000 m tiefen Bohrungen schießt eine 242 °C heiße Mischung aus Wasser und Dampf nach oben. Dass es nicht nur Dampf ist, was man bei dieser Temperatur erwartet, liegt am Druck in der Tiefe, der den Siedepunkt des Wassers deutlich erhöht. Das aus der Erde tretende **Wasser-Dampf-Gemisch** ist salzig

Ohne seine futuristischen neuen Energiefabriken wäre Island um einige optische Eindrücke ärmer.

und voller Mineralien, denn der poröse Lavaboden lässt Meerwasser aus dem umgebenden Atlantik in den Untergrund von Reykjanes sickern. Damit ist diese heiße Flüssigkeit für Stromturbinen und Fernheizrohre ungeeignet; in einem Wärmeaustauschverfahren erhitzt sie jedoch klares Quellwasser. Kondensiert und auf ca. 70 °C abgekühlt, fließen am Ende des Prozesses gut eine Million Liter absolut sauberes »Abwasser« pro Stunde in die umliegende Lava.

Die Energiefabrik betreibt auch das **Besucherzentrum Eldborg** mit sehr gut gemachten Ausstellung Gjáin. Diese informiert zum einen über die Technologie, mit deren Hilfe man das geothermische Potenzial nutzen kann, und zum anderen über den geologischen Aufbau des Untergrundes (Öffnungszeiten: tgl. 10.00 - 17.00 Uhr, im Winter bis 16.00 Uhr, www.bluelagoon.com.

◀ Besucherzentrum

★★ **Bláa Lónið – Blaue Lagune**

Bis weit in die 1980er-Jahre hinein kümmerte sich kaum jemand um den blau schimmernden See, der sich in der erkalteten Lava bildete. Die Farbe verdankt er einer speziellen Mischung aus Kieselsäure, Mineralien und Algen, die den an sich scharfkantigen Lava-Seeboden als dichte und glatte Schicht von Ablagerungen überzieht – so, als wäre er mit einem Kunststoff ausgespritzt.

Zuerst entdeckten Jugendliche den See, um hier nachts zu feiern und zu plantschen. Auch Arbeiter der benachbarten Energiefabrik nutzten gelegentlich ihre Pausen für ein Bad. Als einer von ihnen Linderung seiner Schuppenflechte bemerkte, die ihn schon seit langem quälte, änderte sich die Situation schlagartig: Aus dem »wilden« Badesee wurde eine geordnete Badeanstalt namens **Bláa Lónið**, die

Die Blaue Lagune: ein warmes Bad inmitten erkalteter Lava

Blaue Lagune, mit einer Kurabteilung für Psoriasis-Patienten. 1999 musste diese Ur-Lagune der Erweiterung des Kraftwerks weichen. Ein Stück weiter westlich entstand eine neue, von Grund auf geplante Badelandschaft mit Lavagrotten und -inseln sowie kleinen Strandabschnitten, Dampfbad in einer Lavahöhle, weiß gefliestem Luxusbad, diversen Kureinrichtungen, Servicezentrum mit Umkleideräumen, Souvenirshop und Touristeninformation, Gastronomie und Konferenzzentrum. 2007 wurde die gesamte Anlage weiter vergrößert und modernisiert. Aus einem zufällig entstandenen Abwassersee ist eine der meistbesuchten Touristenattraktionen Islands geworden. Denn gleichgültig, ob unter Sommersonne oder bei Schneesturm, ein Bad in der Blauen Lagune ist immer ein Erlebnis und zudem gesund: Die **Heilwirkung des Wassers** bei Schuppenflechte ist inzwischen wissenschaftlich bestätigt und längst wird aus dem Mineralschlamm eine breite Palette von Hautpflegeprodukten unter dem Label **»Blue Lagoon«** angeboten.

! *Baedeker* TIPP

Schönheit direkt ins Haus

Die gesamte Palette der Blue-Lagoon-Hautpflegeprodukte wird in einer Boutique an der Blauen Lagune angeboten, ebenso in einem Duty-Free-Store im Flughafen Keflavík. Von zu Hause lassen sich die Produkte auch online bestellen: www.bluelagoon.com (dort unter »Shop Online«). Auch in hiesigen Apotheken sind sie mittlerweile erhältlich. Teuer sind sie überall.

Öffnungszeiten: Mitte Mai – Aug. tgl. 9.00 – 21.00 Uhr; Sept. – Mitte Mai tgl. 10.00 – 20.00 Uhr; tgl. Buszubringer vom Flughafen Keflavík und von der Hauptstadt Reykjavík; Informationen: Tel. 420 88 21, www.bluelagoon.com.

Über Krysuvík zurück nach Reykjavík

Krysuvík

Von Grindavík windet sich nach Osten die raue, bislang nicht asphaltierte Straße [427] an wilden Küsten entlang und durch einsame Lavafelder. Markierte Wanderwege führen in die umliegende Bergwelt und an die Küste. Dort sind die fast 7 km langen und bis zu 70 m hohen Klippen des **Krysuvíkurbjarg** eine besondere Attraktion. Nahe dem Parkplatz, an dem der Wanderweg zu den Klippen startet, passiert die Straße die kleine **Krysuvíkurkirkja**, den verbliebenen Rest eines im Mittelalter bedeutenden Anwesens. Aus alten Schriften ist bekannt, dass hier schon um 1100 eine erste Kirche stand, die jetzige wurde 1857 gebaut, diente zwischenzeitlich aber Jahrzehnte als Wohnhaus und wurde erst 1964 erneut geweiht. Der Name Krysuvík steht auch für geothermische Dampf-, Schwefel- und Schlammquellen der Umgebung. Vulkanischen Ursprungs ist der **Grænavatn**, ein türkisfarbener Kratersee, nicht einmal 1 km nördlich der Einmündung der Straße [427] auf die deutlich besser ausgebaute Straße [42]. **Seltún**, das bekannteste geothermische Feld von Krysuvík, liegt noch einmal anderthalb Kilometer weiter nördlich und ist durch Wege und Plattformen gut erschlossen.

Kleifarvatn

Krysuvík ist eine Enklave der Stadt ► Hafnarfjörður und dorthin führt die Straße [42] nach Norden. Dieselbe Straße in östlicher Richtung durchquert einen heute menschenleeren Küstenabschnitt, an dem nur die **Strandakirkja**, eine sagenumwobene »Glücksbringerkirche«, von muntereren Zeiten zeugt. Auf dem Weg nach Norden gibt bald der gut 10 km² große Bergsee Kleifarvatn Rätsel auf: Er hat kaum Zu- und keine sichtbaren Abflüsse, trotzdem hebt und senkt sich der Wasserspiegel in regelmäßigen Abständen. Nach einem **Erdbeben im Jahr 2000** befürchtete man gar, jemand hätte in der Tiefe einen Stöpsel gezogen – der Wasserspiegel sank rapide, stabilisierte sich aber nach einigen Monaten wieder. Die Straße an dem einsamen Seeufer entlang ist eine landschaftlich reizvolle Strecke.

Straumsvík

Die Straße [42] mündet auf Höhe der Aluminiumschmelze von Straumsvík auf die Hauptstraße, die Reykjavík mit dem Flughafen Keflavík verbindet. Das Aluminiumwerk ist Islands bislang größter Industriebetrieb, errichtet Ende der 1960er-Jahre. Seit Ende 2000 gehört das Unternehmen zum kanadischen Aluminium- und Verpackungskonzern Alcan. Für Alcan Iceland produzieren in Straumsvík etwa 500 Menschen rund 170 000 Tonnen Aluminium pro Jahr. Den für die Herstellung notwendigen Strom liefern die Wasserkraftwerke an der **Þjórsár** zu derart günstigen Preisen, dass es sich rechnet, den Grundstoff Tonerde um die halbe Welt aus den Alcan-Minen im Norden Australiens nach Island zu bringen und die Fertigprodukte anschließend zu den Märkten in Nordamerika und Europa zu verschiffen. Gelagert wird die Tonerde in jenen unübersehbaren, rot-weiß gestreiften Silos neben den langen Fabrikhallen.

★★ Reykjavík

D 6

Region: Südwestisland **Einwohnerzahl:** 118 000

Reykjavík ist in jeder Hinsicht die dominierende Stadt des Landes. In der Metropolitan Area leben fast zwei Drittel aller Isländer – Tendenz steigend. Hier sind die wichtigsten Kultur- und Bildungseinrichtungen zu Hause, die führenden Medien, die größten Banken und Wirtschaftsunternehmen sowie die Schaltstellen der politischen Macht: Reykjavík ist das Zentrum eines zentralistisch organisierten Staatswesens.

Indes besteht die Metropolitan Area nicht nur aus einer, sondern aus sieben selbstständigen Kommunen. Diese sind derart ineinander verwoben, dass ihre Grenzen innerhalb dieses Konglomerats für einen Fremden kaum erkennbar sind. Zudem lebt fast die Hälfte aller Bewohner der eigentlichen Stadt Reykjavík in Vororten wie Árbær, Breiðholt, Hraunbær oder Grafarvogur, die weiter vom Zentrum entfernt liegen als die selbstständigen Nachbarstädte Kópavogur oder Seltjarnarnes. Und während andere Regionen des Landes mit Bevölkerungsabwanderung leben müssen, wächst die Hauptstadtregion ständig. Erst Mitte des 19. Jh.s überschritt die Einwohnerzahl von Reykjavík die 1000er- und Anfang der 1990er-Jahre die 100 000er-Marke; heute leben hier schon rund 120 000 Menschen.

Charmant erst auf den zweiten Blick: das Stadtbild

Reykjavík wirkt auf den ersten Blick modern und dank der vielfarbigen Dächer sehr bunt, aber auch sehr amerikanisch. Dieses Reykjavík manifestiert sich am ehesten in den großen Shopping Malls wie **Kringlan**, dem Mittelpunkt der Neuen City. Besucher, die der Natur Islands zuliebe kommen, freunden sich mit diesen Konsumtempeln, der raumgreifenden Betonarchitektur und den breiten, auf den Autoverkehr zugeschnittenen Hauptstraßen nur mühsam an und sind meist nicht lange genug in der Stadt, um ihren Charme aufzuspüren: Das Reykjavík, das zu gefallen weiß, zeigt sich in der **Altstadt** und den **Einkaufsstraßen der Innenstadt** mit kleinen Läden, schrillen Boutiquen, gemütlichen Cafés und lauten Kneipen, in den alten Wohnvierteln mit wellblechverkleideten Häuschen oder am Tjörnin, dem See, auf dem rund vier Dutzend Vogelarten zu beobachten sind.

Die Größe kam spät: Zur Stadtgeschichte

Dass Reykjavík einmal die heutige Bedeutung bekommen würde, ließ die Geschichte lange Zeit nicht ahnen. Doch kann die Stadt auf **Ingólfur Arnarson**, Islands ersten Dauerbewohner, zurückblicken,

← Von der Sonne verwöhnt: Die Hallgrímskirkja überragt Reykjavík.

REYKJAVÍK ERLEBEN

AUSKUNFT

Adalstræti 2
Tel. 519 15 50
www.visitreykjavik.is

VERKEHR

Die gelben innerstädtischen Busse verkehren auf 20 Linien von 7.00 – 24.00 Uhr, tagsüber alle 20 Minuten, abends und an Wochenenden halbstündlich. Die Hauptumsteigepunkte sind Lækjartorg im alten Zentrum, Hlemmur, Grensás, Mjódd und Ártún. Ein Stadtplan, auf dem die Buslinien eingezeichnet sind, ist im Touristenbüro erhältlich. Einzelfahrscheine kosten ca. 2,60 Euro, Umsteigefahrscheine heißen »Skiptimiði«. Vom Hotel Loftleiðir fährt 2 Std. vor internationalen Abflügen ein Flughafenbus zum Flughafen Keflavík. Die Überlandbusse der Gesellschaft BSÍ starten in der Nähe der Hringbraut, Tickets sind von 7.30 – 22.00 Uhr erhältlich.

REYKJAVÍK TOURIST CARD

Mit der Tourist Card hat man freien Eintritt zu fast allen Museen und Galerien, kann die Thermalbäder benutzen und unbegrenzt mit den Bussen in und um Reykjavík fahren. Die Karte ist im Touristenbüro, am Busbahnhof, im Hotel Loftleiðir und in der Jugendherberge erhältlich (24 Std. 13 Euro, 48 Std. 19 Euro, 72 Std. 25 Euro).

AUSGEHEN

Reykjavík ist zu einem Hot Spot der guten Laune im hohen Norden geworden. Besonders an Sommerwochenenden tobt hier der Bär bis zum frühen Morgen und der Alkohol fließt in Strömen. Welche Lokalität gerade »in« ist, lässt sich gut an der Länge der Schlange vor der Tür ablesen. Trotzdem nicht abschrecken lassen, denn die Fluktuation ist in der Regel recht groß, da die Einheimischen gerne von Kneipe zu Kneipe ziehen. Vor Mitternacht ist allerdings nicht viel los, da wird zu Hause vorgefeiert und schon mal das ein oder andere Bier getrunken – keine schlechte Idee bei den Bierpreisen in den Kneipen.

① ***Gaukur á Stöng***
Tryggvagata 22
Tel. 551 15 56
Hier herrscht jeden Abend in der Woche gute Laune – und das schon seit 20 Jahren. Ein Klassiker auf drei Etagen mit Restaurant und Live-Musik und Platz für bis zu 700 Gäste.

② ***Grand Rock***
Smiðjustígur 6
Tel. 551 55 22
Tagsüber ein guter Platz für eine Partie Schach, abends Live-Musik mit vielen bekannten isländischen Gruppen. Wer es sich leisten mag, wird die große Whiskyauswahl schätzen.

③ ***Kaffibarinn***
Bergstaðastræti 1
Tel. 551 15 88
Hier wurde der Kultfilm »101 Reykjavík« gedreht, vielleicht ist es deshalb immer so voll. Oder wegen der guten Musik, die die DJs am Wochenende auflegen. Jedenfalls trifft man im Kaffibarinn überdurchschnittlich häufig die isländische »High-Society«.

④ ***Kringlukráin***
Kringlan
Tel. 568 08 78
Hier treffen sich die Theaterbesucher vor und nach den Vorstellungen auf einen Snack oder Drink in gemüt-

licher Pub-Atmosphäre. Am Wochenende Live-Musik.

⑤ ***NASA***
Austurvöllur 101
Tel. 511 13 13
Größte Disko Islands; fetzige Musik und deshalb unglaublich »in«.

ESSEN

▶ Fein & teuer

① ***Perlan***
Öskjuhlið, Tel. 562 02 00
Hier wird internationale Gourmetküche in einem spektakulären Ambiente serviert. Stetig verändert sich der Ausblick auf die Stadt, denn das Drehrestaurant in der Glaskuppel über den riesigen, silbrig glänzenden Heißwassertanks vollendet in einer Stunde eine komplette Runde. Ein Stock unter dem Restaurant befindet sich das Café mit Panoramaterrasse.

▶ Erschwinglich

② ***Apótek***
Austurstræti 16, Tel. 575 79 00
Früher war das Restaurant eine Apotheke, deshalb bekommt man hier keine Speisekarte sondern ein »Rezept«. Die gelungene Mischung aus nostalgischem und modernem Interieur weiß zu gefallen. Die Köche arbeiten hinter Glas und kreieren von Sushi über Tapas bis zu isländischen Gerichten eine gelungene Auswahl.

③ ***Humarhúsið***
Amtmannsstígur 1
Tel. 561 33 03
Natürlich bekommt man in diesem stilvoll eingerichteten Haus Hummer serviert, als Suppe sogar durchaus preiswert. Es werden aber auch andere Fischspezialitäten geboten.

④ ***Þrír Frakkar***
Baldursgata 14
Tel. 552 39 39
Das gemütliche Restaurant in der Altstadt hat sich auf Fisch spezialisiert. Der hoch gelobte Koch Úlfar Eysteinsson bevorzugt neue Variationen traditionell isländischer Rezepte.

Baedeker-Empfehlung

▶ Erschwinglich

⑤ ***Lækjarbrekka***
Bankastræti 2
Tel. 551 44 30
Altes Holzhaus im Zentrum mit urgemütlicher, ein wenig nostalgischer Einrichtung. Exzellente Küche, hauptsächlich Lamm- und Fischgerichte. Tägliches Touristenmenü und hausgemachte Kuchen.

▶ Preiswert

⑥ ***First Vegetarian***
Laugavegur 20b
Tel. 552 84 10
Preiswerte, wechselnde vegetarische Tellergerichte, oft mit indischer Note. Gute Kuchenauswahl.

⑦ ***Mokka***
Skólavördustígur 3a
Tel. 552 11 74
Reykjavíks ältestes Café, das seit 1958 seine Stammkundschaft verwöhnt. Beliebter Treffpunkt von Künstlern und Intellektuellen.

⑧ ***Shalimar***
Austurstræti 4
Tel. 551 02 92
Gute Auswahl indischer und pakistanischer Gerichte, preiswerte Lunch- und Dinnerangebote.

⑨ ***Súfistinn Bókakaffi***
Laugavegur 18
Tel. 552 37 40
Nicht nur eine gute Tasse Kaffee

bekommt man über dem größten Buchladen Reykjavíks, auch in den Büchern und Zeitschriften darf man nach Herzenslust stöbern.

ÜBERNACHTEN

► Luxus

① ***Hótel Borg***
Pósthússtræti 11
Tel. 551 14 40, Fax 551 14 20
www.hotelborg.is
Das Vier-Sterne-Hotel wurde 1930 im Art-déco-Stil erbaut und bietet moderne, individuell gestaltete Zimmer. 2003 preisgekrönt als bestes Hotel Islands.

② ***Hótel Holt***
Bergstaðarstræti 37
Tel. 552 57 00, Fax 562 30 25
www.holt.is
Ruhige und zentrale Lage, Mitglied von Relais & Chateaux, allerdings von außen keine Schönheit. Doch die inneren Werte überzeugen: In den Gängen, 30 Zimmern und 12 Suiten befindet sich die größte private Kunstsammlung Islands. Rund 300 Gemälde und Skulpturen isländischer Künstler sorgen für ein einmaliges Ambiente.

► Komfortabel

③ ***Fosshótel Höfði***
Skipholt 27
Tel. 552 64 77, Fax 562 40 01
bokun@fosshotel.is
Modernes, familienfreundliches Sommerhotel mit 36 Zimmern. Gemeinschaftsküche mit Kochmöglichkeit, Familienzimmer, kinderfreundliches Frühstücksbuffet, Kinderbücher auch auf Deutsch.

► Günstig

④ ***Baldursbrá Guesthouse***
Laufásvegur 41
Tel. 552 66 46, Fax 562 66 47
baldursbra@centrum.is
Die Pension bietet Gemütlichkeit pur. Acht große, freundliche Zimmer,

zentral gelegen, großes Frühstücksbuffet. Im Garten wartet ein Hot Pot auf die Gäste.

⑤ ***Reykjavík Farfuglaheimili***
Sundlaugavegur 34
Tel. 553 81 10, Fax 588 92 01
info@hostel.is
Moderne Jugendherberge in der Nähe des Schwimmbades. Auch der Campingplatz befindet sich in unmittelbarer Nähe.

der sich 874 an der **»Rauchbucht«** – so der Name »Reykjavík« ins Deutsche übertragen – niederließ. Zwei beschnitzte Baumstämme, die er kurz vor seiner ersten Landung an der Küste Südislands ins Meer geworfen hatte, wurden hier ans Ufer gespült. Für Ingólfur war dies ein Fingerzeig der Götter, den Platz zum Wohnsitz zu nehmen; Reykjavíks Stadtwappen symbolisiert heute die beiden Stämme in den Wellen des Meeres. Das Anwesen des Ingólfur, so meinen Archäologen, soll etwa dort gestanden haben, wo die Aðalstræti auf die Túngata trifft, nur wenige Meter vom heutigen Rathaus und dem Parlament entfernt. Der Hof spielte in der Besiedlungsphase und der Sagazeit aber keine bedeutende Rolle, sondern stand immer im Schatten von Bessastaðir auf der Halbinsel Álftanes. Wichtiger war schließlich sogar die Insel Viðey, vom 13. Jh. bis zur Reformation Standort eines einflussreichen Augustinerklosters.

Aufstieg ab dem 18. Jahrhundert

Gut zwei Jahrhunderte nach der Zerstörung des Klosters durch marodierende dänische Truppen rückte Viðey im 18. Jh. wieder in den Mittelpunkt isländischer Politik. Hier ließ sich **Skúli Magnússon** (1711 – 1794) seine Residenz Viðeyarstofa bauen, heute das älteste Steinhaus der Stadt. Mit Skúli kam 1749 die Wende: In diesem Jahr wurde er zum Vogt berufen, zum höchsten administrierenden Beamten der Kolonie. Skúli war der erste Isländer in dieser Position und konnte fast anderthalb Jahrzehnte den Interessen der dänischen Monopolkaufleute Paroli bieten. In dieser Zeit brachte er den Aufbau eigener Wirtschaftsstrukturen in dem darbenden, ausgebeuteten und völlig von den Kolonialherren abhängigen Land auf den Weg. Vom frischen Wind der Aufklärung getrieben, entstand auf seine Initiative eine Aufbaugesellschaft für Island. Skúli ließ dort, wo heute die Aðalstræti durch die Altstadt verläuft, Wohnungen und Betriebe zur Woll- und Fischverarbeitung sowie zur Schiffsausrüstung bauen –

Bunte Fassaden gegen die Tristesse: Reykjavík zeigt sich farbenfroh.

Wurzeln der späteren Metropole. Als die Monopolhändler Skúlis Lebenswerk 1764 übernahmen und ihn entmachteten, waren die Weichen für Reykjavíks Aufstieg bereits gestellt, auch wenn der große Durchbruch noch auf sich warten ließ. Als der dänische König dem Ort 1786 – das anerkannte Gründungsjahr der Stadt – die Privilegien eines Königlichen Kaufortes verlieh, zählte man die Einwohner: 167.

Reykjavík wird Machtzentrum

1784 zog der Bischof von Island mitsamt Priesterseminar aus dem von einem Erdbeben zerstörten Skálholt nach Reykjavík. Mit der Einweihung der Domkirche 1796 wurde die Stadt auch offiziell Bischofssitz für die Insel. Im Jahr 1819 gesellte sich zur geistlichen die weltliche Macht: Der Gouverneur funktionierte das 1771 fertig gestellte Gefängnis am Lækjartorg zu seinem Wohn- und Amtssitz um. Als Island nach 1874 mit jedem Schritt Richtung Selbstständigkeit auch ein Mehr an eigenen Institutionen und Verwaltungen bekam, etablierten diese sich ebenfalls in Reykjavík, so 1885 die Nationalbank und 1911 durch Zusammenschluss mehrerer Fachhochschulen die Universität. Der größte Schub kam jedoch mit Beginn der **Selbstverwaltung des Landes** 1904. Die Stadt wuchs jetzt schnell und stetig. Zur Jahrhundertwende hatte sie knapp unter 7000, der Großraum etwa 9500 Einwohner – das entsprach gut 12 % der isländischen Gesamtbevölkerung. Ab 1909 wurde die Wasser- und Gasversorgung sichergestellt, 1913 bis 1917 der Hafen gebaut. Strom kam ab 1921 von einem Kraftwerk an der Elliðaár in die Häuser, und ab 1928 wurde geothermisch erhitztes Wasser nutzbar gemacht; Ende der 1930er-Jahre war die Heißwasserversorgung flächendeckend. Keine andere Stadt in Island profitierte so sehr vom Wirtschaftsaufschwung, den die britischen und später die amerikanischen Truppen während des Zweiten Weltkriegs ins Land brachten. Daraus entwickelte sich Reykjavík zum uneingeschränkten wirtschaftlichen und administrativen Zentrum Islands, dessen bis heute steigende Bevölkerungszahlen die Attraktivität der Metropole belegen.

Kulturangebote in Reykjavík

Im Sommer herrscht Flaute

Die Vielfalt des kulturellen Angebots, mit dem Reykjavík vergleichbar große Städte in Mitteleuropa weit übertrifft, versäumen die meisten Besucher, denn die darstellende Kunst macht während der sommerlichen Hauptreisezeit weitgehend Ferien. Die Spielzeiten der großen **Theater** und der **Oper** – Reykjavík hat immerhin zehn Bühnen an sieben Häusern – sowie des Isländischen Symphonieorchesters sind von Oktober bis Mai. Einige Darsteller nutzen indes die spielfreie Zeit und bringen auf freien Bühnen historische Stoffe aus der Sagazeit oder Szenen aus der Volkskultur touristengerecht zur Aufführung. Light Nights ist eine seit Jahren etablierte Inszenierung dieser Art in englischer Sprache, eine andere kommt im Zimmertheater Skemmtihus am Laufásvegur auf die Bühne; die Tourist Information kennt die aktuellen Programme und Termine.

Bunt sind keineswegs nur die Fassaden in Reykjavík: auf dem Gay Pride Festival

Festivals und Feste

Seit 1970 bleibt in geraden Jahren das Kulturleben bis in die Anfänge der Reisesaison hinein erhalten, dank des biennalen Kunstfestivals **»Listahátíð í Reykjavík«** mit einem auch international gut besetzten und weit gespannten Programm (www.artfest.is). Anfang/Mitte Juni neigt sich aber auch dieses Festival dem Ende zu. Nach dem ersten Augustwochenende mit arbeitsfreiem Montag, den nahezu alle Städter irgendwo auf dem Lande feiernd verbringen und Reykjavík ruhig und verschlafen zurücklassen wie an keinem anderen Tag des Jahres, wird die Stadt wieder munterer. An den beiden folgenden Wochenenden bringen die Schwulen- und Lesbenparade **Gay Pride Reykjavík**, eine Mischung aus Karneval und Christopher Street Day, sowie die lange, bunte Kulturnacht Menningarnott im Anschluss an den **Reykjavík Marathon** den Puls der Stadt wieder auf volle Touren.

Reykjavík – die Stadt der sieben Bäder

Erstklassiges Badeerlebnis

Gibt es in Reykjavík ein Muss? Die Museen sind ohne Zweifel interessant und sehenswert, aber im globalen Vergleich eher 2. Liga. Die Lage der Stadt mit dem Bergpanorama auf der einen und dem Meer auf der anderen Seite ist beeindruckend, aber nicht einzigartig. Das Nachtleben wird von einigen Tourismuswerbern zum globalen Hotspot stilisiert, aber es ist wohl eher der Hauch des Exotischen denn wirkliche Augenhöhe zu Berlin, London oder New York, der es zur Attraktion macht. Eines indes ist wirklich einmalig: **Reykjavíks Badeleben**. Man sollte die Stadt nicht ohne Besuch in einem der vielen Schwimmbäder verlassen. Umfragen unter ausländischen Besuchern, die dieses Badeerlebnis genossen haben, dokumentieren die Attraktivität: 98 % wollen, wenn sie noch einmal nach Reykjavík kommen, unbedingt wieder baden gehen.

Reykjavík Orientierung

Übernachten

① Hótel Borg
② Hótel Holt
③ Fosshótel Höfði
④ Baldursbrá
⑤ Reykjavík Farfuglaheimili

Essen

① Perlan
② Apótek
③ Humarhúdið
④ Þrír Frakkar

⑤ Lækjarbrekka
⑥ First Vegetarian
⑦ Mokka
⑧ Shalimar
⑨ Súfistinn Bókakaffi

Ausgehen

① Gaukur á Stöng
② Grand Rock
③ Kaffibarinn
④ Kringlukráin
⑤ NASA

Warmes Bad am Polarkreis

Jeder Stadtkämmerer einer deutschen 100 000-Einwohner-Stadt hätte täglich mehrere Entspannungsbäder nötig, müsste er rund ums Jahr den Betrieb von sieben Thermalbädern finanzieren, nur eins davon überdacht. Für den Kollegen aus Reykjavík ist das trotz der Nähe zum Polarkreis kein Problem: Die Heizkosten sind kaum der Rede wert, und auf der Habenseite stehen fast 2 Mio. Besucher pro Jahr – eine dreimal so große Stadt wie das deutsche Bielefeld kommt im Vergleichszeitraum gerade einmal auf 1 Mio. Schwimmbadbesucher. Und zu den sieben Bädern in Reykjavík gesellt sich noch ein halbes Dutzend in den Vorstädten. Die meisten erreichen bei Größe und Ausstattung einen Standard, den in Mitteleuropa allenfalls teuere Spaß- und Freizeitbäder bieten; in Reykjavík ist ein Schwimmbadbesuch im Verhältnis zu den sonstigen Lebenshaltungskosten indes ein **preiswertes Vergnügen**. Und da die Freibäder auch im Winter recht lange Öffnungszeiten haben, bieten sich durchaus Chancen, nach Einbruch der Dunkelheit ein Bad unter Nordlicht zu nehmen.

> ! *Baedeker* TIPP
>
> **Rundumverwöhnung – nur für Frauen!**
>
> Baðhúsið ist ein Health Spa nur für Frauen, das 1994 von Linda Pétursdóttir, einer ehemaligen Miss Island und Miss World, eröffnet wurde. Hier werden Massagen, Beauty-Behandlungen, Jacuzzi und vieles mehr angeboten. Rund 1000 Frauen lassen sich jeden Tag in diesem angenehm entspannenden Ambiente verwöhnen (Reykjavík, Brautarholti 20, Tel. 561 51 00, www.badhusid.is).

Neben normalen Schwimmbecken mit Wassertemperaturen von selten weniger als 29 °C haben die meisten Bäder auch Dampfsaunen, Whirlpools, Warmbadebecken und heiße Pötte, **Heiti potturinn**. Wer in diese Minipools steigt, gart sich bei Temperaturen von 37 – 42 °C. Das hat eine ähnlich entspannende Wirkung wie eine Sauna. Anfänger sollten aber auf jeden Fall erst einmal den »kältesten« der Pötte testen, denn Wassertemperaturen über 40 °C wirken auf einen nicht daran gewöhnten Körper fast schon brühend. Gänge in den heißen Pötten sollten maximal 15 Minuten dauern, anschließend kühlt man sich wie nach einem Saunabesuch im Freien oder im normalen Schwimmbecken ab. Und: Für den anschließenden Abend sollte man sich nicht zu viel vornehmen – heiße Pötte machen müde!

Wer baden geht, lebt länger!

Die Bevölkerungsstatistik dokumentiert die Folgen der Badelust: Die im internationalen Vergleich hohe Lebenserwartung der Isländer geht auch auf die Badekultur des Landes zurück, davon sind Gesundheitsexperten überzeugt. Den Thermalbädern wird **Heilwirkung** bei Alterskrankheiten wie Arthritis ebenso zugeschrieben wie bei modernen Stresskrankheiten. Whirlpools und heiße Pötte fördern aber nicht nur die Gesundheit, sondern auch die Kommunikation: In den mollig warmen Becken treffen sich die Menschen der Stadt, hier plauschen sie über Alltag oder Politik, tratschen über Nachbarn oder VIPs, und hier kommen auch Besucher so leicht wie nirgendwo sonst ins Gespräch mit Einheimischen oder anderen Gästen. **Laugardalslaug**, das Hauptbad der Stadt neben dem Campingplatz im Laugardalur (Sundlaugarvegur), bietet neben einem Open-Air-Wettkampfbecken mit 50-Meter-Bahnen auch sechs Hot Pots sowie einen Sauna- und Dampfbadbereich. Zentrumsnah liegt im Westen der City das Sundlaug Vesturbæjar (Hofsvallagata), und gut erreichbar sind auch die Bäder von Kópavogur und Seltjarnarnes. Weitere Details für alle Bäder bezüglich Ausstattung, Öffnungszeiten und Busverbindungen erhält man in englischer Sprache im Internet unter www.visitreykjavik.is; dort unter »Things to do« das Stichwort »Thermal Pools and Spa« anklicken.

✶ Die Altstadt zwischen Hafen und Tjörnin

Grjótaðorp

Die Straßen, Gassen und Plätze im Zentrum zwischen dem Hafen auf der Nord- und dem See Tjörnin auf der Südseite sind der älteste Teil Reykjavíks. Das spürt man am deutlichsten westlich des Ingólfstorg im so genannten Grjótaðorp, einem Block mit kleinen, verwinkelten Gassen und Häusern aus den Kindertagen der Stadt im späten 18. und frühen 19. Jahrhundert. Als ältestes Haus gilt das Gebäude **Aðalstræti 10**. Es entstand 1752 für einen der Kleinbetriebe, mit denen Skúli Magnússon die Wirtschaft Islands in Gang brachte. Skúli, der damit der eigentliche Gründer der Stadt Reykjavík ist, steht als Denkmal an der Ecke Aðalstræti/Kirkjustræti. Fast zu seinen Füßen wurden bei der Vorbereitung eines Hotelneubaus auch umfangreiche archäologische Bodenuntersuchungen gemacht, die Fundamente der ersten Bauten Reykjavíks ans Tageslicht brachten.

> **! *Baedeker* TIPP**
>
> **Bestens informiert!**
>
> Veranstaltungshinweise, Eintrittspreise von Museen und anderen Attraktionen sowie Beschreibungen neuer Restaurants, Kneipen und Nightlife-Locations bieten die Broschüren »What's on in Reykjavík« und »Reykjavík this month«. Sie erscheinen bisher nur in Englisch, alle ein bis zwei Monate neu und liegen in der Tourist Information sowie in den meisten Unterkünften kostenlos aus.

Dass in diesem Viertel, das so weit im Westen der Stadt liegt, die wichtigste Einkaufsstraße **Austurstræti** heißt, also Oststraße, geht auf den historischen Blickwinkel zurück: Als der Name Mitte des 19. Jh.s gewählt wurde, führte sie nach Osten aus dem Ort heraus! Ein Pendant in die andere Richtung gibt es auch, die Vesturgata, die vom Ingólfstorg nach Westen führt; sie ist eine Straße der kleinen Shops mit Kunsthandwerk und Handarbeiten.

Shopping und Nightlife in der Altstadt

Das Viertel zwischen Hafen und Tjörnin ist bis spät in die Nacht äußerst munter. Hier stößt man auf etliche Institutionen der Café-, Kneipen- und Restaurantszene, so auf das **»Gaukur á Stöng«** in der Tryggvagata 22, in dem Anfang der 1980er-Jahre jene legalen Bier-

Highlights Reykjavík

Altstadt
Beim Bummel durch die Straßen und Gassen zwischen Hafen und Tjörnin bewegt man sich im Herzen Reykjavíks.
► Seite 241

Städtisches Kunstmuseum
Museum mit drei Dependancen. Isländische Kunst von Erró über Kjarval bis Sveinsson.
► Seite 244/255/259

Nationale Kunstgalerie
Für alle, die mehr (isländische) Kunst wollen. Gut vertreten ist die Landschafts- und Naturmalerei.
► Seite 248

Nationalmuseum
Eine Reise durch Geschichte und Kultur des Landes.
► Seite 254

Freilichtmuseum Árbæjarsafn
Historische Gebäude, Demonstrationen traditionellen Handwerks – ein gelungenes, authentisches Museum.
► Seite 255

Nachtleben
Reykjavík ist berühmt für seine Bars, Kneipen und Diskos. Wer sich die Nächte um die Ohren schlagen will, ist in Islands Hauptstadt am rechten Fleck!
► Seite 232/241

cocktails aus Dünnbier und Wodka kreiert wurden, die das Ende der jahrzehntelangen Bierprohibition einläuteten. Bistro-Cafés wie das **»Paris«** und das **»Thorvaldsen«** am Austurvöllur, das **»Café Victor«** am Ingólfstorg oder das **»Kaffi Reykjavík«** gleich um die Ecke an der Vesturgata verbreiten mit ihren Straßencafés an Sommertagen sogar einen Hauch mediterraner Stimmung, die dann so gar nicht zu den Wollläden passt, die sich am Ingólfstorg oder entlang der Hafnarstræti finden. Einer davon teilt sich mit dem Café Victor eines der auffälligsten Häuser im Viertel, das Falkenhaus an der Nordseite des Ingólfstorg. Geschnitzte Falken an den Dachfirsten erinnern an die alte Funktion, als hier zur Kolonialzeit begehrte Gerfalken aus dem ganzen Land gesammelt wurden, ehe sie als Geschenke der dänischen Könige den europäischen Hochadel beglücken mussten.

Nachts munterer als während der Geschäftszeiten

Die Cafés, aber auch etliche Restaurants der Altstadt, verändern sich am Abend und stellen auf Barbetrieb um. Fast alle bieten wenigstens an den Wochenenden auch **Entertainment**, entweder macht ein DJ den Gästen auf der Tanzdiele Beine oder Livemusiker stehen irgendwo auf einer Minibühne. Die größte davon, auf der auch bekanntere Namen der nationalen Musikszene auftreten, besitzt das »Gaukur á Stöng« (www.gaukurinn.is). Wer indes beim Bummel an Wochenendnächten die Warteschlangen vor den Türen angesagter Lokale oder deren häufig hohen Eintritts- und Alkoholpreise meiden will, bekommt auch unter freiem Himmel etwas zu sehen: Am **Ingólfs-**

torg treffen sich Biker und junge Skater, und auf den Straßen »cruisen« Autos in einem endlosen Korso – Rúnturinn nennen Isländer diese Beschäftigung – durch die Nacht, am Steuer etliche, die nach dem Gesetz zwar schon einen Führerschein besitzen, aber noch keine Kneipe betreten und erst recht keinen Alkohol trinken dürfen.

! *Baedeker* TIPP

Attention!

Dass in Island nicht nur Björk Musik macht, beweist die mittlerweile im Popgeschäft etablierte Gruppe Gus Gus mit ihren verschrobenen Klängen, die kaum in Worte zu fassen sind. Elektronisches Blubbern, knallige Dance-Rhythmen und unkonventionelle Gesangslinien sind das Markenzeichen von Gus Gus. Einfach mal Reinhören in das Debütalbum »Polydistortion«, den Nachfolger »This Is Normal« oder in das neue Studioalbum von 2007 »Volta«.

Von Donnerstag bis Sonntag ist tief in der Nacht in der Altstadt sowie am Laugavegur mehr los auf den Straßen als zu den Geschäftszeiten. Will man dies erleben, braucht man Standfestigkeit, denn der Abend beginnt selten vor 23.00 Uhr. Eine oft beschriebene **Attraktion des Nachtlebens** hat jedoch an Reiz verloren, weil es seit 2002 praktisch keine Sperrstunde mehr gibt: Der **Lækjartorg** füllt sich mitten in der Nacht bei weitem nicht mehr so schlagartig und vor allem so nachhaltig mit laut feiernden Massen wie zuvor, als alle Lokale Punkt drei Uhr schließen mussten. Munter geht es auf dem Platz aber immer noch die ganze Nacht zu, denn hier werden die letzten Würstchen, Pfannkuchen oder Waffeln an Imbissbuden geordert, ehe man nebenan ins Taxi oder in den Nachtbus steigt.

Stadthafen

Größere Schiffe konnten bis 1915 vor Reykjavík nur auf Reede gehen, Menschen und Waren mussten mit Tenderbooten zwischen

Leider wieder im Einsatz: die isländische Walfangflotte im Hafen von Reykjavík

Land und Bord hin- und hergebracht werden. Diese machten am Ufer auf Höhe der jetzigen Hafnarstræti fest. Das heute davor liegende Gelände wurde erst mit dem Hafenausbau 1913 bis 1917 aufgeschüttet. Inzwischen hat der moderne Container- und Frachthafen **Sundahöfn** ein paar Kilometer weiter östlich dem Reykjavíkurhöfn vor dem Zentrum viel von seiner Bedeutung genommen. Geblieben sind ihm die Fischtrawler und Küstenwachschiffe. Ein langer Kai direkt vor dem Zentrum an der Geirsgata ist kleinen und mittelgroßen Kreuzfahrtschiffen vorbehalten, die ganz großen müssen in den tieferen Sundahöfn. Auf dem Kai steht eine alte Dampflok, ein beliebtes Kletterobjekt für Kinder. Sie wurde beim Hafenbau für Materialtransporte eingesetzt und blieb bis heute Islands einzige Eisenbahn.

Kolaportið

Gleich gegenüber dem »Kreuzfahrerkai« öffnet sich an Wochenenden das Tor der Tiefgarage im **Tollhusið** (Zollhaus) für den Wochen- und Flohmarkt Kolaportið mit einer bunten Mixtur aus Lebensmitteln und Trödel auf den Theken: Gurken und Paprika aus privaten Gewächshäusern, Kartoffeln und selbst gebackene Pfannkuchen von einem Bauernhof in Südisland, Trocken- oder Frischfisch aus einem Fischerdorf auf Reykjanes, aber auch Süßkram und Krimskrams, Antiquitäten und Antiquarisches, Handyzubehör und Halstücher.

✶ Víkin (Seefahrtsmuseum)

In einer ehem. Fischfabrik im Nordwesten des alten Hafens ist die Geschichte der auf dem Fischfang basierenden isländischen Seefahrt aufbereitet. Auch der Kabeljaukrieg der 1970er-Jahre kommt zur Sprache (Öffnungszeiten: Juli – Sept. Di. – So. 11.00 – 17.00, übrige Zeit nur Sa. u. So. 13.00 17.00 Uhr; Internet: www.sjominjasafn.is).

✶ Städtisches Kunstmuseum: Hafnarhús

Die jüngste und sicher attraktivste Dependance des Städtischen Kunstmuseums (Listasafn Reykjavíkur), das seine Schätze noch an zwei weiteren Adressen in der Stadt zeigt (Kjarvalsstaðir ► S. 255) und Ásmundarsafn ► S. 259), füllt das Hafnarhús in der Tryggvagata 17. Moderne, vom Minimalismus geprägte Architektur hat das Büro- und Lagerhaus der Hafenverwaltung aus den 1930ern zum **Kunsttempel** avancieren lassen. Stahl und Beton prägen das Bild. Sechs Ausstellungsräume auf zwei Etagen um einen offenen Innenhof gruppiert sorgen für eine überschaubare Museumsgröße. Neben Wechselausstellungen werden Werke aus der ungefähr 3000 Exponate umfassenden Sammlung gezeigt, die der **Pop-Art-Künstler Erró** (* 1932) der Stadt im Jahr 1989 vermachte, sicher der namhafteste isländische Künstler seiner Zeit (Öffnungszeiten: tgl. 10.00 – 17.00 Uhr; Internet: www.listasafnreykjavikur.is).

✶ Austurvöllur

Der Austurvöllur wirkt eher wie ein kleiner Park denn wie einer der zentralen Plätze einer Hauptstadt. Bei schönem Wetter werden Grasflächen zu Liegewiesen und über allem steht ganz in der Mitte auf hohem Sockel **Jón Sigurðsson** (1811 – 1879), im 19. Jh. Führer der isländischen Unabhängigkeitsbewegung und damit der Vater der

Sonnenhungrige beleben bei einer Tasse Kaffee den Austurvöllur.

Selbstständigkeit des Landes (► Geschichte S. 48). Das Denkmal ist eine Arbeit von Einar Jónsson (1874 – 1954). Jón Sigurðsson schaut auf das Alþingishús, das er Zeit seines Lebens allerdings nicht gesehen hat; es wurde erst 1881, zwei Jahre nach seinem Tod, der Bestimmung übergeben. Das **Parlamentsgebäude** ist ein schlichter, geradezu bescheiden wirkender Bau mit einer Fassade aus grauen Basaltblöcken. Über dem Portal ist das Wappen des dänischen Königs Christian IX. zu sehen, seinerzeit Islands Staatsoberhaupt. Bevor Islands Parlament Alþing 1845 zu einem Neubeginn in Reykjavík zusammenkam, hatte es ausschließlich in ► Þingvellir getagt, sich aber ein halbes Jahrhundert zuvor in völliger Bedeutungslosigkeit aufgelöst. Bis zum Einzug in das neue Gebäude diente ein paar Hundert Meter östlich die Menntaskólinn í Reykjavík, das Alte Gymnasium in der Bókhlöðustíg 7, als Tagungsort. Sie war bis weit ins 19. Jh. hinein die einzige Schule des Landes, über die man die Qualifikation für ein Studium erlangen konnte, das dann meist nach Kopenhagen führte. So stehen viele Persönlichkeiten des Landes auf der Liste der Ehemaligen, darunter zwei Nobelpreisträger: Der auf den Färöer-Inseln geborene **Niels Finsen** (1860 – 1904) bekam für seine Arbeiten zur Lichttherapie bei Tuberkulose 1903 den Nobelpreis für Medizin und **Halldór Laxness** (1902 – 1998; ► S. 61) bekam 1955 den für Literatur.

◄ Alþingishús

◄ Menntaskólinn í Reykjavík

Dómkirkjan

Zwischen Alþingishús und Menntaskólinn füllt die Dómkirkjan, die bescheidene Domkirche, die Südostecke des Austurvöllur. Sie entstand von 1788 bis 1796 als Sitz für den gerade von Skálholt nach Reykjavík umgezogenen Bischof von Island. Groß musste die Kirche damals nicht sein, die Stadt hatte nicht einmal 200 Einwohner.

Kleinod im Inneren ist ein Taufstein aus Carrara-Marmor, 1839 von **Bertel Thorvaldsen** (1770 – 1844) »in Rom geschaffen und Island, seinem Vaterland, in Treue geschenkt«, wie eine lateinische Inschrift aufklärt. Thorvaldsen, zu seiner Zeit einer der bedeutendsten klassizistischen Bildhauer in Europa, arbeitete lange in Rom und wird in der Kunstgeschichte eigentlich als Däne geführt. Isländer reklamieren ihn aber gern als einen der ihren, weil der Vater von der Insel stammte. Aus diesem Grunde sind noch einige andere seiner Werke in der Stadt zu sehen, darunter ein Selbstporträt aus dem Jahr 1839 in den Grünanlagen am südlichen Teil des Tjörnin, jenseits des Skothúsvegur.

Hotel Borg

Größer und pompöser als Parlament und Domkirche wirkt das Hotel Borg an der Ostseite des Austurvöllur, ein Haus ganz geprägt vom Art déco und nach Plänen von **Guðjón Samúelsson** (1887 – 1950) gebaut. Seit dem Tag der Eröffnung im Jahr 1930 ist das Borg Islands einziges echtes Grandhotel mit einer langen Liste illustrer Gäste aus Adel, Politik und Showgeschäft, darunter Dänenkönig Christian X., Marlene Dietrich und Kevin Costner.

Tjörnin – Vogelparadies im Zentrum

Naturoase

Wenige Schritte südlich von Parlament und Domkirche entfernt steht man schon wieder am Wasser: Der Stadtteich Tjörnin setzt der Altstadt eine natürliche Grenze und bildet eine ungewöhnliche **Naturoase**: Über 80 Vogelarten sind hier schon beobachtet worden, knapp 50 regelmäßig. In kalten Wintern, wenn Teile des Tjörnin zur Schlittschuhbahn werden, wird immer ein Stück auf der Altstadtseite mit warmem Wasser für die Vögel eisfrei gehalten.

Als die Stadtväter ein neues **Rathaus** im Zentrum wollten, blieb ihnen mangels sonstigem Bauland nur die Option, dem Tjörnin eine Ecke abzuzwacken. 1992 wurde das zweiflügelige Gebäude mit seinen markanten, halbrunden Dächern der Bestimmung übergeben. Markenzeichen ist die Südfassade zum See hin: Wuchtige Betonsäulen schirmen eine Glasfront ab, die vom Dach bis zum Wasserspiegel des Sees hinuntergezogen ist. Ursprünglich wegen seiner Dimensionen

! Baedeker TIPP

Den Elfen auf der Spur

Eigentlich stehen die Isländer mit beiden Beinen im 21. Jh., trotzdem haben sie unglaublich viele Probleme mit Gnomen, Lichtfeen, Elfen und Trollen, die z. B. sehr böse werden, wenn Straßen durch ihre unsichtbaren Wohnungen gebaut werden. Deshalb war es 1995 höchste Zeit, eine Elfenschule zu eröffnen – die erste und einzige weltweit! Seitdem weiht der Historiker Magnús Skarphédinsson jeden Freitag um 16.00 Uhr auch Touristen in die Problematik der Elfen ein (Álfaskólinn, Síðumúli 31, 108 Reykjavík, Tel. 834 40 14, mhs@vortex.is).

Ein Hotel, wie es in Island kein zweites gibt: das Borg →

und Baukosten umstritten, ist das neue Rathaus längst ein akzeptiertes und das **Stadtbild prägendes Element**. Touristen finden im Inneren ein städtisches, selten überlaufenes Informationsbüro sowie eine schöne und preiswerte Cafeteria.

✶ **Nationale Kunstgalerie**

Am Ostufer des Tjörnin fällt eine mit grauem Wellblech verkleidete Kirche eher ins Auge als das Museum gleich daneben: Listasafn Íslands, die Nationale Kunstgalerie (Fríkirkjuvegur 7). Sie belegt die architektonisch gelungene Vereinigung eines alten Eislagers – hier wurden aus dem Tjörnin gesägte Eisblöcke für den Sommer gelagert – mit einem lichtdurchfluteten Neubau. Oft füllen Wechselausstellungen auch ausländischer Künstler die Säle, in den Sommermonaten weiß man jedoch, was man Islandbesuchern schuldig ist: Ausgewählte Werke einheimischer Künstler aus der eigenen Sammlung werden dann gezeigt, darunter immer Klassiker der **Landschafts- und Naturmalerei**, die bis in die 1940er-Jahre die Kunst des Landes dominierte. Ein Pionier der isländischen Malerei und der erste Vollzeitkünstler des Landes war **Ásgrimur Jónsson** (1876 – 1958), der Anfang des 20. Jh.s an der Königlichen Kunstakademie in Kopenhagen studierte und 1903 seine erste Ausstellung in der Heimat hatte. Er ist in der Sammlung der Nationalgalerie gut vertreten. Öffnungszeiten: Di. – So. 11.00 – 17.00 Uhr.

Massenandrang in der Nationalen Kunstgalerie

Laugavegur und Bankastræti

In Verlängerung der Austurstræti bilden der Laugavegur und sein Appendix Bankastræti die wichtigste Einkaufsstraße der Stadt. Dank geothermischer Quellen unter dem Pflaster hat sie sogar eine Bodenheizung und bleibt auch im Winter schnee- und eisfrei. Hier treffen alteingesessene Juweliere, Boutiquen internationaler Modeketten und einheimischer Designer, Souvenirshops, Buch- und Musikläden, Restaurants und einige **In-Locations** aufeinander.

Kunsthandwerk und Handarbeit

Wer nach Kunst, Kunsthandwerk oder schlicht nach einem etwas ausgefalleneren Souvenir sucht, kann dort, wo die Bankastræti in den Laugavegur übergeht, auf den Skólavörðustígur abbiegen, der zur Hallgrímskirkja hinaufführt. Rechts und links liegen viele Galerien und Läden, die Kunst, Kunsthandwerk oder Handarbeit feilbieten: Bei Souvenirjägern besonders beliebt ist der Laden der **Kooperative Isländischer Handstrickerinnen**, Handprónasambandið, in Haus Nr. 19. Wer beim »Anstieg« eine Verschnaufpause braucht, sollte in Nr. 3 Reykjavíks ältestes Café ansteuern: Das »Mokka Kaffi« ist eine Institution, durchweht vom Charme der 1960er.

> **! Baedeker TIPP**
>
> **ÁTVR – Kürzel für Promille**
>
> Unter Touristen sind sie sagenumwoben, und weil sie für sich nicht werben dürfen, erinnern sie mit ihrem dezenten Äußeren etwas an den Chic des sozialistischen Einzelhandels. Oft fallen sie nicht einmal auf, wenn man fast schon vor der Tür steht: Die Verkaufsstellen des staatlichen Alkohol- und Tabakmonopols ÁTVR. Vínbúðin in der Austurstræti 10 a ist einer von sechs Alkoholshops in Reykjavík und exzellent sortiert. Freunde edelster und ausgefallener Tropfen erleben manch positive Überraschung. Geöffnet: Mo.–Fr. 11.00–18.00, Sa. 11.00–14.00 Uhr.

Wechselt man von der Altstadt über die Lækjargata zur Bankastræti, fällt ein Komplex alter Häuser aus dem 19. Jh. ins Auge, in einem davon hat das **Restaurant Lækjarbrekka** als kulinarische Institution Reykjavíks einen würdigen Platz gefunden. Das auffallige Gebäude mit seinem pechschwarzen Anstrich und den leuchtend weißen Fenstern entstand 1832 als Privathaus für einen dänischen Händler, wurde aber im Laufe der Zeit mehrfach umgebaut und umgenutzt. Etliche Jahre wurde das heranwachsende Reykjavík von hier mit Brot, Brötchen und Kuchen der Bäckerdynastie Bernhöft versorgt, und noch heute wird der ganze Block nach ihnen **Bernhöftstorf** benannt. Die Kaffeehaustische auf dem kleinen, windgeschützten Platz zwischen den Häusern sind an schönen Tagen ein beliebter »Verschnaufpunkt« für Touristen.

Stjórnarráðshúsið

An der Ecke Lækjargata/Bankastræti fungiert das Stjórnarráðshúsið als **Amtssitz des Regierungschefs**. Die Ersten, die hier 1771 einzogen, waren indes nicht hoch angesehen und kamen nicht freiwillig: Das Gebäude diente bis 1820 als Gefängnis, erst dann ließ es sich ein

Gouverneur zum Amtssitz umbauen. Seitdem hat es in dieser Funktion immer den Mächtigsten im Lande gedient. Die beiden Statuen im Vorgarten zeigen **Hannes Hafstein**, der 1904 als erster Isländer das Amt eines in Reykjavík residierenden Islandministers übernahm, und **Dänenkönig Christian IX.**, der 1874 als erster dänischer Regent überhaupt diesen Teil seines Reiches besuchte. Dabei brachte er seinen Untertanen eine Verfassung mit, die ihnen die Teilselbstständigkeit versprach und den Weg in die 70 Jahre später verwirklichte Unabhängigkeit einläutete. Ein paar Schritte nördlich hält vom Hügel Arnarhóll ein martialisch wirkender Ingólfur Arnarson, angelehnt an den Drachenbug seines Schiffes, Ausschau nach neuen Ufern. Dieses Denkmal von Islands erstem Dauersiedler ist, wie die beiden vor dem Stjórnarráðshúsið, eine Arbeit von Einar Jónsson.

✶✶ Kulturhaus Safnahúsið

Hinter dem Denkmal Ingólfurs fällt das markante Þjoðmenningarhúsið, auch Safnahúsið genannte Gebäude mit seinen klassizistischen Zügen auf (Hverfisgata 15). Es wurde Anfang des 20. Jh.s als Haus der Sammlungen gebaut und beherbergte einige Jahre fast alle Schätze des Landes aus der Kultur wie aus den Naturwissenschaften, diente dann lange als Nationalbibliothek. Die »Bücher«, die heute hier ausgestellt werden, gelten als die kostbarsten Kunstschätze Islands: **Originale der mittelalterlichen Sagahandschriften**. Öffnungszeiten: tgl. 11.00 – 17.00 Uhr, www.thjodmenning.is.

Nationaltheater

Das nächste Haus an der Hverfisgata ist das in den späten 1920ern gebaute Nationaltheater. Die vom Art déco geprägte Fassade deutet schon jene in Beton gegossenen Basaltformationen an, die **Guðjón Samúelsson** an der Hallgrímskirkja zur Vollendung bringen sollte.

Museum für zeitgenössische Kunst

Bei einem Bummel sollte man von der Hverfisgata bald wieder auf den Laugavegur wechseln, eine der möglichen Querstraßen ist der Vatnsstígur. Hier bezog Ende 2002 das Museum für zeitgenössische Kunst, **Nylistasafnið**, neue Räume, in denen es seine oft avantgardistischen Ausstellungen mit Werken isländischer Künstlerinnen und Künstler der jüngsten Generation präsentiert (Vatnsstígur 3; Programminfo im Internet unter: www.nylo.is).

Naturhistorisches Museum

Ganz am östlichen Ende des Laugavegur, neben der großen Busstation Hlemmur, dokumentiert und erläutert das Naturhistorische Museum (Hlemmur 5) Flora, Fauna und Geologie der Insel, u. a. mit ausgestopften Exemplaren aller Tiere des Landes, insbesondere der Vögel. Das Museum besitzt je ein Skelett sowie ein ausgestopftes **Exemplar des Riesenalks**, einer in nördlichen Gefilden einst weit verbreiteten Art. Leider war der flugunfähige Vogel schmackhaft und fleischig und wurde so zum Suppenhuhn des Nordmeers. Am 3. Juni 1844 erlegten auf der Felseninsel Eldey vor ► Reykjanes Vogeljäger die letzten lebenden Exemplare weltweit. Öffnungszeiten: Di., Do., Sa., So. 13.00 – 17.00 Uhr.

Vom Tjörnin zur Hallgrímskirkja

Mit dem Tjörnin im Westen und dem Laugavegur im Norden hebt sich der Hügel Skólavörðuholt über das alte Zentrum, auf der Spitze die markante **Hallgrímskirkja** als auffälligste Landmarke der Stadt. Die Häuserzeilen, die sich oberhalb des Sees den Hügel hinaufziehen, gehören zu den besseren Wohnlagen Reykjavíks. Viele diplomatische Vertretungen – darunter die deutsche Botschaft am Laufásvegur 31 – sind hier zu finden, und auch Islands Staatspräsident hat nahe dem Seeufer seinen Amtssitz.

Hotel Holt

Etwas oberhalb der Nationalgalerie kann man Kunst in einem auf den ersten Blick ungewohnten Rahmen entdecken: Das Hotel Holt (Bergstaðastræti 37) hat äußerlich den Charme eines Plattenbaus, innen ist es ein höchst anspruchsvolles Hotel mit einer ebenso anspruchsvollen, von Gourmets hoch geschätzten Küche, und es zeigt in seinem Restaurant, in der Bar, im Foyer und auf den Fluren eine der besten privaten Kunstsammlungen des Landes, darunter viele **Landschaftsgemälde und Porträtskizzen von Johannes S. Kjarval**.

✶ Volcano Show

Auf dem Weg zwischen Nationalgalerie und Hotel Holt passiert man die Volcano Show des Naturfilmers Villi Knudsen. Diese **Institution der Touristenunterhaltung** wurde von seinem Vater Ósvaldur ins Leben gerufen. Wo immer auf Island in den letzten Jahrzehnten ein

Hat nur Amerika im Kopf: Leifur Eiríksson würdigt die Hallgrímskirkja keines Blickes.

Klumpen Lava in den Himmel geschleudert wurde, tauchte nach kurzer Zeit ein Knudsen mit der Kamera auf, häufig im Flugzeug um die Ausbruchsstelle kreisend. Im Mini-Kinocenter am Hellusund 6a laufen die immer wieder aktualisierten Zusammenschnitte des dabei entstandenen Materials (Vorführungen bis zu 5 x tgl., im Sommer auch 1 x tgl. auf Deutsch, Dauer ca. 2 Std.; Tel. 551 32 30).

★ Hallgrímskirkja

Von überall in der Stadt und aus weitem Umkreis ist die Hallgrímskirkja unübersehbar, die 1986 nach gut 40-jähriger Bauzeit endlich geweiht werden konnte. Die Kirche streckt sich ganz oben auf dem Skólavörðuhólt in den Himmel und erinnert mit ihrem markanten Profil und den ewig blinkenden Warnlichtern ein wenig an ein Weltraumshuttle auf der Startrampe, obwohl Islands Staatsarchitekt **Guðjón Samúelsson** eher Säulenbasalte der Vulkanregionen im Sinn hatte, als er die Entwürfe zeichnete. Das lichtdurchflutete Innere lehnt mit schlanken Säulen an die Gotik an, wirkt aber nicht wie eine Kopie, sondern eher wie eine moderne Weiterentwicklung. Das Mittelschiff der Betonkirche besitzt eine außergewöhnliche Akustik, die die 5275 Pfeifen der 72-Register-Orgel aus der Werkstatt des Bonner Orgelbauers Hans Gerd Klais richtig zur Geltung bringt. Orgelkonzerte finden im Sommer Do. und Sa. zur Mittagszeit, So. am Abend statt. Zweite Attraktion der Kirche ist die **Aussichtsplattform** im fast 75 m hohen Kirchturm, die mit einem Aufzug zu erreichen ist (Zugang: tgl. 10.00 – 18.00 Uhr, im Winter Mo. geschl.). Vor der Hallgrímskirkja steht in Bronze gegossen der Amerikaentdecker **Leifur Eiríksson** auf einem Granitsockel. Die Skulptur des amerikanischen Bildhauers A. S. Calder kam 1930 als Geschenk der USA zum 1000. Jahrestag der Gründung des Alþing nach Island.

! *Baedeker* TIPP

Wintersportcity Reykjavík

Im Umkreis von 25 km um Reykjavík stehen drei Skigebiete zur Verfügung: Skálafell am Ostrand des Esja-Massivs sowie Bláföll und Hamragil, beide jeweils nur wenige Kilometer abseits der Ringstraße Richtung Südisland. Ist Ski laufen möglich, verkehren Busse ab dem BSÍ-Busbahnhof (Vatnsmyrarvegur) in alle drei Skigebiete. Nähere Informationen bei der Tourist Info.

Einar-Jónsson-Museum

Direkt neben der Hallgrímskirkja fällt noch ein ungewöhnlich streng wirkender Betonbau auf, das Listasafn Einars Jónssonar (Njarðargata). Das Haus entstand als Museum und Künstlerdomizil nach Plänen des langjährigen Bewohners Einar Jónsson (1874 – 1954), Islands erstem nennenswerten Bildhauer. 1923 war es vollendet. Einar Jónsson porträtierte zwar auch zahlreiche Persönlichkeiten, wie die Standbilder vor dem Stjórnarráðshúsið und auf dem Austurvöllur zeigen, erreichte seinen Durchbruch indes 1901 mit der Skulptur der Gesetzlosen »Útlagar«. Später wurde sein Werk immer mehr von mythologischen und religiösen Symbolen geprägt; er fühlte sich den deutschen Symbolisten seiner Zeit eng verbunden. Einen guten Eindruck von Jónssons Werk bekommt man im **Skulpturengarten** hinter dem Museum. Öffnungszeiten Museum: Juni – Mitte Sept. Di. bis So. 14.00 – 17.00, Mitte Sept. – Mai nur Sa./So. 14.00 – 17.00 Uhr, Dez./Jan. geschl.; Skulpturengarten: täglich 11.00 – 16.00 Uhr, www.skulptur.is.

Vom Tjörnin ins Universitätsviertel

Über dem Westufer des Stadtteichs entstand in den ersten Jahren des 20. Jh.s eine Villenzeile für die damals »besseren Kreise«. Heute bilden diese Häuser entlang der Tjarnagata mit ihren bunten Wellblechfassaden einen pittoresken Kontrast zum modernistischen Betongrau des Rathauses. Die parallel etwas höher verlaufende **Suðurgata** streift den alten Hauptfriedhof der Stadt, nicht nur letzte Ruhestätte vieler bekannter Isländer, sondern auch ein idyllisches Plätzchen mit guter Aussicht über den Tjörnin bis zum Skólavörðuholt mit der markanten Hallgrímskirkja auf der Spitze. Am Kreisverkehr, an dem die Suðurgata auf die Hringbraut, die wichtigste Ost-West-Verbindung der Stadt trifft, schaut ein verzweifelter Mann auf den Verkehr, ein Kind auf dem Arm, die leblose Frau über der Schulter, ein Hund zu Füßen: **»Útlagar«** heißt die Skulptur von Einar Jónsson, die einen Gesetzlosen mit seiner Familie zeigt, der nach der Rechtsprechung des alten Islands für vogelfrei erklärt wurde. Sollte er je über die Straße kommen, hat er auf der anderen Seite das weitläufige Univiertel mit dem Nationalmuseum gleich gegenüber erreicht.

Im Skulpturengarten von Einar Jónsson

★★ Nationalmuseum

Þjóðminjasafnið Íslands, das Nationalmuseum (Suðurgata 41), koordiniert und registriert alle archäologischen Aktivitäten im Lande, sammelt und konserviert die Funde und zeichnet landesweit für die Restaurierung und Bewahrung von knapp vier Dutzend historischer Bauten verantwortlich, darunter alle alten Grassodenhöfe und -kirchen. Das Archiv besitzt **Zehntausende von Exponaten** aus der Wikingerzeit, aus der Zeit der frühen Besiedlung und der späteren Volkskultur, jedoch wird davon nur ein Teil in den Ausstellungen des Museums gezeigt. Die Sammlung wird nach neuesten Museumskonzepten präsentiert und ein großzügiges Café sowie ein Museums-Shop füllen das Erdgeschoss. Öffnungszeiten: tgl. 10.00 – 17.00, im Winter Mo. geschl., www.natmus.is.

Nationalbibliothek

Das moderne, klotzige Gebäude auf der anderen Seite der Suðurgata steckt voller Bücher – über eine Million Bände sind es inzwischen – und trägt wegen seiner festungsartigen Architektur den Spitznamen **»Bücherburg«**: Die Ende 1994 eröffnete Nationalbibliothek (Þjódarbókhladan) brachte die ehemalige Staatsbibliothek mit der Universitätsbibliothek unter einem Dach zusammen.

Institut Árni Magnússon

Wieder auf der anderen Seite der Suðurgata liegt das Hauptgebäude der Universität aus den späten 1930er-Jahren, eine weitere Hauptarbeit von Guðjón Samúelsson. An der 1911 aus der Fusion einer medizinischen, juristischen und theologischen Hochschule hervorgegangenen Háskóli Íslands sind heute rund 6000 Studenten an neun Fakultäten eingeschrieben. Im Nebengebäude Árnagarður ist das Institut Stofnun Árna Magnússonar zu Hause, benannt nach jenem Árni Magnússon, der im 17. Jh. die meisten erhaltenen **Originale der isländischen Sagas** zusammengetragen und so vor dem Untergang bewahrt hat. Viele davon sind heute im Besitz des Instituts, eine Auswahl davon wird im Kulturhaus Safnahusið ausgestellt (► S. 250).

Museum für Telekommunikation

Geht man vom Árni-Magnússon-Institut die Sturlugata zur Suðurgata hinauf, liegt gegenüber der Einmündung das ehemalige Gebäude der Seefunkstation »Reykjavík Radio«, **Loftskeytastöð** genannt. Nach der Fertigstellung 1918 wurde von hier mehr als ein halbes Jahrhundert Kontakt zu isländischen Schiffen auf den Weltmeeren gehalten. Heute dokumentiert in seinen Räumen das Fjarskiptasafnið der isländischen Telefongesellschaft Landssíminn die Telekommunikation von ihren Anfängen bis ins Handyzeitalter. Interessant ist die Überwindung der geografischen Isolation Islands: Erst 1906 erreichte ein Seekabel für Telegrafie von Schottland aus das ostisländische Seyðisfjörður, danach begann der

? WUSSTEN SIE SCHON ...?

- ... dass es in den dünn besiedelten Tälern Islands noch bis 1986 »Gemeinschaftsleitungen« gab: Alle Höfe eines Tales waren so hintereinander an ein Telefonkabel angeschlossen, dass jeder die Gespräche der Nachbarn mithören konnte.

Ausbau von Telefon- und Telegrafenleitungen im Land selbst. In den 1960er-Jahren waren alle bewohnten Gebiete angeschlossen. Heute zählen die Isländer bei allen Formen moderner Kommunikation weltweit zu den eifrigsten Nutzern, so hat kein anderes Land eine so hohe Handydichte pro Kopf der Bevölkerung. Öffnungszeiten: Di., Do. u. So. 11.00 – 17.00 Uhr.

In Reykjavíks jungem Osten

✶ **Städtisches Kunstmuseum: Kjarvalsstaðir**

Noch in Gehentfernung zur City, eingebettet in die Grünanlage Miklatún, liegt das 1973 fertig gestellte Ausstellungsgebäude Kjarvalsstaðir (Flókagata), eine weitere Abteilung des Städtischen Kunstmuseums Listasafn Reykjavíkur. Das Gebäude wurde **Jóhannes S. Kjarval** (1885 – 1972) gewidmet, Islands bis heute bedeutendstem Maler. Werke aus seinem Œuvre füllen regelmäßig einen der Säle. Das Kunstmuseum kann dabei aus dem Vollen schöpfen, denn Kjarval hatte 1968 seine persönliche Sammlung von Gemälden, Zeichnungen und Skizzen – annähernd 5000 Exponate – sowie Gegenstände aus seinem Künstlerleben der Stadt Reykjavík vermacht. Dort lebte er ab 1922, wenigstens die Winter hindurch, während er die Sommer überall in Island Motive suchte. Berühmt und bis heute bewundert wurde Kjarval vor allem für die Bilder von **Menschen und Landschaften seiner Heimat**, was ihn zum Maler der nationalen Selbstfindung Islands in der ersten Hälfte des 20. Jh.s erhob. Öffnungszeiten: tgl. 10.00 – 17.00 Uhr, www.listasafnreykjavikur.is.

Fährt man am Kjarvalsstaðir vorbei auf der großen West-Ost-Verbindung Miklabraut nach Osten, liegt rechter Hand bald das **Shopping Center Kringlan**, Zentrum der so genannten Neuen City. Kringlan ist eine luxuriöse Mall, wie man sie in vielen Großstädten der Welt findet. Wer das mag, kann hier in rund 140 Läden und Lokalen schön einkaufen oder gemütlich einkehren.

> **! *Baedeker* TIPP**
>
> **Wohl temperierter Nordatlantik**
>
> Reykjavík kann es sich leisten, das Wasser einer kleinen Meeresbucht aufzuheizen: Ylströndin Nauthólsvík heißt die Strandidylle unterhalb der Heißwassertanks auf Öskjuhlíð. Aufgeschütteter Sand sorgt für echtes Beachfeeling, und während das Meer selten wärmer als 12 °C wird, liegt die Wassertemperatur in der Bucht kaum unter 20 °C, bei Flut etwas kühler, bei Ebbe wärmer. Ein Hot Pot am Ufer bringt es auf gut 30 °C, ein weiterer am Servicecenter auf über 35 °C. Öffnungszeiten: Mitte Mai – Mitte Sept. tgl. 10.00 – 20.00 Uhr.

✶✶ **Freilichtmuseum Árbæjarsafn**

Im Osten Reykjavíks, am Nordufer des Flusses Elliðaár oberhalb des kleinen Staudamms Árbæjarstífla, fallen Häuser auf, die überhaupt nicht zur modernen Architektur der Vorstädte von Reykjavík passen: Grassoden, schwarz geteerte Holzbretter und Wellblech sind die Baustoffe. Im volkskundlichen Freilichtmuseum Árbæjarsafn stehen heute fast zwei Dutzend Gebäude aus dem 19. und frühen 20. Jahrhun-

PERLAN

★★ **Über Reykjavík thront auf dem Hügel Öskjuhlíð ein futuristisches Architekturkunstwerk namens Perlan. Die augenfälligen Heißwassertanks speichern das durch Erdwärme erhitzte und per Pipelines hierher transportierte hochtemperierte Wasser aus dem Erdwärmekraftwerk Nesjavellir. In einem der Tanks entführt ein Sagamuseum in die Vergangenheit Islands, während unter der Kuppel ein exzellentes Restaurant Gourmetansprüchen genügt. Rundherum breitet sich ein Natur- und Erholungsgebiet aus, in das zwei Attraktionen eingebettet sind, die ohne das reichlich fließende geothermische Wasser undenkbar wären: Nahe Perlan spritzt der künstliche Geysir Strókur etwa alle fünf Minuten in den Himmel und zu Füßen des Hügels wird die Bucht Nauthólsvík im Sommer auf Badetemperaturen aufgewärmt.**

Öffnungszeiten:
tgl. 10.00 – 18.00

① **Sagamuseum**
Das Sagamuseum hat es sich zur Aufgabe gemacht, die isländische Geschichte von der ersten Besiedlung bis zur Reformation anschaulich zu machen (www.sagamuseum.is).

② **Heißwassertanks**
18 Millionen Liter Wasser fassen die Tanks insgesamt. Im Durchschnitt enthält ein Liter heißes Wasser 200 bis 300 mg gelöste Mineralstoffe. Das Wasser der geothermalen Fernheizung ist bakterienfrei und vollkommen sauber.

③ **Stahlträger**
In den Stahlträgern zirkuliert, je nach Jahreszeit, kaltes oder warmes Wasser und hält so die Temperatur des Gebäudes konstant.

④ **Restaurant Perlan**
Das Drehrestaurant in der Glaskuppel ist Islands Gourmettempel schlechthin.

Die Perle
Form und Zweck verbinden sich zu einem spannenden Stück Architektur.

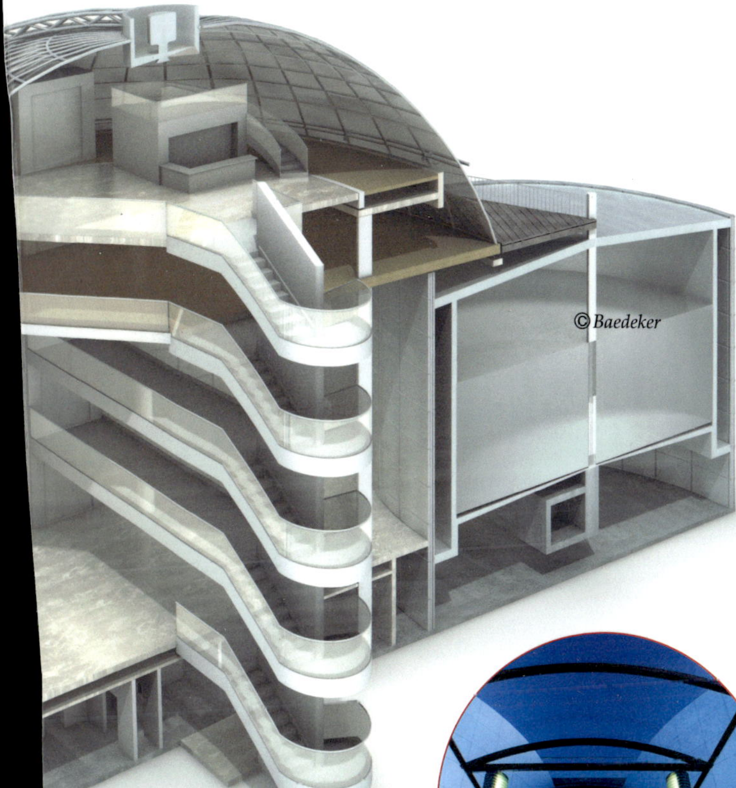

Eingang
Teil eines Gesamtkunstwerks

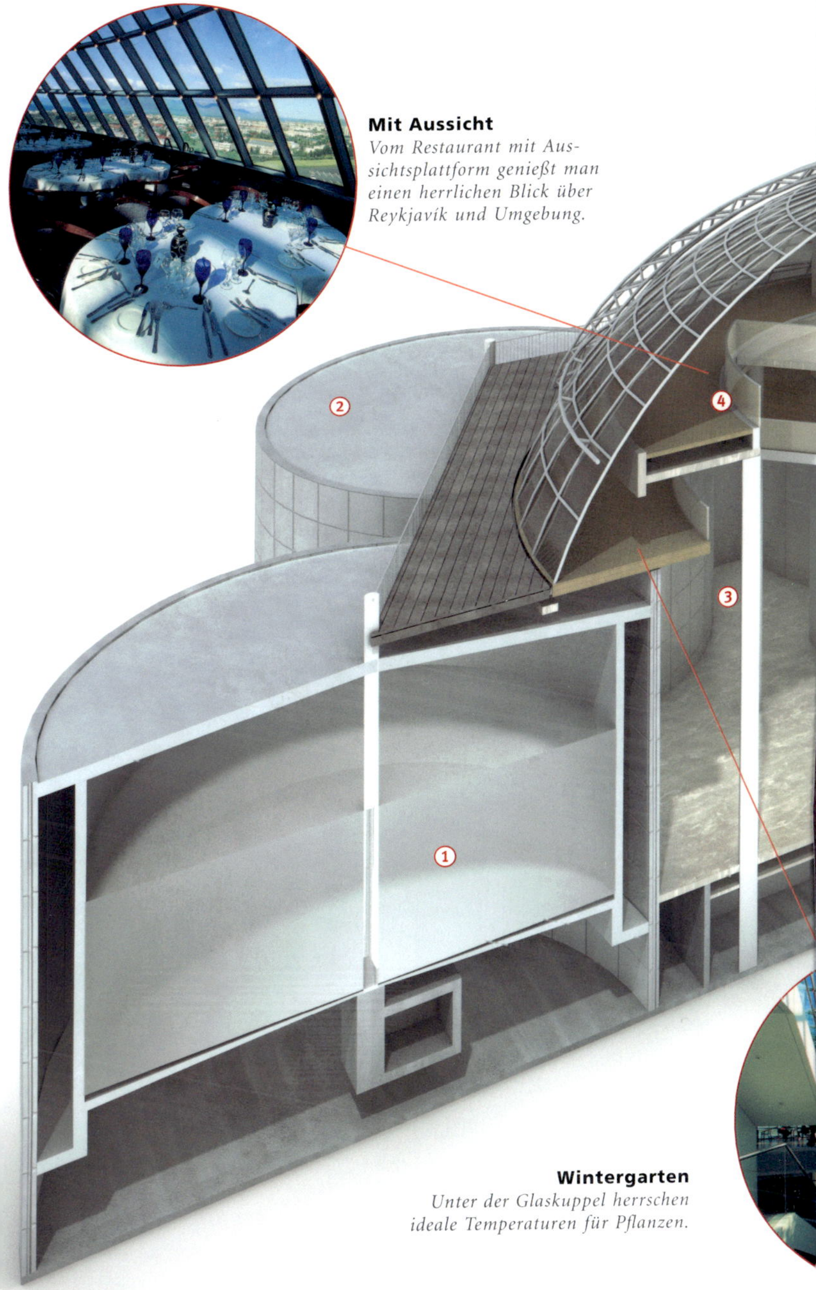

Mit Aussicht
Vom Restaurant mit Aussichtsplattform genießt man einen herrlichen Blick über Reykjavík und Umgebung.

Wintergarten
Unter der Glaskuppel herrschen ideale Temperaturen für Pflanzen.

Islands vergangene Wohnkultur: Im Freilichtmuseum Árbæjarsafn ist sie lebendig.

dert. Die meisten sind in Reykjavíks Altstadt ab- und hier wieder aufgebaut worden, nur die kleine Grassodenkirche kam 1959 aus Nordisland. Sie bildet ein schönes Ensemble mit dem Hof Árbær, dem einzigen Gebäude, das immer schon an dieser Stelle stand, gebaut in mehreren Etappen zwischen 1880 und 1920. In vielen Häusern wird **traditionelles Handwerk und alte Hausarbeit** demonstriert, im Laden nahe dem Eingang kann man wie zu Großmutters Zeiten einkaufen, und alle Mitarbeiter verrichten ihren Job in traditionellen Trachten. Das Museumscafé im Dillonshusið serviert Selbstgebackenes und am Wochenende meist eine üppige Kaffeetafel, zu der auch Isländer gern in dieses Museum kommen. Öffnungszeiten: Juni – Aug. Di. – Fr. 10.00 – 17.00, Sa./So. bis 18.00 Uhr, www.arbaejarsafn.is.

Sport- und Freizeitpark Laugardalur

Eine weitere grüne Oase für Erholung und Sport füllt das Laugardalur. Seine einst üppig sprudelnden warmen Quellen, die Þvottalaugarnar, wurden in den Kindertagen Reykjavíks als Waschplätze genutzt, und von hier floss 1928 das erste heiße Wasser durch eine Pipeline in die Stadt. An die Waschplatzzeiten erinnert das Denkmal der Waschfrau von **Ásmundur Sveinsson** mitten im Park. Vier Attraktionen vereint das Laugardalur: Im Grasagarður Reykjavíkur, dem Botanischen Garten, wachsen rund 4000 Pflanzenarten, darunter alle in Island heimischen. Familien mit Kindern steuern gern nebenan den Haustierzoo Húsdyragardurinn an, in dem alle in Island wild oder domestiziert vorkommenden Säugetiere zu sehen sind, sowie den kleinen **Familienfreizeitpark Fjölskyldugarðurinn** mit allerlei Unterhaltung und Spielgeräten für Kinder. Die schon etwas älteren Kinder und Jugendliche bevorzugen das größte Freibad der Stadt mit einer Mega-Rutsche, das Laugardalslaug, am Nordrand des Parks, wo sich alle wichtigen Sportstätten Reykjavíks einschließlich Islands Nationalstadion befinden.

★ **Städtisches Kunstmuseum: Ásmundarsafn**

Ein paar Meter westlich der Sportanlagen zeigen große Skulpturen um ein ungewöhliches Gebäude an, dass man die dritte Abteilung des städtischen Kunstmuseums Listasafn Reykjavíkur entdeckt hat, das Ásmundarsafn (Sigtún 5). Was Jóhannes S. Kjarval für die Malerei war, war **Ásmundur Sveinsson** (1893 – 1982) für die Bildhauerei, und auch er vermachte der Stadt Reykjavík viele seiner Werke: gut 370 Skulpturen sowie das von ihm selbst in den 1940ern geplante und gebaute Atelier mit Wohnhaus und Ausstellungshalle, ein extravagantes Gebäude, das Formen arabisch-ägyptischer Architektur aufgreift. Hier sind fast alle Hauptwerke wenigstens als Repliken zu sehen, darunter seine berühmten Frauenskulpturen aus den 1930er-Jahren wie die »Frau am Butterfass« oder die »Wasserträgerin«, aber auch Arbeiten aus seinem abstrakten Spätwerk. Öffnungszeiten: Mai – Sept. tgl. 10.00 – 16.00, Okt. – April tgl. 13.00 – 16.00 Uhr, www.listasafnreykjavikur.is.

Viðey

Vom Laugardalur in nördlicher Richtung ist man schnell am Containerhafen Sundahöfn. Von einem Anleger verkehrt mehrmals am Tag ein Boot zur Insel Viðey. Auf dem 1,7 km² großen Eiland stand im Mittelalter ein bedeutendes Augustinerkloster, und später residierten wichtige Persönlichkeiten auf der Insel, darunter »der Vater von Reykjavík« **Skúli Magnússon**, der in der hiesigen Kirche begraben ist. Die heute als Restaurant genutzte Villa Viðeyarstofa gleich oberhalb des Inselanlegers entstand für ihn 1755 nach Plänen von Nicolai Eigtved, bekannt als Architekt der königlichen Residenz Schloss Amalienborg in Kopenhagen. Auf dem Friedhof neben der Kirche sind der Schriftsteller **Gunnar Gunnarson** und seine Frau begraben.
Viðey besitzt gute Wander- und Spazierwege und trotz der Nähe zur Großstadt eine überraschend intakte Natur. Im Westteil führt ein Rundweg an einsam aufragenden Basaltsäulen entlang: »Etappen« ist ein Landschaftskunstwerk von Richard Serra aus dem Jahr 1991. Teile von Viðey sind Vogelschutzgebiet mit Zugangsbeschränkungen während der Brutzeit. Vogelparadiese sind auch die anderen Inseln vor Reykjavík, vor allem das kleine Akurey nördlich von Seltjarnarnes und Lundey nordöstlich von Viðey, beide mit großen Papageitaucherpopulationen.

Museum Sigurjón Ólafsson

Das Gewerbegebiet am Rande des Sundahöfn drängt immer weiter nach Westen und streckt sich schon auf die Landzunge Laugarnes. An deren Westufer hat sich die Kunst jedoch ein Refugium bewahrt: Das Sigurjóns Ólafsson Safn (Laugarnestangi 70) würdigt Leben und

Werk von Sigurjón Ólafsson (1908 – 1982), ein vor allem in Skandinavien, aber auch in den USA bekannter **Vertreter spontan-abstrakter Bildhauerei**. Sigurjón war aber auch einer der wichtigsten isländischen Porträtbildhauer. Oft arbeitete er mit Holz und anderem Material, das er am Meer fand. Die Lage seines Museums, das früher sein Atelier war, ist also nicht zufällig direkt am Wasser. Das kleine Museumscafé bietet dank dieser Lage immer auch eine großartige Aussicht, und einen Genuss für Augen und Ohren versprechen die Sommerkonzerte, die traditionell dienstagabends im Museum stattfinden. Öffnungszeiten: Juni – Aug. Di. – So., sonst Sa./So. 14.00 – 17.00 Uhr; Dez./Jan. geschl., www.lso.is.

Höfði In einer seiner bekanntesten Arbeiten abstrahierte Sigurjón Ólafsson 1971 die Säulen des Hochsitzes, die Ingólfur Arnarson den Weg an die Rauchbucht gewiesen haben. Die Skulptur steht nicht weit vom Ufer entfernt etwa auf halbem Wege zwischen Sundahöfn und Innenstadt direkt neben dem Gästehaus der isländischen Regierung, Höfði. Dieses zweigeschossige Holzhaus war 1909 für einen französischen Konsul gebaut worden. Am 11. und 12. Oktober 1986 stand es plötzlich im Rampenlicht der Weltöffentlichkeit, als sich der damalige **US-Präsident Ronald Reagan** und sein sowjetischer Konterpart, der **Generalsekretär der KPdSU Michail Gorbatschow**, Reykjavík für ihren ersten Gipfel ausgesucht hatten und hier ihre Gesprä-

Sólfar: Wikingerboot oder Raumschiff?

che führten. Was anfänglich wie ein Fehlschlag aussah, war aus heutiger Sicht betrachtet der Anfang vom Ende des Kalten Krieges und hat die Welt verändert: Hier begann bei Nieselregen und Sturmböen das Eis zwischen den Weltmächten zu schmelzen.

Sólfar

Zu einem viel besuchten Aussichtspunkt an der Küstenpromenade hat sich die Plattform gemausert, auf der die große, glänzende Edelstahlskulptur Sólfar von **Jón Gunnar Árnasson** (1931 – 1989) jeden Augenblick zu einer Reise in den Himmel abzuheben scheint. Auch wenn die Form an ein Wikingerboot erinnert, war es für den Künstler doch eher ein Raumschiff für eine Reise zur Sonne.

Hof Laxness

Außerhalb Reykjavíks, gleich nördlich von Mosfellsbær, biegt die Straße 36 Richtung ► Þingvellir ab. Wenige Kilometer hinter der Kreuzung, im Mosfellsdalur, verbrachte der spätere **Literaturnobelpreisträger Halldór Laxness** (► Berühmte Persönlichkeiten S. 61) auf dem Hof Laxnes, heute ein Reiterhof, seine Jugend. Obwohl zu Ruhm und Reichtum gekommen, ließ er sich ganz in der Nähe den eher bescheiden wirkenden Wohnsitz Gljúfrasteinn bauen, wo er bis zu seinem Tod 1998 lebte. Im September 2004 wurde hier ein Museum über den international wohl bekanntesten Isländer des 20. Jh.s eröffnet. Öffnungszeiten: Di. – So. 10.00 – 17.00 Uhr.

Sauðárkrókur

F 3

Region: Nordwestisland **Einwohnerzahl:** 2600

Die gesamte Region Skagafjörður, mit Sauðárkrókur als größtem Ort und Verwaltungszentrum, lebt seit jeher von der Landwirtschaft und ist bekannt für ihre Pferde, die man überall auf den Weiden grasen sieht. Fast jeder Hof hält und züchtet Islandpferde, viele bieten Reiturlaub an. In der Nähe liegen mit dem Freilichtmuseum Glaumbær, der Víðimýri-Kirche und dem alten Bischofssitz Hólar einige der meistbesuchten Sehenswürdigkeiten Islands.

Sauðárkrókur liegt am Ende des breiten Fjordes Skagafjörður, landeinwärts schließt sich das anfangs breite, gleichnamige Tal an, das erst viele Kilometer weiter im Hinterland schmaler wird und sich dann in drei kleinere Täler aufspaltet. Das gesamte Tal und auch die sanft ansteigenden Hänge sind zwar sattgrün, doch Sträucher und Bäume gibt es fast keine. Der **Hofsjökull** im Hochland speist zwei Flüsse, die Austari-Jökulsá und die Vestari-Jökulsá, die sich zum mächtigen Fluss Héraðsvötn vereinigen. Bevor der Fluss in den Fjord mündet, teilt er sich in dem ebenen Talboden in viele Arme und bildet ein 15 km breites Delta mit schönen, dunklen Sandstränden.

SAUÐÁRKRÓKUR ERLEBEN

AUSKUNFT

Sauðárkrókur
Im Fosshótel Áning
Sæmundarhlíð
Tel. 453 67 17

Hólar
In der Landwirtschaftsschule
Tel. 455 63 00
www.holar.is

AUSFLÜGE • VERKEHR

Bootsfahrten zur Insel Drangey
ab Sauðárkrókur, Hofsós oder Reykir
Tel. 453 63 10

Fahrten ins Hochland
Von Varmahlíð über die [752] und die [F 752] durch das Vesturárdalur, Zufahrt zur Sprengisandur (nur mit Allrad). Von Varmahlíð zweigt nach 25 km in westlicher Richtung von der Ringstraße die Kjölur-Route ab. Anfangs ist die Strecke asphaltiert, bei guten Bedingungen auch durchgehend mit normalem PKW befahrbar.

FREIZEIT UND SPORT

Rafting
Die beiden Gletscherflüsse Jökulsá Vestari und Jökulsá Austari, die südlich von Sauðárkrókur entspringen, eignen sich hervorragend für Raftingtouren (Activity Tours, Sæmundagata 1, Tel. 453 50 66).

ESSEN

► Erschwinglich

Sauðárkrókur: Ólafshús
Aðalgata 15
Tel. 453 64 54
Nicht zu übersehen ist das blaue Haus an der Hauptstraße. Ein Restaurant mit Tradition, serviert wird alles von der Pizza bis zum Hummer.

Sauðárkrókur: Kaffi Krókur
Aðalgata 16, Tel. 453 62 99
Die Konkurrenz zum Ólafshús gleich gegenüber, tagsüber günstig: Salat, Pasta und Suppe, abends deutlich teurer. An Wochenenden Live-Musik.

ÜBERNACHTEN

Baedeker-Empfehlung

► Luxus

Sauðárkrókur: Hótel Tindastóll
Lindargata 3
Tel. 453 50 02
Ein wenig Understatement ist das Markenzeichen des Hótels Tindastóll in Sauðárkrókur. Aber nur von außen, denn die »inneren Werte« sind in Island fast konkurrenzlos. In dem alten Fachwerkhaus, in dem 1884 das erste Hotel Islands eröffnet wurde, gibt es nur zehn Doppelzimmer. Alle sind unterschiedlich eingerichtet, dabei wurde sogar der Komfort eines Spitzenhotels geschickt integriert, ohne den antiknostalgischen Charme dieses Hauses zu zerstören.

► Komfortabel

Sauðárkrókur: Fosshótel Áning
Sæmundarhlíð
Tel. 453 67 17, www.fosshotel.is
Sommerhotel im Internat mit 65 komfortablen Zimmern mit Dusche. Zentrale, ruhige Ortslage.

► Günstig

Hólar
Tel. 455 63 00
Ferienhäuser, Ferienwohnungen, Unterbringung in der alten Schule auf Matratzen oder in DZ. Restaurant mit günstigen Kleinigkeiten und guter isländischer Küche.

Skulptur von Àsmundur Sveinsson

Auf dem Friedhof der benachbarten Kirche steht eine kleine Skulptur von Àsmundur Sveinsson, die Guðriður Þórbjarnardóttir mit ihrem Sohn Snorri Þófinson zeigt, der als erster Europäer in Amerika geboren wurde und als erster Amerikaner in Europa starb. Er ließ höchstwahrscheinlich die erste Kirche in Glaumbær errichten und wurde auf dem Friedhof begraben

Kirche von Víðimýri

In Víðimýri, wenige Kilometer südlich von Glaumbær, gab es schon im 12. Jh. eine Bauernkirche, und viele bedeutende Pfarrer wie **Guðmundur Arason**, der später Bischof in Hólar wurde (1203 - 1237), haben hier gewirkt. Die jetzige Kirche wurde 1834 aus Treibholz von der Küste der Halbinsel Skagi und Torf aus dem Gebiet von Víðimýri errichtet. Sie ist eines der stilechtesten und schönsten Beispiele alter Baukunst. Insgesamt gibt es in Island nur noch sechs solcher Kirchen. Die Innenausstattung ist größtenteils noch original, nur der Torf ist mittlerweile erneuert worden. Die **Altartafel** stammt aus dem Jahr 1616 und wurde aus Dänemark importiert. Der kleine Innenraum ist einfach gehalten und fast gänzlich ohne Schmuck, so sind selbst die Bretter der Dachkonstruktion und die Balken zu sehen. In den engen Bänken auf der Nordseite saßen früher die Frauen, die Männer hatten die Südseite für sich. Die Reichen durften vorne Platz nehmen, die Armen mussten hinten sitzen.

! *Baedeker* TIPP

Für jeden ein Islandpferd

Ob kurzer Ausritt, Tagestour oder ein ganzer Reiturlaub, das Gebiet um Sauðárkrókur hat Pferdeliebhabern viel zu bieten. Wer möchte, kann auf der Kjölur-Route das Hochland in sechs Tagen durchqueren oder ebenfalls in sechs Tagen über die Sprengisandur-Piste zum Mývatn reiten. Beim Schaf- und Pferdeabtrieb im September sind Gäste ebenso willkommen wie im März zu einer Erkundung des winterlichen Islands. Ein Veranstalter mit Erfahrung ist Hestasport Varmahlið, Tel. 453 83 83, www.riding.is.

Hólar í Hjaltadalur

Das kleine Hólar war über sieben Jahrhunderte die Hauptstadt Nordislands, **bedeutender Bischofssitz und Bildungszentrum**. Hier vereinten sich lange Reichtum und Macht und in der ersten Hälfte des 16. Jh.s gehörte jeder vierte Hof Nordislands zu Hólar, insgesamt mehr als 350. Auch 36 Bischöfe residierten in Hólar, 23 katholische und 13 lutherische. Einige der Bekanntesten waren Jón Ögmundsson

Der Grassodenhof Nýibær: gegen Wind und Wetter geschützt

(»der Heilige«, 1106–1121), Guðmundur Arason (»der Gute«, gest. nach 1340), Jón Arason (1524–1550) und Guðmundur Þorláksson (1571–1627). Nach langer Pause ist Hólar – 25 km östlich von Sauðárkrókur gelegen – wieder Bischofssitz (seit 1986).

Domkirche Beherrschendes Bauwerk ist die 1763 geweihte Domkirche aus rotem Sandstein, die heute wieder in ihrem ursprünglichen Zustand erstrahlt. Das unter Denkmalschutz stehende Grassodengebäude **Nýibær** in der Nähe des Domes stammt aus dem Jahr 1854 und war noch bis zur Mitte des letzten Jahrhunderts bewohnt. Um den Ort führt ein markierter, einstündiger Geschichtspfad. Den historischen Hintergrund der 14 Stationen erklärt eine Broschüre, die im Touristenbüro erhältlich ist.

Hofsós

Der kleine Ort Hofsós am östlichen Fjordufer erstreckt sich zu beiden Seiten des Flusses Hofsá und ist einer der ältesten Handelsorte des Landes. Wegen der günstigen Lage des Hafens wurde hier schon im 16. Jh. reger Handel getrieben. Heute lebt Hofsós in erster Linie von Fischfang und Dienstleistungen, durch die ansprechenden Museen spielt auch der Tourismus eine Rolle.

Vesturfarasetrið

Das Emigrationszentrum von Hofsós ist in mehreren schön am Wasser gelegenen Gebäuden untergebracht und informiert über die Zustände in Island, die zwischen 1870 und 1914 zur **Massenauswanderung nach Amerika** führten. Außerdem erfährt der Besucher viel über die Umstände, die die Auswanderer in ihrer neuen Heimat vorfanden. Eine weitere Aufgabe des Emigrationszentrums ist die Unterstützung von Amerikanern isländischer Herkunft bei der Suche nach Verwandten. Öffnungszeiten: Mitte Juni – Mitte Sept. Di. – So. 11.00 – 18.00 Uhr, www.hofsos.is.

! *Baedeker* TIPP

Nach dem Museumsbesuch ...

... ist die sonnige Terrasse der Veitingastofan Sólvik gleich neben dem Vesturfarasetrið mit Blick übers Meer der ideale Ort für eine Tasse Kaffee. Auch innen ist das blaue Holzhaus urgemütlich und die leckeren Kleinigkeiten, wie das frische Brot oder die süßen Waffeln, sind immer eine Verlockung.

Das Anwesen **Gröf** südlich von Hofsós war früher einer der wichtigsten Höfe im Gebiet des Skagafjörður und ist der Geburtsort des Passionsdichters **Hallgrímur Pétursson**, nach dem die Kirche Hallgrímskirkja in Reykjavík benannt ist. Sehenswert ist die kleine Grassodenkirche aus dem 17. Jh., die zu den ältesten erhaltenen Gotteshäusern Islands gehört. Auch die Basaltsäulen am Strand südlich von Hofsós sind einen kurzen Abstecher wert.

Seyðisfjörður

L 3

Region: Ostisland **Einwohnerzahl:** 700

Für diejenigen, die mit dem Schiff ankommen, ist die Einfahrt in den Seyðisfjörður der erste Eindruck von Island. Dieser könnte kaum faszinierender sein, denn der Fjord präsentiert sich mit grünen Hängen und den nach oben hin vielfach gestuften Schichten aus Basalt und Schlacke wie aus dem Bilderbuch. Nach einer Linkskurve kommt dann der Ort Seyðisfjörður mit seinen bunten Häusern unter den auch im Sommer noch mit Schneefeldern gesprenkelten Gipfeln ins Blickfeld.

Am Tag vor Abfahrt der Fähre ist Seyðisfjörður komplett ausgebucht und für einige Stunden nach der Ankunft des Schiffes herrscht ebenfalls geschäftige Betriebsamkeit. Doch schon bald kehrt wieder Ruhe bis zur Ankunft der nächsten Fähre ein, denn die meisten Ankömmlinge machen sich gleich auf den Weg, sind neugierig auf den Rest Islands. Dabei hätte Seyðisfjörður durchaus ein wenig mehr Aufmerksamkeit verdient, denn das Städtchen mit den bunt gestrichenen Häusern hat viel Charme. Auch Seyðisfjörður verdankt seine Existenz dem **Heringsboom** zu Anfang des 20. Jh.s, als norwegische und dänische Kaufleute sich hier niederließen. Aus dieser Zeit sind noch viele Häuser erhalten geblieben, viele von ihnen, einschließlich der Kirche, kamen damals als Bausatz aus Norwegen. Im Touristenbüro gibt es ein Faltblatt, das die Lebensgeschichte fast jeden Hauses erzählt und ein guter Begleiter für einen Stadtbummel ist.

Sehenswertes in Seyðisfjörður

Technisches Museum

Das Technische Lokalmuseum Ostislands (Hafnargata 44) zeigt die Geschichte und Entwicklung von Telegrafie und Medizin. Es ist in dem ehemaligen Wohnhaus des Norwegers **Otte Wathne** untergebracht, der maßgeblich am Aufbau der hiesigen Industrie beteiligt war. Öffnungszeiten: tgl. 11.00 – 18.00 Uhr.

Kirche

Die auffallend hellblaue Kirche stand ursprünglich weiter fjordauswärts, doch nach einem Sturmschaden wurde sie 1922 an ihrem jetzigen Ort wieder aufgebaut. Im Sommer finden jeden Mittwochabend in der Kirche **Konzerte** statt.

Umgebung von Seyðisfjörður

Gute Wandermöglichkeiten

Die Umgebung von Seyðisfjörður bietet zahlreiche Möglichkeiten für Wanderungen. Das Angebot reicht von einfachen Kurztouren bis hin zu mehrtägigen Unternehmungen. Eine einfache **Küstenwanderung**

Das »Zentrum« von Seyðisfjörður mit seiner lichtblau getünchten Kirche

SEYÐISFJÖRÐUR ERLEBEN

AUSKUNFT
Austurvegur 42
Tel. 472 15 51, Fax 472 13 15
www.sfk.is

FÄHRVERKEHR
Die Fähre Norröna fährt ganzjährig von Seyðisfjörður über die Färöer, Shetlands und Norwegen nach Dänemark. Im Sommer Ankunft Do. 8.00 Uhr, Abfahrt 12.00 Uhr.

VERANSTALTUNGEN
Von Juni bis August findet das Kulturfestival "Á Seyði" mit Kunstausstellungen und Konzerten statt, Mitte August gibt es Norwegische Tage.

ESSEN
► Erschwinglich
Restaurant im Hótel Seyðisfjörður
Austurvegur 3
Tel. 472 14 60
Das hellblaue Haus trägt zwar noch in großen Lettern den alten Namen Hótel Snæfell, ist aber nicht zu übersehen. Mi. und Sa. Fischbuffet.

► Preiswert
Sumarkaffi
Norðurgata 8
Tel. 897 09 09
Nichtraucher-Café, von außen nicht unbedingt verführerisch, aber guter Kaffee, Kuchen, Brötchen, Sandwichs.

Café im Hótel Aldan
Norðurgata

Im alten Geschäft von Jón G. Jónasson aus dem Jahr 1920 befindet sich jetzt der Empfang des Hotel Aldan, außerdem Café und Gästehaus. Schöne Sonnenterrasse, leider direkt an der Straße. Innen mit einem Hauch von Nostalgie. Erfreulich große Kaffeeportionen.

ÜBERNACHTEN
► Komfortabel
Hótel Aldan
Oddagata 6
Tel. 472 12 77, www.hotelaldan.com
Stilgetreu restauriertes, gut 100 Jahre altes norwegisches Holzhaus mitten im Ort, neun komfortable DZ.

► Günstig
Farfuglaheimili Hafaldan
Ránargata 9
Tel. 472 14 10, Fax 472 16 10
Gemütliche Unterkunft, einige Hundert Meter außerhalb des Ortes in einer ehemaligen Heringsstation.

führt an der Ostseite des Seyðisfjörður entlang bis zum 19 km entfernten Skálanes am Fjordausgang, wo eine Übernachtungsmöglichkeit besteht. Östlich von Skálanes liegt die **Steilküste Skálanesbjarg** mit Vogelkolonien. Gleich nach dem Ortsende bei Háubakkar an der Westseite des Fjordes beginnt die Wanderung durch das Vestdalur. Der Weg ist relativ leicht zu bewältigen, doch kräftig ansteigend bis zum Vestdalsvatn (575 m). Früher war dieser Weg, der dann weiter durch das Gilsárdalur bis zum See Lagarfljót führt, eine wichtige Post- und Handelsroute (ca. 20 km). Für längere Touren ist im Touristenbüro eine detaillierte Wanderkarte erhältlich.

Siglufjörður

G 2

Region: Nordwestisland **Einwohnerzahl:** 1500

Siglufjörður wurde von den Norwegern zwei Mal entdeckt: Um 900 kamen die Wikinger und ließen sich hier erstmals nieder. 1000 Jahre später kamen sie wieder und machten aus dem kleinen Dorf die berühmteste Heringsstadt der Welt. An diesen Boom erinnert das mehrfach preisgekrönte Heringsmuseum.

Wahrscheinlich wäre kaum jemand auf die Idee gekommen, sich an dieser ungemütlichen Küste im Norden Islands anzusiedeln, wenn es am Anfang des letzten Jahrhunderts nicht die riesigen Heringsschwärme gegeben hätte. Die Gegend ist rau und unzugänglich und bietet praktisch keine Möglichkeiten für Landwirtschaft, selbst für größere Schafherden geben die steilen, nur spärlich begrünten Hänge nicht genug her. Der Wind weht eisig, wenn er von Norden kommt, die Winter sind schneereich und die Verkehrsverbindungen schwierig. So ist der nächste Ort **Ólafsfjörður** zwar nur 15 Kilometer Luftlinie entfernt, auf der Straße, die einen weiten Umweg durchs Landesinnere machen muss, sind es aber gut 60 Kilometer.

Der Heringsboom

Als die Heringsfischerei begann, herrschte Goldgräberstimmung und Siglufjörður wuchs innerhalb von 40 Jahren vom kleinen Fischerdorf zur fünftgrößten Stadt des Landes mit 3000 Einwohnern heran. In 23 Fangstationen wurde Hering gesalzen und in Fässern eingelegt, was sich nicht zum Salzen eignete, wurde in fünf Siedereien zu Tran und Mehl verarbeitet. So wurde **Siglufjörður** zu einem der wichtigsten Häfen des Landes und erwirtschaftete während seiner Blütezeit rund 20% der isländischen Exporte. Damals muss es fast wie beim großen Goldrausch zugegangen sein, die Heringsspekulanten kamen und gingen, einige wurden reich, andere verloren alles. Einige Tausend Saisonarbeiter sorgten in der Stadt für ein buntes Treiben. Gute und schlechte Heringssommer wechselten sich ab, doch in der Regel überwogen die guten. Mit den Jahren wurden die Fangmethoden immer effektiver, die Erträge immer höher. Doch dann verschwand der Hering im Jahr 1969 ganz plötzlich, die Bestände waren überfischt. Die Folgen waren dramatisch, viele Fabriken mussten schließen und die Leute wanderten ab, die Einwohnerzahl sank auf rund die Hälfte. Heute scheint sich die wirtschaftliche Situation des Ortes stabilisiert zu haben, in der größten Fischsiederei des Landes wird aus Lodde und Hering Fischmehl und Tran gewonnen, außerdem gibt es zwei Krabbenkombinate. An die große Zeit der Heringsfischerei erinnert das **»Heringsabenteuer«**, ein großes Stadtfest am ersten Augustwochenende mit Theater, Tanz, Musik und natürlich Heringssalzen.

Sehenswertes in Siglufjörður

✶ **Heringsmuseum**

Das Heringsmuseum (Síldarminjasafnið) ist in der Roaldsbaracke aus dem Jahre 1907 untergebracht (Snorragate 15). Sie ist nach ihren Erbauern Olav und Elias Roald aus Ålesund in Norwegen benannt, die in Siglufjörður 20 Jahre lang Heringe einsalzen ließen. Die **Roaldsbaracke** war eine der größten Heringsstationen in Island mit vier Landungsbrücken und einer Produktion von 30 000 Heringsfässern pro Sommer. 1968 wurden hier zum letzten Mal Heringe eingesalzen. Im Erdgeschoss wurde gearbeitet, im ersten Stock befand sich das Büro und im zweiten Stock wohnten bis zu 50 Saisonarbeiterinnen. Das mehrfach ausgezeichnete Museum hat weitgehend die einstige Aufteilung der Baracke beibehalten. Im Gebäude nebenan ist eine historische Fabrik zur Fischmehl- und Tranherstellung untergebracht. Die düstere Halle vermittelt einen sehr realistischen Eindruck, unter welchen Bedingungen früher hier gearbeitet wurde. Ganz neu ist der dritte Teil des Heringsmuseums, das **Bootshaus**, für das extra ein neues Haus gebaut wurde. Das Heringsalzen jeden Samstag um 15.00 Uhr vor der Roaldsbaracke rundet das Angebot dieses äußerst empfehlenswerten Museums ab. Öffnungszeiten: tgl. 10.00 – 18.00 Uhr.

Ein Hering kommt selten allein: Bis in die 1960er-Jahre kamen Schwärme, danach keiner mehr und die Roaldsbaracke wurde ein Heringsmuseum.

SIGLUFJÖRÐUR ERLEBEN

AUSKUNFT

Im Heringsmuseum
Tel. 467 16 04

ESSEN

► Erschwinglich

Kaffi Torg
Aðalgata 30, Tel. 467 22 33
Einziges Restaurant im Ort, zentral gelegen und gemütlich.

ÜBERNACHTEN

► Komfortabel

Ólafsfjörður: Hótel Ólafsfjörður
Bylgjubyggð 2
Tel. 466 24 00, Fax 466 26 60
www.brimnes.is
Komfortable DZ mit Bad direkt im Ort. Noch schöner sind die zugehörigen Ferienhäuser direkt am See mit ein oder zwei Schlafzimmern, Küche, Bad, komplett eingerichtet – und das Boot liegt vor der Tür.

► Günstig

Gistihúsið Hvanneyri
Aðalgata 10
Tel. 467 13 78
Gästehaus mitten im Ort mit 18 DZ und Schlafsackunterkünften.

Gute Wandermöglichkeiten

Die Umgebung von Siglufjörður eignet sich gut für Wanderungen, allerdings existiert noch nicht viel Infrastruktur, die winzige Karte vom Touristenbüro eignet sich nur für eine erste Orientierung und markierte Wege sind auch die Ausnahme. Eine der kürzeren Touren verläuft durch das langsam ansteigende grüne **Hólsdalur**. Am Ende des Hólsdalur liegt der Pass Hólsskarð, der zum einsamen Héðinsfjörður führt. Wer möchte, kann die Tour verlängern und über einen weiteren Pass, den Hestskarð, nach Siglufjörður zurückkehren (mind. 2 Tage). Von der Orientierung recht einfach ist die Wanderung vom Skizentrum durch das **Skarðalur** und über den 620 m hohen Pass Siglufjarðarskarð zur [76] bei Fljót (5 – 7 Std.).

★★ Snæfellsnes · Snæfellsjökull

B/C 4

Region: Westisland

Bei klarer Sicht ist die Eiskappe des Snæfellsjökull schon von Reykjavík aus zu erkennen, obwohl sie mehr als 100 km entfernt ist. Egal, ob aus der Ferne oder aus der Nähe, es fällt schwer, sich von dem perfekten, vergletscherten Kegel des Snæfellsjökull nicht in den Bann ziehen zu lassen. Auch große Literaten wie Halldór Laxness und Jules Verne hat der Vulkan am Ende der Snæfellsnes-Halbinsel fasziniert und Mystiker und Ufologen vermuten hier schon lange Geheimnisvolles.

Einmal rundherum

★★ Snæfellsjökull

Die äußerst lohnende Umrundung der Halbinsel mit Ausgangspunkt Borgarnes ist rund 400 km lang und bietet viel für Island Typisches: Eine dünn besiedelte Südküste, bunte arktisch anmutende Orte an der Nordküste, Sandbuchten und Steilküsten, grüne Wiesen, fast vegetationslose Lavafelder und als Höhepunkt den schneebedeckten Vulkankegel des Snæfellsjökull. Kein Wunder, dass die Menschen schon immer von dieser grandiosen Landschaft fasziniert waren und viele Sagas in dieser Gegend angesiedelt sind. Auch Halldór Laxness wählte für seine Romane »Am Gletscher« und »Weltlicht« diese eindrucksvolle Kulisse. Der sagenumwobene Snæfellsjökull soll bevorzugter Landeplatz für UFOs sein, andere glauben zu spüren, dass der Berg eine ungeheure Energie verströmt und rechnen ihn zu den stärksten Kraftfeldern der Erde. Für Naturwissenschaftler ist der 1446 m hohe Snæfellsjökull ein **Stratovulkan mit Gletscherkuppe**, der am Gipfel ein Kraterbecken von einem Kilometer Durchmesser und 200 m hohen Steilwänden besitzt, das nach Westen hin offen ist. In den letzten 10 000 Jahren ist der Vulkan mindestens drei Mal ausgebrochen, letztmals vor ca. 1750 Jahren. Trotz der langen Ruhephase gilt der Vulkan auch heute nicht als erloschen. Seit 2001 sind 167 km² um den Berg als Snæfells-

? WUSSTEN SIE SCHON ...?

- ... dass Jules Vernes »Reise zum Mittelpunkt der Erde« am Snæfellsjökull beginnt?

Eine göttliche Landschaft: Kirche zu Füßen des Snæfellsjökull

SNÆFELLSNES ERLEBEN

AUSKUNFT

Stykkishólmur
Egilshús, Aðalgötu 2
Tel. 438 17 50, Fax 438 17 80
www.stykkisholmur.is

Ólavsvik
Pakkhús
Tel. 436 15 43
www.snb.is

FÄHRVERKEHR

Die Autofähre Baldur fährt im Sommer zweimal täglich (9.00 und 16.00 Uhr) über den Breiðafjörður in die Westfjorde (von Stykkishólmur nach Brjánslækur mit Zwischenstation in Flatey). Unbedingt reservieren, Tel. 438 14 50, da nur 20 PKW auf die Fähre passen.

FREIZEIT UND SPORT

Walbeobachtung in Stykkishólmur, Sæferðir, Aðalgata 2, Tel. 438 14 50, www.saeferdir.is

ESSEN

► Fein & teuer

Restaurant im Hótel Búðir
An der Südküste, über die Str. [574] zu erreichen.
Tel. 435 67 00
Kochkunst vom Feinsten wird in dem nach einem Brand neu errichteten Hotel zelebriert, dazu passt die herrliche Lage am Wasser mit Blick auf den Snæfellsjökull.

► Erschwinglich

Stykkishólmur:
Restaurant Fimm Fiskar
Aðalgata
Tel. 436 16 00
Wie das Schild mit den fünf Fischen an der Tür verheißt, kommen hier Fischliebhaber auf ihre Kosten.

Grundarfjörður:
Krákan
Sæból 13
Tel. 438 69 99
In dem etwas versteckt liegenden Familienrestaurant werden ansehnliche Portionen zu vernünftigen Preisen serviert. Spezialitäten sind natürlich Fisch und Lamm.

Baedeker-Empfehlung

► Erschwinglich

Stykkishólmur: Narfeyrarstofa
Aðalgata 3
Tel. 438 11 19
Gemütlichkeit wird in dem rund 100 Jahre alten Holzhaus in Hafennähe groß geschrieben. Im Café im Erdgeschoss werden preiswerte Tagesgerichte serviert, abends isst man gut im Restaurant im ersten Stock. Schon draußen duftet es verführerisch nach gutem Essen – mit Knoblauch wird hier nicht gespart.

ÜBERNACHTEN

► Komfortabel

Grundarfjörður: Hótel Framnes
Nesvegur 6 – 8
Tel. 438 68 93, Fax 438 69 30
www.hotel-framnes.is
Gemütliche, nostalgische Atmosphäre direkt am Meer. Gute Küche, besonders empfehlenswert die hausgemachten Kuchen. Vielfältiges Aktivitätsangebot.

Ólafsvík: Hótel Ólafsvík
Tel. 436 16 50
Fax 436 16 51
hotelo@simnet.is
18 gut ausgestattete Zimmer mit TV, davon 11 mit Bad. Restaurant und Swimmingpool.

► **Günstig**

Stykkishólmur:
Farfuglaheimili Stykkishólmur
Höfðagata 1
Tel. 438 10 95, Fax 438 14 17
50 Betten, überwiegend in Mehrbettzimmern. Das hauseigene Boot kann für Vogelbeobachtungstouren benutzt werden.

Grundarfjörður:
Farfuglaheimili Grundarfjörður
Hlíðarvegur 15
Tel. 562 65 33, Fax 438 64 33
In dem alten Haus mitten im Ort stehen 21 Betten, großteils in Mehrbettzimmern, zur Verfügung.

Arnastapi: Ferðaþjónustan Snófell
Tel. 435 67 83
Fax 435 67 95
Zimmer und Schlafsackplätze in bester Lage zwischen Meer und Vulkan. Auch der Zeltplatz überzeugt durch die Lage, ist aber in Anbetracht der einfachen Sanitäranlagen zu teuer.

jökull-Nationalpark unter Schutz gestellt. Sehenswert im Nationalpark sind die vielen schönen Lavaformationen und die grandiose Küste, die sich auf zahlreichen Wanderwegen erkunden lässt. In Hellissandur befindet sich ein Informationszentrum zum Nationalpark (Klettsbud 7, Tel. 436 68 60, snaefellsjokull@ust.is).

Eldborg

Kurz bevor die [54] von Borgarnes kommend über den Lachsfluss Haffjarðará führt und nach Westen auf die Halbinsel Snæfellsnes abbiegt, führt sie durch das Lavafeld **Eldborgarhraun**. Inmitten der Lava fällt ein klassischer Lavaring, die 112 m hohe rote »Feuerburg« (Eldborg) ins Auge, die vor 5000 bis 8000 Jahren entstanden ist. Der Krater lässt sich am besten von der Südseite vom Hof Snorrastaðir aus besteigen, auch eine Umrundung des Kraterrandes ist möglich.

Búðir

An der Gabelung der [54] nach Ólafsvík und der [574] zum Snæfellsjökull befindet sich mit dem **Búðahraun** ein weiterer sehenswerter Lavastrom, der durch die Aktivitäten des Kraters Búðaklettur entstanden ist. Der 88 m hohe Krater kann über den historischen Pfad Klettsgata von der kleinen Kirche aus bestiegen werden. In den zahlreichen Spalten der Lava gedeihen nicht nur ungewöhnlich viele Farne, insgesamt wurden hier 130 verschiedene Pflanzenarten gezählt. Unter dem Lavastrom befindet sich die 400 m lange Höhle **Búðahellir**. Der historische Handelsort Búðir, der seit der Landnahme bewohnt war, ist heute verlassen. Die einzigen Gebäude sind die kleine schwarze Holzkirche aus dem Jahr 1848 und das nach einem Brand neu erbaute Hotel.

Arnarstapi

Der kleine Fischerort Arnarstapi liegt sehenswert auf einem grünen Plateau zwischen Snæfellsjökull und Steilküste. Gen Osten kann der Blick weit über die geschwungene Bucht **Breíðavik** mit ihrem schönen Sandstrand schweifen, landeinwärts fällt der kegelförmige, 432 m hohe Berg Stapafell ins Auge. Der malerische Hafen liegt inmitten einer Steilküste mit imponierenden Basaltklippen, an denen die Wellen so lange genagt haben, bis nur noch Türme, Bögen und Lochfelsen übrig waren. Diese Steilküste zieht sich in westlicher Richtung bis zum Nachbarort Hellnar. Im Sommer brüten auf den Felsvorsprüngen Tausende von Seevögeln, die vom Hafen aus gut zu beobachten sind. Die weithin sichtbare Sehenswürdigkeit Arnarstapis ist die überlebensgroße Figur des Barður Snæfellsás aus Lavasteinen.

Hellnar Einige Kilometer westlich führt eine Stichstraße zum Nachbarort Hellnar, ebenfalls in schöner Lage am Meer. Früher befand sich hier eine der größten Fischersiedlungen der Halbinsel, heute wohnt nur noch rund ein Dutzend Menschen in dem winzigen Ort, dessen Kirche in malerischer Lage auf den Klippen steht. In letzter Zeit hat sich Hellnar zum **Treffpunkt der Mystiker und Esoteriker** entwickelt, die sich von hier aus auf die Suche nach den magischen Kräften des Snæfellsjökull machen.

Wanderungen zwischen Meer und Gletscher Ein markierter Wanderweg von 2,5 km Länge führt von Arnarstapi entlang der Küste nach Hellnar. Am Ziel wartet das winzige **Café in Fjöruhúsið** in wunderschöner Solitärlage mit Blick auf die Klippen auf Gäste. Östlich von Arnarstapi zweigt die Piste [F 570] zum Snæfellsjökull und weiter nach Ólafsvík ab. Obwohl die Piste kräftige Steigungen aufweist, ist sie bei guten Bedingungen auch mit einem normalen PKW zu befahren, sie eignet sich wegen der spektakulären Ausblicke aber auch hervorragend als Wanderroute. Ihr höchster Punkt, der Pass **Jökulháls**, liegt in unmittelbarer Nähe des Gletschers, von hier beginnen zwei Routen zum Gipfel des Snæfellsjökull.

Von Hellnar nach Hellissandur Auf dem Weg von Hellnar nach Westen zweigen von der [574] mehrere Stichstraßen in Richtung Meer ab. Eine davon führt zum süd-

Die beste Kirche am Platz und dennoch geht keiner hin: Búðir ist seit langem verlassen.

lichsten Punkt der Halbinsel, zum Leuchtturm von Malarrif. In seiner Nähe stehen die beiden markanten Felszinnen **Lóndrangar**, auf denen viele Seevögel brüten. **Hellissandur** und Rif an der Nordküste waren schon um 1700 bedeutende Siedlungen. Im Fischereimuseum von Hellissandur ist die »Bliki« ausgestellt, das 1826 gebaute älteste Ruderboot Islands. Ferner sind zwei alte Fischerhütten rekonstruiert (Öffnungszeiten: tgl. außer Mi. 9.00 – 12.00 u. 13.00 – 18.00 Uhr). Außerhalb von Hellisandur ragt ein 412 m hoher **Sendemast** in den Himmel, der 1959 aufgerichtet wurde und bis heute die zweithöchste Struktur Europas ist.

Ólafsvík

Die reichen Fischgründe vor Ólafsvík ließen hier schon im 17. Jh. einen Handelsplatz entstehen, der auch von dänischen Kaufleuten genutzt wurde und auch heute ist die Fischereiflotte im Hafen noch die Lebensgrundlage des Ortes. In einem unter Denkmalschutz stehenden Lagerhaus am Hafen, dem **Pakkhús** aus dem Jahr 1844, sind die Touristeninformation und ein maritimes Museum untergebracht, in dem wechselnde Kunstausstellungen und Gerätschaften für den Fischfang zu sehen sind (Öffnungszeiten: im Sommer tgl. 9.00 – 19.00 Uhr). Ein weiterer Grund in Ólafsvík einen Zwischenstopp einzulegen, sind die **Walbeobachtungstouren**, die im Sommer täglich um 10.00 Uhr vom Hafen aus starten. Die Gewässer um Ólafsvík zählen zu den besten Gegenden Islands, um große Wale zu beobachten. Neben Zwerg- und Schwertwalen werden immer wieder Buckel- und Blauwale gesichtet (Seatours, Tel. 438 14 50).

Grundarfjörður

Wegen des guten natürlichen Hafens florierten Handel und Fischerei schon früh in Grundarfjörður. Anfang des 19. Jh.s kamen viele französische Fischer in den Ort, blieben allerdings nur 60 Jahre und nahmen bei ihrer Rückkehr nach Frankreich alles mit, was sich verschiffen ließ. Ganz sind die Verbindungen zu Frankreich aber nicht abgerissen, denn seit einigen Jahren unterhält Grundarfjörður eine Städtepartnerschaft mit Paimpol in der Bretagne. Das Wahrzeichen des kleinen und recht unscheinbaren Ortes ist der 436 m hohe Hausberg **Kirkjufell** auf einer Halbinsel im Fjord. Eine Besteigung des markanten Berges ist recht schwierig, einfach und ebenfalls lohnend ist dagegen seine Umrundung. Wegen der schönen Aussicht vom Gipfel auf den Grundarfjörður lohnt eine Besteigung des nordöstlich gelegenen **Klakkur** (380 m). Auf- und Abstieg dauern rund drei Stunden, der Weg beginnt am Hof Suður-Bár an der [576].

Stykkishólmur

Die Halbinsel Þórsnes ragt weit in die Insel- und Schärenwelt des Breiðafjörður hinein. An ihrem Ende liegt mit Stykkishólmur das Fischerei- und Handelszentrum der Region. Der durch die Insel **Súgandisey** geschützte Hafen ist seit jeher der Lebensnerv des Ortes, der schon im 16. Jh. ein geschäftiger Handelsplatz war.

Norska Húsið Einen guten Überblick über Stykkishólmur mit seinem Hafen und den bunten Häusern bietet sich von dem Plateau der Insel Súgandisey, die gut über einen Damm zu erreichen ist. Das Ortsbild ist wegen einiger alter, liebevoll restaurierter Häuser für isländische Verhältnisse recht harmonisch. Auch das älteste zweistöckige Gebäude Islands, das Norska Húsið (Norwegisches Haus; Hafnargata 5), wurde saniert und dient mittlerweile als Museum. 1832 wurde es von **Árni Thorlacius** errichtet, der 1845 mit regelmäßigen Wetterbeobachtungen begann, die auch nach seinem Tod fortgesetzt wurden. Damit war er der Begründer der ersten Wetterstation Islands. Im Norwegischen Haus finden wechselnde Kunstausstellungen statt, das Obergeschoss wurde wie zu Thorlacius' Zeiten eingerichtet und in der Galleri Lundi wird Kunsthandwerk verkauft. Öffnungszeiten: Juni – Aug. tgl. 11.00 – 17.00 Uhr.

Kirche Stykkishólmurs moderne Kirche wurde 1990 geweiht, der markante weiße Betonbau stammt von dem Architekten **Jón Haraldsson**, besitzt eine ausgezeichnete Akustik und wird deshalb häufig für Konzerte genutzt.

Helgafell Der südlich von Stykkishólmur gelegene Berg **Helgafell** ist schon seit der Sagazeit eine heilige Stätte: Hier soll die Heldin der Laxdalssaga, Guðrún Ósvifursdóttir, beerdigt worden sein. Nach einer alten Überlieferung hat jeder, der den nur 70 m hohen Berg zum ersten Mal be-

Stykkishólmur: weiße Kirche vor blauem Hintergrund

steigt, drei Wünsche frei. Dafür ist es allerdings nötig, den Berg ohne zur Seite oder hinter sich zu schauen und auch ohne zu sprechen zu erklimmen. Auf dem Hügel müssen dann die Wünsche in Richtung Osten gesprochen werden. Wenn es gute Wünsche waren und sie niemand gehört hat, sollen sie in Erfüllung gehen. Wer nicht an diese Überlieferung glaubt, kann zumindest die Aussicht genießen. Am Fuße des Helgafells liegen der gleichnamige Hof, der schon zur Zeit der Landnahme von dem Siedler Þórólfur bewohnt war, und eine kleine Kirche.

Flatey, die größte der rund 3000 Inseln im Breiðafjörður, war früher ein kulturelles Zentrum, unter anderem wegen des **Augustinerklosters**. Heute ist sie nur noch im Sommer bewohnt. Das ruhige Eiland ist wegen der schönen Holzhäuser und des vielfältigen Vogellebens durchaus einen Aufenthalt wert. **Flatey**

★ Sprengisandur

G/H 3-6

Region: Hochland

Die Sprengisandur [F 26] ist, je nach Start- und Zielpunkt, zwischen 200 und 250 km lang und damit die längste der isländischen Hochlandpisten. Seit der Besiedlung der Insel wurde sie als Verbindung zwischen dem Norden und Süden des Landes genutzt, galt aber allein schon wegen ihrer Länge und des unberechenbaren Wetters immer schon als schwierige Strecke.

Im Jahr 1933 passierte erstmals ein Auto die Sprengisandur-Route, benötigte dafür aber eine ganze Woche. Heute ist sie zwar in einem Tag zu schaffen, zählt aber immer noch zu den anspruchsvollen Hochlandpisten, die wegen nicht überbrückter Flüsse nur mit geländegängigen Fahrzeugen zu bewältigen ist. An einigen Stellen kann die Orientierung etwas schwierig sein, aber das größte Problem sind die Flüsse, die ihre Furten ständig verändern und nach Regenfällen oder Wärmeperioden stark anschwellen können.

Faszinierend trostlos

Das Kernstück der Sprengisandur ist die durchschnittlich 750 m hoch gelegene und rund 70 km lange gleichnamige **Hochlandwüste zwischen Hofsjökull und Vatnajökull**. Die vegetationslose, graue und steinige Hochlandebene ist wegen ihrer Kargheit und der Ausblicke ein beeindruckendes Erlebnis, bei schlechtem Wetter ist sie unheimlich trostlos und schlägt so manchem aufs Gemüt. Die Zufahrt von Norden zur eigentlichen Sprengisandur kann auf verschiedenen Wegen erfolgen. Die schwierigste Variante ist die über die [F 910], die von der ► Askja kommt und beim **Tungnafellsjökull** auf die Sprengisandur trifft. Weitere Zufahrtsmöglichkeiten von Norden existieren vom Skagafjörður über die [F 752], die bei Varmahlið von der Ringstraße abzweigt, oder auch vom Eyjafjörður bei ► Akureyri über Hrafnagil und die [F 821]. Der einfachste Weg von Norden in Richtung Sprengisandur beginnt beim Goðafoss an der Ringstraße.

Streckenverlauf Die ersten Kilometer folgt die hier noch gut befahrbare [844] dem Bárðardalur, beim Hof Mýri beginnt dann das Hochland und die Straße wird zur Piste [F 26]. Hier lohnt ein kurzer Abstecher zum **Aldeyarfoss**, der von schönen Basaltsäulen umgeben ist. Vor der eigentlichen Sprengisandur bietet sich ein weiterer Abstecher nach Westen zum Laugafell an. Hier sprudelt warmes Wasser an die Oberfläche und verwandelt die ansonsten vegetationslose Hochlandwüste in eine kleine grüne Oase und ein heißer Pott lädt zum Baden ein. Auf dem Weg zurück zur Hauptroute [F 26] und auch auf der nun folgenden Sprengisandur bieten sich immer wieder grandiose Ausblicke auf die nahen Gletscher ► Vatnajökull, Hofsjökull und Tungnafellsjökull. Bei **Nýidalur**, das in der Nähe der geografischen Mitte Islands liegt, ist dann auch in etwa die Hälfte der Hochlanddurchquerung geschafft. Das Tal auf rund 800 m Höhe überrascht durch seine erstaunlich vielfältige Vegetation. Hier bietet sich ein längerer Zwischenstopp für Wanderungen zu heißen Quellen oder Gletscherzungen des Tungnafellsjökull an. Auf schlechter Piste geht es weiter in Richtung Süden, zwischen den großen Gletschern hindurch, vorbei an den großen Seen Kvíslavatn, Þórisvatn und Hrauneyalón bis zum **Hochlandservicezentrum Hrauneyar** (► S. 318). Wer noch etwas Zeit hat, sollte von hier unbedingt den Abstecher über die [F 208] nach ► Landmannalaugar machen.

SPRENGISANDUR ERLEBEN

AUSKUNFT

In Hrauneyar
Tel. 487 77 82, Fax 487 77 81
www.hrauneyjar.is

AUSFLÜGE

Auch wer ohne geeignetes Allradfahrzeug unterwegs ist, kann Mo., Mi. und Fr. die Sprengisandur von Mývatn über Goðafoss, Nýidalur nach Hrauneyar und weiter bis Landmannalaugar mit den hochbeinigen Bussen von Austurleið (Tel. 545 17 17, www.austurleid.is) durchqueren (Abfahrt 8.30 Uhr, Ankunft 18.00 Uhr). Von Landmannalaugar nach Mývatn fahren die Busse Di., Do. und So.

ÜBERNACHTEN

In Nýidalur und Laugafell gibt es einfache Schlafsackunterkünfte in den Hütten des Isländischen Wandervereins (Adresse ► S. 107). Außerdem besteht die Möglichkeit, bei den Hütten zu zelten. Ansonsten bieten sich alle Orte an den Zufahrten zur Übernachtung an.

Die Faszination der Einöde: Die Sprengisandur führt quer durch das isländische Hochland.

★★ Vatnajökull · Skaftafell

H/K 5-6

Region: Südostisland

Er ist der Gigant unter den Gletschern Europas, mit einer Fläche von 8300 km² fast hundert Mal größer als der Aletsch in der Schweiz; sein bis zu 1000 m dicker Eispanzer bedeckt ein Gebiet, mehr als dreimal so groß wie das Saarland.

Der Vatnajökull prägt und beherrscht den Südosten Islands, insbesondere den Küstenabschnitt zwischen dem Skeiðarársandur und dem Städtchen ► Höfn, der Gegenstand dieses Kapitels ist. Er prägt die Landschaft durch seine gewaltigen Eiskappen, die selbst den **Hvannadalshnúkur**, mit 2119 m der höchste Berg Islands, überziehen, durch seine Ausläufer, die sich beängstigend nah an Siedlungen und die Ringstraße heranzutasten scheinen. Und er – der größte Gletscher Europas – beherrscht die Region und seine Menschen durch Naturkatastrophen: Vulkanausbrüche unter der Eisdecke und Gletscherläufe, die in der Vergangenheit regelmäßig Höfe und Ackerland, Straßen und Brücken zerstörten.

Eiswüste: Der Vatnajökull ist dreimal größer als das Saarland.

Die Schwemmlandebene Skeiðarársandur

Naturgewalt formt das Land

Man verlässt die Ortschaft ► Kirkjubæjarklaustur südwestlich des Vatnajökull auf der Ringstraße Richtung Nordosten und passiert nach gut 30 km das Gehöft **Núpsstaður** (► S. 193) mit einer kleinen, unter Denkmalschutz stehenden Grassodenkirche des 17. Jahrhunderts. Núpsstaður ist die letzte Siedlung vor der Schwemmlandebene Skeiðarársandur, jenem Stück Land, dem der Vatnajökull mit seinen Urgewalten am meisten zusetzt: Schmelzwasserflüsse durchziehen die Sanderfläche wie unzählige Adern, Gletscherläufe überschwemmen das Gebiet in regelmäßigen Abständen. Mittlerweile halten die Brücken über die mitunter reißenden Flüsse Núpsvötn, Gýgjukvísl und Skeiðará den Überschwemmungen stand, während sie in früheren Jahren immer wieder zerstört und neu errichtet wurden. Kein Wunder bei den gewaltigen Wassermassen großer **Gletscherläufe**: Im Jahr 1996 wurden Abflussmengen von bis zu 50 000 m^3/Sek. gemessen, die sich ihren Weg Richtung Meer bahnten. Zum Vergleich: Die Wassermenge des mächtigsten Wasserfalles von Europa, des Rheinfalls bei Schaffhausen in der Schweiz, beträgt maximal 1100 m^3/Sek.

✶✶ Nationalpark Skaftafell

Am nordöstlichen Rand des Skeiðarársandur zweigt eine Stichstraße von der Ringstraße zum Campingplatz des Skaftafell-Nationalparks ab. Das **Visitor Center** am Campingplatz sollte erste Anlaufstelle für jedermann sein, egal, ob man den Nationalpark auf eigene Faust erkunden möchte oder sich einer geführten Wandergruppe anschließt: Hier erhalten Sie Kartenmaterial, Wandertipps bzw. -empfehlungen und hier treffen sich auch täglich zweimal die Teilnehmer geführter Wanderungen.

Ein Bruchteil des Ganzen

Betrachtet man die Ausdehnung des Nationalparks Skaftafell (gegründet 1967, wurde er 1984 auf eine Fläche von 1600 km² erweitert), wird sofort klar, dass man nur einen Bruchteil des größtenteils von Eis bedeckten Landschaftschutzgebietes erkunden – im Sinne von erwandern – kann, nämlich jene eisfreie, durch markierte Wanderwege bestens erschlossene Fläche zwischen den Gletscherzungen **Skeiðarárjökull und Skaftafellsjökull**. Einsamkeit findet man hier allerdings selten: Der Nationalpark Skaftafell zählt zu den am meisten frequentierten Sehenswürdigkeiten Islands. Doch hier wie überall gilt: Je länger und anstrengender die Wanderung, desto weniger Menschen bekommt man zu Gesicht.

VATNAJÖKULL · SKAFTAFELL ERLEBEN

AUSKUNFT

Skaftafell-Nationalpark Besucherzentrum
Fagurholsmyri, 2 km nördlich der Ringstraße
Tel. 478 16 27, Fax 478 1627
Im Informationszentrum gibt es eine Ausstellung über den Gletscher, außerdem Verkauf von Wanderkarten, Souvenirshop, Minimarkt und ein Café. Tägliche Busverbindungen vom Besucherzentrum ins Hochland und nach Reykjavík. Angeschlossen ist ein großer Campingplatz.

GLETSCHERTOUREN

Jeep-, Ski- und Schneemobiltouren ab der Hütte Jöklasel (►S. 287).

ÜBERNACHTEN

► Komfortabel

Hotel Skaftafell
Fagurholsmyri
Tel. 478 19 45, Fax 478 18 46
Nüchternes Hotel in Solitärlage an der Ringstraße in unmittelbarer Nähe des Nationalparks. Freundliche Bewirtschaftung, bei schönem Wetter Blick auf den Gletscher. Es werden auch Schlafsackplätze angeboten.

► Günstig

Bölti
Westlich oberhalb des Zeltplatzes
Tel. 478 16 26, Fax 478 24 26
Hütte in schöner Lage im Nationalparkterrain. Doppelzimmer, Schlafsackunterkünfte, Kochgelegenheit.

Svinafell
Oræfi, Tel. 478 17 65
Wem der Campingplatz beim Besucherzentrum zu voll ist, findet bei der Svinafell-Farm einige Kilometer östlich eine kleine, ruhige Wiese. Ein weiterer Pluspunkt ist das geheizte Schwimmbad gleich nebenan.

Skaftafell Orientierung

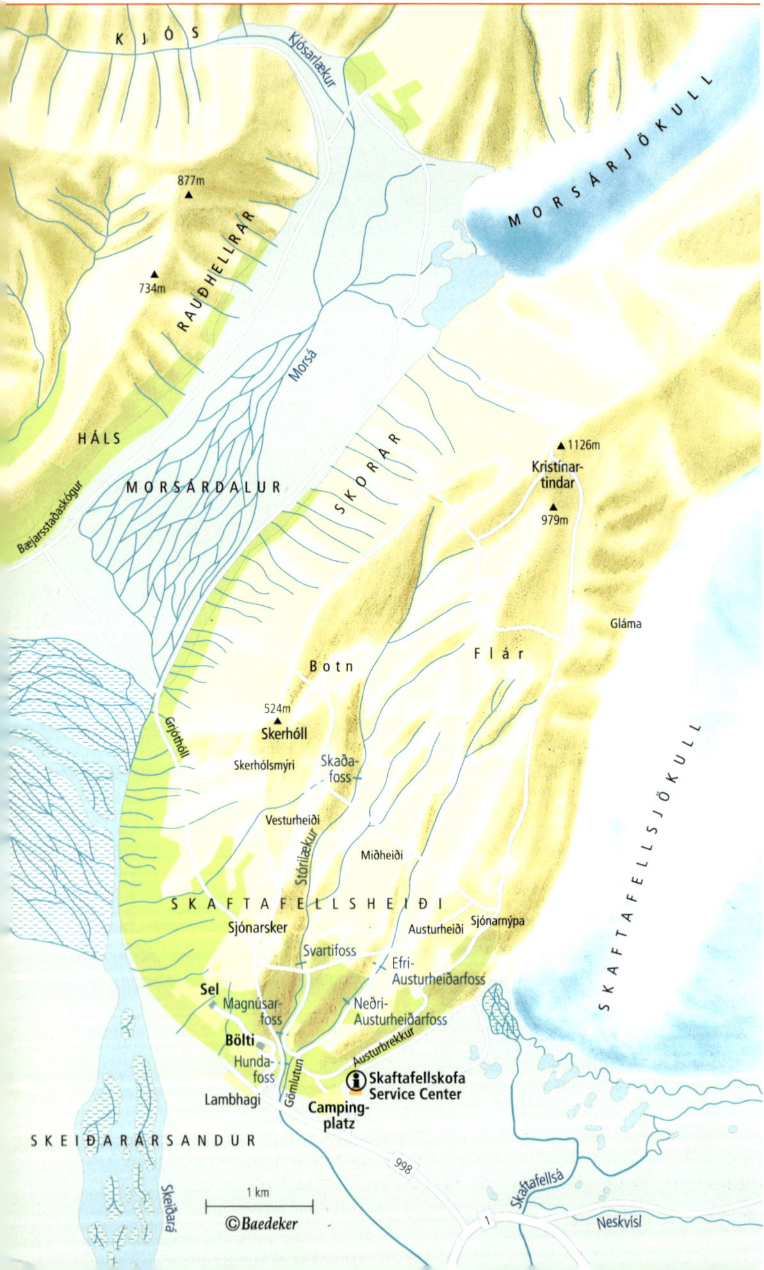

Wanderungen

Da es im Nationalpark keine Straßen gibt – ausgenommen die Zufahrtsstraße zu den Höfen Bölti und Hæðir –, bleibt einem nichts anderes übrig, als die reizvolle Landschaft zu Fuß zu erobern. Vom Zeltplatz führen alle markierten Wege – bis auf jenen direkt zur Gletscherzunge des Skaftafellsjökull – zunächst aufwärts durch ein **idyllisches Moorbirkenwäldchen**. Wenn Sie dem Weg nach Nordwesten folgen, erreichen Sie alsbald (ca. 45 Min. ab Zeltplatz) den Svartifoss, dessen Wasser über schwarze Basaltsäulen, die an Orgelpfeifen erinnern, gut 10 m in die Tiefe stürzt. Wählen Sie hingegen den Wanderweg nach Nordosten, führt Sie dieser zu den Aussichtspunkten **Sjónarnýpa** (45 Min. ab Zeltplatz) und **Gláma** (2 Std.) oberhalb der Gletscherzunge des Skaftafellsjökull mit Blick auf den Öræfajökull mit dem Hvannadalshnúkur. Wenn Sie diesem Weg weiter folgen, erreichen Sie nach insgesamt 3,5 Std. ab Zeltplatz den **Hauptgipfel des Kristínartindar** (1126 m), dessen Besteigung anstrengend, aber selbst für nicht schwindelfreie Personen ohne alpine Erfahrung bei anständiger Kondition zu bewältigen ist. Die Tour auf den Kristínartindar mit Rückweg vorbei am Skerhóll, dem Aussichtspunkt **Sjónarsker** und am Svartifoss (insges.: 7 Std. Gehzeit) ist vielleicht die schönste im Nationalpark. Man sollte nur frühmorgens starten, denn sonst erreicht man erst am späten Nachmittag bei nachlassenden Lichtverhältnissen den Svartifoss. Das traumhafte Fotomotiv ist dann nur mehr schwer abzulichten.

Eine weitere, sehr lange, aber empfehlenswerte Wanderung führt zum Ursprung des Gletscherflusses Skeiðará.

! *Baedeker* TIPP

Auf und über das Eis

Wer sich nicht auf die eisfreie Zone des Nationalparks Skaftafell beschränken will, dem sei die Teilnahme an einer Gletschertour angeraten, die im extremsten Fall auf den Gipfel des Hvannadalshnúkur führt (Infos im Visitor Center und/oder bei: Icelandic Mountain Guides, Tel. 587 99 99). Es geht auch bequemer: Wo die Stichstraße von der [1] zum Nationalpark abbiegt, befindet sich ein kleiner Flugplatz. Von hier werden Rundflüge über die endlose Eisfläche angeboten. Ein unvergessliches Erlebnis! Auskunft: Jórvík Aviation, E-Mail: info@ats.is

Durch das Gebiet Öræfi zum Jökulsárlon

»Einöde«

Wir schreiben das Jahr 1362: Der Ausbruch des Hnappafellsjökull zerstört mindestens 24 Höfe und das dazugehörige Ackerland zwischen dem Fluss **Skeiðará** im Westen und dem **Breiðamerkursandur** im Osten. Die ansässigen Bauern verlieren ihre Lebensgrundlage. In der Folgezeit entstehen neue Gehöfte, die durch einen zweiten Ausbruch 1727 erneut zerstört werden. Das geschundene Land wird fortan Öræfi genannt – was so viel wie Einöde, Ödland, Wüste bedeutet –, der zerstörerische Gletschervulkan von Hnappafells- in **Öræfajökull**, Ödlandgletscher, umbenannt. Heute ist das Gebiet südöstlich von Skaftafell Brutstätte zahlreicher Vogelarten, darunter Skuas, einer in der Arktis vorkommenden Raubmöwenart.

Ingólfshöfði Vor der Küste bildet die dem Sandergebiet des Festlandes vorgelagerte (Halb-)Insel Ingólfshöfði zahlreichen Vogelarten eine ideale Brutstätte. Ingólfshöfði ist eher eine Landzunge denn eine Insel, kaum vom Festland getrennt. Einziges Gebäude auf Ingólfshöfði ist ein Leuchtturm. **Ingólfur Arnarson**, der die dauerhafte Besiedlung Islands im 9. Jh. einleitete (►Geschichte S. 40), verbrachte seinen ersten Winter angeblich auf der nach ihm benannten Insel. Ein Denkmal erinnert daran. Wer einen Ausflug auf Ingólfshöfði unternehmen möchte, wendet sich an den Bauer des Gehöfts Fagurhólsmýri, Sigurður Bjarnason, am Abzweig der [988] von der Ringstraße, der mit Traktor und Heuwagen Interessierte durch das Watt zur Insel führt (Tel. 899 64 88).

*** Jökulsárlón** Auf der Ringstraße Richtung Nordosten durchquert man die Schotterebene **Breiðamerkursandur**. Unverhofft tauchen linksseitig die majestätisch aus dem Wasser ragenden Eisberge des Jökulsárlón auf. Wenngleich sich mit dem Breiðárlón und Stemmulón zwei weitere Eisbergseen in unmittelbarer Nähe befinden, stößt allein der Jökulsárlón auf touristisches Interesse. Das mag an der Lage direkt an der Ringstraße zwischen der Gletscherzunge des **Breiðamerkurjökull** und dem Meer liegen und an der bequemen Art, wie der See zu erreichen ist: Man stellt sein Fahrzeug einfach auf den Parkplatz am Ufer ab, um den Blick auf die atemberaubende Kulisse der skurril geformten Eisblöcke auf dem Wasser mit dem Gletscher im Hintergrund genießen zu können. Die faszinierende Schönheit der **Gletscherlagune** zieht den Betrachter bei klarem Wetter und auch bei

Eis, Wasser, Nebel ...

Nebel in ihren Bann. Wer die Eisblöcke aus nächster Nähe betrachten will, kann an einer Bootsfahrt auf der Gletscherlagune teilnehmen (Infos: Tel. 478 21 22, E-Mail: info@jokulsarlon.is).

Doch nicht nur die Eisberge, sondern auch die **Robben**, die man hier häufig beobachten kann, machen den Jökulsárlón in der Hauptreisezeit zu allem anderen als einen ruhigen Ort.

? WUSSTEN SIE SCHON ...?

- ... dass auch Lee Tamahori offensichtlich von der natürlichen Schönheit des Jökulsárlon angetan war? Der Regisseur drehte eine Sequenz seines Films »James Bond 007 – Stirb an einem anderen Tag« (2002) mit Pierce Brosnan und Halle Berry auf dem zugefrorenen Gletschersee.

30 km nordöstlich vom Jökulsárlón biegt die Piste [F 985] von der Ringstraße ab und führt aufwärts zur Hütte **Jöklasel** am Rande des Vatnajökull. Die Strecke ist nur mit Geländewagen befahrbar. Im Jahr 1991 wurde die bewirtete Berghütte mit Übernachtungsmöglichkeit auf 840 m Höhe direkt an der Eisgrenze des Gletschers errichtet. Sie ist Ausgangspunkt von **Jeep-, Ski- und Schneemobil-Touren** auf das ewige Eis, die vor Ort oder telefonisch bei Glacier Jeeps (Tel. 478 10 00, www.glacierjeeps.is) gebucht werden können. Teilnehmer werden auf Wunsch an der Abzweigung der [F 985] von der Ringstraße aufgelesen und zur Hütte gebracht. Ansonsten besteht die Möglichkeit, mit den Linien 15 und 17 der Busgesellschaft Austurleið ab Skaftafell, Jökulsárlón, Smyrlabjörg oder Höfn zur Hütte zu gelangen (www.austurleid.is; Tel. 545 17 17).

... ein Element, drei Erscheinungsformen: am Gletschersee Jökulsárlón

Vestmannaeyjar

E 7

Region: Südisland **Einwohnerzahl:** 4400

Zwei Ereignisse haben die Westmännerinseln in der Welt bekannt gemacht: Der Vulkanausbruch von 1973, der die Hauptinsel beinahe unbewohnbar gemacht hätte, und 1998 die Ankunft des Schwertwals »Keiko«, dem Hauptdarsteller des Films »Free Willy«. Ansonsten verläuft das Leben auf dem Archipel eher ruhig, abgesehen von dem Gezeter der Millionen Seevögel, die auf den Felsen vor Islands Südküste jeden Sommer brüten.

Aus 30 Felszacken, Schären und Inseln bestehen die Westmännerinseln, verteilt auf 1000 km² vor der Südküste Islands. Nur die größte Insel, **Heimaey**, ist bewohnt. Genau genommen sind die steil ins Meer abfallenden, grünen Felsen auch nicht unbewohnt, denn auf ihnen brüten im Sommer **Millionen von Seevögeln** und auch auf Heimaey gibt es weit mehr Vögel als Menschen. Geologisch sind alle Inseln noch jung, denn obwohl es vor der Südküste Islands schon seit einigen Hunderttausend Jahren unterseeische Vulkanaktivitäten gibt, sind doch erst vor rund 10 000 Jahren die ersten Eilande an der Oberfläche aufgetaucht. Die meisten sind gar erst vor 5000 Jahren bei submarinen Vulkanausbrüchen der von Südwest nach Nordost auf dem Meeresboden verlaufenden 30 km langen Vulkanspalte entstanden.

? WUSSTEN SIE SCHON ...?

- ... dass der Name der Inseln von fünf irischen Sklaven herrührt, die um die Zeit der Besiedlung den Stiefbruder des ersten Siedlers Ingólfur Arnarson töteten und von Vík aus auf eine der Inseln vor der Küste flohen? Doch der Mord blieb nicht lange ungesühnt, denn die Sklaven wurden bald darauf umgebracht. Seitdem ist die Inselgruppe nach ihnen, den »Westmännern«, wie die Iren damals bezeichnet wurden, benannt.

Nach einem submarinen Vulkanausbruch, der 1963 in 130 m Tiefe begann und bis 1967 anhielt, entstand südwestlich von Heimaey schon bald eine neue Insel. Diese neue Insel wurde nach dem nordischen **Feuerriesen Surtur** benannt, der laut der Edda von Süden kommt und die Welt in Brand steckt. Das Eiland wuchs beständig und hatte zum Ende der Eruptionen eine Größe von 2,8 km² erreicht. Doch so schnell wie sie aus dem Meer aufgetaucht war, so erfolgreich holte sich das Meer Stück für Stück zurück, so dass **Surtsey** heute nur noch rund halb so groß ist. Die südlichste Insel des Archipels dürfen seit ihrer Entstehung allerdings nur Wissenschaftler betreten, die hier eine Forschungsstation errichtet haben. Denn für Biologen bietet Surtsey die einmalige Gelegenheit, die Ansiedlung von Pflanzen auf einem völlig vegetationslosen Felsen mitten im Meer zu erforschen.

Evakuierung einer ganzen Insel

Am 23. Januar 1973 um zwei Uhr morgens öffnete sich ohne jede Vorwarnung eine rund zwei Kilometer lange Spalte am **Helgafell** und förderte gewaltige Lavamengen, die als rote Fontänen in den Nachthimmel schossen. Schon bald darauf wälzte sich ein Strom glühender Lava unaufhaltsam auf die Inselhauptstadt zu. Glücklicherweise waren wegen eines Sturmes alle Fischerboote in dieser Nacht im Hafen geblieben, sodass die Evakuierung der Inselbewohner sofort beginnen konnte. Innerhalb weniger Stunden hatten alle die Insel verlassen. In den nächsten Tagen wurde ganz Heimaey unter schwarzer Asche begraben, die bis zu 160 m hohe Lavawand begrub ein Haus nach dem anderen unter sich und drohte zudem, die Hafeneinfahrt unpassierbar zu machen. Da der **Verlust des Hafens** der Insel die Lebensgrundlage genommen hätte, wurde fieberhaft an Plänen zu seiner Rettung gearbeitet. Durch den Einsatz von gewaltigen Pumpen wurde schließlich der heiße Lavastrom durch kaltes Seewasser so weit abgekühlt, dass er zum Stillstand kam und der Hafen gerettet war. Als dann im Juli die Eruptionen zu Ende gingen, war die Insel um 2,2 km² größer geworden, aber auch 400 Häuser, ein Drittel der Stadt, waren unter der Lava begraben. Noch im Sommer kehrten rund 2000 der 5300 Evakuierten nach Heimaey zurück.

Januar 1973: Eine Fontäne aus Feuer und Lava bedroht Heimaey.

VESTMANNAEYJAR ERLEBEN

AUSKUNFT

Am Hafen, Básaskersbryggja
Tel. 481 35 55, Fax 481 29 91
www.vestmannaeyjar.is

ANREISE

Die Fähre Herjólfur, Tel. 481 28 00, www.herjolfur.is, verkehrt täglich zwischen Heimaey und Þorlákshöfn, Dauer 2 ¾ Std. Íslandsflug (Tel. 570 80 30, www.islandsflug.is) unterhält Linienflüge zwischen Reykjavík und Heimaey. Flugfélag Vestmannaeyja (Tel. 481 32 55) fliegt nach Selfoss, Bakki und Reykjavík.

AUSFLÜGE

Viking Tours bietet Sightseeing-Touren, Bootsausflüge, Vogel- und Walbeobachtungen und Hochseefischen an. Suðurgerði 4, Vestmannaeyjar, Tel. 488 48 84, www.boattours.is.

VERANSTALTUNGEN

Am ersten Juliwochenende wird ein Fest zur Erinnerung an das Ende des Vulkanausbruchs gefeiert. Größtes Fest ist Anfang August das Þjódhátið im Herjólfsdalur, das an die Einführung der Verfassung 1874 erinnert.

ESSEN

► Preiswert bis Erschwinglich

Lanterna
Bárustigur 11
Tel. 481 33 93
Gemütliches Lokal mit maritimer Atmosphäre, bei den Einheimischen beliebt. Fisch- und Fleischgerichte, in der Saison auch Papageitaucher.

Café Maria
Skólavegur 5
Tel. 481 31 52
Restaurant, Café und Pub. Vom Sandwich über Pizza bis hin zu Fisch- und Fleischgerichten und Papageitaucher reicht die Speisekarte.

ÜBERNACHTEN

► Komfortabel

Hótel Eyjar
Bárustígur 2
Tel. 481 36 36
www.hoteleyjar.eyjar.is
Modernes, komfortables und helles Apartmenthotel.

► Günstig

Gistiheimilið Árný
Illugagata 7
Tel. 481 20 82
Fax 481 20 82
Relativ großes Gästehaus mit 30 Betten, auch Schlafsackunterkunft. Modern und freundlich eingerichtet, Küchenbenutzung möglich, insgesamt herzliche Atmosphäre.

Sehenswertes auf Heimaey

Kirkjubæjarhraun Auf der mit 13,4 km² größten und einzigen bewohnten Westmännerinsel, sind die Spuren des Ausbruchs von 1973 noch allgegenwärtig. Die riesige dunkle Lavawand des Kirkjubæjarhraun erhebt sich drohend direkt hinter den bunten Wellblechhäusern. Ein Blick von oben, am besten vom 221 m hohen Gipfel des Eldfell, lässt die Ausmaße des Ausbruchs von 1973 erkennen, der ein Sechstel der Insel mit frischer Lava überzogen hat. Mitten im Ort fällt die **Landakirkja** aus dem Jahr 1778 ins Auge. Sie ist eine der drei ältesten Steinkirchen Islands. Wegen seiner überschaubaren Größe lässt sich Heimaey an einem Tag zu Fuß umrunden. Über weite Strecken verläuft ein Weg entlang der Küste mit guten Möglichkeiten, Papageitaucher zu beobachten. Auf dem Südkap **Stórhöfði**, dem südlichsten bewohnten Punkt Islands, befinden sich eine Wetterstation und ein Leuchtturm.

Volcanic Film Show

Der Dokumentarfilm schildert den Ausbruch von 1973. Weitere Filme zeigen die Aufräumarbeiten und den Neuanfang sowie die **Entstehung der Insel Surtsey**. Vestmannabraut/Heiðarvegur, Tel. 481 10 45, Vorstellungen im Sommer tgl. 11.00, 15.30 und 21.00 Uhr.

Naturkundemuseum/Aquarium

Das Museum (Heiðarvegur 12) zeigt einheimische Fische, ausgestopfte Vögel und eine Mineraliensammlung. Öffnungszeiten: Mai bis Mitte Sept. tgl. 11.00 – 17.00 Uhr, sonst Sa./So. 15.00 – 17.00 Uhr.

Regionalmuseum

Das Museumszentrum (Byggðasafn, Ráðhúströð) besteht aus dem Heimatmuseum, das viel Sehenswertes zum Leben auf den Westmännerinseln zeigt, und der Kunstgalerie mit Werken isländischer Künstler. Besonders umfangreich ist die **Jóhannes-Kjarval-Sammlung**. Öffnungszeiten: Mai–Mitte Sept. täglich 11.00 – 17.00 Uhr, sonst Sa., So. 15.00 – 17.00 Uhr.

Die Sighvatur Bjarnason im Hafen von Heimaey

Sprung in die Freiheit: Doch Hollywood ist nicht das wahre Leben. Keiko verbrachte seine Existenz in Gefangenschaft, um die Menschen zu unterhalten.

KEIN HAPPY END FÜR DEN FILMSTAR

Der Orka Keiko, Hauptdarsteller des Films »Free Willy«, kam 1998, wie es sich für einen Filmstar gehört, unter großem Medieninteresse auf Heimaey an. In der Klettsviks-Bucht am Hafen war schon alles für ihn vorbereitet. Ob er sich noch daran erinnert hat, dass er als Jungtier schon mal in isländischen Gewässern geschwommen ist?

In der Folgezeit wurde er gehegt und gepflegt, mit Delikatessen gefüttert und jeder Atemzug von ihm wurde dokumentiert. Denn ein ganzes Forscherteam hatte es sich zum Ziel gesetzt, ihn an ein **Leben in der Freiheit** zu gewöhnen. Ein Unterfangen, das bis jetzt noch nie versucht worden war. Denn Keiko war nicht mehr ganz jung, als er in Island ankam, hatte 20 Jahre in winzigen Betonbecken verbracht und für die Zuschauer allerlei Kunststücke gemacht. Aber Keiko tat sich schwer, seine Bucht mit Vollpension zu verlassen und im offenen Meer selbst für sich zu sorgen. Durch endlose Trainingseinheiten und unzählige **»Ocean Walks«** ließ er sich dann doch noch von einem Leben in Freiheit überzeugen.

Chancenlos!

Schließlich schwamm er nach Norwegen, kam aber auch dort nicht ohne Menschen aus und starb im Dezember 2003 – eigentlich viel zu früh – an einer Lungeninfektion. Das Experiment, für das die **Free-Willy-Stiftung** viele Millionen Dollar ausgegeben hatte, war tragisch gescheitert. Für den Filmstar gab es kein Happy End, ein Leben in Freiheit war ihm nicht vergönnt.

Aus Anlass der 1000-jährigen Christianisierung Islands wurde im Sommer 2000 eine von der norwegischen Regierung geschenkte Stabkirche geweiht. Der schlichte Bau ist die einzige Stabkirche Islands und wurde nach dem Vorbild der alten Kirche im norwegischen Haltdalen rekonstruiert. Außerdem sind in **Skansinn**, das den ältesten Teil der Stadt bildet, noch die Reste der englischen Festung aus dem 16. Jh. und das älteste Haus von Heimaey, Landlyst, zu besichtigen. Öffnungszeiten: tgl. 11.00 – 17.00 Uhr.

Stabkirche

✶ Vík í Mýrdal

G 7

Region: Südisland **Einwohnerzahl:** 300

Versteinerte Trolle im Wasser, die Kirche malerisch auf einem Hügel vor den mit Grün überzogenen Vulkanfelsen, einige bunte Wellblechhäuser und ein Traumstrand vor der Kulisse des Mýrdalsjökull – Vík í Mýrdal ist ein kleiner Ort in einer großartigen Umgebung.

Vík í Mýrdal ist das südlichste Dorf Islands und die einzige Ansiedlung an der Küste, die keinen Hafen besitzt. Somit ist es einer der ganz wenigen Orte Islands, die nicht vom Fischfang leben, hier müssen Handel, Dienstleistungen und Touristen das Geld in die Kasse bringen. Das beste Beispiel ist der Factory Shop an der Hauptstraße, an dem alle Busse einen Zwischenstopp einlegen. Drinnen gibt es alles, was im weitesten Sinn unter dem Begriff Souvenir laufen könnte, natürlich auch viel Wolle, als Knäuel oder schon fertig gestrickt als Islandpullover. Weiterer Trumpf Víks ist seine Lage mit dem markanten Berg **Reynisfjall** in unmittelbarer Nähe und mit den mit intensiven grünen Teppichen überzogenen und bizarr erodierten Vulkanhügeln. Auch der 700 km² große Mýrdalsjökull mit seinen Gletscherzungen und den Sandern ist nicht weit. Der Gletscher bietet zwar einen spektakulären Anblick, aber unter dem Eis schlummert die **Katla**, eine gewaltige Caldera von 10 km Durchmesser. Eigentlich ist die Katla schon viel zu lange ruhig, denn in der Regel wird der Vulkan alle 40 bis 80 Jahre aktiv – das letzte Mal 1918. Ihre Ausbrüche sind gefürchtet, denn sie schmelzen ungeheure Mengen Gletschereis, wodurch sich gigantische Wassermassen über die gesamte Küste südlich des Gletschers ergießen.

Sehenswertes in Vík í Mýrdal

✶ **Der Strand und die Trolle**

Von der Ringstraße ist es nur ein kurzer Fußweg zum kilometerlangen, feinsandigen schwarzen Strand mit der schäumenden Brandung und dem Blick auf die Steilküste. Im Sommer sorgt eine der größten isländischen Brutkolonien von Küstenseeschwalben am Strand und auf den Wiesen dahinter für ein Riesenspektakel. Laut »Islands Magazine« zählt der Strand von Vík zu den zehn schönsten der Welt. Vom Strand sind auch die Wahrzeichen des Ortes, die **Reynisdrangar**, zu sehen. Bis zu 66 m ragen die Felszinnen am Fuß des Reynisfjall aus dem Wasser und bieten schon aus der Ferne einen unverwechselbaren Anblick. Angeblich sind auch sie wieder versteinerte Trolle, die versucht haben sollen, einen Dreimaster an Land zu ziehen, wieder mal nicht rechtzeitig fertig geworden sind und von der Sonne überrascht wurden. Die Felszinne Skessudrangur soll das versteinerte Trollweib sein, Langhamar, am weitesten vom Land entfernt, ist der Dreimaster, dem Land am nächsten ist Landdrangur, der Riese, der das Trollweib begleitet hat.

Die Kirche von Vík

Die alte Kirche von Vík stand in Höfðabrekka, östlich des Zentrums. Sie wurde 1924 von einem Sturm zerstört, und obwohl an diesem Ort schon seit dem 12. Jh. eine Kirche gestanden hatte, wurde sie dort nicht wieder aufgebaut. Die moderne Kirche von 1934 liegt auf einem Hügel über den Häusern, von wo sich ein schöner Blick über den Ort ergibt.

Bryðebuð

Das Museum Bryðebuð (Víkurbraut 28) ist in dem ersten Handelshaus von Vík untergebracht. Erbaut wurde es 1831 auf den Westmännerinseln, doch der dänische Kaufmann Bryðe ließ es 1895 von den Inseln nach Vík bringen. Im Museum sind alte Fotografien aus

Trollig: Die Felsen von Reynisdrangar sind – so sagt man – versteinerte Fabelwesen.

VÍK Í MÝRDAL ERLEBEN

AUSKUNFT

Im Museum Bryðebuð
Víkurbraut 28
Tel. 487 13 95, info@vik.is

ESSEN

► Preiswert

Halldórskaffi
Bryðebúð
Víkurbraut 28
Tel. 487 13 95
Innen gemütliches Museumscafé, vor der Tür stehen ein paar Tische in der Sonne. Die Speisekarte bietet Kleinigkeiten wie Pizza, Tagessuppe, Hamburger, Kaffee und Kuchen.

ÜBERNACHTEN

► Komfortabel bis Luxus

Hótel Edda
Tel. 444 48 40
www.hoteledda.is
Alle 21 Zimmer mit Bad und TV, Schöne Lage am Hang. Für Individualisten gibt es sechs kleine Doppelhütten direkt an der Felswand, das Gezeter der brütenden Vögel gehört dazu. Restaurant angeschlossen. Golfplatz in der Nähe.

► Komfortabel

Hotel Lundi
Víkurbraut 26
Tel. 487 12 12, Fax 487 14 04
Das neue Hotel neben dem Museum hat zehn komfortable DZ. Im alten Hotel Lundi befindet sich ein Gästehaus mit einfachen und günstigen Schlafsackunterkünften.

Hotel Dyrhólaey
Brekkur (9 km westlich von Vík)
Tel. 487 13 33, Fax 487 15 07
dyrholaey@islandia.is
Neues Gästehaus mit 37 Zi., alle mit Bad. Schöne Lage mit Blick über die Bucht, ganzjährig geöffnet.

► Günstig

Farfuglaheimili Vík í Mýrdal
Norður-Vík
Tel. 487 11 06, Fax 487 13 03
300 m von der Hauptstraße, etwas oberhalb des Ortes, 36 Betten.

Gästehaus Katrínar
Kirkjuvegur 4, Tel. 487 11 86
Kleines, älteres Haus im Ort mit günstigen Schlafsackunterkünften.

der Region und Ausstellungen zur Natur zu sehen. Außerdem informiert es über die rund 100 gestrandeten Schiffe, die in den letzten 100 Jahren vor der Küste Schiffbruch erlitten haben, unter ihnen viele aus Deutschland. Öffnungszeiten: tgl. 10.00 – 17.00 Uhr.

Umgebung von Vík í Mýrdal

Auf der Ringstraße in westlicher Richtung kommt nach einigen Kilometern der Abzweig nach Garðar. Die neu geteerte Straße umrundet den Berg **Reynisfjall** und endet schließlich an einem Parkplatz am Strand. Auch dieser schwarze Sand- und Kiesstrand ist absolut sehenswert, zur Rechten in der Ferne der markante Felsen von Kap Dyrhólaey, zur Linken der Reynisfjall mit mehreren großen Höhlen Garðar und einer Front aus senkrecht stehendem Säulenbasalt. Der Reynisfjall ist zum Meer hin so steil und glatt, dass selbst die Seevögel, die auch mit winzigen Vorsprüngen zufrieden sind, nur ganz wenige Brutplätze finden. Vom Strand sind auch wieder die Reynisdrangar zu sehen, aus diesem Blickwinkel sieht es so aus, als ob einer der Trolle bis zu den leeren Augenhöhlen im Wasser versunken wäre und der andere nur noch den Zeigefinger aus dem Wasser reckt.

✶ Dyrhólaey Nach der weitläufigen Umrundung der Lagune Dyrhólaós auf der Ringstraße zweigt die [218] zum südlichsten Punkt Islands, dem Kap Dyrhólaey ab. Seinen Namen verdankt der 120 hohe Felsen Dyrhólaey (Torhügelinsel) einem großen Torbogen an der Südspitze, der groß genug ist, dass kleine Boote hindurchfahren können. Auf dem Kap steht ein Leuchtturm, von hier reicht der Blick über den Torbogen bis zum Reynisfjall und den Reynisdrangar. Auf der anderen Seite erstrecken sich die schwarzen **Sander des Mýrdalsjökull** bis zum Horizont. In den Steilfelsen brüten Seevögel, besonders gut lassen sich die Papageitaucher beobachten, die zu Dutzenden auf den mit Gras bewachsenen Vorsprüngen direkt unterhalb der Abbruchkante sitzen.

! *Baedeker* TIPP

Mit dem Zelt ans Ende der Welt

Am Ende der Straße nach Þakgil liegt einer der schönsten Campingplätze Islands. Es ist zwar nur ein Stück Wiese im Talboden, aber die grünen Vulkanberge in der Umgebung sind einfach märchenhaft. Als Aufenthaltsraum dient eine natürliche Höhle, die mit Kerzen erleuchtet und von einem eisernen Ofen beheizt wird. Die Umgebung bietet sich für Wanderungen an, zu einem kleinen Wasserfall in der Nähe, über steile Wiesen auf den Hausberg oder bis zum Mýrdalsjökull. Tel. 893 48 89, www.thakgil.is

5 km östlich von Vík zweigt die [214] in Richtung **Þakgil** ab, die bald in eine Piste übergeht, die mittlerweile aber mit einem PKW befahrbar ist. Die Strecke führt durch eine **Vulkanlandschaft wie aus dem Bilderbuch** mit bizarr erodierten, oftmals begrünten Vulkanfelsen, die alle versteinerte Trolle sein könnten. Der 14 km lange Abstecher bis zum Ende der Straße führt durch eine märchenhaft schöne Landschaft am Fuße des Mýrdalsjökull.

Hjörleifshöfði Die markante, isoliert stehende 221 m hohe Tuffinsel auf dem Südwestteil des **Mýrdalssandur** ist schon von der Ringstraße aus gut zu sehen. Entstanden ist sie in einer Zwischeneiszeit bei einem submarinen Ausbruch. Bis zum 14. Jh. noch war sie vom Meer umspült, danach wurde sie vom Schwemmsand aus den Gletscherläufen der Katla vom Meer getrennt. Die Erhebung ist nach Hjörleifur, dem Stiefbruder von Ingólfur Arnarson benannt, den seine Sklaven ein Jahr nach der Ankunft in Island umbrachten. Eine Piste führt von der Hauptstraße zum Berg, von dort führt ein Wanderweg in rund einer Stunde auf den Gipfel, auch eine Umrundung des Berges zu Fuß ist möglich.

Vopnafjörður

K 3

Region: Ostisland **Einwohnerzahl:** 600

Als der dänische König Haraldur Guttormsson erwog, Island einzunehmen, schickte er einen Zauberer mit der außergewöhnlichen Begabung, sich in einen Wal verwandeln zu können, als Kundschafter gen Norden. Als der Zauberer in Vopnafjörður an Land gehen wollte, wurde er von einem Drachen daran gehindert, weshalb aus den Eroberungsplänen des Dänenkönigs nichts wurde. Deshalb ziert ein Drache das Wappen Vopnafjörðurs.

Vopnafjörður am gleichnamigen Fjord liegt am Ostufer der Landzunge Kolbeinstangi und diente schon früh als Handelsplatz, doch eine richtige Ansiedlung entstand erst Ende des 19. Jh.s. Der erste Siedler war der Landnehmer **Eyvindur Vopni**, der den Hof Krossavík errichtete. Zu beiden Seiten des relativ weitläufigen Ortes, der durch seine bunten, gepflegten Häuser auffällt, liegen schöne, breite Sandstrände. Kaupvangur, das Haus, das früher zur Aufbewahrung der Handelswaren diente, wird seit der kürzlich vollendeten Sanierung als Café, Touristeninformation und für Ausstellungen genutzt.

Sehenswertes in der Umgebung

✶ **Bustarfell**

Der Grassodenhof im Hofsárdalur, südwestlich von Vopnafjörður, gehört zu den schönsten und stattlichsten Islands. 500 Jahre lang, bis 1966, wurde das Anwesen von der gleichen wohlhabenden Familie bewohnt. Aber schon 1943 hatte **Methúsalem Methúsalemsson** die alten Gebäude, von denen einige bis auf das Jahr 1770 zurückgehen, dem Staat geschenkt, allerdings mit der Auflage, das sechsgiebelige Gehöft mit 27 Räumen als Museum der Nachwelt zu erhalten. Mit seiner umfangreichen Sammlung alter Gebrauchsgegenstände hat Methúsalemsson den Grundstock für das heutige Museum gelegt. Öffnungszeiten: Mitte Juni – Mitte Aug. tgl. 10.00 – 18.00 Uhr.

VOPNAFJÖRÐUR ERLEBEN

AUSKUNFT

Im Kaupvangur
Tel. 473 13 31

ÜBERNACHTEN

▸ **Komfortabel**

Syðri-Vík
Tel./Fax 473 11 99

Auf dem Bauernhof, 8 km südlich von Vopnafjörður, können zwei rote Ferienhäuser mit Terrasse für je 5 bzw. 9 Personen in Solitärlage gemietet werden. Schöner Blick über das weite Tal mit grünen Wiesen und den Fjord.

Sechs Giebel und ein Geweih: der Hof Bustarfell im Hofsárdalur

Hellisheiði Die [917] führt von Vopnafjörður anfangs am östlichen Fjordufer entlang, verlässt dann den Fjord und windet sich in Serpentinen auf die 700 m hoch gelegene, kahle Hochebene **Hellisheiði**. Die Schotterstraße ist zwar gut befahrbar, weist aber bis zu 14 % Steigung auf und ist völlig ungesichert. Anfangs bietet sie einen guten Blick auf den Vopnafjörður, später dann auf die Bucht Héraðsflói mit dem weitläufigen Mündungsdelta der Jökulsá und des Lagarfljót, deren gewaltige Sedimentfracht bis weit ins Meer hinein zu sehen ist.

★ ★ Westfjorde

A-D 1-3

Region: Westfjorde

Dutzende gewaltige Fjorde, eingerahmt von dunklen Basaltbergen, die von den Gletschern der letzten Eiszeit mächtig geschunden worden sind, machen die Westfjorde zu einem Naturschauspiel ohnegleichen. Hier ist die Einsamkeit fast grenzenlos, denn das karge Land und das harte Klima ließen in der Vergangenheit so manchen verzweifeln. Am Westzipfel Europas liegt mit dem Látrabjarg der größte Vogelfelsen des Nordatlantiks.

Wie eine vielfingrige Hand ragt die Halbinsel der Westfjorde ins Meer, nur durch ein schmales Gelenk von zehn Kilometern Breite mit dem Rest Islands verbunden. Über 70 Fjorde, manche groß und

WESTFJORDE ERLEBEN

AUSKUNFT

Ísafjörður
Aðalstræti 7
Tel. 456 51 21, Fax 456 51 22
info@vestfirdir.is

Hólmavík
Im Versammlungshaus
Tel. 451 31 11, Fax 451 34 03
info@holmavik.is

AUSFLÜGE

Die bequemste Möglichkeit, die grandiose Wildnis von Hornstrandir zu erleben, sind die organisierten Ausflüge von Ísafjörður aus. Fast jeden Tag wird im Sommer eine Tour angeboten, vom kurzen Ausflug zur Insel Vigur bis zu mehrtägigen Wanderungen (Informationen im Touristenbüro von Ísafjörður oder unter www.vesturferdir.is).

ESSEN

► Erschwinglich

Hólmavík: Café Riis
Hafnarbraut 39
Tel. 451 35 67

Das grüne Wellblechhaus ist das älteste des Ortes, 1897 von dem dänischen Kaufmann Richard Riis als Handelskontor erbaut. Innen wurde es kürzlich frisch renoviert, wobei viel Wert darauf gelegt wurde, das ursprüngliche Aussehen zu bewahren. Viel Holz trägt zur Gemütlichkeit bei, wobei alle Balken mit magischen Symbolen verziert wurden. Preisgünstiges Tagesgericht.

► Preiswert

Ísafjörður: Gamla Bakaríið
Aðalstræti 24
Tel. 456 32 26
Kleines Café mit wenigen Tischen drinnen und draußen. Hier ist alles hausgemacht. Große Auswahl an Kuchen, Keksen und Torten.

Ísafjörður: Thai Koon
Hafnarstræti 9-13
Tel. 456 01 23
Kleines Thai-Resturant, eine willkommene Abwechslung zu Lamm und Fisch, schließt mit dem Supermarkt um 21 Uhr.

ÜBERNACHTEN

Baedeker-Empfehlung

► Günstig bis komfortabel

Reykjanes: Ferðaþjónustan Reykjanesi
Tel. 456 48 44
Es gehört schon eine gehörige Portion Mut dazu, aus einem ausgedienten Schulgebäude, das obendrein noch 17 km von der Hauptstraße entfernt auf einer menschenleeren Halbinsel liegt, ein Hotel machen zu wollen, das seinen Besitzer ernährt. Die Thermalquelle, die in Reykjanes aus dem Boden sprudelt und neben dem Hot Pot des Hotels sogar das Meerwasser am Strand erwärmt, könnte dem Projekt aber zum Erfolg verhelfen. Ganzjährig geöffnet, Sauna, Schlafsackunterkunft, Doppelzimmer, Tankstelle, Campingplatz, Restaurant.

Hótel Djúpavík

▸ **Luxus**
Ísafjörður: Hótel Ísafjörður
Silfurtorg 2
Tel. 456 41 11, info@hotelisafjordur.is
Modernes 3-Sterne-Hotel im Zentrum. Von außen ziemlich nüchtern, innen sehr komfortabel.

▸ **Komfortabel**
Djúpavík: Hótel Djúpavík
Tel. 451 40 37, www.djupavik.is
Das wahrscheinlich einsamste Hotel Islands. Nett eingerichtet, gute Küche.

▸ **Günstig**
Ísafjörður: Gamla Gistihúsið
Mánagata 5, Tel. 456 41 46
Kleines Gästehaus mit nostalgischem Flair in einem gelben Wellblechhaus mit rotem Dach von 1897.

breit, andere schmal und lang, mal mit Seitenarmen, dann wieder geradlinig ins Landesinnere vordringend, führen zu einer Küstenlänge von 2100 km. Der größte von ihnen, der **Ísafjarðardjúp**, teilt die Halbinsel fast in zwei Hälften. In der Osthälfte thront der Plateaugletscher Drangajökull weithin sichtbar über den nördlichen Westfjorden. Es ist der einzige verbliebene Gletscher der Region, seitdem die Eiskappe der Gláma-Hochebene abgeschmolzen ist. Die Küste zu Füßen des **Drangajökull** wird Snæfjallaströnd (Strand der Schnee bedeckten Hänge) genannt, weil hier selbst im Sommer noch die Schneefelder bis fast ans Meer reichen. Zwischen den Fjorden ragen gewaltige Tafelberge aus vielfach geschichtetem Basalt auf, wobei die einzelnen Lavaschichten durch Asche oder Sedimente getrennt sind. Zum Meer hin brechen sie mit bis zu 400 m hohen Steilküsten ab.

Harte Lebensbedingungen

Heute leben nur noch rund 8000 Menschen in den Westfjorden, gut ein Drittel davon in und um **Ísafjörður**, während der gesamte Ostteil, die Küste von Hornstrandir, menschenleer ist. Viele verlassene Höfe zeugen von den Schwierigkeiten, in den Westfjorden den Lebensunterhalt zu bestreiten und der Einsamkeit zu trotzen. Das Klima ist hier noch härter als im Rest Islands, Wind, Regen und Nebel schlagen aufs Gemüt, Schnee macht im Winter oft genug die Hochebenen unpassierbar und die Verkehrsverbindungen sind auch im Sommer alles andere als gut. Endlose **Schotterpisten**, die sich um jeden Fjordarm winden, obwohl das Ziel doch nur wenige Kilometer Luftlinie entfernt ist, gehören zu einer Fahrt in die Westfjorde. Als Reisender muss man sich darauf einstellen und vor allem genügend Zeit mitbringen – dann wird man der Faszination einer großartigen und wilden Landschaft im Urzustand erliegen, wie sie so nirgendwo mehr in Europa zu finden ist.

Sehenswertes in den Westfjorden

Eine Umrundung der Westfjorde vom Fährhafen Brjánslækur an der Südküste über Látrabjarg, Ísafjörður und Hólmavik bis zum Hrútafjörður ist ohne größere Abstecher rund 600 km lang und wegen der oft kurvigen Schotterpisten zeitaufwändig.

Brjánslækur, Hnjótur

Sobald die wenigen Autos in Brjánslækur von der Fähre aus Stykkishólmur gerollt sind, herrscht in dem Ort, der eigentlich keiner ist, wieder absolute Stille. Schon nach wenigen Kilometern zeigen die Westfjorde ihr typisches Gesicht mit gewaltigen Bergen und vielfingrigen Fjorden. In Richtung Osten führt die [60] über knapp 180 km an zwölf engen Fjorden entlang bis zum **Gilsfjörður**, der Wespentaille der Halbinsel. Die einzigen erwähnenswerten Orte unterwegs mit einer gewissen Infrastruktur und Einkaufsmöglichkeiten sind Reykhólar und Króksfjarðarnes. Auch von Brjánslækur in Richtung Westen ist die Südküste nicht dichter besiedelt, dafür ist die Landschaft noch gewaltiger. Schroffe Berge, einsame Sandstrände, kilometerlange, sanft geschwungene Buchten, helle Dünenlandschaften, in die Fjorde hineinreichende Sandbänke und ein türkisfarbenes Meer sind die Begleiter auf dem Weg zum westlichsten Punkt Europas, dem Látrabjarg. Unterwegs warten am **Patreksfjörður** bei Hnjótur das isländische Flugzeugmuseum und das Heimatmuseum der Westfjorde auf einen Besuch. Bis zu seinem Tod hat Egill Ólafsson allerlei Schiffe,

Am Ende der Welt: die einsame Küste von Hornstarndir in den Westfjorden

Flugzeugteile und Gebrauchsgegenstände gesammelt. Leider befindet sich das Flugzeugmuseum im Moment noch in einem ziemlich desolaten Zustand, aber das Museumscafé ist einen Besuch wert. Öffnungszeiten: im Sommer tgl. 10.00 – 18.00 Uhr.

✶✶ Látrabjarg

Der westlichste Zipfel Europas könnte kaum einsamer und spektakulärer sein. Bis zum kleinen Leuchtturm Bjargtangi gibt es noch eine Straße, vom Parkplatz führt dann ein Weg auf die Klippe und dann weiter an der Kante entlang viele Kilometer in Richtung Osten. Látrabjarg ist der größte Vogelfelsen im Nordatlantik und erstreckt sich über 14 km, bei einer maximalen Höhe von 440 m. Auf den Felsvorsprüngen der senkrechten Klippe brüten schätzungsweise **eine Million Seevögel** und veranstalten ein gewaltiges Spektakel. Nach Stockwerken sortiert findet man hier Dreizehenmöwen, Lummen, Alken, Eissturmvögel und natürlich Papageitaucher, die besonders gut zu beobachten sind, weil sie ihre Bruthöhlen ganz oben nahe der Abbruchkante haben. Vor der Küste bei Bjargtangi liegt Látraröst, eine der gefürchtetsten Schiffspassagen in isländischen Gewässern, in der schon viele Schiffe gesunken sind. Selbst wenn jemand den Untergang überlebt hatte, war eine Rettung über die Felswand praktisch nicht möglich.

Breiðavík, Látravík

Die beiden großen Buchten Breiðavík und Látravík auf dem Weg zum Látrabjarg zählen mit ihren menschenleeren, breiten Sandstränden vor einer gewaltigen Bergkulisse zu den schönsten Islands. Leider ist auch hier das Wasser so kalt, dass selbst bei strahlendem Sonnenschein kaum jemand mit mehr als den Füßen ins Meer geht.

Patreksfjörður

Patreksfjörður, mit 700 Einwohnern einer der größten Orte der Westfjorde, verdankt seinen Namen den irischen Siedlern, die ihn nach dem Heiligen Patrick benannten. Erst mit dem Bau von Fischerhütten im späten 19. Jh. bildete sich auf zwei kleinen Halbinseln ein Ortskern heraus. Die hohen Berge im Hintergrund sorgen zwar für eine **spektakuläre Kulisse**, doch im Winter bleibt es ziemlich düster, denn die Sonne schafft es lange nicht über die Bergkette. Außerdem sind schon mehrfach Lawinen über dem Ort abgegangen.

Der 200-Einwohner-Ort **Bíldudalur** am Arnarfjörður ist bereits seit dem 16. Jh. Fischerei- und Handelsplatz. Einige alte Handelshäuser aus dieser Zeit sind bis heute erhalten geblieben. Von Bíldudalur lohnt ein Abstecher entlang des Westufers des Arnarfjörður auf der holprigen [619] zur Spitze der

! *Baedeker* TIPP

Heiße Pötte abseits des Weges

Für den winzigen Ort Tálknafjörður lohnt der Abstecher von der Hauptstraße eigentlich nicht, nur wer den Wunsch nach einem Bad in einsamen heißen Pötten verspürt, sollte ihn machen: noch ca. 3 km weiter auf der [617] fahren und dann auf einen nach rechts abzweigenden Weg achten. Etwas oberhalb der Straße warten dann drei unterschiedlich warme Pötte.

Gibt es mehr Wasserfälle in den Westfjorden oder mehr Buchten? Niemand weiß die Antwort.

Landzunge nach Selárdalur. Neben den schönen Sandstränden unterwegs sind in **Selárdalur** die verfallenen Künstlerhäuser und die Betonskulpturen des eigenwilligen Künstlers Samúel Jónsson (1884 bis 1969) sehenswert. Von Bíldudalur führt die Straße anfangs kurvenreich am Fjord entlang, überquert dann die Hochebene Dyjandisheiði und passiert den Wasserfall **Dynjandi**. Den besten Blick auf den höchsten Wasserfall der Westfjorde bietet der kleine Parkplatz an seinem Fuß, der sich auch gut als Campingplatz eignet. Nach dem Wasserfall kehrt die Straße wieder zum Fjord zurück, um bald darauf eine weitere Hochebene, die Hrafnseyrarheiði zu überqueren, bevor sie mit Þingeyri den ältesten Handelsort der Region an der Südseite des Dýrafjörður erreicht. Hier steht eines der ältesten Lagerhäuser Islands, das Pakkhús, das aus der Mitte des 18. Jh.s stammt. Ein schöner Aussichtsberg ist der 367 m hohe Sandafell, auf dessen Gipfel eine Allradpiste führt, die sich aber auch gut als Wanderweg eignet. 20 km nach Þingeyri zweigt von der Hauptstraße die [624] ab. Bei Núpur lohnt sich ein Besuch des Ziergartens von **Skrúður**, der vor gut 100 Jahren von dem Pfarrer Sigtryggur Guðlaugsson angelegt wurde und nach einer wechselvollen Geschichte mittlerweile im Besitz der Stadt Isafjörður ist, die ihn als blühendes Kleinod bewahrt.

Ísafjörður

Aus der Vogelperspektive bietet Ísafjörður, das früher Eyrarhreppur hieß, einen spektakulären Anblick, denn große Teile des Ortes liegen auf einer Sandbank, die sich weit in den Skutulsfjörður erstreckt. Auch die nähere Umgebung ist sehenswert, im Rücken der Stadt die über 700 m hohe, steile Felswand Eyrarfjall und im Norden der Ísafjarðardjúp, der größte Fjord im Gebiet der Westfjorde.

Stadt der Norweger und Dänen

Bereits 1569 ließen sich Händler auf der Landzunge nieder und schon bald wurde der Ort zum wichtigsten Warenumschlagplatz der Westfjorde. Um die Mitte des 18. Jh.s, als Kabeljau in Massen gefangen und zu Klippfisch getrocknet wurde, kam Ísafjörður zu Wohlstand. Dänische und norwegische Kaufleute bauten sich in dieser Zeit stattliche Häuser, von denen einige bis heute erhalten geblieben sind. Auf den ersten Blick unterscheidet sich Ísafjörður kaum von anderen Orten, nur dass die Häuser vielleicht etwas farbenfroher sind. Bei genauerem Hinschauen offenbart sich dann aber eine **erstaunliche architektonische Vielfalt**, die auf engstem Raum und anscheinend völlig planlos die Baustile der letzten 250 Jahre dokumentiert. Dänische Kaufmannshäuser in der Aðalstræti, das von Norwegern erbaute Faktorshúsið, mit buntem Wellblech verkleidete Wohnhäuser, die für Island typischen Betonbauten, aber auch moderne Aluminiumfassaden vermengen sich zu einem äußerst vielfältigen Stadtbild.

Fischereimuseum

Das interessante Regional- und Fischereimuseum liegt im Stadtkern **Neðstikaupstaðurs**, wo auch das älteste Haus Islands, das Tjöruhúsið, aus dem Jahr 1734 der Zeit trotzt. Ebenso wie einige andere Häuser in der Nachbarschaft aus der gleichen Zeit steht es unter Denkmalschutz. Öffnungszeiten: Juni – Sept. tgl. 10.00 – 17.00 Uhr.

Vigur und Æðey

Die beiden größten und immer noch bewohnten Inseln im Ísafjarðardjúp sind für ihr vielfältiges Vogelleben bekannt und waren schon in früher Zeit bedeutende Güter. Im Sommer gibt es Ausflugsfahrten nach Vigur, wo eine der wenigen Windmühlen Islands steht.

✶ Strandir

Die Strandirküste am Westufer der Húnaflói-Bucht und das sich nach Norden anschließende Naturschutzgebiet **Hornstrandir** zählen zu den einsamsten und wildesten Landschaften Islands. An der Küste schroff abfallende Berge sowie schmale Buchten und Täler am Ende der, mit Ausnahme des Steingrímsfjörður und Reykjafjörður, relativ kurzen Fjordeinschnitte prägen eine Landschaft, die deutliche Spuren der Eiszeit trägt. Von der Landnahme bis zur Mitte des 20. Jh.s war diese Region besiedelt, doch heute haben die Seevögel die mächtigen Klippen ganz für sich allein und auch der **Polarfuchs** kann ungestört durchs Landesinnere streifen. Diese riesige Einöde ist bei erfahrenen Wildniswanderern beliebt. Es gibt zwar eine ganze Reihe von Wanderwegen, die in erster Linie entlang der Küste führen, doch Unternehmungen in Strandir erfordern eine sorgfältige Planung. Das Wetter ist auch im Sommer unberechenbar, mit Nebel, Regen und Schnee ist immer zu rechnen, Übernachtungs- und Versorgungsmöglichkeiten existieren nicht, deshalb muss man Zelt und Proviant für die gesamte Tour mitnehmen. Selbst eine Handyverbindung für den Notfall existiert über weite Strecken nicht. Ein weiteres Problem ist der Transport, denn seit die **Bootsverbindung von Ísafjörður nach Hornstrandir** eingestellt wurde, bleiben praktisch nur noch die organisierten Ausflüge von Ísafjörður aus. Auf dem Landweg führen zwei Straßenverbindungen in die Nähe der interessanten Wandergebiete: Die [635] am Ostufer des Ísafjarðardjúp und die [643] bis einige Kilometer hinter Gjögur am Westufer der Húnaflói-Bucht.

Hólmavík

Die Ansiedlung am Fjord Steingrímsfjörður, die seit etwa 100 Jahren Handelsort und nun Verwaltungszentrum der Region ist, bietet sich als Ausgangspunkt für eine Erkundung der Strandirküste an. In Hólmavík, das auch unter Abwanderung der Bevölkerung leidet, bietet sich ein Besuch des Hexen- und Magiemuseums an, das sehr anschaulich die isländische **Hexenverfolgung** im 17. Jh. sowie verschiedene Aspekte der Magie aus jüngerer Zeit zeigt. Wer sich schon zu Hause auf die Hexen von Strandir einstellen möchte, findet auf der gut gemachten Website des Museums viele Informationen, einschließlich einer CD mit passender Musik. Das Museum in Hólmavík ist das erste von vier geplanten Museen in der Region, die sich mit dem Thema Hexerei und Magie in Island befassen werden. Öffnungszeiten: Juni – Mitte Sept. tgl. 10.00 – 18.00 Uhr.

Wolkenmeer: an der Küste von Hornstrandir

Drangsnes Das Dorf am Nordufer des Steingrímsfjörður, das in den 30er-Jahren des letzten Jahrhunderts entstand, bekam seinen Namen von einem Felsen vor der Küste, der nach einer Legende ein **versteinerter Troll** sein soll. Im Sommer werden Bootsfahrten zur Insel Grímsey angeboten, wo es eine Papageitaucher-Kolonie gibt (Informationen auf dem Hof Bær III, Tel. 451 32 41).

✶ Djúpavík Der ehemalige Fischerort am Ende von Reykjafjörður war früher ein Zentrum des Heringsfangs und der Fischverarbeitung. Als die Heringe verschwanden, ging es auch mit Djúpavík bergab. Heute ist der Ort im Winter praktisch menschenleer, nur im Sommer kommen einige Touristen und übernachten im hiesigen Hotel. Auch **Gjögur**, einige Kilometer weiter nördlich, war früher ein belebter Haifischfangplatz. Wenige weitere Kilometer hinter dem Ort endet die Straße, von hier aus geht es nur noch mit dem Boot oder zu Fuß weiter in Richtung Norden.

! *Baedeker* TIPP

Warmes Bad am Nordatlantik

Kurz bevor die [643] bei Fell endet, mag man seinen Augen nicht trauen: Das Freibad Krossnes lädt zu einem warmen Bad im Niemandsland, wenige Meter vom eiskalten Wasser des Nordatlantiks entfernt. Kurios, aber wahr!

✶✶ Þingvellir

D/E 5/6

Region: Westisland

Der Þingvellir-Nationalpark schützt zum einen ein Stück isländisches Kulturerbe – den historischen Versammlungsplatz des ältesten Parlamentes der Welt – zum anderen eine geologische Besonderheit: Nirgendwo sonst auf der Erde ist das Auseinanderdriften zweier Kontinentalplatten so offensichtlich wie hier.

40 km nordöstlich der isländischen Hauptstadt Reykjavík umschließt der Þingvellir-Nationalpark die Nordspitze des Sees Þingvallavatn. Der Nationalpark ist gut 50 km² groß und der älteste des Landes, 1928 nach amerikanischem Vorbild entstanden. Er soll dem isländischen Volk einen Ort von außergewöhnlicher Bedeutung für die Zukunft erhalten, aber auch gut zugänglich machen. So findet man in

Djúpavík: ein Schiff, ein Wasserfall, zwei Einwohner →

5010
AKRANES

ÞINGVELLIR ERLEBEN

AUSKUNFT

Servicezentrum Þinvellir
Tel. 482 26 60, www.thingvellir.is

ESSEN/ÜBERNACHTEN

► Fein & teuer/Luxus

Restaurant Hotel Valhöll
Tel. 486 17 77
Fax 486 17 78
Frischer Saibling aus dem benachbarten Þingvallavatn ist Spezialität im Restaurant des Traditionshotels Valhöll. Man bekommt ihn exotisch mariniert als Vorspeise oder gebraten als Hauptgericht serviert.

► Erschwinglich/Komfortabel

Hotel Nesbúð
Nesjavellir
Tel. 482 34 15
Fax 482 34 14
www.nesbud.is
Recht spartanisch, da ehemals Unterkunft für die Arbeiter während des Kraftwerkbaus. Aber Hot Pots, freundlicher Service und gutes Restaurant entschädigen. Spektakuläre Lage inmitten eines Hochtemperaturgebietes.

ÜBERNACHTEN

► Günstig

Im Nationalpark darf nur an zwei Stellen, bei Leirar (4 Campingplätze: Fagrabrekka, Syðri-Leirar, Hvannabrekka and Nyrðri-Leirar) und in Vatnskot in der Nähe vom See gezeltet werden.

diesem Park ein modernes **Edutainment-Center**, asphaltierte Straßen, ein dichtes Netz von Wanderwegen, große Campingareale, ein Hotel, eine Cafeteria und einige Sommerhäuser.

Das Tal zwischen den Kontinenten

Zwei Platten und ein Tal

Kern des Nationalparks ist eine Senke über dem tektonischen Bruch, der die Driftzone der amerikanischen und eurasischen Kontinentalplatte markiert. Diese Senke ist im Westen und Osten von je einer großen Abbruchspalte begrenzt. Die wegen ihrer historischen Bedeutung bekanntere **Almannagjá** (Allmännerschlucht) auf der amerikanischen Seite ist gut zugänglich, aber auch die unbekanntere **Hrafnagjá** (Rabenschlucht) auf der europäischen Seite ist von den Straßen im Osten des Nationalparks aus leicht einzusehen. Die Almannagjá erstreckt sich über 7 km von den Hängen des Ármannsfell im Norden bis an den Þingvallavatn, nur wenig kürzer ist die Hrafnagjá. Die Kontinentaldrift macht sich in zwei messbaren Bewegungen bemerkbar: Almannagjá und Hrafnagjá entfernen sich pro Jahr etwa 5 bis 10 mm voneinander und der Boden der Senke zwischen ihnen sinkt im Jahresdurchschnitt einen halben Zentimeter, in Extremfällen wie bei dem **Erdbeben 1789** auch schon mal einen halben Meter in zehn Tagen. Dieser Boden liegt heute gut 40 m unter dem umgebenden Landschaftsniveau, mit dem er nach Ansicht von Geologen vor rund 9000 Jahren noch plan war.

Rund 10 000 Jahre alte, dicht bewachsene Lava bedeckt das Gelände in der Senke. Dessen geschützte Lage lässt nicht nur Moose sowie das obligatorische Birken- und Weidengestrüpp prächtig gedeihen, sondern auch eine bunte Palette von **Wildblumen und Beeren**. Und gegen Endes des Sommers scheint die Flora zeigen zu wollen, dass Nordamerika nicht nur geologisch nah ist: Der Þingvellir-Nationalpark kleidet sich dann in die Farbenpracht des Indian Summer.

Geschützt gedeiht die Flora gar prächtig

Neben einem Nationalparkverwalter, der gleichzeitig Pfarrer der Kirche von Þingvellir ist, lebt niemand dauerhaft im Park. Einsam wird es jedoch nie: Ferienhäuser rund um den See Þingvallavatn werden zu allen Jahreszeiten genutzt und den Nationalpark besuchen jedes Jahr rund eine halbe Millionen Menschen. Für Touristen aus aller Welt ist er ein »Mussziel«, für Staatsgäste ein obligatorischer Protokollpunkt und auch Isländer lieben ihn als eines der populärsten Ausflugsziele im eigenen Land.

Besuchermagnet

Die Versammlung freier Männer: das Alþing

Das historische Þingvellir, das Thingfeld, liegt im Westen des Nationalparks zu Füßen der Almannagjá. Im Jahre 930 trafen sich an diesem Ort erstmals die freien Männer Islands zum Alþing (► Geschichte S. 42), der nationalen Thingversammlung, in dessen direkter Nachfolge sich das heutige Parlament Islands sieht. Bis 1798 kam das Alþing einmal im Jahr um Mittsommer zu einer 14-tägigen Sitzungsperiode in Þingvellir zusammen. Das Alþing entwickelte sich schnell zu einem komplexen System aus gesetzgebenden und rechtsprechenden Kammern für den jungen, selbstständigen Staat. Genau genommen bezeichnet Alþing die Vollversammlung der freien Männer, ein Gremium, das in der Zeit des ersten Freistaates eine Rolle spielte, aber mit der Aufgabe der Selbstständigkeit 1262 seine Kompetenzen abgab. Langfristig erwies sich der Gesetzesausschuss **Lögrétta** als das wichtigere und dauerhaftere Gremium. Sogar nachdem 1622 der König in Kopenhagen zum absolutistischen Herrscher geworden war, kam es noch 176 Jahre in Þingvellir als **Organ der Rechtsprechung** zusammen. Anfänglich waren in der Lögrétta die Mächtigen des Landes unter sich, die Goden und die Bischöfe. In den letzten Jahren des historischen Alþing reduzierte sich der Kreis der Mitglieder dann auf eine Handvoll Juristen, die praktisch nur noch Recht nach königlich dänischen Gesetzen sprechen konnten, die im fernen Kopenhagen erlassen worden waren.

Þingvellir früher

Mit Þingvellir sind viele große Daten der isländischen Geschichte verknüpft: Hier fielen die Beschlüsse im Jahr 1000, das Christentum einzuführen, 1056 ein Bistum in Skálholt einzurichten und 1109, diesem ein zweites in Hólar entgegenzusetzen. Hier wurde 1097 das Ansinnen der jungen, aber schon einflussreichen Kirche akzeptiert, zu ihren Gunsten den Zehnten als erste Steuer im Lande einzufüh-

Hotspot der Geschichte

ren. Hier schworen die Isländer 1262 dem norwegischen König die Treue und besiegelten damit das Ende ihrer eigenen Nation. Hier wurde 1271 erstmals über einen **Gesetzeskodex** abgestimmt, den nicht mehr das Alþing vorgelegt hatte, sondern eine Rechtskommission unter Federführung des norwegischen Königs; es war damit auch das letzte Jahr, in dem die alten Gesetze des Landes mündlich vor der Versammlung rezitiert wurden.

Volksfest und Marktplatz

In den Jahrhunderten unter kolonialer Herrschaft erwiesen sich die Treffen in Þingvellir als ein Hort nationaler Identität der Isländer. Selbst als man politisch nichts mehr entscheiden durfte, konnte man wenigstens noch **Appelle an den König** verabschieden. Darüber hinaus hatte das Alþing als Versammlung eine bedeutende gesellschaftliche Funktion entwickelt und war zu einer Mischung aus Volksfest, Marktplatz, Verbrauchermesse, Arbeitsvermittlung, überregionalem Heiratsmarkt, nationalem Familientreffen, Klatsch- und Nachrichtenbörse geworden. Die Versammlungen in Þingvellir, so Islands großer Kulturhistoriker Sigurður Nordal, formten aus den Menschen der Insel die isländische Nation. Auch die Tatsache, dass sich selbst

Þingvellir Orientierung

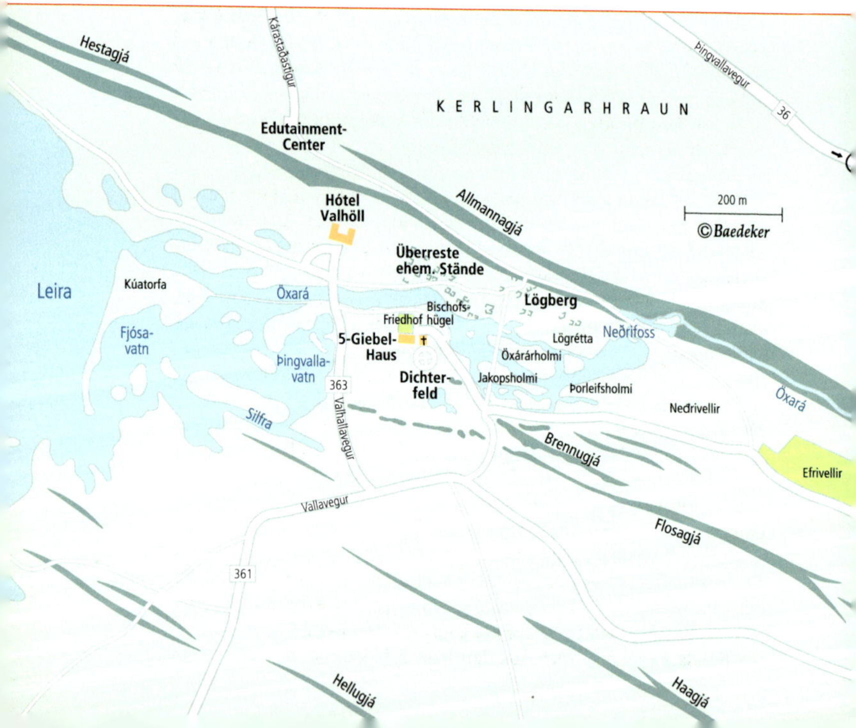

in den abgelegensten Teilen des Landes keine Dialekte entwickelten, wird auf die linguistische Diffusion während der jährlichen Treffen in Þingvellir zurückgeführt.

Ende und Neuanfang um 1800

Erst als die Landsenkung 1789 einen Teil des alten Versammlungsplatzes im Þingvallavatn verschwinden ließ, verlor Þingvellir seine Fürsprecher. 1798 zog das Alþing nach Reykjavík um. Nunmehr seiner letzten Beziehung zum alten Freistaat beraubt, wurde es zwei Jahre später ganz abgeschafft – wider alle Erwartungen jedoch nicht für lange. Nationalromantisch orientierte Intellektuelle organisierten in Þingvellir schon bald informelle Treffen, die an die alten Thingversammlungen anknüpften. Die **nationale Identität** – so ihr Ansinnen – sollte nicht verloren gehen. Das 19. Jh. bescherte Island dann scheibchenweise neue Selbstständigkeiten. 1845 trat das Alþing wieder zusammen. Zwar hätten konservative Kräfte der Unabhängigkeitsbewegung ihr Parlament lieber im historischen Þingvellir tagen gesehen, aber die Modernisten setzten Reykjavík durch. Þingvellir wurde indes Schauplatz für große, die Nation bewegende Ereignisse. Hier feierten die Isländer 1874 den tausendsten und 1974 den elfhundertsten Jahrestag der Besiedlung ihres Landes. 1944 wurde am Lögberg vor 30 000 Menschen die neue Republik ausgerufen und 1994 deren 50. Geburtstag mit dem größten Fest, das das Land bis dato erlebt hatte, gefeiert. Der Stau, den die anreisenden Besucher an diesem Tag verursachten, reichte von Þingvellir bis in die Innenstadt von Reykjavík zurück. Diesen Andrang konnte Johannes Paul II. nicht für sich verbuchen, als er 5 Jahre zuvor bei seinem Islandbesuch vor einigen hundert Getreuen in Þingvellir einen Openair-Gottesdienst zelebrierte.

Wenig zum Anfassen

Die Urparlamentarier nutzten so weit möglich natürliche Gegebenheiten. Eine kleine Anhöhe diente als Rednerpodest, und wenn der Gesetzessprecher Gesetze rezitierte, sorgte eine Felswand für die nötige Akustik. Der Fluss **Öxará** wurde so umgeleitet, dass er bis heute in die Schlucht Almannagjá stürzt und direkt am alten Versammlungsplatz vorbeifließt. In späteren Jahren diente ein tiefes Becken im Fluss für die **Vollstreckung von Gottesurteilen**: Vor allem vermeintliche Ehebrecherinnen wurden in das eiskalte Wasser mit seiner gefährlichen Strömung geworfen. Wer ertrank, war schuldig.
Die Geschichte schuf in Þingvellir einen Platz, der für Isländer von größter nationaler Bedeutung ist, aber keine historischen Bauten zeigt, wie man es in anderen Staaten an solch einem Ort erwarten würde. Aus der Vergangenheit sind nur unscheinbare Reste von Fundamenten der so genannten Búðir geblieben, mehr flache Erdwälle denn Grundmauern. Diese einfachen Hütten aus Steinen und Grassoden dienten Delegationen, aber auch Händlern als Unterkünfte oder Verkaufsstände. Erst ab dem 17. Jh. gab es Versammlungshütten, so eine **Tagungsstätte für die Lögrétta**. Die meisten der bekannten Fundamente stammen aus den letzten beiden Jahrhunderten, in

denen das Alþing in Þingvellir tagte, nur zwei datieren Archäologen auf die Zeit des ersten Freistaates zwischen dem 10. und 13. Jh., so die Biskupshólar am Ostufer der Öxará unterhalb der kleinen Kirche; hier residierten Islands Bischöfe während der Versammlungen. Die wenigen Gebäude, die heute das Bild von Þingvellir prägen und zu Islands klassischen Fotomotiven gehören, sind jüngeren Datums.

Sehenswertes in Þingvellir

Info- und Edutainment-Center

Gleich neben der Kreuzung der Straßen [36], [52] und [362], dort, wo die Zufahrt zum eigentlichen Þingvellir von der Hauptstraße abzweigt, entpuppt sich das **Infocenter des Nationalparks** als Mischung aus Informationsbüro, Kiosk, Cafeteria und Rezeption für die Campingplätze. Davon gibt es mehrere im Umfeld des Infocenters sowie am Seeufer östlich des historischen Thingplatzes. Auf dem Plateau oberhalb der Almannagjá dokumentiert das im Sommer 2002 eröffnete **Edutainment-Center mit interaktiver Multimediatechnik** Geschichte, Natur und Geologie des Nationalparks sowie seiner historischen Stätten und versucht, die augenfälligsten Phänomene zu erklären. Das Center kann entweder vom Thingplatz zu Fuß durch die Almannagjá oder mit dem Auto über die Zufahrt von der Straße [36] zum Aussichtspunkt Hakið erreicht werden. Öffnungszeiten: April – Oktober tgl. 9.00 – 17.00 Uhr.

Þingvellir: für die Isländer ein Ort von außergewöhnlichem Stellenwert

Faszinierender Ausblick vom Hakið

Von Reykjavík kommend liegt es nahe, zuerst am neuen Edutainment-Center zu halten und sich gleich nebenan vom Aussichtspunkt Hakið einen Überblick zu verschaffen. Man steht am Rande der Abbruchspalte Almannagjá, die historischen Stätten von Þingvellir zu Füßen, rechts der See **Þingvallavatn**, voraus die weite Senke mit dem dicht bewachsenen Lavafeld Þingvallahraun und nach Norden hin die Berge am Rande des Hochlandes mit dem nahezu perfekten Schildvulkan Skjaldbreiður als Blickfang.

★ Almannagjá

Vom Aussichtsplatz führt ein Weg durch die Almannagjá hinunter auf das eigentliche Thingfeld. Der Name – Almannagjá heißt übersetzt **Allmännerschlucht** – leitet sich nach alten Überlieferungen davon ab, dass alle Teilnehmer der ersten Thingversammlung in die Schlucht hineinpassten. Sie zieht damit ihre Faszination aus einer historischen Begebenheit, beeindruckt aber zuerst einmal als geologisches Phänomen. Der Weg durch die Almannagjá führt am Lögberg vorbei, dem mit einer Flaggenstange markierten Gesetzesberg. Man hat sich auf diesen Platz festgelegt, obwohl die Historiker nicht ganz sicher sind, ob es tatsächlich die Stelle war, an der zur Zeit des alten Freistaates der Gesetzessprecher seine Aufgabe wahrnahm, aus dem Gedächtnis heraus den gesamten Gesetzeskodex des Landes den Versammelten vorzutragen. Vom Lögberg führen Wege auf das flache Gelände am Fluss Öxará hinunter.

Öxará, der geformte Fluss

Folgt man indes dem Weg weiter durch die Almannagjá, überquert man bald auf einer Brücke die Öxará. Sie wurde schon zur Zeit des alten Freistaates künstlich in die Schlucht umgeleitet, um bei den Versammlungen eine bessere Wasserversorgung zu haben. Das natürliche Flussbett verlief weiter im Norden. Von der Brücke blickt man auf jenes tiefe Becken im Wasserlauf, das als Drekkingarhylur, als **Ertränkungspfuhl**, vornehmlich für Ehebrecherinnen, zu Þingvellirs dunklen Seiten gehört. Zum Wasserfall Öxaráfoss, mit dem die Öxará in die Almannagjá hineinstürzt, führt weiter nördlich ein guter, an den Steigungen mit Treppen versehener Weg hinauf.

Þingvallakirkja, Þingvallabær, Skjáldareifur

Unterhalb der Brücke ergießt sich das Wasser in die Ebene von Þingvellir, die Öxará wird breit und behäbig. Am östlichen Ufer sind die wenigen Bauten an diesem historischen Ort unübersehbar, die kleine Kirche (Þingvallakirkja) und das markante **Fünfgiebelhaus**. Die jetzige Kirche wurde 1859 geweiht, ein erstes Gotteshaus stand hier aber schon im frühen 11. Jh. und es war üblich, bei schlechtem Wetter die Versammlungen des Alþing darin abzuhalten. Die Kanzel und zwei der Glocken sind deutlich älter als die Kirche selbst, die dritte Glocke hingegen jünger, es ist **Islands Freiheitsglocke**, gegossen um die Unabhängigkeit 1944 einzuläuten. Þingvallabær, das Gebäude mit den fünf Giebeln, entstand in Etappen zu zwei großen Jubiläen, die in Þingvellir zelebriert wurden: Ein Teil 1930 zur 1000-Jahr-Feier des Alþing und der Rest 1974 zur 1100-Jahr-Feier der Besiedlung Islands.

Þingvallakirkja: ein kleines Kirchlein an einem großen Ort

Es dient dem Nationalparkverwalter als Dienstwohnung und ist auch Gästehaus der Regierung. Skjáldareifur, das schildförmige Areal hinter der Kirche, wurde 1939 als Ehrenhain für wichtige Persönlichkeiten der isländischen Unabhängigkeitsbewegung angelegt, aber nur zwei Poeten des 19. Jhs., die für die Freiheit ihrer Heimat gedichtet hatten – **Jónas Hallgrímur** (1807–1845) und **Einar Benediktsson** (1846–1940) –, wurden hier hin umgebettet. Das Areal wird deshalb auch als **Dichterfeld** bezeichnet.

Flosagjá und Nikulásargjá

Das historische Thingfeld endet schon wenige Meter hinter Kirche und Þingvallabær an den bis zu 25 m tiefen Dehnungsspalten Flosagjá und Nikulásargjá. Sie sind ein weiteres Indiz für das Voneinander-Wegdriften der **Kontinentalplatten**. Das Wasser in den Spalten ist nur scheinbar still, es fließt mit einer ganzjährig annähernd konstanten Temperatur von 4 °C langsam Richtung Þingvallavatn: Selbst dort, wo sich die Spalten an der Oberfläche nicht fortsetzen, bestehen unterirdische Verbindungen. Der südliche Fortsatz der Nikulásargjá trägt seit Jahrzehnten einen eigenen Namen, Peningagjá, die »Geldspalte«. 1907 wurde sie überbrückt und schon bald fingen Touristen an, von der Brücke Geld ins Wasser zu werfen. Wie bei solchen Anlässen üblich, wünschen sie sich dabei etwas. Kann man die geworfene Münze beim Absinken bis zum Boden im Auge behalten, so geht der Wunsch in Erfüllung, heißt es.

Þingvallavatn – tief, klar und voller Fische

Islands größter natürlicher See

Islands größter natürlicher See, der Þingvallavatn, ist knapp 84 km^2 groß und reicht mit seiner tiefsten Stelle von 114 m sogar bis unter den Meeresspiegel. Sandey und die zweite Insel Nesjaey sind deutlich als ehemalige **Vulkankegel** zu erkennen. Der See entstand wie die Ebene von Þingvellir durch ein Absinken des Geländes über der Driftzone der Kontinentalplatten. Der Þingvallavatn muss in seinen Tiefen ergiebige Quellen besitzen, denn die Zuflüsse, von denen die Öxará der größte ist, bringen längst nicht jene 100 bis 115 m^3 Wasser pro Sekunde in den See, die ihn an seinem Südende durch den Fluss Sog wieder verlassen.

? WUSSTEN SIE SCHON ...?

- ... dass der Abfluss des Þingvallavatn, der Fluss Sog, durch sein starkes Gefälle eine hohe Fließgeschwindigkeit hat – man könnte meinen, eine unsichtbare Kraft sauge das Wasser aus dem See. Der Name Sog lässt sich denn auch vom altwestnordischen Wort für »saugen« ableiten und hielt für vergleichbare Phänomene Einzug in die deutsche Sprache.

Die Wasserbedingungen im Þingvallavatn kommen einigen Fischarten entgegen. So leben hier – einzigartig in der Welt – vier Varianten des Saibling zusammen in einem Gewässer. Diese forellenähnlichen Lachsverwandten lieben felsige, tiefe Seen und werden auch gern geangelt, gelten sie doch alle als delikat. Eine davon, die **Murta**, ist außer im Þingvallavatn noch nirgendwo auf der Welt entdeckt worden, was sie aber nicht davor bewahrt, als Spezialität des Sees in Dosen zu landen, die u. a. im Shop des Info-Centers von Þingvellir verkauft werden.

★ Nesjavellir

Gespeist mit heißem Dampf aus zahlreichen Bohrlöchern im Tal und an den Berghängen, produziert die geothermische Energiefabrik im Nesjavellir südwestlich des Þingvallavatn Heißwasser und Strom – eine geradezu exzentrische Mixtur aus faszinierender **Hightecharchitektur** und spektakulärem Naturpanorama. Ein Besucherzentrum informiert über die Anlage und ihre Technologie. Öffnungszeiten: Juni – Aug. Mo. – Sa. 9.00 – 17.00, So. 13.00 – 18.00 Uhr, Sept. – Mai nach Vereinbarung, Tel. 480 24 08, www.or.is.

★ Þjórsárdalur

E/F 6

Region: Südisland

Das Tal des Flusses Þjórsá hat viele Gesichter: Wiesen und Ackerland im Südwesten werden weiter nordöstlich abgelöst durch raue, karge Landschaft. Ist die Þjórsá westlich des Búrfell unberührt, beherrschen Wasserkraftwerke das Bild der Region im Nordosten.

Das eigentliche Þjórsárdalur ist ein eng umgrenztes Tal nördlich der Þjórsá auf Höhe des Berges Búrfell. Doch steht der Name darüber hinaus für die Landschaft entlang der Þjórsá, die durch die Straße [32], den Þjórsárdalsvegur, erschlossen wird und sich weitgehend mit der Landgemeinde **Gnúpverjahreppur** deckt. Biegt man aus dem Südwesten kommend zwischen den Dörfern Brautarholt und Fluðir von der Straße [30] in diese Region hinein, fährt man auf den ersten Kilometern durch gutes Bauernland mit fetten Heuwiesen, Gewächshäusern und etwas Ackerbau. Je weiter man nach Nordosten vordringt, desto rauer, karger und einsamer wird es; der Boden ist großflächig von Lavaasche bedeckt. Bis auf Höhe des markanten Berges **Búrfell** folgt die Straße [32] mal mit mehr, mal mit weniger Abstand dem Nordwestufer der Þjórsá. Deren Weg von den Ursprüngen an der Wasserscheide zwischen Nord- und Südisland, mitten in der Hochlandroute ►Spengisandur, bis zur Mündung ist so lang wie bei keinem anderen Fluss in Island: 230 km. Überall dort, wo man den Strom südlich des Búrfell von der Straße aus sieht, scheint er unberührt, verzweigt und mehrarmig durch die Landschaft mäandern zu dürfen. Nördlich des Búrfell zeigen die Þjórsá und ihre Zuflüsse jedoch ihr zweites, ihr »industrialisiertes« Gesicht.

ÞJÓRSÁRDALUR ERLEBEN

AUSKUNFT

Félagsheimilið Árnes
Árnes, 801 Selfoss
Tel. 486 60 44

Neben der Touristeninformation finden Sie rund um das Gemeindezentrum Árnes, wenige Kilometer nachdem die Straße [32] von der [30] abgezweigt ist, ein Restaurant, ein Gästehaus, eine Jugendherberge, ein Campingplatz und ein Schwimmbad. Weitere touristische Infos erhält man am Hochland-Reisezentrum Hrauneyjar (► Baedeker Tipp S. 318).

ESSEN

► Preiswert

Restaurant Árnes
Tel. 486 60 48
Großes Restaurant im Gemeindehaus mit schöner Terrasse. Gutes hausgemachtes Essen und das Ganze relativ preisgünstig.

ÜBERNACHTEN

► Komfortabel

Steinsholt
801 Selfoss (an der Str. [326], 4 km von der [32] entfernt)
Tel. 486 60 69
Fax 486 60 29
gunnar@steinsholt.is
Kleines, gemütliches Gästehaus mit fünf Zimmern. Heißer Pot für Gäste und vielfältige Möglichkeiten für Ausritte in die Umgebung.

► Günstig

Farfuglaheimili Árnes
Gnúpverjahreppi, 801 Selfoss
Tel. 486 60 48
Fax 486 60 44
bergleif@centrum.is
Jugendherbege mit 26 Betten, überwiegend in Doppelzimmern. In der Nähe befindet sich ein Schwimmbad mit heißen Pötten und Restaurant.

Energiewirtschaft an der Þjórsá

Gewaltige Wassermassen, die ihren Ursprung an Hofsjökull und Vatnajökull haben, drängen auf weniger als 50 km Luftlinie von gut 570 Höhenmetern – Wasserspiegel des **Þórisvatn** – auf kaum mehr als 120 Höhenmeter – Þjórsá südlich Búrfell – hinab. Zur Zeit der Schneeschmelze und wenn die Sonne des Frühsommers den beiden Gletschern rechts und links der Sprengisandur einheizt, nehmen bis 42 000 m³ Wasser pro Minute diesen Weg. Dieses **Energiepotential** wird konsequent zur Stromgewinnung genutzt, und die Landschaft ebenso konsequent den Bedürfnissen der Technik angepasst: Stauseen, Staudämme und Verbindungskanäle sorgen dafür, dass das Wasser rund ums Jahr gleichmäßig fließt und die Turbinen von fünf Kraftwerken immer ausreichend antreiben kann. All das entstand ab 1969 und dokumentiert, dass auch die ökologisch hoch angesehene Wasserkraft der Natur so einiges abverlangt.

Ein Strom für Strom

Am Fuß des Búrfell liegt das älteste und südlichste der fünf Kraftwerke, die das Flusssystem der Þjórsá zu Islands derzeit größtem Stromlieferanten machen. Die eigentlichen Kraftwerke sind größtenteils in die Berge hineingebaut und fallen neben den Staudämmen und Sperrwerken, den künstlichen Wasserläufen und Seen, den Umspannwerken und Hochspannungsleitungen noch am wenigsten ins Auge. Trotz allem hat der Mensch hier eine zuvor unberührte und praktisch unbewohnte Landschaft umgeformt, Kritiker sagen verschandelt, andere lassen sich von der speziellen **Ästhetik dieser Technonatur** faszinieren – Geschmackssache. Hauptabnehmer des Stroms sind wenige, energieintensive Industriebetriebe wie die Aluminiumfabriken von Straumsvík und am Hvalfjörður.

Kunst am Kraftwerk

Der um ein positives Image bemühte Energiekonzern Landsvirkjun öffnet seine Kraftwerke regelmäßig für Besucher, steckt viel Geld in Aufforstungsprojekte rund um seine Anlagen und lässt traditionell Gegenwartskünstler an seinen Gebäuden »Kunst am Bau« inszenieren. So ziert das 90 m lange **Betonrelief Hávaðatröllið** von Sigurjón Ólafsson eine Fassade des Búrfellsvirkjun und wenige Kilometer flussaufwärts wirft an dem im Jahr 2000 fertig gestellten Kraftwerk Sultartangavirkjun eine Skulptur aus 17 Stahlplatten vom Sonnenstand abhängige Schatten auf die Betonwände. Sun-Wave nannte der Multikünstler **Sigurdur Árni Sigurdsson** (* 1963) diese Arbeit, die die Energiewellen symbolisieren soll.

Tungnaá und Kaldakvísl

Fast noch mehr als die Þjórsá selbst wurden ihre beiden großen Zuflüsse Tungnaá und Kaldakvísl verändert. Dabei schwoll der Þórisvatn als wichtigster Stausee des ganzen Systems von natürlichen 70 auf künstliche 90 km² und damit zu Islands größtem Binnengewässer an. Drei Kraftwerke liegen nahe der gemeinsamen Mündung der beiden Flüsse in die Þjórsá dicht beieinander: Hrauneyarfossvirkjun, Sigölduvirkjun und Vatnsfellsvirkjun, seit 2001 als **Spitzenlastkraftwerk** immer dann am Netz, wenn besonders viel Energie nachgefragt wird. Das Hrauneyarfossvirkjun mit der Schaltzentrale für alle drei Anlagen besitzt ein Besucher- und Informationszentrum, das im Sommer gern auch für Kunstausstellungen genutzt wird. Öffnungszeiten im Sommer: tgl. 13.00 – 17.00 Uhr, in dieser Zeit auch Führungen.

Sehenswertes entlang der Þjórsá

Die Hekla – Vulkan auf Distanz

Die Aussichten über die Þjórsá auf den sagenumwobenen, 1491 m hohen Vulkan ► Hekla machen die Fahrt über die Straße [32] bei klarer Sicht zum echten Sightseeing-Trip. So schön die Hekla an einem solchen Tag auch aussehen mag, sie kann sehr unfreundlich sein: **Islands aktivster Feuerberg** hat das Þjórsárdalur und darüber hinaus weite Teile des ganzen Landes immer wieder mit Ascheregen und Lavabomben malträtiert, am schlimmsten in historischer Zeit im Jahr 1104.

Gaukshöfði

Wo die Berge die Straße fast in die Þjórsá drängen, ragt der Felsvorsprung Gaukshöfði wie ein Kap auf. Während die Hauptstraße unten zwischen seinem Fuß und dem Fluss eine neue Trasse aufgeschüttet bekam, führt die alte Straße noch zu einem hoch gelegenen **Aussichtspunkt** – der steile Abstecher ist gut markiert, aber nicht asphaltiert. Vom Parkplatz auf der Passhöhe sind es nur einige Meter Kletterei auf die Spitze des Gaukshöfði. Lohn der Mühe: Ein grandioser Blick auf die Hekla und den nur halb so hohen Búrfell sowie tief unten auf die Þjórsá, die man nirgendwo sonst so gut in voller Breite sieht.

Gleich darauf öffnet sich die Landschaft nach Norden. Hier beginnt das eigentliche Þjórsárdalur. Es ist mit seiner vom **Vulkanismus** geprägten Bergkulisse eine schöne, aber nicht unbedingt bekannte Landschaft, deren Reize mehr isländische als ausländische Besucher locken. Die beiden Höfe am Eingang setzen auf Tourismus – Reittouren, Campingplatz, Sommerhäuser – und sind die einzigen im ganzen Tal, die auf Dauer den Launen der Hekla getrotzt haben. Rund zwanzig andere haben Ar-

! *Baedeker* TIPP

Schlafen in jeder Wetterlage

Ein Barackenlager vom Kraftwerksbau wurde zum originellen, aber gemütlichen Hochland-Reisezentrum Hrauneyjar umgebaut. Wer Hochlandluft schnuppern, aber nicht auf jeden Komfort verzichten möchte, ist hier richtig. Deftige Kost aus der Kantine füllt hungrige Mägen, während man in kleinen, wohnlich eingerichteten Zimmern müde Knochen auf gemachten Betten oder Schlafsacklagern ausstrecken kann. Jedes der 50 Zimmer hat einen Namen, der für eine spezielle Wetterlage steht, und Islands Sprache hält sogar noch genug Alternativen für einen Anbau parat. Das Reisezentrum wartet im Osten des Þjórsárdalur, wo die Sprengisandur [F 26] die [F 208] nach Landmannalaugar kreuzt, auf Besucher. Weitere Infos: Tel. 487 77 82; www.hrauneyjar.is

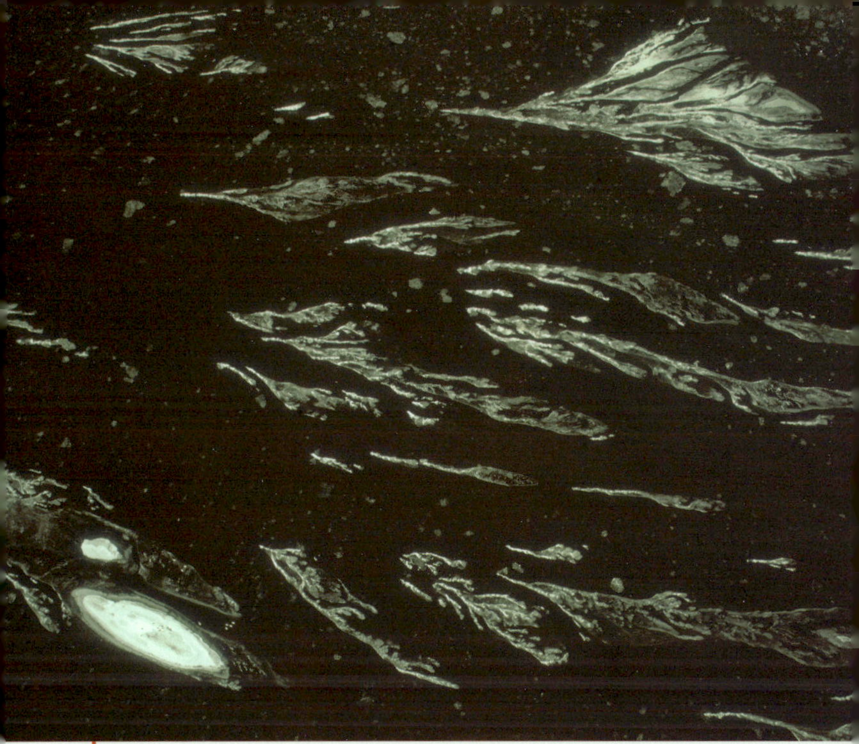

Weiß auf Schwarz: Eisstrukturen auf der fließenden Þjórsá

chäologen seit Ende der 1930er-Jahre weiter im Inneren des Þjórsárdalur lokalisiert, viele unter Asche verschüttet. Wegweiser waren mittelalterliche Schriften, die von Höfen in der damals noch fruchtbaren Region berichteten. Ab 1104 regelmäßig von Ausbrüchen der Hekla verwüstet, war das Þjórsárdalur lange eine **vegetationslose Einöde**, ehe massive Aufforstungen im 20. Jh. wieder für Grün sorgten.

Þjórsárdalslaug

Etwa 6 km nördlich der Hauptstraße liegt inmitten der Berglandschaft am Rande des Þjórsárdalur ein komfortables Thermalbad. Das Þjórsárdalslaug entstand aus überschüssigem Beton vom Bau des Búrfell-Kraftwerks und wird bis heute mit Mitteln des Energiekonzerns Landsvirkjun, der die Stromfabriken an der Þjórsá betreibt, gefördert. Öffnungszeiten: Juni – Sept. Mi. – Fr. 10.00 – 19.00, Sa./So. 11.00 – 19.00 Uhr.

Hjálparfoss

Nur ein kleiner Schlenker von der Straße [32] nach Süden ist nötig, um den Hjálparfoss vor der Kulisse des Búrfell zu besuchen. Hunderte schön geformter **Basaltsäulen** bilden einen Kessel, in den die Fossá durch eine Kerbe hineinstürzt. Vor der Fallkante teilt eine Basaltinsel den kleinen Fluss in zwei Arme.

ÞJÓÐVELDISBÆR

★★ Von den 1104 durch den Ausbruch der Hekla verschütteten Anwesen im Þjórsárdalur wurden die Fundamente des Hofes Stöng freigelegt. Stöng ist ein Markstein in der architektonischen Entwicklung vom reinen Langhaus der Wikingerzeit mit nur einer großen Halle, Skáli genannt, zu einem Komplex mit mehreren Räumen unterschiedlicher Funktion. Wenige Kilometer von Stöng entfernt wurde das Original rekonstruiert und gibt als Museumsgehöft Þjóðveldisbær Einblick in das Alltagsleben Islands im 11. Jahrhundert.

Öffnungszeiten:
Juni - Sept. 10.00 – 12.00 u. 13.00 – 18.00 Uhr

① Eingang
Durch den niedrigen Eingang betritt man einen Vorraum mit einer geschlossenen Abstellkammer in der gegenüberliegenden Ecke.

② Toilette
Der Toilettenraum ist nach heutigem Verständnis für seinen Zweck recht groß, jedoch war er in der Sagazeit alles andere als ein stilles Örtchen, denn die »Geschäfte« wurden kollektiv verrichtet.

③ Halle
Eine Holzwand trennte den Vorraum vom Skáli, der Halle. Im Skáli spielte sich ein großer Teil des Alltags ab. In der Mitte brannte ständig ein Langfeuer, über dem auch gekocht wurde. An den mit Holzpaneelen verkleideten Längsseiten dienten breite Erdbänke am Tage als Sitz- und in der Nacht als Schlafplatz.

④ Stube
Der Raum nach Westen ist in Stöng erstmals nachgewiesen, in späteren Jahrhunderten wird er dann zum wichtigsten Raum auf isländischen Höfen, zur Stofa, zur »Guten Stube«. Er diente den Frauen im Alltag zum Spinnen und Weben.

⑤ Milchküche
In der Milchküche wurde Skyr angesetzt und Milch aufbewahrt. Deutlich ist zu sehen, dass einige Fässer in den Boden eingelassen waren.

Museumshof Þjóðveldisbær Orientierung

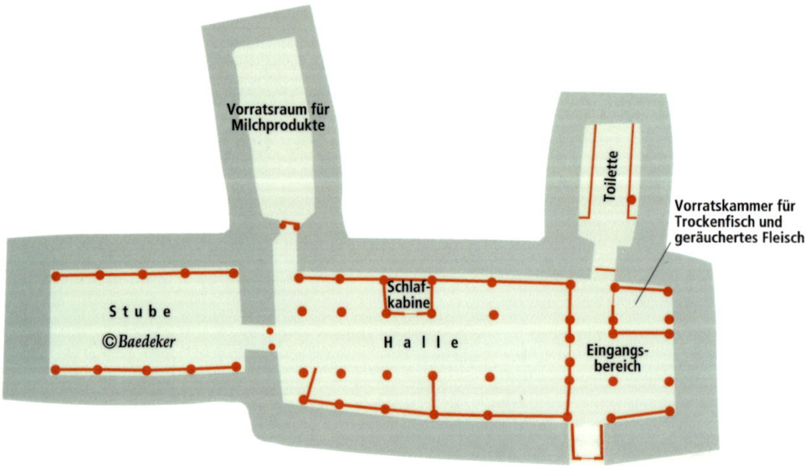

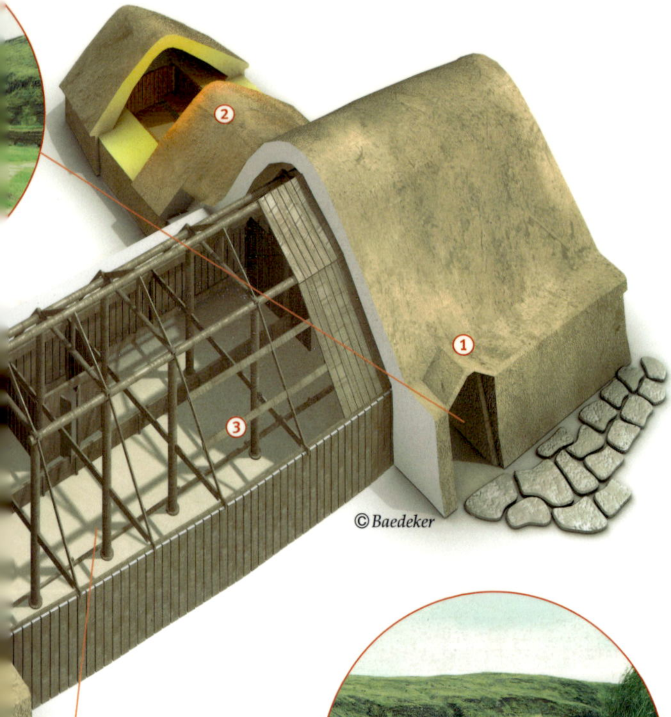

Das kleine Gotteshaus nebem dem Hof ist ein Nachbau der Kirche von Skeljastaðir, die bis 1104 ihrem Zweck diente.

Der Eingang des
Museumsgehöfts

In den Holzfässern des Vorratsraumes wurde vor allem Skyr, eine Art isländischer Joghurt, gelagert.

Die Halle – im Bild das Original von Stöng – diente als Arbeits- und Schlafraum.

Búrfellsvirkjun Die Zufahrt zum Þjóðveldisbær führt noch weiter zum Búrfellsvirkjun, dem **Kraftwerk am Búrfell**. Sein Wasser wird der Þjórsá gut 5 km nordöstlich entnommen, in ein Reservoir geleitet und schießt anschließend durch unterirdische Tunnel auf die Turbinen, während sich das alte Flussbett um den 669 m hohen Berg windet. Im Besucherzentrum des Kraftwerks wird die Technik an einem Modell erläutert. Öffnungszeiten: Juni – Aug. Mo. – Fr. 13.00 bis 17.00, Sa./So. bis 18.00 Uhr.

★ **Gjáin** Der Gjárfoss in der Rauðá könnte der kleine, schlanke Bruder des Hjálparfoss sein, auch er von Basaltsäulen umrahmt und von einer Basaltnase direkt an der Fallkante geteilt. Der Gjárfoss stürzt östlich von Stöng in die Schlucht Gjáin. Dorthin gelangt man von dem ausgegrabenen Hof aus entweder über eine Geländewagenpiste am Ostufer der Rauða oder man folgt trockenen Fußes ihrem Westufer etwa 10 bis 15 Minuten. Die Piste führt zu einem Aussichtspunkt oberhalb der Schlucht. Gjáin ist ein kleines **grünes Paradies**, ein von der Natur geschaffener Garten mit verschiedensten Wasserspielen und Lavaskulpturen. An vielen Stellen quellen kleine Bäche aus den Wänden der Schlucht, gesäumt von unterschiedlichsten Wildblumen und kräftigem Engelwurz. Der schon erwähnte Gjárfoss ist der fotogenste, aber nicht der einzige Wasserfall in diesem Ensemble. Er ist vom Weg am Westufer der Rauða besser zu sehen als vom Aussichtspunkt am Ostufer.

Schwer zu erreichen: der Háifoss

Die Fossá (foss = Wasserfall) macht nicht nur am Hjálparfoss ihrem Namen alle Ehre, sondern bildet auch noch Islands zweithöchsten Wasserfall, den Háifoss. Der **»Hohe Fall«** – so sein treffender Name auf deutsch – stürzt 122 m tief in das enge Fossárdalur, in dessen Wänden ein deutliches Profil verschiedenster Lavaschichten zu erkennen ist. Von Stöng erreicht man den Háifoss in 2 bis 3 Stunden Fußmarsch durch schwieriges Gelände oder mit 4-WD-Fahrzeugen über den Kontrollweg für Hochspannungsleitungen, der kurz vor dem Sultartanga-Kraftwerk von der Straße [32] nach Westen abzweigt.

✶ **Háifoss**

Trotz aller Umgestaltung durch Menschenhand besitzt die Þjórsá auch in ihrem industrialisierten Teil noch ein paar Wasserfälle. Der Star unter ihnen ist Dynkur, gut 15 km nördlich des Hrauneyarfoss-Kraftwerks. Der Fluss stürzt hier in viele Arme aufgefächert über mehrere Fallstufen 38 m tief in den Canyon **Gljúfurleit** hinein. Den aktuellen Verlauf der Zufahrt (nur mit Geländewagen) erfragt man am besten im Reisezentrum Hrauneyjar (►Baedeker Tipp S. 318)

Dynkur

Þórshöfn · Langanes

K/L 1/2

Region: Nordostisland **Einwohnerzahl:** 400

Viel ist in Þórshöfn nicht los und auch Touristen kommen nur selten in den Ort, sie scheuen den Abstecher von der Ringstraße auf großteils geschotterten Straßen. Wer einsame Wanderungen liebt, sollte aber vielleicht doch den Umweg machen, denn die unbewohnte Halbinsel Langanes bietet viele Tourenmöglichkeiten.

Þórshöfn lebt von der Fischerei und der Verarbeitung der Fänge und ist das Dienstleistungszentrum für die spärlich besiedelte Umgebung. Ein Spaziergang durch Þórshöfn bietet einen **Panoramablick auf den Lónafjörður**, eine Bucht des größeren Þistilfjörður, der seinen Namen zur Zeit der Landnahme durch einen gewissen Ketill bekam, der den Spitznamen »Þistill« (Distel) hatte. Das moderne Schwimmbad ist in jedem Fall einen Besuch wert, nur mit Cafés oder Restaurants sieht es schlecht aus, denn auch die Hafnar Bar hat mittlerweile aufgegeben. Was bleibt, ist der Snack an der Tankstelle.

Umgebung von Þórshöfn

Mit einem Allradfahrzeug oder zu Fuß lohnt ein Ausflug auf die Halbinsel Langanes, die sich rund 40 km weit zwischen Þistilfjörður und Bakkaflói ins Meer vorschiebt und von der Form her einem Entenkopf mit Schnabel ähnelt. Die Geschichte von Langanes ist eine Chronologie des Scheiterns, denn einer nach dem anderen hat seinen

Eine verlassene Halbinsel

ÞÓRSHÖFN · LANGANES ERLEBEN

AUSKUNFT

Im Schwimmbad von Þórshöfn
Tel. 468 15 15

VERANSTALTUNGEN

Von Mitte Mai bis 10. Juni werden die Eier in den Vogelfelsen nach alter Tradition durch Abseilen eingesammelt. Mutige können mitmachen.

ÜBERNACHTEN

► **Günstig**

Þórshöfn: Hótel Jórvik
Langanesvegi 31
Tel. 468 14 00, Fax 468 13 99
jorvik@netfang.com
Blau-weiß-roter Betonbau in Þórshöfn hoch über dem Meer. Eher Privathaus als Hotel, das auch Schlafsackunterkünfte anbietet.

Þórshöfn: Lyngholt
Lauganesvegur 12
Tel. 897 50 64, karenrut@simnet.is
Gepflegtes Holzhaus an der Hauptstraße im Ort, moderne Zimmer, heller Frühstücksraum.

Langanes: Ytra-Lón
Tel./Fax 468 12 42
ytralon@mmedia.is
Jugendherberge in einem alten, renovierten Farmhaus mit 16 Betten. Gute Angel- und Wandermöglichkeiten. Geführt von einer holländisch-isländischen Familie.

Hof aufgegeben, die meisten zwischen 1940 und 1970. Heute ist die Halbinsel unbewohnt. Selbst das einst stattliche **Fischerdorf Skálar**, an der Ostküste der Halbinsel, in dem immerhin rund 100 Menschen – im Sommer sogar bis zu 300 – lebten, besteht nur noch aus Ruinen. Bis 1968 unterhielt die US-Armee auf dem Berg Heiðarfjall eine große Radarstation, von der heute ebenfalls nur noch Überreste zu sehen sind.

Sauðanes Sauðanes, 7 km nördlich von Þórshöfn, war früher wegen des vielen Treibholzes, des guten Weidelandes, der Seehunde und der Eiderenten ein begehrtes Pfarramt. 1869 kam **Pfarrer Vigfús Sigurðsson** nach Sauðanes und ließ sich ein für damalige Verhältnisse stattliches Haus bauen. Die Steine mussten im Winter von weit her mit dem Schlitten geholt werden, für die Türen nahm er einen Teakholzstamm, der an der Küste angeschwemmt worden war. Später wurde unter seiner Regie auch noch eine Kirche errichtet. Pfarrhaus und Kirche stehen noch heute an ihrem Ort, seit 1989 vom Isländischen Nationalmuseum betreut, das beide Gebäude restauriert.

Wanderungen Nach Sauðanes führt die Straße weiter an der Küste entlang, bis zur Jugendherberge Ytra-Lón, dem letzten bewohnten Hof von Langanes. Ab hier geht es mit einem normalen PKW nur noch sehr mühsam und bald gar nicht mehr weiter. **Ytra-Lón** bietet sich als gutes Standquartier für Wanderungen durch eine menschenleere Landschaft an,

z. B. auf den 266 m hohen Aussichtsberg Heiðarfjall. Vor dem Gipfel zweigt ein Weg ab, der an der Ostküste entlang bis zum verlassenen Ort Skálar führt (ca. 32 km). Wer nicht bis zur Spitze des Entenschnabels möchte, biegt in Skálar in Richtung Norden ab und folgt danach der Küstenlinie auf einer rauen Piste zum verlassenen **Hof Skóruvík**, dem Vogelfelsen Skoruvíkurbjarg und erreicht nach rund 40 km den Ausgangspunkt Ytra-Lón.

★★ Þórsmörk

F 7

Region: Südisland

»Grüne Oase«, »Paradies zwischen den Gletschern« – Þórsmörk verlangt geradezu nach euphorischen Beschreibungen. Das Tal mit seinen saftigen Wiesen und dem seit 1921 unter Naturschutz stehenden Birkenwäldchen liegt geschützt im Regenschatten von Eyjafjallajökull und Mýrdalsjökull, die eine imponierende Kulisse abgeben. Das Mikroklima fördert das Pflanzenwachstum, die Flora ist vielartig wie kaum sonst im Lande. Die Kombination von Lieblichkeit im Detail und grandiosem Ganzen macht Þórsmörk zu einem der begehrtesten Ziele Islands.

Þórsmörk – das »Paradies zwischen den Gletschern«

ÞÓRSMÖRK ERLEBEN

AUSKUNFT

In den Hütten

ANREISE

Hochlandbusse verkehren ein- bis zweimal täglich ab Reykjavík über Hella und Hvolsvöllur nach Þórsmörk. Dorthin sind Tagesausflüge mit ca. 3,5 Std. Aufenthalt oder Übernachtungen möglich. Wer mit einem Fahrzeug reist, das für die Piste nach Þórsmörk ungeeignet ist, kann in Hvolsvöllur an der Raststätte Hlíðarendi parken und von dort den Bus nehmen. Der fährt in Þórsmörk nach festem Fahrplan alle drei Hütten sowie die Stakkholtsgjá (s. unten) an; Dauer der Rundfahrt 1,5 Std. Fahrpläne im Internet: www.bsi.is und www.austurleid.is

ÜBERNACHTEN

► **Günstig**

Skagfjörðsskáli
Reservierung bei Ferðafélag Íslands:
Tel. 568 25 33, Fax 568 25 35
Einfache Berghütte im Langidalur. Information im Sommer beim Hüttenwirt, kleiner Shop, Zeltplatz.

Básar
Buchung über Útivist
Laugavegur 178
Tel. 562 10 00
utivist@utivist.is
Zwei Hütten in der Nähe der Krossá, von Útivist unterhalten, für 60 bzw. 20 Personen, im Sommer mit Hüttenwirt. Viel Betrieb, aber freundliche Atmosphäre. Außerdem ist ein Zeltplatz vorhanden. Unbedingt vorher reservieren.

Húsadalur
Buchungen unter:
Tel. 545 17 17
Fax 545 17 18
Einfache Hütte und Campingplatz betrieben von Austurleið.

Stóta Mörk III
Tel. 487 89 03
storamork@isl.is
Zimmer und Wohnung auf dem Bauernhof, 24 km von Hvollsvöllur an der Str. [248]/[249].

Schwere Verbindung zur Außenwelt

20 km östlich von Hvolsvöllur, gleich hinter der neuen Markarfljót-Brücke, biegt die Piste [249/F 249] nach Þórsmörk von der Ringstraße ab. Da trifft es sich – im Interesse der trotz allem recht fragilen Pflanzenwelt – ganz gut, dass eine schwierige Geländewagenpiste [F 249] als einzige befahrbare Verbindung zur Außenwelt den Zustrom der Besucher wenigstens etwas reguliert. In diesem Fall hat Donnergott Thor vor seinen paradiesischen Wald – Þórsmörk heißt **Thors Wald** – mehrere Furten gesetzt, insbesondere die letzte durch den Gletscherfluss Krossá gilt als unberechenbar und gefährlich; selbst geländegängige Busse haben gelegentlich Probleme. Mit dem richtigen Gefährt bietet die Piste jedoch viel Abwechslung.

Wanderungen in Þórsmörk

Das Gebiet von Þórsmörk bis an die umliegenden Gletscher heran wird von Wegen verschiedenster Schwierigkeitsgrade erschlossen. Populär weil lang, aber mit nur wenigen Steigungen, sind die Pfade beiderseits der Krossá zu ihrem Ursprung am **Krossárjökull**, einem Talgletscher des Mýrdalsjökull. Erschrecken Sie nicht, wenn sie ihn erreicht haben: Wie so viele Gletscherzungen Südislands erinnert er eher an eine Kohlehalde denn an einen Berg aus Eis. Dieses nämlich schmilzt, nicht jedoch die Asche und andere Ablagerungen, die Vulkanausbrüche oder Stürme auf den Gletscher brachten.

Valahnúkur

Den Hügel Valahnúkur gleich westlich der FÍ-Berghütte im Langidalur besteigen auch weniger erfahrene Wanderer in knapp einer Stunde. Er bietet eine der großartigsten Aussichten im ganzen Land: Das **Grün der Wälder und Wiesen**, die archaischen Schotterbetten der Gletscherflüsse, die Berghütte und die dort parkenden Autos als Farbtupfer, die majestätischen Gletscher als Hintergrund – ein Fünf-Sterne-Fotomotiv.

Stakkholtsgjá

Einblicke statt Aussichten verschafft am Südufer der Krossá ein Gang in die Schlucht Stakkholtsgjá. Sie ist mit ihren steilen, gut 100 m hohen Wänden und einem kleinen Wasserfall am Ende einer Seitenschlucht ein weiteres beliebtes Ziel für Kurzwanderungen. Nur muss man sich vor Ort sorgfältig nach aktuellen Möglichkeiten erkundigen, wie die **Krossá** zu überqueren ist, denn in jedem Frühjahr, wenn die Schneeschmelze zurückgeht, hat sie ihr Bett neu gemacht.

Trekking via Þórsmörk

Þórsmörk ist auch End- bzw. Startpunkt des Laugavegur aus ►Landmannalaugar sowie der anspruchsvollen Bergtour über den **Fimmvörðuháls** nach Skógar. Diese Tour führt nahe der Hütte Básar rund 900 Höhenmeter auf einen 1116 m hohen Pass zwischen Eyjafjallajökull und Mýrdalsjökull. Dort oben können auch im Sommer extreme Wetterbedingungen mit Eis und Schnee herrschen.

REGISTER

VERZEICHNIS DER KARTEN & GRAFISCHEN DARSTELLUNGEN

BILDNACHWEIS

Arnold S. 3 (re.), 4 (li.), 10, 25, 26, 65 (klein), 83, 101, 106, 121 (li. unten), 122, 123, 124 (unten), 128/129, 138, 139, 141, 145, 146, 147, 174, 193, 198, 210, 211, 225, 251, 256, 257 (re.), 257 (Klappe), 260, 281, 301, 303, 305, 322, vordere Umschlaginnenseite
Bernhart S. 5 (re.), 117 (li. oben)
Bilderberg/Blickle S. 163
Bilderberg/Francke S. 12 (3x), 22, 29, 47, 57, 117 (unten), 124 (Mitte), 143, 155, 179, 180, 202, 203, 213, 230, 294, 298, 312, 319
Bilderberg/Grames S. 39, 52, 109, 217, 218
Bilderberg/Kunz S. 88
British Library, London/Bridgeman Giraudon S. 37
Btb/Goldmann S. 81
Gerth S. 3 (li.), 7, 8/9, 20, 12 (Mitte), 64/65, 126 (li.), 168, 178, 184, 235, 276, hintere Umschlagaußenseite
Hug S. 5 (re.), 13, 14, 18, 21 (oben), 23, 43, 55, 77, 116, 117 (re. oben), 121 (Mitte), 121 (re. unten), 124 (oben), 126 (re.), 127 (unten), 144 (2x), 148, 156 (2x), 157, 158, 165, 199, 204, 214, 228, 234, 243, 253, 258, 282, 283, 286, 287, 300, 306, 307, 314, 321 (oben re.), 321 (unten re.)
Interfoto S. 34, 41, 60
Klüche S. 1, 76, 237, 321 (oben li.), 321 (unten li.), 321 (Klappe)
laif/Galli S. 6, 11 (li. oben), 84, 92, 114/115, 167, 264, 265
laif/Gebhard S. 5 (li.), 75, 82, 95, 119, 194, 273, 325
Library of Congress, Washington D.C./Bridgeman Giraudon S. 44
Naundorf S. 71, 183, 247, 248, 291
Necke S. 186, 227
Nowak S. 137, 190, 219, 266, 268, 269, 271, 278, 299
pa/dpa S. 51, 61, 62, 289, 292
pa/Okapia KG S. 9 (klein), 31, 32, 90
pa/Wüstneck S. 66
plus49/Werth S. 21 (Klappe), 188, 197, 201, Umschlagklappe hinten
transit/Härtrich S. 11 (Mitte), 12 (unten), 74, 103, 104, 127 (oben), 220, 245, 256 (Mitte u. li. oben)
transit/Kürtz S. 129 (klein)
Universal S. 58
Visum/Steche S. 11 (li. unten)
Visum/Steinmetz S. 100

Titelbild: laif/Galli – Kirche bei Hrafnseyri

IMPRESSUM

Ausstattung:
199 Abbildungen, 20 Karten und grafische Darstellungen, eine große Reisekarte

Text:
Dr. Christian Nowak, Hans Klüche, Odin Hug mit einem Beitrag von Werner Eckert (Special: Energie zum Nulltarif)

Bearbeitung:
Baedeker Redaktion
(Helmut Linde)

Kartografie:
Christoph Gallus, Hohberg; Falk Verlag, Ostfildern (große Reisekarte)

3D-Illustrationen:
jangled nerves, Stuttgart

Gestalterisches Konzept:
independent Medien-Design, München
(Kathrin Schemel)

Chefredaktion:
Rainer Eisenschmid,
Baedeker Ostfildern

3. Auflage 2008

Urheberschaft:
Karl Baedeker Verlag, Ostfildern

Nutzungsrecht:
MAIRDUMONT GmbH & Co KG; Ostfildern

Anzeigenvermarktung:
MAIRDUMONT MEDIA
Tel. 0049 711 4502 333
Fax 0049 711 4502 1012
media@mairdumont.com
http://media.mairdumont.com

Printed in China
Gedruckt auf 100% chlorfrei gebleichtem Papier

BAEDEKER VERLAGSPROGRAMM

- Ägypten
- Algarve
- Allgäu
- Amsterdam
- Andalusien
- Athen
- Australien
- Australien • Osten
- Bali
- Baltikum
- Barcelona
- Belgien
- Berlin • Potsdam
- Bodensee
- Brasilien
- Bretagne
- Brüssel
- Budapest
- Bulgarien
- Burgund
- Chicago • Große Seen
- China
- Costa Blanca
- Costa Brava
- Dänemark
- Deutsche Nordseeküste
- Deutschland
- Deutschland • Osten
- Djerba • Südtunesien
- Dominikanische Republik
- Dresden
- Dubai • Vereinigte Arabische Emirate
- Elba
- Elsass • Vogesen
- Finnland
- Florenz
- Florida
- Franken
- Frankfurt am Main
- Frankreich
- Fuerteventura
- Gardasee
- Golf von Neapel
- Gomera
- Gran Canaria
- Griechenland
- Griechische Inseln
- Großbritannien
- Hamburg
- Harz
- Hongkong • Macau
- Indien
- Irland
- Island
- Israel
- Istanbul
- Istrien • Kvarner Bucht
- Italien
- Italien • Norden
- Italien • Süden
- Italienische Adria
- Italienische Riviera
- Japan
- Jordanien
- Kalifornien
- Kanada • Osten
- Kanada • Westen
- Kanalinseln
- Kenia
- Köln
- Kopenhagen
- Korfu • Ionische Inseln
- Korsika
- Kos
- Kreta
- Kroatische Adriaküste • Dalmatien
- Kuba
- La Palma
- Lanzarote
- Lissabon
- Loire
- London

- Madeira
- Madrid
- Malediven
- Mallorca
- Malta • Gozo • Comino
- Marokko
- Mecklenburg-Vorpommern
- Menorca
- Mexiko
- Moskau
- München
- Namibia
- Neuseeland
- New York
- Niederlande
- Norwegen
- Oberbayern
- Oberitalienische Seen • Lombardei • Mailand
- Österreich
- Paris
- Peking
- Piemont
- Polen
- Polnische Ostseeküste • Danzig • Masuren
- Portugal
- Prag
- Provence • Côte d'Azur
- Rhodos
- Rom
- Rügen • Hiddensee
- Sachsen
- Salzburger Land
- St. Petersburg
- Sardinien
- Schottland
- Schwäbische Alb
- Schwarzwald
- Schweden
- Schweiz
- Sizilien
- Skandinavien
- Slowenien
- Spanien
- Spanien • Norden • Jakobsweg
- Sri Lanka
- Stuttgart
- Südafrika
- Südengland
- Südtirol
- Sylt
- Teneriffa
- Tessin
- Thailand
- Toskana
- Tschechien
- Tunesien
- Türkei
- Türkische Mittelmeerküste
- Umbrien
- Ungarn
- USA
- USA • Nordosten
- USA • Südwesten
- Usedom
- Venedig
- Vietnam
- Weimar
- Wien
- Zypern

LIEBE LESERINNEN, LIEBE LESER,

ein herzliches Dankeschön, dass Sie sich für einen Baedeker Allianz Reiseführer entschieden haben. Er wird Sie zuverlässig auf Ihrer Reise begleiten und Sie nicht im Stich lassen.
Natürlich beschreibt er die wichtigen Sehenswürdigkeiten, aber er empfiehlt auch interessante Veranstaltungen, nennt Hotels für den großen und kleinen Geldbeutel, gibt Tipps für Restaurants, Shopping und für vieles mehr, was eine Reise zum Erlebnis macht. Dafür haben die Autoren und die Redaktion Sorge getragen. Sie sind für Sie regelmäßig nach Island gereist und haben all ihre Erfahrungen und Kenntnisse in diesen Reiseführer gepackt.

Trotzdem: Die Erfahrung zeigt, dass Fehler und Änderungen nach Drucklegung, für die der Verlag keine Haftung übernehmen kann, nicht ausgeschlossen werden können. Für Kritik, Berichtigungen und Verbesserungsvorschläge sind wir Ihnen außerordentlich dankbar. Schreiben Sie uns, mailen Sie uns oder rufen Sie an:

▶ **Verlag Karl Baedeker GmbH**
Redaktion
Postfach 3162
D-73751 Ostfildern
Tel. (0711) 4502-262, Fax -343
E-Mail: info@baedeker.com

Besuchen Sie uns auch im Internet unter www. baedeker.com. Hier finden Sie jeden Monat den aktuellen Reisetipp der Redaktion und das gesamte Verlagsprogramm. Hier können Sie auch lesen, wer Karl Baedeker war und wie er seinen ersten Reiseführer geschrieben hat. Mit seinen über 180 Jahren ist der Karl Baedeker Verlag der älteste Reiseführer-Verlag der Welt.

www.baedeker.com

ZU GEWINNEN: STADTREISE NACH LONDON

Unter allen Einsendungen verlost der Verlag am Jahresende – unter Ausschluss des Rechtswegs – eine Städtekurzreise für zwei Personen nach London.
Freuen Sie sich auf ein spannendes Wochenende in London. Natürlich ist ein Baedeker Allianz Reiseführer London auch dabei!